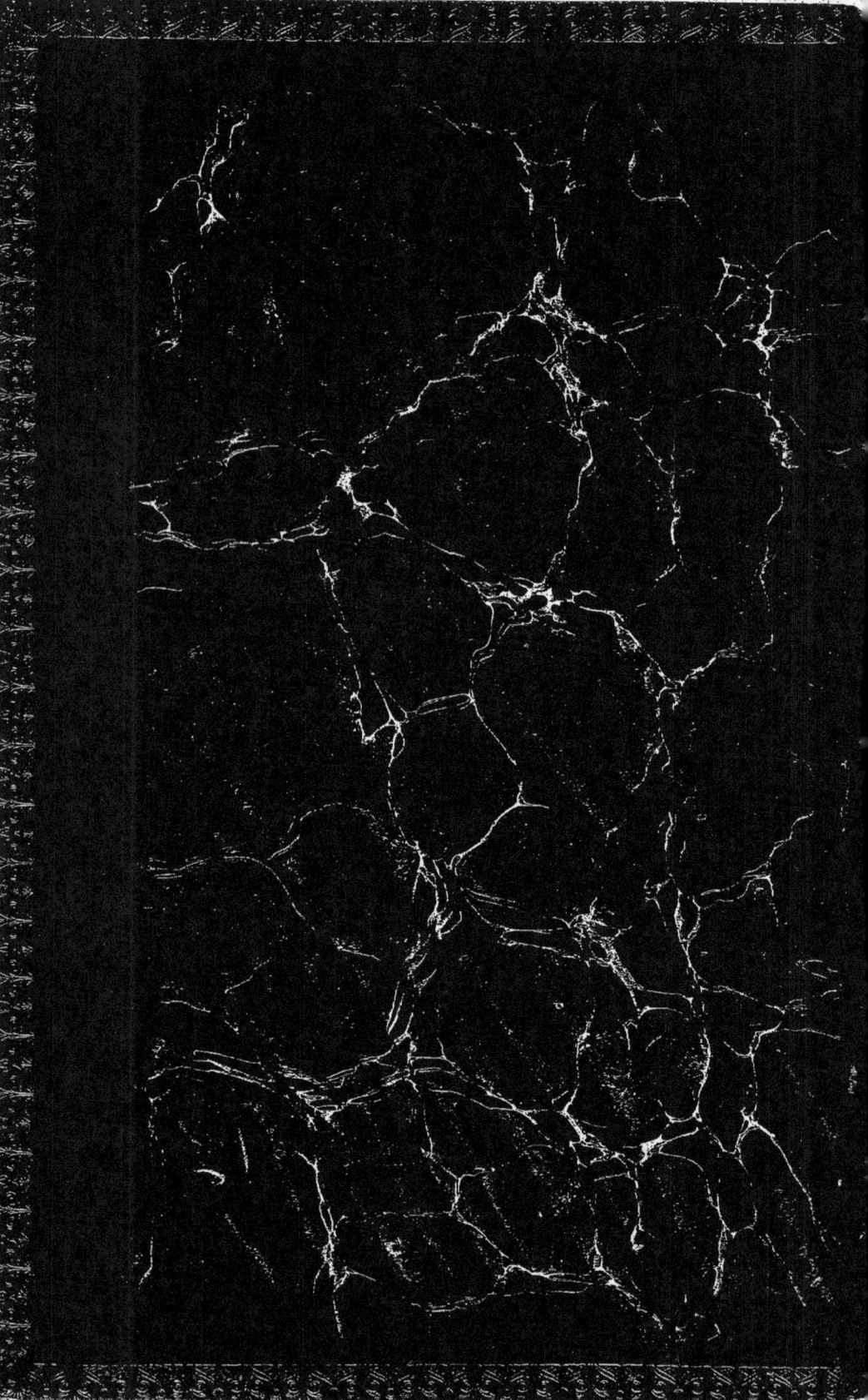

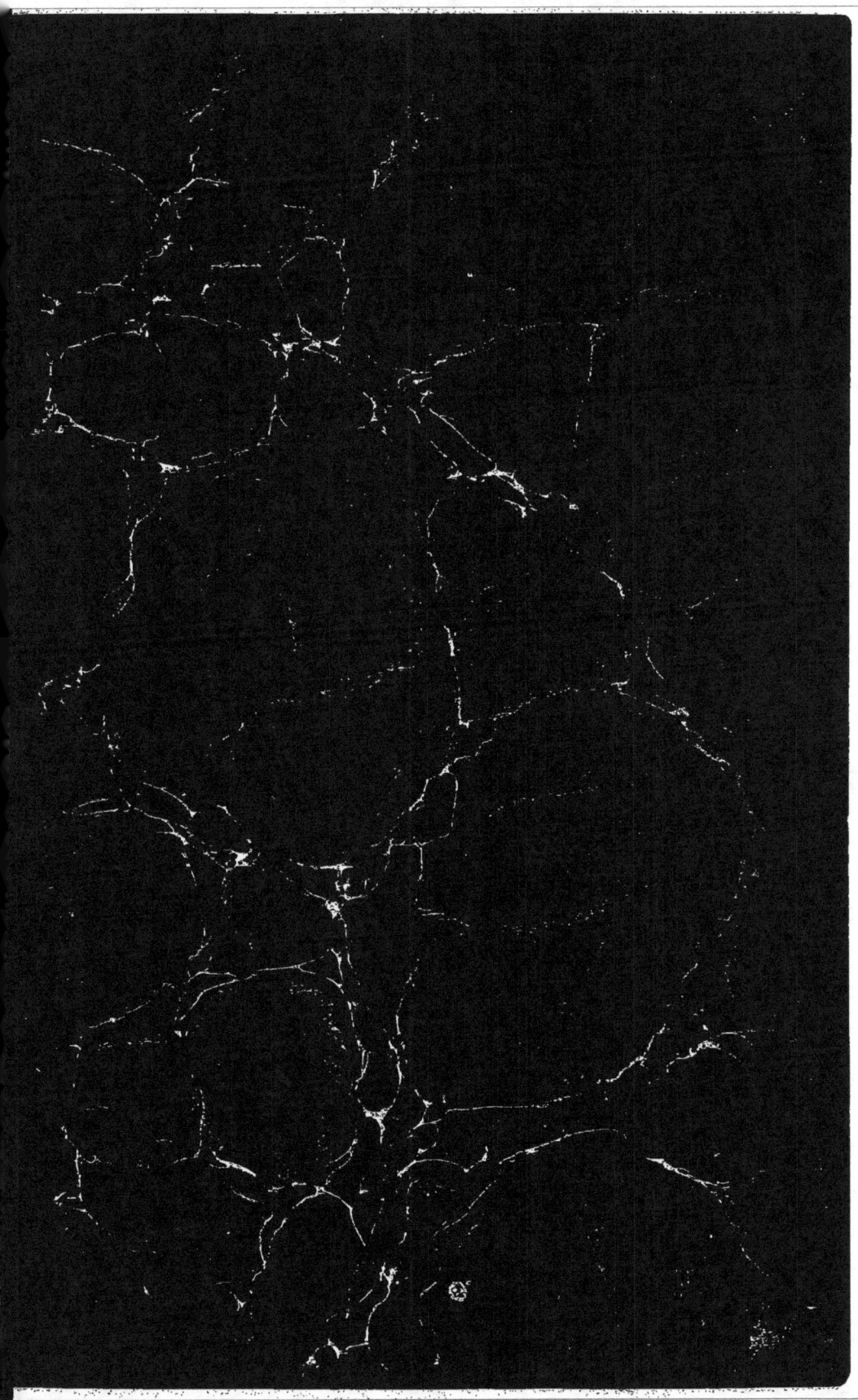

P x
6

VOYAGE

DANS

L'INTÉRIEUR DU BRÉSIL.

QUATRIÈME PARTIE.

PARIS.—IMPRIMERIE DE MADAME VEUVE BOUCHARD-HUZARD, RUE DE L'ÉPERON, 5.

VOYAGE

DANS LES PROVINCES

DE SAINT-PAUL

ET

DE SAINTE-CATHERINE;

PAR

M. AUGUSTE DE SAINT-HILAIRE,

MEMBRE DE L'ACADÉMIE DES SCIENCES DE L'INSTITUT DE FRANCE,
PROFESSEUR A LA FACULTÉ DES SCIENCES DE PARIS,
CHEVALIER DE LA LÉGION D'HONNEUR, DES ORDRES DU CHRIST ET DE LA CROIX DU SUD,
DES ACADÉMIES DE BERLIN, S. PÉTERSBOURG, LISBONNE, C. L. C. DES CURIEUX DE LA NATURE,
DE LA SOCIÉTÉ LINNÉENNE DE LONDRES, DE L'INSTITUT HISTORIQUE
ET GÉOGRAPHIQUE BRÉSILIEN, DE LA SOCIÉTÉ D'HISTOIRE NATURELLE DE BOSTON,
DE CELLE DE GENÈVE, BOTANIQUE D'ÉDIMBOURG,
MÉDICALE DE RIO DE JANEIRO, PHILOMATHIQUE DE PARIS,
DES SCIENCES D'ORLÉANS, ETC.

TOME SECOND.

PARIS,

ARTHUS BERTRAND, LIBRAIRE-ÉDITEUR,

LIBRAIRE DE LA SOCIÉTÉ DE GÉOGRAPHIE,

RUE HAUTEFEUILLE, N° 21.

—

1851

VOYAGE

DANS

LES PROVINCES DE SAINT-PAUL

ET DE SAINTE-CATHERINE.

CHAPITRE XIV.

DESCRIPTION GÉNÉRALE DES CAMPOS GERAES (1).

L'*Araucaria Brasiliensis*. — Rivières et ruisseaux ; *calderões*. — Diamants dans plusieurs rivières et sur leurs bords. — Salubrité. — Les habitants des Campos Geraes presque tous blancs ; leur portrait ; celui de leurs femmes ; leurs habitudes ; leurs excellentes qualités ; leur ignorance. — Le commerce des bestiaux. — Propriétaires vivant tous dans leurs *fazendas*. — Maisons ; ameublement. — Esclaves en petit nombre. — Paresse. — La vie des hommes pauvres. — Les bestiaux très-nombreux ; leurs prix ; laitage, beurre, fromage ; le sel indispensable aux bêtes à cornes, de quelle manière on le leur distribue ; veaux ; le *rodeo* ; castration. — L'élève des chevaux ; comment on les dompte. — Les moutons ; soins qu'on leur donne. — Les pâturages, *macegas*, *verdes*; incendies. — La culture des terres ; leur fécondité ; usage de la charrue ; le maïs ; le coton ; les haricots ; le froment ; le riz ; le lin ; le tabac. — Les arbres fruitiers ; figuiers, vigne, pêchers, cerisiers, pruniers, pommiers et cognassiers, poiriers, bananiers. — Les Campos Geraes parfaitement propres à la colonisation européenne.

Les *Campos Geraes*, ainsi nommés à cause de leur vaste étendue, ne forment ni une *comarca* ni un district ; c'est

(1) Je n'ai pas besoin de dire qu'il ne faut pas confondre les Campos Geraes du midi de la province de S. Paul avec les immenses *campos* de

une de ces portions de territoire qu'en tout pays on distingue, indépendamment des divisions politiques, à leur aspect, à la nature de leurs productions, à celle de leur sol : où disparaissent les caractères qui leur ont fait donner des noms particuliers, là sont leurs limites, et ces noms cessent d'être appliqués. A la rive gauche de l'Itareré commencent les Campos Geraes, pays fort différent de celui qui le précède du côté du nord-est, et ils finissent à peu de distance du *Registro de Curitiba* (1), où le sol devient plus inégal, et où de sombres et imposantes forêts succèdent aux riants pâturages.

Ces *campos* sont certainement une des plus belles contrées que j'eusse parcourues depuis que j'étais en Amérique; ils ne sont pas assez plats pour avoir la monotonie de nos plaines de Beauce, mais les mouvements de terrain n'y sont pas non plus assez sensibles pour mettre des bornes à la vue. Aussi loin que celle-ci peut s'étendre, on découvre d'immenses pâturages; des bouquets de bois où domine l'utile et majestueux *Araucaria* sont épars çà et là dans les enfoncements et contrastent, par leurs teintes rembrunies, avec le vert charmant des gazons. Quelquefois des rochers à fleur de terre se montrent sur le penchant des collines et laissent échapper des nappes d'eau qui se précipitent dans les vallées ; de nombreux troupeaux de juments et de bêtes à cornes paissent dans la campagne et animent le paysage; on aperçoit peu de maisons, mais elles sont assez bien entretenues et accompagnées de petits jar-

même nom qu'a très-bien décrits M. le prince de Neuwied (*Reise*, II, 179), et qui, commençant à la limite de la région des forêts dans la province de Bahia, se rattachent aux déserts de Minas, de Fernambouc, de Goyaz, etc.

(1) Voyez l'un des chapitres suivants.

dins plantés de pommiers et de pêchers (1). Le ciel n'est plus aussi éblouissant que sous les tropiques, mais peut-être convient-il mieux à la faiblesse de notre vue.

J'ai fait connaître ailleurs (2) les limites de l'*Araucaria Brasiliensis*; j'ai dit que cet arbre change de port à ses différents âges, que dans sa jeunesse ses rameaux, comme brisés, lui donnent un aspect bizarre; que plus tard il s'arrondit à la manière de nos pommiers; qu'adulte il s'élance parfaitement droit à une grande hauteur et se termine par un corymbe de branches, espèce de plateau immense parfaitement égal et d'un vert foncé; enfin j'ai ajouté que les semences bonnes à manger et les écailles qui composent ses énormes cônes se séparent à la maturité et se répandent sur la terre. C'est l'*Araucaria Brasiliensis* qui, par son élévation, l'élégante majesté de ses formes, son immobilité, le vert foncé de son feuillage, contribue le plus à donner une physionomie particulière aux Campos Geraes. Quelquefois cet arbre pittoresque, s'élevant çà et là au milieu des pâturages, laisse admirer toute la beauté de son port, et par ses teintes rembrunies fait ressortir le vert tendre des gazons qui croissent au-dessous de lui. Ailleurs il forme à lui seul des bouquets de bois touffus; mais, tandis que nos Pins laissent à peine quelques plantes rabougries se montrer au milieu d'eux, il naît sous la Conifère brésilienne des herbes nombreuses et des sous-arbrisseaux dont le feuillage varié et les rameaux délicats contrastent avec la roideur de ses formes. Quand les *Araucaria*

---

(1) Voyez mon *Aperçu d'un voyage au Brésil*, 42, ou dans les *Mémoires du Muséum d'histoire naturelle*, vol. IX, et l'*Introduction à l'Histoire des plantes les plus remarquables*, XXXIX.

(2) *Voyage aux sources du Rio de S. Francisco*, etc., I, 84.

admettent parmi eux d'autres grands arbres, ces derniers ont généralement un feuillage aussi obscur que le leur; cependant, au milieu des bois peu fourrés et fréquentés par les bestiaux, on voit souvent un arbre élancé qui non-seulement par son port, mais encore par ses teintes tranche complétement, si je puis m'exprimer ainsi, sur la Conifère brésilienne : tandis que celle-ci ne présente que quelques verticilles de branches épaisses courbées comme des candélabres, il offre un nombre prodigieux de rameaux; les feuilles de l'*Araucaria* sont d'un vert sombre, les siennes, blanches en dessous, ressemblent, vues de loin, à celles de notre Saule; c'est le *vassoura da casca preta* (le balai à écorce noire), ainsi nommé, parce que, avec un bois blanc, il a une écorce aussi noire que l'ébène. Sur les bords du *Tibagy*, ce n'est plus un arbre dont l'aspect rappelle le Saule, qui contraste avec l'*Araucaria Brasiliensis*, mais un Saule véritable aux feuilles étroites, allongées et blanchâtres, aux ramules inclinées vers la terre.

Non-seulement l'*Araucaria* fait l'ornement des Campos Geraes, mais encore il est extrêmement utile à leurs habitants; son bois blanc, marqué de veines très-rares d'un rose vineux, peut être employé dans la charpente et dans la menuiserie, et, quoiqu'il soit plus dur, plus compacte, plus lourd que celui du Sapin de la Russie ou de la Norwége, on en tirera certainement un grand parti pour la mâture lorsque des communications faciles auront été établies entre les Campos Geraes et le littoral. Longues à peu près de la moitié du doigt, ses semences ne sont pas, il est vrai, farineuses comme la châtaigne, mais elles rappellent la saveur de ce fruit, et elles sont même plus délicates.

De temps immémorial elles ont contribué à la subsistance des indigènes, qui les appelaient *ibá*, le fruit, le fruit par excellence (1); les Européens étaient à peine débarqués sur le littoral du Brésil, qu'ils apprirent à connaître l'arbre qui les produit, et c'est en grande partie de ses semences que se nourrissaient les anciens Paulistes dans leurs barbares et aventureuses expéditions contre le Paraguay (2). Encore aujourd'hui, les habitants des Campos Geraes mangent les graines de l'*Araucaria Brasiliensis*, et ils les emploient avec succès pour engraisser les pourceaux. Connaissant l'extrême utilité de cet arbre, ils le respectent et ne l'abattent point sans nécessité, exception unique peut-être dans toute l'étendue du Brésil et que je signale ici avec bonheur. Au reste, il faut bien l'avouer, on a moins de mérite à ne pas détruire l'*Araucaria Brasiliensis* qu'on en aurait à conserver tant d'autres espèces précieuses qui, chaque jour, tombent sous la cognée du colon imprévoyant. Comme nos Pins et nos Sapins, l'*Araucaria Brasiliensis* se plaît dans les terrains sablonneux, et l'abondance de cet arbre est, pour les habitants des Campos Geraes, l'indice des lieux les moins propres à la culture.

Les bois d'*Araucaria* ne sont pas le seul ornement de ce pays; des rivières et de nombreux ruisseaux contribuent à l'embellir et y répandent la fraîcheur et la fertilité. Ils n'ont pas pour lit une vase malsaine; la plupart d'entre eux, chose digne de remarque, coulent limpides et avec rapidité sur des rocs aplatis, et toutes les fois que l'eau tombe, comme cela arrive souvent, d'un plan plus élevé

---

(1) José de Anchieta, *Epist. in Not. ultramar.*, I, n° 111, 160.
(2) Southey, *Hist. Braz.*, II, 306.

sur un autre qui l'est moins, elle creuse dans la pierre des trous arrondis auxquels on donne le nom de *calderões* (chaudrons).

Plusieurs de ces rivières, entre autres le Tibagy et le *Cachambú*, roulent des diamants qui s'arrêtent dans les chaudrons, et c'est là que les contrebandiers venaient les chercher. Cette précieuse pierre se rencontre également dans les terres voisines des ruisseaux et des rivières, et forme une des richesses des Campos Geraes.

Un fait assez remarquable prouve combien le climat de ce pays diffère de celui du nord du Brésil. En 1819, la disette avait été aussi grande qu'à Minas, à Rio de Janeiro et à Goyaz, mais une cause entièrement contraire l'avait produite : dans les provinces que je viens de nommer le manque d'eau avait fait tort aux plantations, ici la disette avait été occasionnée par des pluies trop abondantes qui n'avaient pas permis de mettre le feu aux bois déjà coupés.

Quoi qu'il en soit, on ne se tromperait point si, d'après ce que j'ai dit jusqu'à présent, on soupçonnait que les Campos Geraes sont un pays extrêmement sain. Quoiqu'il y gèle tous les hivers, on peut dire que le climat y est tempéré; les vents y sont fréquents, l'air y circule en toute liberté; les eaux, fort inférieures, il est vrai, à celles de la partie orientale de Minas Geraes, sont pourtant assez bonnes; il n'existe de marais presque nulle part, et les rivières, comme on l'a vu, coulent rapidement sur des lits de rochers. Du 26 de janvier au 4 de mars 1820, il ne se passa peut-être pas deux jours de suite sans pluie, et c'est réellement dans cette saison qu'il en tombe le plus; mais on ne connaît point ici ces longues sécheresses de six mois qui, à Minas et à Goyaz, affectent si péniblement le système nerveux : personne ne sait ce que sont les fièvres intermittentes (*sesões*), si communes sur les bords du Rio Doce et du S. Francisco. Respirant un air pur, sans cesse occupés à monter à cheval, à jeter le lacet ou à rassembler les bestiaux en galopant dans les pâturages, les habitants des Campos Geraes jouissent d'une santé robuste (1), et l'on voit parmi eux un grand nombre de vieillards; mais, nous ne le savons que trop, au milieu des pays les plus favorisés de la Providence, les maladies ne perdent jamais les tristes droits qu'elles ont sur notre nature. Celles qui attaquent le plus souvent les habitants des Campos Geraes sont les rhumes, l'asthme, les hémorroïdes, et, il faut le dire, les maux vénériens ne sont malheureusement pas moins répandus dans cette contrée que dans les autres parties de l'empire du Brésil.

Ce serait une erreur de croire que la plupart des habitants des Campos Geraes sont des métis. Il y a, dans ce pays, infiniment plus d'hommes réellement blancs que dans les districts d'Itapéva et d'Itapitininga, et, à l'époque de mon voyage, presque tous les ouvriers de la ville de Castro appartenaient entièrement à notre race. Il ne faut donc pas s'étonner si, malgré leur profonde ignorance, les habitants des Campos Geraes parlent le portugais beaucoup plus correctement que ceux du voisinage de la ville de S. Paul, et s'ils le prononcent mieux; si, par exemple, ils ne prononcent pas le *ch* comme *ts*, ni le *g* comme *dz* : ces altérations ont été introduites par les Indiens dans la

---

(1) Voyez mon *Introduction à l'Histoire des plantes les plus remarquables du Brésil et du Paraguay*, XXXIX.

langue portugaise, et les colons des districts de Castro et de Curitiba se sont peu mêlés avec les indigènes.

Bien différents des pauvres métis qui peuplent les campagnes voisines d'Itapéva, les habitants des Campos Geraes sont généralement grands et bien faits; ils ont les cheveux châtains et le teint coloré; leur physionomie porte l'empreinte de la bonté et de l'intelligence.

Les femmes sont souvent extrêmement jolies; elles ont un teint couleur de rose et une délicatesse de traits que je n'avais encore remarquée chez aucune Brésilienne. On ne retrouve point chez elles, il est vrai, cette vivacité qui caractérise les Françaises; elles marchent avec lenteur et font peu de mouvements, mais elles n'ont rien de l'embarras que montrent si souvent les femmes de Minas quand, par hasard, elles se laissent voir aux étrangers (1816-22). Il est rare que les dames des Campos Geraes se cachent à l'approche des hommes, elles accueillent leurs hôtes avec une politesse simple et gracieuse; elles sont aimables, et, quoique dépourvues de l'instruction même la plus vulgaire, elles savent répandre beaucoup de charmes dans leur conversation.

Lorsque j'entrai dans les Campos Geraes, non-seulement je fus frappé de l'aspect de cette contrée, entièrement nouveau pour moi, mais je me trouvai, en quelque sorte, dépaysé par les habitudes des colons, tout à fait différentes de celles des Mineiros et même des habitants du nord de la province de S. Paul. Les hommes que l'on rencontre sont toujours à cheval; ils ont un lacet de cuir (*laço*) attaché à une selle d'une espèce particulière appelée *lombilho*, et presque toujours ils vont galopant. Les enfants les plus petits apprennent à jeter le lacet, à former le *rodeo* (1) et à courir après les chevaux et les bêtes à cornes. J'en ai vu un de trois à quatre ans qui déjà savait balancer son *laço* autour de sa tête et le jetait avec beaucoup d'adresse. On n'a guère d'autres idées que celles qui se rapportent à l'éducation du bétail; l'ignorance est extrême; savoir lire et écrire, c'est être un homme instruit, et parmi les propriétaires les plus notables on en compte beaucoup qui n'ont pas cette science (1820) : je pourrais citer pour exemple un colonel de la garde nationale qui jouissait d'une juste réputation pour sa libéralité et pour sa richesse. Je rencontrais partout des gens hospitaliers, excellents, qui ne manquaient point d'intelligence, mais dont les idées étaient si peu développées, que souvent je ne pouvais guère causer avec eux plus d'un quart d'heure.

Le climat tempéré des Campos Geraes semblerait devoir exciter les hommes au travail; mais le genre d'occupation que la nature même du pays les a pour ainsi dire forcés d'adopter leur fait une habitude de la paresse. L'éducation des bestiaux demande peu de soins; ceux qui s'y livrent ne sont occupés que par intervalles, et ce genre même d'occupation n'est qu'une sorte de divertissement. Galoper dans de vastes campagnes, jeter le lacet, faire des battues pour ramener le bétail dans un endroit convenu (*fazer o rodeo*), ce sont, pour les jeunes gens, des exercices qui leur rendent odieux tout travail sédentaire; et dans les moments où l'on ne monte pas à cheval, où l'on ne court pas après les vaches et les taureaux, ordinairement on se repose.

Il ne faudrait pas croire cependant que les habitants des

---

(1) Voyez plus bas, p. 9, 14.

Campos Geraes restent toujours dans leur pays. Les hommes de tous les états, ouvriers, cultivateurs, dès qu'ils ont gagné quelque argent, partent pour le Sud, y achètent des mulets indomptés, et les revendent dans leur propre pays ou les conduisent jusqu'à Sorocába.

Il n'en est pas des propriétaires riches des Campos Geraes comme de ceux des *termos* d'Itapéva et d'Itapitininga. Ces derniers mangent leurs revenus loin de leurs habitations; les autres ont le bon esprit de résider sur leurs terres. Leurs maisons sont loin d'offrir cette espèce de magnificence que l'on remarque dans la construction des *fazendas* des anciens Mineiros; mais elles sont propres, et, comme je l'ai déjà dit, assez bien entretenues. L'ameublement de ces demeures est d'une simplicité extrême; celui de la pièce où l'on reçoit les étrangers consiste en une table et des bancs de bois. Comme à Minas, c'est dans les lits qu'on montre le plus de luxe; ils n'ont point de ciel, mais les draps sont très-fins et brodés tout autour. Le traversin est recouvert d'un sac de mousseline garni sur le côté, et par-dessus on a coutume de mettre un très-petit oreiller orné de broderies. Chez les propriétaires riches, on fait servir le thé, avec du fromage, des biscuits, des confitures, sur un joli plateau verni, genre de luxe qui forme une disparate avec la singulière mesquinerie de la maison.

Les Campos Geraes jouissent d'un avantage que je ne dois point passer sous silence. L'éducation du bétail, à laquelle on se livre généralement, exige peu d'esclaves, tandis que la fabrication du sucre et le travail des mines en nécessitent un très-grand nombre. Le riche colonel Luciano Carneiro, dont je parlerai plus tard, n'en avait que trente; on n'en comptait guère, en 1820, que cinq cents dans tout le *termo* de la ville de Castro, et ils étaient entre les mains d'un petit nombre de personnes. Les hommes peu aisés n'en ont pas; ils font eux-mêmes leurs plantations, et le travail n'est point ici entaché d'ignominie, comme il l'était, à l'époque de mon voyage, dans plusieurs parties de la province des Mines.

Mais, quoiqu'il n'y ait aucune honte à travailler, il n'est pas moins vrai qu'ici comme dans les autres parties du Brésil on travaille le moins qu'il est possible. La vie des hommes très-pauvres diffère peu de celle des Indiens sauvages. Ils ne plantent qu'autant qu'il est strictement nécessaire pour satisfaire aux besoins de leurs familles; ils passent des mois entiers dans les bois, occupés à chasser les bêtes sauvages; ils y construisent des baraques et se nourrissent du gibier qu'ils tuent (1820).

Le nombre des bêtes à cornes que possèdent les propriétaires riches est très-considérable. Dans sa seule *fazenda de Jaguariaiba*, le colonel Luciano Carneiro, dont j'ai déjà parlé, n'avait pas moins de deux mille vaches, sans compter les taureaux et les élèves.

Quoique d'une assez belle race, le bétail de ce pays est cependant inférieur à celui de la *comarca* de S. João d'El Rei, dans la province de Minas. J'ai pu faire la comparaison chez un propriétaire qui avait fait venir quelques taureaux de cette *comarca*.

Des marchands vont chercher les élèves dans les *fazendas*. Ceux-ci se vendent presque tous pour Rio de Janeiro. Quelques années avant mon voyage, lorsqu'il allait encore des bestiaux de Rio Grande do Sul à la capitale, les bœufs ne se vendaient, dans les Campos Gerais, que *4 patacas* ou 1,280 *reis* (8 fr.) : à l'époque de mon voyage, on les payait 5,000 reis (31 fr. 25 c.) (1), et une très-bonne vache valait 6,000 reis (37 fr. 50 c.). Celles de cette qualité donnent environ 4 bouteilles de lait par jour, indépendamment de celui dont se nourrissent les veaux.

Le laitage de ce pays est très-bon, et fait la principale nourriture des pauvres et des esclaves. J'ai aussi mangé d'excellent beurre chez le *sargento mór* de la ville de Castro ; mais c'était une friandise qu'on ne trouvait presque nulle part. Cependant, si les habitants des Campos Geraes voulaient prendre la peine d'en faire, ils augmenteraient leurs richesses, car leur beurre pourrait être envoyé au port de Paranaguá, et de là être expédié pour Rio de Janeiro, où cette denrée, que l'on a coutume de tirer de l'Europe, se vend communément à des prix très-élevés (1820). Les fromages des Campos Geraes ne le cèdent guère à ceux de Minas ; mais on en fait également très-peu. Le travail sédentaire de la laiterie ne saurait plaire à des hommes qui, en général, n'aiment que les exercices violents du cheval ou un repos complet.

Comme dans tout le reste du Brésil, on laisse les bestiaux errer en liberté au milieu des *campos* (2), et cepen-

(1) En 1838, les bœufs se vendaient, dans le même pays, environ 10,000 reis (MULLER, *Ensaio*, tab.), ce qui, au change de 350 (SAY, *Hist. des relations, tab. synopt.*), fait 28 fr. 50 c. ; ainsi, malgré la guerre civile de Rio Grande qui avait longtemps empêché de rien tirer de cette province, le prix des bœufs avait plutôt baissé qu'augmenté dans les Campos Geraes ; par conséquent, la production avait dû faire des progrès très-sensibles.

(2) On voit que l'on a entièrement trompé un de nos savants navigateurs, quand on lui a dit que « les Brésiliens du Sud sont uniquement occupés du soin de garder leurs troupeaux (*Voyage de la Favorite*, IV, 131). » On ne garde les troupeaux dans aucune partie du Brésil. M. Rugendas n'est pas non plus d'une parfaite exactitude dans tout ce qu'il dit sur

dant ils sont peut-être moins sauvages que ceux d'Europe, qui vivent dans des étables. C'est à l'usage où l'on est de leur donner du sel que doit être attribuée leur familiarité. J'étais chez un riche propriétaire au moment où les vachers à cheval poussaient devant eux les vaches et les veaux pour les faire entrer dans le *curral ;* mon hôte se mit à appeler ces animaux en prononçant les mots *toma, toma,* qui sont le signal des distributions de sel, et dans l'instant nous fûmes entourés par le troupeau.

Ici, comme dans les parties de Minas et de Goyaz, où les terres ne sont point salpêtrées, on est effectivement obligé de donner du sel aux bêtes à cornes quand on veut les conserver dans un état prospère; mais les distributions sont moins fréquentes qu'en certains cantons de la province des Mines, sans doute parce que l'herbe des Campos Geraes est plus substantielle que le *capim gordura* (1). Dans certaines *fazendas,* les distributions se font tous les deux mois; en d'autres, seulement quatre fois pendant l'année. Le propriétaire de l'habitation de *Fortaleza* faisait donner à chaque fois un *alqueire* de sel (40 litres) pour cent bêtes, et il est vraisemblable que partout on suit à peu près la même proportion. Pour appeler les bestiaux à la distribution, les vachers, galopant, crient dans la campagne, comme je l'ai dit tout à l'heure, *toma, toma,* mots qui signifient *prends, prends ;* les taureaux et les vaches répondent en mugissant, et aussitôt ils accourent de tous

le bétail; mais dans un ouvrage du genre du sien ce sont des dessins que l'on va chercher, et ceux de M. Rugendas sont charmants.

(1) Le *capim gordura,* ou herbe à la graisse (*Melinis minutiflora*), est une graminée qui, à Minas, s'empare exclusivement des terrains qui ont été un certain temps en culture. (Voyez mes trois *relations* précédentes.)

les côtés. On met le sel par terre, en petits tas, et l'on a soin de choisir, pour la distribution, un lieu voisin de quelque ruisseau. Le bétail, après avoir mangé du sel, va boire, revient, mange ce qui reste, lèche la terre et n'abandonne la place que quand il n'y reste plus la moindre parcelle de son mets favori.

Dans ce pays, on peut compter, chaque année, sur un nombre d'élèves égal au quart de celui des vaches. Il naît, à la vérité, plus de veaux qu'on ne fait d'élèves; mais les maladies en enlèvent quelques-uns, d'autres deviennent la proie des voleurs ou sont mangés par les bêtes sauvages.

A l'époque où les vaches mettent bas, il est essentiel de visiter les veaux pour faire périr les vers qui se forment dans la cicatrice ombilicale. Les vachers, à cheval, se répandent dans la campagne; ils entourent un certain espace de terrain, font une battue, cherchent les veaux dans les endroits reculés et couverts où les vaches ont coutume de mettre bas, se rapprochent peu à peu, rendent le cercle de plus en plus étroit, et ramènent le troupeau vers un point convenu. Là ils font leur visite et poussent vers la *fazenda* les veaux qui ont besoin d'être traités, en ayant soin de chasser la mère avec eux. Ce sont les seules vaches dont le lait se mette à profit; celui des autres est perdu pour le propriétaire. Quand les *fazendas* ont une grande étendue, on passe plusieurs jours à les parcourir entièrement : à Paranapitanga, par exemple, habitation dont j'ai déjà parlé, on faisait chaque jour un *rodeo* nouveau; au bout de la semaine, toute la *fazenda* avait été visitée, et l'on revenait au premier *rodeo* (1).

(1) L'usage de rassembler le bétail à des époques fixes et dans un lieu

On marque les bestiaux à l'âge de deux ans ; on châtre les taureaux quand ils en ont quatre ; on les laisse engraisser pendant un an, et on les vend ensuite (1).

Dans l'acte de la castration, plusieurs propriétaires enlèvent entièrement les testicules des taureaux ; d'autres arrivent au même but par une opération différente. Je vais la décrire telle que je l'ai vu pratiquer à la *fazenda* de *Morangáva*, dont je parlerai bientôt. Tous les taureaux avaient été enfermés dans le *curral*, qui, comme je l'ai dit ailleurs, est une espèce de parc ordinairement carré, entouré de pieux longs et très-gros. Un vacher jetait le lacet et prenait un des taureaux par les cornes ; un autre lançait à l'animal un second lacet dans une des jambes de derrière, et, pendant qu'on tirait les deux lacets en sens contraire, un troisième vacher l'abattait en attirant sa queue vers la terre. Quand le taureau était couché sur le flanc, on lui liait les deux jambes de derrière ; on plaçait sa queue sous une des cuisses, on passait autour des cornes le lacet qui liait les jambes, on rapprochait ainsi ces dernières de la tête, et on faisait paraître les testicules en

---

déterminé se retrouve dans certaines parties de Minas (*Voyage aux sources du Rio de S. Francisco*, etc. I, 249) ; mais je crois qu'on ne commence à se servir de l'expression *fazer o rodeo* que dans le midi de la province de S. Paul ; puis elle est généralement employée dans la province de Rio Grande do Sul et, selon Azara, dans le Paraguay.

(1) MM. Spix et Martins, qui n'ont pas voyagé au delà de Sorocába, disent, dans un morceau très-abrégé, mais fort bien fait, sur les troupeaux de la province de S. Paul, que l'on marque le bétail à un an, qu'on châtre les taureaux à deux et qu'on tue les bêtes de quatre ans ou même davantage (*Reise*, I, 273). Il n'est nullement impossible que, dans une province aussi grande que celle de S. Paul, il y ait, sous ce rapport, des différences notables.

dehors des deux cuisses; enfin, immédiatement au-dessus d'eux, on attachait le scrotum à un morceau de bois long d'environ 4 pieds, qui était appuyé sur la terre. Ces préparatifs terminés, un vacher donnait des coups de bâton de toutes ses forces sur la partie du scrotum qui était fixée au morceau de bois; par ce moyen, il brisait les vaisseaux spermatiques, et, quand l'opération était faite, on déliait le bœuf et on le laissait aller parmi les autres. Les éleveurs qui préfèrent ce mode de castration à l'ablation des testicules disent que celle-ci occasionne souvent des plaies où les vers se mettent, et qu'il est difficile de guérir. Quelques-uns des taureaux poussaient des mugissements affreux pendant qu'on les châtrait; mais la plupart supportaient cette douloureuse opération avec une tranquillité merveilleuse. On m'a assuré qu'à la suite de ce genre de castration les testicules diminuent peu à peu de volume et finissent par s'oblitérer presque entièrement (1).

Ce ne sont pas seulement des bêtes à cornes, mais encore des chevaux que l'on élève dans les Campos Geraes. Mon excellent hôte de Jaguariaiba, le colonel Luciano Carneiro, outre ses bestiaux, possédait encore huit cents juments, et il achetait, dans le Sud, de jeunes chevaux, qu'il revendait avec bénéfice après les avoir fait dompter.

(1) Dans mes *relations* précédentes, j'ai donné des détails sur la manière dont on élève les bestiaux en différentes parties du Brésil. On a pu y voir que, si nulle part on n'a d'étables, que si, dans une foule d'endroits, on est obligé de distribuer du sel aux troupeaux, les soins qu'on leur donne varient suivant la nature du pays, les habitudes des cultivateurs, leur degré de civilisation, et que, par conséquent, il s'en faut qu'on élève les bêtes à cornes à Minas, à Goyaz et aux environs des Campos dos Goitacazes exactement comme dans les Campos Geraes, et que les produits du bétail soient partout les mêmes.

J'ai été témoin de la méthode que l'on suit à cet effet ; je vais la décrire. Lorsqu'un des chevaux sauvages venait d'être monté par le *nègre dompteur* (*negro domidor*), on faisait passer tous les autres d'un *curral* très-petit, où ils étaient pour ainsi dire entassés, dans un autre plus grand, séparé du premier par une barrière. On jetait le lacet autour du cou d'un des chevaux, qui s'arrêtait au même instant, et on faisait rentrer les autres dans le petit *curral*. On mettait une bride au cheval qu'on venait de prendre, on l'attachait à un piquet, on lui mettait sur le dos la petite selle appelée *lombilho*, et le nègre *dompteur* commençait à le monter. Je ne pouvais m'empêcher d'admirer le sang-froid et la parfaite tranquillité de cet homme. Quelque fougueux que fût le cheval, quelques sauts, quelques mouvements qu'il fît, il était impossible de découvrir la plus légère altération sur la figure du *negro domidor*; quand l'animal se jetait par terre, le *domidor* sautait avec légèreté, remontait de même et ne proférait jamais une seule parole. Bientôt cet homme faisait sortir le cheval sauvage du *curral ;* un autre serviteur, monté sur un cheval dompté qu'on appelle *madrinha*, marraine, galopait devant le premier ou à côté de lui ; au bout d'environ dix minutes, les deux cavaliers rentraient au *curral ;* le cheval indompté paraissait déjà plus tranquille, et on le laissait échapper dans les *campos*. Deux ou trois mois d'un semblable exercice suffisent, m'a-t-on dit, pour dompter les chevaux les plus fougueux.

La race des chevaux de ce pays est, au reste, petite et ne me paraît pas bien faite.

Tous les propriétaires de *fazendas* possèdent un troupeau de moutons ; mais on ne vend point ces animaux, et peu de personnes mangent leur chair (1820) : on les a uniquement à cause de leur laine, dont on fait des couvertures et d'autres tissus grossiers (1). En général, on laisse les agneaux et leurs mères paître en liberté dans les *campos*; cependant, quoique ces animaux s'éloignent peu des habitations, quelques personnes les font entrer chaque soir dans un *curral*, où ils sont moins exposés qu'au milieu de pâturages à être dévorés par les bêtes sauvages. Lorsque les brebis mettent bas, un petit nombre de propriétaires soigneux enferment les agneaux dans une étable pour les soustraire à la voracité des *caracaras* (2), qui, dit-on, leur mangent la langue. C'est au mois d'août, avant le retour des chaleurs, que l'on a coutume de tondre les moutons. Ces animaux sont encore plus friands de sel que les bêtes à cornes, et, quand on a soin d'eux, on leur en donne tous les quinze jours (3).

D'après tout ce qui précède, j'ai à peine besoin de dire que ce sont les vastes pâturages des Campos Geraes qui forment la source principale de la richesse de ce pays. Ils sont excellents et très-substantiels; excepté pendant les mois où la gelée se fait sentir, ils conservent une verdure aussi fraîche que celle de nos prairies aux jours du prin-

---

(1) Dans un document dû au Curitibanois Francisco de Paula e Silva Gomes, publié dans l'*Annuario do Brasil*, 1847, p. 526, il est dit qu'avec la laine des nombreux troupeaux de moutons élevés dans les Campos Geraes on fait une quantité considérable de couvertures de chevaux de diverses sortes (*xergas e cochonilhos*) que l'on exporte pour le marché de Sorocába.

(2) Les *caracaras* dont il s'agit ici me paraissent évidemment devoir être rapportés au *Falco Brasiliensis*, Lin.— Max. Neuwied, *Beitraege*, III, 190.

(3) On trouvera, dans mes *relations* précédentes, des détails sur la manière dont on élève les bêtes à laine en différentes parties du Brésil.

temps, mais ils ne sont pas émaillés d'un aussi grand nombre de fleurs. L'herbe qui les compose, quand elle est encore jeune, est extrêmement fine, et elle porte le nom de *capim mimosa* (herbe délicate).

Comme à Minas et à Goyaz, on met le feu aux pâturages pour que le bétail trouve, dans l'herbe tendre qui naît après l'incendie, une nourriture à la fois agréable et substantielle. Ainsi que le pratiquent les éleveurs du canton de Rio Grande, près S. João del Rei (1), ceux des Campos Geraes ont soin de diviser leurs pâturages en plusieurs portions auxquelles ils ne mettent le feu que successivement, afin que leurs chevaux et leur bétail aient toujours une herbe nouvelle. Suivant l'étendue de leurs *fazendas*, ils incendient, dans le courant d'une année, deux ou trois portions de *campo*, la première au mois d'août, la seconde en octobre, la troisième en février. On ne brûle pas un pâturage qu'il n'ait un an pour le moins, et l'on a remarqué que plus l'herbe est ancienne, plus elle repousse avec vigueur. L'herbe nouvelle s'appelle *verde*, l'ancienne *macega*; la première forme un gazon presque ras, la seconde atteint à peu près la même hauteur que celle de nos prairies. Je vis (le 13 février) incendier un pâturage (*queimada*); le feu consumait toutes les tiges et les feuilles anciennes, mais il ne faisait que dessécher celles qui étaient encore vertes : ces dernières restaient étendues çà et là sur la terre, et le pâturage, après avoir été brûlé, ressembla assez bien à nos prairies quand on a coupé le foin, qu'on l'a mis en meule, et que le râteau n'a pas ramassé les brins

(1) *Voyage aux sources du Rio de S. Francisco*, etc., I, 69.

échappés aux faneurs. On n'aperçoit pas encore de verdure dans un pâturage qui n'a été incendié que depuis trois jours; mais au bout d'une semaine le bétail peut déjà y trouver de la nourriture. Les *campos* que l'on brûle trop souvent et ceux qui sont foulés sans cesse par les pieds des bestiaux se fatiguent; les Graminées y deviennent plus rares; des herbes appartenant à d'autres familles, et surtout des sous-arbrisseaux, en prennent la place. Il n'y a, par exemple, jamais de bons pâturages autour des habitations; mais on peut rendre leur qualité primitive à ceux qui l'ont perdue, en les laissant longtemps sans y mettre le feu. Je ne trouvais aucune fleur dans les *macegas*; à l'époque de mon voyage, au contraire (février), il y en avait un assez grand nombre dans les portions de *campo* qui n'avaient pas été très-anciennement incendiées.

On profite des excellents pâturages des Campos Geraes pour y faire hiverner les nombreuses troupes de mulets qui viennent de Rio Grande do Sul, divisées en bandes (*pontas*) de cinq à six cents bêtes. Ces troupes arrivent en février, après avoir traversé, entre Lapa et Lages, le désert de *Viamão* (*Sertão de Viamão*), où elles ont beaucoup maigri; très-souvent, au lieu de leur faire continuer immédiatement leur voyage, on les laisse reposer ici jusqu'au mois d'octobre, et alors on les fait avancer vers Sorocába. Au commencement de l'hivernage, on avait renvoyé, à l'exception de deux ou trois, les serviteurs libres (*camaradas*) dont on s'était servi pour conduire les différentes bandes de mulets; on en prend d'autres quand on veut se remettre en voyage.

Tous les propriétaires des Campos Geraes sont des éleveurs; ils cultivent la terre uniquement pour leurs besoins et n'exportent aucune denrée (1820), mais il n'en est pas moins vrai que le pays est favorable à tous les genres de culture que le climat peut admettre; ses productions principales sont le maïs, le froment, le riz, les haricots, le tabac et le coton (1).

Le système d'agriculture généralement adopté par les colons de ce pays est le même que l'on suit dans tout le reste du Brésil : comme à Minas, à Espirito Santo, à Rio de Janeiro et à Goyaz, on coupe des bois, on les brûle et l'on sème dans leurs cendres. On va voir cependant que, pour la culture du blé, on se sert de la charrue et qu'on sait mettre les *campos* à profit. Cette déviation d'une pratique essentiellement destructive est d'un heureux augure pour l'avenir de l'agriculture brésilienne; espérons que les habitants des Campos Geraes ne borneront pas à la culture du blé l'usage de la charrue, et que l'exemple qu'ils auront eu la gloire de donner finira par être imité dans les provinces plus septentrionales de l'empire brésilien.

Il faut le dire cependant, il est peu de pays auxquels la méthode défectueuse adoptée par les cultivateurs brésiliens convienne moins mal qu'aux Campos Geraes. Déjà favorisée sous tant de rapports par la nature, cette contrée jouit encore d'un très-grand avantage : les terres ne s'y épuisent pas en peu d'années, ainsi que cela a lieu dans la province des Mines, ou, si elles se fatiguent, il est facile de leur rendre, par un peu de repos, leur fertilité primitive.

---

(1) Les Campos Geraes sont aujourd'hui florissants, dit Pedro Müller (1838); mais c'est toujours, on ne saurait en douter, l'éducation des bestiaux qui fait la richesse des propriétaires de ce pays, car le même statisticien ajoute qu'ils ne sont pas de grands agriculteurs.

C'est encore au milieu des forêts incendiées qu'on cultive le maïs. On le plante une seule fois dans les terrains où les bois n'avaient jamais été coupés : après la récolte, on laisse communément reposer la terre pendant quatre années; ce temps écoulé, on coupe et l'on brûle les taillis (*capoeiras*) qui ont remplacé les bois vierges, et tous les quatre ans on peut recommencer ses plantations dans le même terrain, pourvu que l'on ait soin d'en éloigner le bétail. Il y a même bien des cantons où les taillis sont assez grands pour être coupés au bout de deux années, et ceux de dix-huit ans ont la même vigueur que les bois vierges eux-mêmes. C'est en novembre, à peu près avant le temps des plus grande pluies, que l'on plante le maïs, et on le récolte en juin. A la vérité, il est mûr dès les mois d'avril et de mai; mais on a observé qu'il pourrit quand on le cueille avant que les gelées aient achevé de le sécher, et c'est par cette raison qu'on attend le mois de juin pour faire la récolte. Ce grain, qui, dans d'autres parties du Brésil, rapporte jusqu'à 400 pour 1, ne produit pas ici plus de 100 à 150.

La canne à sucre et les caféiers ont leurs limites sur le plateau de S. Paul, en deçà des Campos Geraes (1); mais le cotonnier, moins ennemi du froid, a les siennes dans ce pays même, à environ 20 *legoas* de Curitiba. Au delà de l'endroit appelé *Serra das Furnas*, les capsules de cette

---

(1) On verra, dans le chapitre suivant, que, en se donnant quelque peine, le propriétaire de la *fazenda* de Cachambú était parvenu à avoir un petit champ de cannes à sucre. C'est probablement aussi par des soins particuliers que, en 1838, certains cultivateurs du district de Castro réussirent à récolter assez de cannes pour faire 50 *canadas* (209 litres) de tafia. (Voyez l'*Ensaio estatistico* de P. Müller, *tab.* 3.)

plante ne sont point encore mûres quand les gelées surviennent, et par conséquent il serait inutile de les cultiver ; plus au nord, au contraire, il ne commence généralement à geler qu'après la récolte, et, quand celle-ci est achevée, on a soin de couper au pied les tiges du cotonnier que le froid ferait périr (1). Je n'ai pas besoin de dire que le coton que l'on recueille dans une contrée où la température diffère extrêmement de celle qui convient le mieux à ce produit est d'une qualité fort inférieure.

On plante les haricots au mois d'octobre ; ils se cueillent en janvier et rendent environ 150 pour 1. Quand on les mêle avec le maïs, ils ne produisent rien.

Le blé se cultive dans les terrains qui ont été couverts de bois et dans les *campos*. On ne le plante pas, on le sème ; il rend peu quand il remplace immédiatement un bois vierge ; aussi a-t-on soin de ne le semer que sur les *capoeiras* ou taillis et dans les *campos*. Lorsqu'on veut mettre en blé une portion de *campo*, on commence par y faire parquer le bétail ; on donne un labour à la terre ; on sème à la main, et on recouvre le grain en faisant passer par-dessus, en guise de herse, la cime d'un arbre traînée par des bœufs. Le froment se sème deux ou trois années de suite dans le même parc sans qu'on y fasse rentrer les bestiaux. Quand les deux ou trois ans sont écoulés, on remet le bétail dans le parc, en commençant au mois de dé-

---

(1) A Minas Novas, pays fort chaud, qui fournit une très-grande quantité de coton, on brise aussi les tiges des cotonniers au-dessus du sol, mais c'est pour que la souche ait moins de bois à nourrir, et que le peu de hauteur de l'arbrisseau rende la cueillette des semences plus facile. (Voyez mon *Voyage dans la province de Rio de Janeiro et de Minas Geraes*, II, 108.)

cembre, époque de la récolte, et continuant jusqu'au temps des semailles, qui se font au mois de juin ; le champ se trouve encore fumé pour deux ou trois années, et de cette façon on peut toujours ensemencer la même terre. C'est à l'extrémité méridionale des Campos Geraes que l'on sème en juin et qu'on récolte en décembre ; du côté opposé, on fait les semailles en mars et la moisson en septembre ou en octobre. D'après les observations de tous les cultivateurs, il paraît que la récolte est d'autant meilleure que la gelée a été plus forte. Le froment cultivé dans ce pays est barbu et produit un grain fort petit ; je ne me rappelle pas, au reste, que jusqu'alors j'eusse vu aucune autre espèce de blé dans les diverses parties du Brésil que j'avais parcourues. Soit dans les *campos*, soit dans les terrains qui ont remplacé des bois, ce blé rapporte environ 16 pour 1 (1) ; mais, comme à Minas, les cultivateurs se plaignent beaucoup de la rouille. Le pain que l'on fait dans les Campos Geraes est fort blanc et très-savoureux. D'après ce que je viens de dire de la petitesse des grains du froment cultivé au Brésil, il me paraît évident que cette céréale a diminué de grosseur dans ce pays, comme elle avait déjà fait au Paraguay du temps d'Azara (2) ; par conséquent, il serait extrêmement essentiel que l'on tirât d'Europe de nouvelles

---

(1) Par les détails que j'ai donnés sur la manière dont on cultive le blé à Minas, on verra qu'on y plante le grain au lieu de le semer comme dans les Campos Geraes ; que, d'ailleurs, les semailles et la récolte se font à peu près aux mêmes époques dans les deux pays et que la semence rend autant dans l'un que dans l'autre. (Voyez mon *Voyage dans les provinces de Rio de Janeiro et de Minas Geraes*, I, 390.)

(2) *Voyage dans l'Amérique méridionale*, I, 139.

semences, et, si l'on ne prend pas ce parti, la dégénération ne s'arrêtera probablement pas au point où elle est aujourd'hui (1).

On cultive le riz sur le bord des rivières, principalement de celle d'*Assunguy* (2), qui n'est, comme je l'ai déjà dit, que le commencement du Ribeira d'Iguápe. On le plante en septembre, en le mettant par pincées dans des trous distants de 1 palme (22 centimètres) faits avec la bêche. Les champs de riz se nettoient une fois, mais on ne prend pas ce soin pour ceux de maïs, ni ceux de haricots ou de froment.

Le tabac se cultive également dans les parcs et dans les *capoeiras* incendiés. Quand on donne la préférence à celles-ci, on fume la terre et on la prépare à la bêche ; lorsque la plantation doit se faire dans un parc, on se contente de donner un labour avec la charrue. On sème en planches depuis la S. Jean jusqu'à la mi-août, et, avant l'époque de la transplantation, on dégarnit les planches, de manière qu'il y ait 1 palme de distance entre les différents pieds (22 centimètres). En octobre, on transplante ceux qui restent ; on les range en quinconce, et on laisse entre eux

_____

(1) M. le Dr Neves de Andrada était parti de France pour Rio Grande do Sul il y a quelques années, avec d'excellente semence de froment de Beauce et de blé noir de Sologne que je lui avais procurée ; je ne sais quel résultat il aura obtenu.

(2) On trouve *Açongui* dans les *Memorias da capitania de S. Vicente* de G. da Madre de Deos (93), *Assoungui* dans le *Diario da Viagem*, etc., de Martim Ribeiro de Andrada (*Revista trim.*, II, 2e sér.); enfin *Arassungui* sur la carte fort utile de la province de S. Paul qui a paru à Rio de Janeiro en 1847. Cazal, généralement si exact, écrit, comme moi, *Assunguy*, et c'est bien certainement de cette manière qu'on prononce dans le pays.

4 palmes (88 centimètres). On conserve la terre toujours propre, on la ramasse au pied de la jeune plante, et on enlève les feuilles inférieures. Quand les boutons commencent à paraître, ce qui arrive en janvier, on retranche la sommité de chaque pied ; depuis cette époque, on a soin d'ôter de huit en huit jours les bourgeons qui se forment à la base de la tige et à l'aisselle des feuilles, et l'on continue jusqu'à la maturité, qui a lieu en février. On reconnaît que la plante est mûre lorsque, en pliant les feuilles, on les brise. Ce sont celles d'en haut que l'on éprouve ainsi, par la raison que, lorsqu'elles sont mûres, celles d'en bas ne manquent jamais de l'être. Après avoir cueilli les feuilles, on les suspend à un séchoir, en les appliquant deux à deux l'une sur l'autre. Le séchoir est fait avec deux grandes gaules qu'on enfonce dans la terre, et auxquelles on cloue, de distance en distance, des baguettes transversales placées deux par deux l'une devant l'autre. Une des baguettes se cloue d'un côté de la gaule, et l'autre du côté opposé, de manière qu'il y ait entre elles un espace correspondant à l'épaisseur de la gaule, et c'est dans cet espace que l'on fait passer les feuilles pour les suspendre. On les laisse un certain temps sur le séchoir, qu'on a eu soin d'établir sous un hangar ; puis, après avoir tiré leurs côtes moyennes, on les file sur un cylindre auquel est fixé un tourniquet. Quand une certaine quantité de corde a été filée, on la déroule sur un bâton ; deux fois par jour, on tord sur le cylindre la corde de chaque bâton ; à chaque fois on la remet sur le bâton, et l'on continue ainsi jusqu'à ce que le tabac soit parfait (1).

(1) La manière de cultiver le tabac à Minas et les procédés qu'on suit

Quelques personnes ont semé le lin dans les Campos Geraes, et il a parfaitement réussi ; on m'a même assuré que l'on pouvait en faire trois récoltes par année. Il y avait dans les environs de la *fazenda* de Jaguariaiba un homme de la *comarca* de S. João del Rei qui cultivait le lin et en faisait des tissus dont il habillait les gens de sa maison. Il aurait été facile aux cultivateurs du voisinage de savoir quels procédés il suivait, mais personne n'avait voulu prendre la peine de s'en informer. La culture du lin pourrait cependant devenir très-utile aux habitants des Campos Geraes. On sait, en effet, combien nos toiles si fraîches et si agréables à porter étaient recherchées dans les parties chaudes de l'Amérique, avant que nos guerres avec l'Angleterre eussent forcé les colons à se contenter des tissus de coton ; si, dans leur propre pays, ils retrouvaient ceux de chanvre ou de lin que j'ai vu regretter avec tant d'amertume (*bretanhas da França*), ils n'hésiteraient certainement pas à y revenir.

Ce ne sont pas seulement notre lin et nos céréales que l'on cultive dans cette belle contrée, on y plante avec succès presque tous nos arbres fruitiers ; malheureusement, comme j'ai déjà eu occasion de le dire (1), l'époque des

---

dans les Campos Geraes pour la même plante se ressemblent, à quelques différences près, résultat nécessaire de celles du climat dans les deux pays. (Voyez mon *Voyage dans les provinces de Rio de Janeiro et de Minas Geraes*, I, 418.) — Le ministre de l'empire dit, dans son rapport à l'assemblée législative générale de 1847, qu'il a envoyé à S. Paul des semences de tabac de la Havane et de Maryland, avec des instructions sur la manière de cultiver ces variétés (*Annuario, anno* 1827, 25). Je souhaite que ces semences aient un meilleur sort que celles dont j'ai fait l'envoi à Paris, lorsque j'étais au Brésil.

(1) Voyez le premier chapitre de cet ouvrage.

pluies les plus abondantes coïncide avec celle de la maturation des fruits, et ceux-ci n'atteignent jamais ou presque jamais le dernier degré de perfection. Il faut cependant excepter les figues, qui, comme celles de Minas, sont excellentes. J'ai aussi mangé, en février, de très-bons raisins blancs; mais, en général, ces fruits, comme les autres, ne mûrissent qu'imparfaitement : la vigne ne craint point de très-fortes chaleurs, mais il ne faut pas, pour cette plante, qu'à une température sensiblement élevée il se joigne une trop grande humidité; les raisins qui mûrissent à Goyaz au temps de la sécheresse, et n'ont été humectés que par la rosée des nuits, sont délicieux; ceux des Campos Geraes restent médiocres. Le pêcher s'est presque naturalisé en ce pays (1), et on l'emploie même pour faire des clôtures; comme à S. Paul (2), il est le premier de tous les arbres fruitiers qui porte des fleurs; il perd ses feuilles, chaque année, dans le courant du mois d'août, fleurit immédiatement après, et produit une immense quantité de fruits que l'on commence à manger en février. Les cerisiers et les pruniers donnent les leurs dès le mois de janvier, et j'ai encore mangé, dans les premiers jours de février, des prunes qui étaient assez bonnes pour l'espèce à laquelle elles appartenaient. On commence à cueillir les pommes et les coings dans le courant de février, et on continue jusqu'en avril. Les poiriers, m'a-t-on dit, portent de bons fruits. Quant aux bananiers, on peut considérer la ville d'Itapéva comme étant sur le plateau de S. Paul, leur

---

(1) On verra ailleurs qu'il en est de même dans la province plus méridionale des Missions.
(2) Voyez le chapitre du premier volume intitulé, *La ville de S. Paul.*

véritable limite ; cependant on obtient encore de très-bonnes bananes dans les Campos Geraes lorsqu'on choisit des expositions favorables, et qu'on donne à la plante des soins particuliers.

D'après tout ce que je viens de dire, on voit que je n'ai point eu tort de surnommer les Campos Geraes le *Paradis terrestre du Brésil*. De toutes les parties de cet empire que j'avais parcourues jusqu'alors, il n'en est aucune où l'on pût établir avec plus de succès une colonie de cultivateurs européens ; ils y trouveraient un climat tempéré, un air pur, les fruits de leur pays, un terrain où, sans des efforts extraordinaires, ils pourraient se livrer à tous les genres de culture auxquels ils sont accoutumés. Comme les habitants du pays, ils élèveraient des bestiaux ; ils en recueilleraient le fumier pour fertiliser leurs terres, et, avec un laitage aussi crémeux que celui des contrées montagneuses de la France, ils feraient du beurre et du fromage qui trouveraient des consommateurs dans les parties plus septentrionales du Brésil. Quel avantage, par exemple, on eût procuré à ce pays si, au lieu d'envoyer la colonie suisse à Cantagallo, on l'eût établie dans la partie des Campos Geraes voisine des terres habitées par les Indiens sauvages. Par leur nombre, ils auraient intimidé ces barbares et mis le pays à couvert de leurs ravages ; ils auraient enseigné aux anciens habitants les pratiques de l'agriculture européenne, qui sont certainement applicables à cette contrée, et, selon toute vraisemblance, l'auront été plus difficilement aux terres voisines de Rio de Janeiro. Heureux dans leur nouvelle patrie, dont l'aspect leur eût, en certains endroits, rappelé les lieux où ils étaient nés, ils eussent peint le Brésil à leurs compatriotes sous les plus belles couleurs, et cette partie de l'empire eût acquis une population active et vigoureuse (1).

(1) Des colons suisses appelés au Brésil par le gouvernement du roi Jean VI furent établis en 1820 dans les environs de Cantagallo, à environ 32 lieues de Rio de Janeiro. Ces hommes étaient mal choisis ; la plupart d'entre eux désertèrent ; mais la colonie s'est reformée depuis, et il paraît qu'elle est actuellement dans un état assez prospère.— On trouvera des détails sur le Novo Friburgo dans le *Diccionario* de MM. Milliet et Lopes de Moura, ainsi que dans les ouvrages de Gardner et de madame Ida Pfeiffer (*Travels*, 515 ; — *Frauenfahrt*, I, 84). — J'étais à Rio de Janeiro lorsque se négocia toute l'affaire de la colonisation de N. F. Mon ami M. Maller, chargé des affaires de France, écrivait au ministre à Paris : « Il y a ici un aventurier qui traite avec le gouvernement portugais de « l'établissement d'une colonie suisse au Brésil ; il trompera le gouver- « nement, et celui-ci le trompera à son tour. » Il n'en fut réellement pas ainsi ; le roi Jean VI fut trompé par tout le monde. Il avait à sa disposition des terrains immenses, et ceux qui l'entouraient lui firent acheter une *fazenda* qui, située dans un canton peu fertile, ne produisait presque plus rien. D'un autre côté, l'aventurier Gachet s'était engagé à amener à Rio de Janeiro des agriculteurs, et parmi les hommes qu'il y conduisit il y en avait qui peut-être n'avaient jamais vu labourer ou semer. Ce Gachet me fit une visite ; c'était un petit personnage large et contrefait, d'environ quarante-cinq à cinquante ans, dont la tête était grosse et longue, l'air commun, le langage fort incorrect, mais dont la physionomie indiquait beaucoup d'intelligence et de vivacité. Je crus devoir lui adresser quelques paroles graves : Monsieur, lui dis-je, je suis sûr qu'en très-peu de temps je réunirais, pour les faire venir au Brésil, autant d'Européens que l'on voudrait ; mais ce seraient des aventuriers, des gens sans consistance dont il ne m'aurait pas été difficile de monter la tête ; ce n'est pas là ce qu'on attend de vous ; le gouvernement de ce pays vous témoigne assez de bienveillance pour que vous vous conformiez strictement à ses intentions, en n'amenant ici que des cultivateurs honnêtes. Gachet me promit qu'il n'agirait pas autrement ; on sait de quelle manière il a tenu parole.

CHAPITRE XV.

COMMENCEMENT DU VOYAGE DANS LES CAMPOS GERAES. — LA FAZENDA DE JAGUARIAIBA. — LES INDIENS COROADOS. — LA FAZENDA DE CACHAMBÚ.

Encore l'Itareré et les singularités qu'il présente. — Le *Rio do Funil;* la grotte où il se précipite. — Un rocher couronné par des plantes grasses. — Aspect du pays à l'entrée des Campos Geraes. — La *fazenda de Morangáva;* pluies abondantes; désagréments. — La campagne au delà de Morangáva. — Le *Rio Jaguaricatú.* — Un chemin affreux.— *Fazenda de Boa Vista;* une croix.— *Rio de Jaguariaiba;* un paysage. — L'auteur s'éloigne de la route fréquentée pour se rapprocher des terres habitées par les Indiens sauvages. — Esquisse rapide de son voyage entre le Jaguariaiba et la ville de Castro. — Description de la fazenda de *Jaguariaiba;* portrait du propriétaire, le colonel Luciano Carneiro; le vacher et les veaux entrant dans le *curral.*— Les Coroados de Jaguariaiba; manière de leur faire la chasse. — Comment on expédiait les dépêches. — Générosité du colonel Luciano Carneiro.— Un *campo* parsemé d'arbres rabougris.— Description de la *fazenda de Cachambú;* ses jardins; époque de la maturation des fruits. — M. Xavier da Silva, propriétaire de Cachambú; différence qu'il y avait entre lui et ses voisins.

Le lendemain du jour que je passai au hameau d'Itareré, le temps était couvert et annonçait de la pluie. Le caporal auquel j'étais recommandé ne cessait de me répéter qu'il ne tomberait pas d'eau; je n'en croyais rien, mais comme je vis que cet homme avait la plus grande envie de se rendre sans retard à la *fazenda de Morangáva*, la halte la plus voisine, je me décidai, par complaisance, à me mettre en route (1).

A environ 1/4 de lieue du hameau, on trouve l'Itareré. L'endroit où on le passe fait partie de l'intervalle compris entre les deux cascades que j'ai déjà décrites (chap. XIII), et où il est recouvert par les rochers qui le bordent. On a construit un petit pont en bois au-dessus du ravin, au fond duquel il coule, et pour passer ce pont les mulets sont forcés de descendre sur des rochers aplatis qui se succèdent à des hauteurs différentes en manière d'escalier. Comme je l'ai dit, ceux au-dessous desquels coule la rivière laissent entre eux une fente étroite qui s'étend jusqu'au lit de cette dernière, et à peu de distance du pont on voit un endroit où la fente elle-même disparaît complétement.

En marchant dans le ravin on trouve, à quelques pas

---

(1) Itinéraire approximatif de l'Itareré à la ville de Castro en passant par les terres voisines de celles des Indiens sauvages.

Du hameau d'Itareré à Morangáva, fazenda.	
De M. à Boa Vista, habitation.	2 1/2 legoas.
De B. V. au Porto do Jaguariaiba.	3
Du P. do J. à la fazenda de Jaguariaiba.	2
De J. à Cachambú, fazenda.	5
De C. à la fazenda do Tenente Fugaça.	2
Du Tenente F. à Fortaleza, habitation.	6
De F. à l'embouchure de l'Hyapó.	2 1/2
De l'H. à Guartela, fazenda.	2
De G. à Igreja Velha, sitio.	1 1/2
Un sitio.	4 /12
Castro, ville.	2
	33 legoas,

sans y comprendre la distance de l'Itareré à Morangáva que je ne puis indiquer.

du pont, un trou large et arrondi qui, à vue d'œil, me parut avoir de 16 à 20 mètres de profondeur. Il est creusé dans le rocher, et celui-ci le recouvre en formant au-dessus de lui une sorte de voûte. Comme cette espèce de puits occupe à peu près le milieu du ravin, je croyais d'abord que l'Itareré devait y passer; mais il n'en est pas ainsi. On distingue parfaitement le fond du trou, où l'on n'aperçoit que des rocailles à peine baignées d'un peu d'eau qui s'échappe à travers les rochers; et, par conséquent, il faut que la rivière coule au-dessous du puits, à une profondeur plus grande encore.

Mon guide me fit remonter le ravin dans un espace de quelques portées de fusil, et nous arrivâmes à un endroit où les voyageurs ont coutume de jeter des pierres dans la fente que les rochers laissent entre eux, afin de juger à peu près à quelle profondeur coule la rivière. Nous jetâmes successivement plusieurs pierres; nous les entendions bondir de rocher en rocher, et ce n'est qu'au bout de 30 à 40 secondes que nous reconnaissions, par la nature du bruit, qu'elles étaient arrivées jusqu'à l'eau.

Continuant notre route, nous trouvâmes, à 1/4 de lieue de l'Itareré, une petite rivière peu profonde, large d'environ 10 pieds, qui vient du côté de l'est et coule avec rapidité sur un lit de rochers aplatis. Cette rivière ne traverse pas le chemin. Immédiatement au-dessus de l'endroit où il passe, elle rencontre une sorte d'entonnoir creusé dans le roc; elle s'y engouffre avec impétuosité et disparaît entièrement. Mais ce n'est pas pour longtemps qu'elle se dérobe à la lumière; on la revoit bientôt de l'autre côté du chemin, dans un ravin profond, où son cours est dessiné par une lisière épaisse d'arbres et d'arbrisseaux. Mon guide me fit descendre à l'endroit où le ravin commence, et là un spectacle inattendu s'offrit à mes regards. Je me trouvai à l'entrée d'une grotte fort grande et à peu près triangulaire au fond de laquelle est une ouverture qui donne sur une petite salle arrondie, et du haut de celle-ci je vis avec admiration tomber rapidement une colonne d'eau écumeuse et blanchâtre qui n'est autre chose que la rivière. La lumière affaiblie qui pénètre par l'entonnoir éclaire la colonne d'eau ainsi que la salle où elle tombe, et produit un effet charmant qu'il est impossible de rendre (1).

L'ouverture qui établit une communication de la salle de l'entonnoir avec la grotte extérieure est triangulaire et moins large en bas qu'en haut. L'eau s'échappe par cet étroit passage ; elle mugit et forme une petite cascade, en s'écoulant dans la grotte extérieure qui est plus basse de quelques pieds que la salle intérieure. L'une et l'autre sont également pratiquées dans le rocher ; la première peut avoir 5 mètres de haut et offre, à sa partie supérieure, une sorte de plafond très-égal. L'eau couvre tout le fond de la grotte, à l'exception d'un endroit où sont quelques pierres entassées, et de là elle s'écoule dans un ravin dont j'ai déjà parlé et qui est bordé d'un épais fourré d'arbres et d'arbrisseaux. De grandes lianes dépourvues de feuilles se balancent comme des cordages devant l'entrée de la grotte,

---

(1) A peine de retour en France, j'ai fait connaître cette singulière chute dans l'*Aperçu de mon voyage au Brésil*, imprimé au vol. IX des *Mémoires du muséum*, et j'ai reproduit ma description dans l'*Introduction de l'Histoire des plantes les plus remarquables du Brésil et du Paraguay*, p. xxxviij.

et les branchages des arbres voisins la rendent impénétrable aux rayons du soleil.

La rivière que je viens de faire connaître emprunte son nom de l'espèce d'entonnoir où elle se précipite, et s'appelle *Rio do Funil* (rivière de l'entonnoir).

A peu de distance de cette rivière, nous vîmes un rocher fort remarquable. Il est isolé au milieu d'un *campo* et forme une sorte de pyramide renversée d'environ 5 mètres de haut, terminée par un large plateau. Sur ce dernier croissent des touffes de *Tillandsia* et d'autres plantes grasses : on dirait un autel où l'on a fait une offrande de fleurs (1).

Non-seulement l'Itareré forme, comme je l'ai dit, la limite des Campos Geraes, mais il sépare le *district* d'Itapéva de celui de Castro, et la *comarca* d'Hytú de celle de Curitiba.

De l'autre côté de cette rivière, la campagne change entièrement d'aspect; le pays devient montueux, et l'on ne découvre plus une aussi grande étendue de pâturages; des rochers se montrent sur le flanc des collines; l'immobile et sombre *Araucaria* s'élève de tous côtés, tantôt isolé, tantôt groupé avec d'autres arbres; les gazons, moins

(1) « En parcourant les sombres forêts de pins des Goyanas, dit « M. Debret (*Voyage pittoresque*, I, 29), vous verrez, de distance en dis-« tance, d'énormes blocs de granit dans lesquels sont creusés de vastes « fours, salles sépulcrales des sarcophages révérés. » Sans nier absolument l'existence de ces salles, je dois dire que je n'en ai vu aucune, et pourtant j'ai parcouru les forêts de pins depuis la fin de janvier jusqu'à la fin de mars ; personne, dans le pays, ne m'a dit le moindre mot de toutes ces choses ; enfin je ne trouve, dans aucun des auteurs que j'ai pu consulter, rien qui ressemble au récit du peintre français. C'est peut-être l'espèce de pyramide renversée dont je parle ici ou quelque autre du même genre, s'il en existe, qui aura donné lieu à ce récit singulier.

fournis, sont d'un vert plus foncé, et le terrain, presque partout noir et sablonneux, achève de prêter une teinte obscure à l'ensemble du paysage.

Malgré les prédictions de mon guide, il plut presque toute la journée, et je recueillis fort peu de plantes.

Je fis halte à une *fazenda de crear*, celle de *Morangáva* ou *Morongáva* (1), qui avait quelque importance. Elle appartenait à un riche particulier de S. Paul qui y laissait un de ses fils. Outre les cases à nègres et quelques chaumières qui servaient à l'exploitation de la ferme, il y avait, pour le maître, une petite maison couverte en tuiles qu'il m'abandonna presque tout entière. Je n'en étais pas mieux, car il paraît que, depuis l'époque à laquelle la maison avait été construite, on n'y avait pas fait la moindre réparation. Les murailles étaient à jour, le toit à moitié découvert; l'eau tombait de tous les côtés, et il n'y avait pas une chambre où l'on ne marchât dans la boue. Nous eûmes beaucoup de peine à trouver, pour y placer mon lit et mes malles, un endroit où il ne plût pas.

Le lendemain, 28 janvier, il pleuvait encore, et je restai à Morangáva. C'était assurément bien malgré moi, car il était impossible d'être plus mal. Je ne savais où me réfugier pour n'être pas mouillé, et j'étais continuellement aux expédients pour garantir mes malles de l'humidité. Pendant que j'écrivais, des gouttes d'eau tombaient sur mon livre, le vent emportait mes papiers, des chiens s'embarrassaient dans mes jambes, et les gens qui passaient et repassaient m'obligeaient de changer continuellement de place.

(1) Du guarani *Monoöngáva*, rassemblement, réunion.

Je savais alors pourquoi le caporal du hameau d'Itareré qui m'avait accompagné jusqu'à Morangáva avait eu un si grand désir de s'y rendre, et m'avait fait partir du hameau malgré la pluie. Le propriétaire de la *fazenda* devait commencer, le 28, à châtrer ceux de ses taureaux qui étaient destinés à être vendus l'année suivante ; ses voisins s'étaient réunis pour l'aider, et ils avaient amené avec eux leurs enfants et leurs femmes. Dans un autre pays, cette réunion aurait donné lieu à une petite fête ; on aurait chanté, on aurait ri, on aurait dansé ; ici tout le plaisir se borna à voir châtrer les taureaux.

La veille, on avait formé le *rodeo;* au moment où nous étions arrivés, les *vaqueiros*, le propriétaire de l'habitation et ses voisins arrivaient à cheval, de leur côté, chassant devant eux les taureaux qu'ils avaient réunis, et ils galopaient tantôt à droite, tantôt à gauche, pour empêcher ces animaux de s'écarter. On fit entrer ceux-ci dans le *curral*, on les y enferma, et le lendemain commença la castration, qui fut pratiquée comme je l'ai dit plus haut (1). Ceux qui y prenaient part restaient dans l'intérieur du *curral;* les curieux, principalement beaucoup de femmes et d'enfants, regardaient en dehors, montés sur les pieux qui environnaient cette espèce de parc.

Comme la pluie ne cessait de tomber, je passai une troisième journée à Morangáva, où je continuais à être horriblement mal, quoique le propriétaire fît ce qu'il pouvait pour rendre son habitation moins désagréable. Je ne mangeais point avec lui, et il est assez vraisemblable qu'il n'avait pas d'ordinaire fixe ; mais, ayant fait tuer une vache

(1) Voyez p. 15.

pour régaler ses voisins, il m'envoyait régulièrement, matin et soir, un plat de viande rôtie.

Je profitai d'un court intervalle de beau temps pour aller herboriser, et je suivis un ruisseau qui coule, près de la *fazenda*, dans un ravin profond. Tantôt les bords de ce ruisseau sont garnis de rochers noirâtres et escarpés qui se montrent à fleur de terre ; quelquefois ils n'offrent que des herbes ; plus souvent il y croît ou des arbres ou de nombreux arbrisseaux pressés les uns contre les autres. Souvent l'immobile et majestueux *Araucaria* s'élève au milieu des rochers. Plusieurs ruisseaux se réunissent à celui dont je suivais le cours, et l'un d'eux, se précipitant sur des rocs noirâtres ombragés par des *Araucaria*, forme une nappe dont l'éclatante blancheur contraste avec les teintes sombres des objets environnants. Ce fut une autre chute d'eau qui mit un terme à ma promenade. Elle est formée par un ruisseau qui, après avoir coulé sur un lit de rochers aplatis, tombe d'une hauteur d'environ 16 à 20 mètres dans le ruisseau principal. Je regrettai beaucoup de ne pouvoir passer sur l'autre rive de ce dernier, où j'aurais pu mieux jouir de la vue de la cascade.

Sur le soir, le colonel Diogo, dont j'ai déjà parlé, arriva à Morangáva avec sa nombreuse suite (1) ; il acheva d'encombrer la maison, et, pour avoir sur lui un jour d'avance, je me décidai à partir le lendemain matin, quoique le temps fût encore à la pluie.

Le pays que je parcourus avant d'arriver au *Rio Jaguaricatú* (bon chien) est montueux et coupé de nombreux vallons arrosés par des ruisseaux. Des rochers noirs se

---

(1) Voyez le volume précédent.

montrent, de tous côtés, sur le flanc des collines. Quelquefois l'*Araucaria* s'élève isolé au milieu des pâturages et laisse voir toute la majesté de son port; plus souvent il est confondu, parmi d'autres arbres, dans les bois sombres qui croissent au fond des vallées et sur les bords des ruisseaux. Partout on voit entre ces arbres des nappes d'eau blanches et écumeuses, qui se précipitent du haut des collines, font ressortir le vert foncé des *Araucaria*, mugissent et tombent au fond des vallons. Le paysage n'offre pas cet air de gaieté qu'il avait en deçà de l'Itareré; mais il est plus varié et plus pittoresque.

Après avoir traversé un bois assez sombre, j'arrivai au Rio Jaguaricatú, l'un des affluents de l'Itareré (1). Cette rivière, qui n'a qu'une faible largeur, est guéable dans les temps secs; mais, après des pluies considérables, elle devient un torrent que les chevaux et les mulets ne peuvent passer à la nage sans courir le risque d'être entraînés. Pendant que j'étais à Morangáva, des dépêches très-pressées étaient restées toute une journée dans cette habitation, parce qu'alors on ne pouvait traverser la rivière avec sûreté. Quand j'arrivai sur ses bords, elle était moins considérable; mes effets furent transportés dans une pirogue; les mulets traversèrent l'eau à la nage. Le passage du Jaguaricatú n'était point affermé, parce que, la plupart

(1) Je crois devoir me conformer ici à l'indication donnée par M. de Villiers, auteur de la carte topographique de la province de S. Paul (Rio de Janeiro, 1847). Cazal, suivi par Milliet et Lopes de Moura, dit que le Jaguaricatú qu'il écrit *Jaguaryquatú* se réunit au Tibagy (*Corog. Braz.*, I, 213;—*Dicc. braz.*, I, 520); mais, lorsqu'on connaît la position respective de ces rivières, un instant de réflexion suffit pour montrer qu'il est impossible qu'il en soit ainsi.

du temps, cette rivière est guéable. La pirogue sur laquelle on la traversait appartenait à un cultivateur qui, ordinairement, la cachait (1820) pour empêcher qu'elle ne fût volée par les Indiens sauvages (1).

A peine étais-je sur l'autre rive du Jaguaricatú, que j'entrai dans un bois où le chemin était effroyable. On n'y avait jamais coupé un arbre; les voyageurs s'étaient frayé un passage entre les troncs les moins rapprochés les uns des autres; l'ombre des branches empêchait la boue de sécher, et les mulets enfonçaient sans cesse dans des trous profonds. Après avoir traversé ce bois, j'entrai dans un *campo*, et bientôt j'aperçus la *fazenda* où je devais faire halte.

Cette habitation, appelée *Boa Vista* (belle vue), nom de lieu fort commun au Brésil, appartenait à un riche colonel de milice, M. LUCIANO CARNEIRO, qui demeurait un peu plus loin. C'était encore une *fazenda de crear*, car il n'y en a pas d'autre dans tout ce pays. Le propriétaire y entretenait quelques esclaves, qui étaient dirigés par le plus intelligent et le plus fidèle d'entre eux; mais, comme il visitait quelquefois cette habitation, il y avait fait construire une maisonnette, qu'il entretenait avec soin. Après avoir passé les jours précédents dans une demeure humide, dérangé à chaque minute, forcé sans cesse de changer de place, sans cesse aux expédients pour trouver un endroit où il ne plût pas, je jouis d'une sorte de bonheur en me trouvant dans une petite chaumière bien sèche, où je travaillais avec toute la tranquillité que je pouvais désirer.

(1) Il paraît que, depuis 1820, on a construit un pont sur le Jaguaricatú (MULLER, *Ensaio*, 54).

Entre Boa Vista et le *Rio Jaguariaiba*, le pays est le même; partout une profonde solitude et aucune apparence de culture.

A 2 lieues de Boa Vista, je passai devant une croix; elle avait été élevée sur le bord du chemin, non loin d'un endroit où quelques personnes avaient été tuées par les Indiens sauvages, et, si sa vue pouvait faire naître une certaine crainte chez le campagnard et chez le voyageur, elle les rappelait aussi à des sentiments de miséricorde et au devoir de pardonner.

Après avoir fait une lieue au delà de cette croix, je m'arrêtai, pour y passer la nuit, sur les bords du *Rio Jaguariaiba* (1). Cette rivière coule avec rapidité entre des collines. A l'endroit où on la passe, et que l'on nomme *Porto do Jaguariaiba*, on voyait sur ses deux rives quelques chaumières éparses entourées d'orangers (1820). Un bois sombre, presque entièrement formé d'*Araucaria*, s'élevait sur la rive gauche de la rivière, et à peu de distance des maisons on avait fait une plantation de maïs (2). On avait laissé au milieu de cette dernière quelques *Araucaria* qui se montraient isolément dans toute leur majesté, et dont les teintes sombres contrastaient avec le vert gai

---

(1) J'indique cette rivière sous le nom qu'on lui donne dans le pays; mais Pedro Müller et l'auteur de la carte de S. Paul publiée à Rio de Janeiro, en 1847, ont écrit *Jaguaraiva*. Ce serait encore moins *Jaguarihyba* et *Jocuriahy* qu'a admis Cazal. On m'a dit, en Amérique, que *Jaguariaiba* signifiait la rivière du chien; je serais plutôt tenté de faire dériver ce mot de *yáguáraï*, chien, et *aybà*, broussailles, les *broussailles des chiens* (Ruiz da Montoya, *Tes. leng. guar.*, 24, 186.)

(2) Ce sont sans doute ces chaumières qui sont devenues le noyau de la nouvelle paroisse de *Jaguariaiba* indiqué dans l'*Ensaio* de Müller (p. 54) et sur la carte de S. Paul de 1847.

du maïs. Ce paysage, très-pittoresque, avait cependant une physionomie un peu austère, qu'il devait principalement au port des *Araucaria* et à la couleur obscure de leur feuillage.

Le Jaguariaiba est guéable dans les temps de sécheresse; dans celui des pluies, les hommes le passent dans une pirogue, et les mulets le traversent à la nage (1820). Mon passe-port royal (*portaria*) m'exempta encore du péage (1).

Celui qui le percevait était un Portugais d'Europe qui tenait une petite *venda* de l'autre côté de la rivière. Il me logea dans une maisonnette couverte de feuilles de palmier, où l'eau tombait encore, mais beaucoup moins qu'à Morangava et dans les maisons où je m'étais arrêté en deçà de cette ferme.

En partant du Rio Jaguariaiba, je quittai la route directe du Sud pour parcourir avec détail les Campos Geraes, en prendre une idée exacte et visiter plusieurs *fazendas* qui appartenaient à des hommes riches. Je m'écartai du côté de l'est et traversai le *Rio da Cinsa*; parcourant des sentiers peu fréquentés, je m'approchai, autant qu'il était possible, des terres habitées par les Indiens sauvages; je descendis, presque au confluent de l'*Hyapó* et du Tibagy, au-dessous de la latitude de Castro; enfin, remontant vers le nord-ouest, j'arrivai à cette ville, après avoir décrit, dans ma marche, une espèce de C et fait environ 27 *legoas* dans un espace de seize jours. Des hommes riches entreprenants et courageux ont formé dans ces déserts des éta-

---

(1) Depuis l'époque de mon voyage, il a été construit un pont sur le Jaguariaiba.

blissements importants; mais, à l'époque de mon voyage, ils n'avaient pas encore été suivis par beaucoup de colons pauvres, et entre de grandes *fazendas* je ne trouvais point de chaumières.

Après avoir passé la nuit sur le bord de Jaguariaiba, je montai sur la colline assez roide qui s'élève au-dessus de cette rivière; j'entrai dans un bois entièrement composé d'*Araucaria*; ensuite je traversai des *campos*, puis j'arrivai à la *fazenda* de *Jaguariaïba*, propriété du colonel Luciano Carneiro, auquel j'étais recommandé par plusieurs personnes et dont j'ai déjà dit quelque chose. Du *campo* très-élevé où est située cette habitation, l'on découvrait une des vues les plus étendues que j'eusse admirées depuis bien longtemps. Le pays est ondulé et offrait, de tous côtés, d'immenses pâturages à peine parsemés de quelques bouquets d'*Araucaria*. Dans le lointain, on aperçoit plusieurs mornes élevés qui faisaient partie des terres occupées alors par les Indiens sauvages.

La *fazenda* de Jaguariaiba se composait d'une douzaine de cases à nègres, de quelques chaumières qui servaient à l'exploitation du domaine et de la maison du maître. Celle-ci était la plus considérable de toutes celles que j'avais vues depuis Sorocába; mais elle eût été regardée comme une des moindres habitations de la partie orientale de Minas Geraes. En arrivant, on entrait dans un grand corridor, sur lequel ouvraient trois petites chambres obscures réservées pour les étrangers. On communiquait par une porte de l'appartement des femmes au corridor; à chacune des extrémités de celui-ci était une petite pièce, et de l'une des deux on avait fait un oratoire. Le bâtiment était sans plafond, et les murs des chambrettes destinées pour les étrangers n'allaient pas jusqu'au toit. Une rangée d'arbres de l'espèce appelée *figueiras do campo* et d'*aroeiras* (*Schinus aroeira* ou *terebinthifolius*) abritait la maison des vents du sud, souvent très-violents dans ce lieu élevé, et donnait un bel ombrage. Derrière ces arbres étaient les *curraes*, où, à l'époque de mon voyage, on renfermait un nombre considérable de bestiaux.

Je fus parfaitement accueilli par le colonel, dont la figure portait une expression de bonté que son caractère bien connu ne démentait pas ; on le citait parmi les propriétaires les plus riches de ce canton, et tout le monde s'accordait à dire qu'il faisait un très-bel usage de sa fortune.

Peu d'instants après mon arrivée, le colonel me mena voir ses vaches et leurs veaux, qui entraient dans le *curral*. Les vachers, à cheval, les faisaient avancer devant eux, et, sitôt qu'une vache s'éloignait du troupeau, ils la ramenaient en galopant.

Le colonel se plaignait beaucoup du voisinage des Indiens ennemis, qui quelquefois attaquaient les habitations des Paulistes. Comme la population blanche avait diminué depuis quelque temps par les raisons que je dirai bientôt, les sauvages étaient devenus plus hardis, et la sécheresse de 1819, dont ils avaient aussi éprouvé les tristes effets, avait encore contribué à augmenter leur audace. Ils s'étaient répandus tout récemment dans les pâturages du colonel ; ils avaient tué quelques chevaux, et ils en avaient mangé la chair, ce qu'ils n'avaient jamais fait jusqu'alors. Peu de jours avant mon arrivée à Jaguariaíba, on les avait vus rôder dans le voisinage de l'habitation ; sur-le-champ le colonel avait donné ordre à quelques-uns de ses soldats de se rendre chez lui pour aller à leur poursuite, et j'étais à peine depuis quelques heures dans la *fazenda*, que je vis paraître huit hommes à cheval, bien armés, tout prêts à marcher le lendemain contre l'ennemi. Quelques-uns avaient déjà pris part à cette espèce de chasse, et me donnèrent des détails sur la manière dont elle se faisait. On cherchait avec soin la trace des Indiens, et, quand on l'avait découverte, on la suivait jusqu'à ce qu'on fût arrivé à leur demeure; on fondait sur eux à l'improviste; les hommes prenaient la fuite sans se défendre aussitôt qu'ils entendaient les coups de fusil, et l'on s'emparait des femmes et des enfants. Comme les Indiens, espérant se venger, se mettent ordinairement en embuscade sur le chemin par lequel les blancs ont passé, on faisait un circuit pour les éviter au retour.

Les Paulistes donnent aux Bugres (1) les plus voisins du Jaguariaiba le nom de *Coroados*, parce que, disent-ils, ces sauvages ont coutume de se faire, sur le milieu de la tête, une petite tonsure, en portugais *coroa*. D'après le rapport unanime des habitants du pays les mieux instruits, ces Indiens se construisent des maisons avec des bâtons croisés à la manière des Brésiliens-Portugais, et ils les couvrent de feuilles de bambou ou de palmier; mais ils n'en garnissent point les murs avec de la terre, et ils les font extrêmement longues, de manière que plusieurs familles peuvent habiter la même demeure (2). Ces sauvages, comme les Guanhanans, cultivent les haricots et le maïs,

---

(1) Voir le volume précédent.
(2) Les Indiens que les Portugais trouvèrent sur le littoral, à l'époque de la découverte, construisaient aussi de très-longues cabanes où plusieurs familles demeuraient ensemble. (Ferdinand Denis, *Brésil*, 16.)

et il paraît qu'ils ne sont point étrangers à divers genres d'industrie. Un des soldats de milice qui étaient venus à la *fazenda* de Jaguariaiba pour les attaquer me montra une saie de femme coroada d'un tissu à la vérité très-grossier, mais extrêmement fort. Une Indienne coroada qui avait été prise à la guerre, et que le colonel gardait dans sa maison, me dit que, pour faire ce genre de tissu, on employait l'écorce d'une certaine liane, qu'on la mettait d'abord dans l'eau, qu'ensuite on la battait avec des morceaux de bois pour la réduire en étoupe, qu'avec celle-ci on formait des espèces de cordes en la roulant sur sa cuisse (1), et qu'enfin le tissu se faisait avec les doigts, sans le secours de l'aiguille ni d'aucun instrument analogue.

Outre la peuplade des Coroados, il y en avait plusieurs autres dans le voisinage de Jaguariaiba qui souvent se faisaient la guerre entre elles. L'Indienne coroada du colonel Luciano Carneiro fut très-effrayée quand elle vit Firmiano, parce qu'il existait, nous dit-elle, non loin de sa peuplade, des sauvages très-méchants qui avaient aussi la coutume de se percer la lèvre et les oreilles. Il est à peu près impossible que ces derniers appartinssent à la même nation que les véritables Botocudos du Jiquitinhonha et du Rio Doce; mais il ne l'est pas qu'ils fussent les frères de ces Indiens que des Paulistes rencontrèrent, en 1845, dans le Guayra, et auxquels ils appliquèrent le nom de *Botocudos*, parce que ces sauvages avaient dans la lèvre

(1) C'est aussi en roulant sur leurs cuisses l'étoupe tirée de l'écorce du *Cecropia* que les femmes macunis de Minas Novas font la corde des arcs de leurs maris, etc. (*Voyage dans les provinces de Rio de Janeiro et de Minas Geraes*, II, 53.)

inférieure des bondons de résine de la couleur et de la transparence de l'ambre (1).

Quant aux Coroados des Campos Geraes, il est très-vraisemblable, comme je le dirai plus tard, qu'eux et les indigènes du même nom qui habitaient près de Garapuava formaient une seule nation (2), et que, par conséquent, ils n'avaient rien de commun avec les Coroados du Rio Bonito ni avec ceux du Presidio de S. João Batista (3).

Les Paulistes reprochaient des meurtres et des destructions aux diverses peuplades de Bugres qui, depuis Itapitininga jusqu'à Curitiba, avoisinent la route; mais personne ne les accusait d'anthropophagie, crime dont on raconte que tant de tribus indiennes se rendaient autrefois coupables (4).

(1) L'expédition très-intéressante dans laquelle on fit cette rencontre avait été ordonnée par le baron d'Antonina dont j'ai parlé dans le vol. précédent. Il s'était proposé de faire explorer les Rios Verde, Itareré, Paranapanéma ainsi que leurs affluents, et de retrouver les ruines des anciennes réductions jésuitiques du Guayra, où l'on suppose qu'il existe des trésors (*Itinerario de uma viagem*, etc., in *Revista trimensal, segunda serie*, II, 17). Ce que Cazal et son traducteur, Henderson, ont dit des Bugres de S. Paul, dont les uns se font une tonsure et les autres se percent la lèvre inférieure, avait paru peu croyable (Neuw. *Bras.*, 92); il me semble qu'à présent le récit du père de la géographie brésilienne ne peut plus être révoqué en doute. Il est d'ailleurs pleinement confirmé par un article sur les *botoques* ou *bezotes* que M. Ferdinand Denis a fait insérer dans le *Magasin pittoresque* de 1850. Nous retrouverons cette étrange parure chez les Bugres de Sainte-Catherine.

(2) Voir le vol. précédent.

(3) Voyez ce que j'ai écrit, à ce sujet, dans mon *Voyage aux sources du Rio de S. Francisco*, etc. I, 42.

(4) Ce que j'ai dit des Guanhanans, des Coroados et des sauvages voisins de Jaguariaiba qui se percent la lèvre inférieure, tous compris sous le nom générique de *Bugres*, s'accorde parfaitement avec les récits de l'exact Manoel Ayres de Cazal, qui divise les Bugres en quatre peuplades différentes. (*Corog. Braz.*, I, 220.)

Le colonel Luciano Carneiro était dépositaire de la poudre et du plomb que le gouvernement envoyait dans les Campos Geraes pour que les habitants pussent se défendre contre les Bugres ou Indiens sauvages. Le jour où les huit Paulistes arrivés la veille devaient se mettre en marche, le colonel leur distribua une certaine quantité de munitions de guerre; il donna à chacun de la viande, de la farine et du sel pour trois jours, et ensuite ils partirent. Quelques-uns d'eux entrèrent auparavant dans l'oratoire du colonel; ils ouvrirent la niche où était renfermée l'image de la Vierge; ils s'agenouillèrent et prièrent quelques instants.

Je profitai de mon séjour à la *fazenda* Jaguariaiba pour écrire à ma mère et à M. João Carlos d'Oeynhausen, le gouverneur de la province. On n'avait point établi de poste aux lettres entre S. Paul et Curitiba, et, quand les capitaines généraux expédiaient des dépêches, on en chargeait les miliciens ou gardes nationaux; elles étaient portées, pendant un nombre de lieues déterminé, par un milicien qui les remettait à un autre, et ainsi de suite, jusqu'à ce que le paquet fût arrivé à sa destination. João Carlos d'Oeynhausen venait de donner encore plus de régularité à ce service. Comme il voulait que les *capitães móres* l'instruisissent tous les mois de ce qui se passait dans leurs districts respectifs, il avait fait faire, pour les différentes routes de sa capitainerie, des portefeuilles dont il avait une clef, et chaque *capitão mór* une autre. Le portefeuille qui suivait la route de S. Paul à Lapa, limite de la province de Rio Grande, arrivait, porté par des miliciens, d'abord chez le *capitao mór* de Sorocába, puis successivement chez ceux d'Itapitininga, d'Itapéva, d'Apiahy, etc.; chacun d'eux l'ouvrait et y prenait les dépêches qui lui étaient adressées, et le réexpédiait sur-le-champ. Le portefeuille revenait de même manière, et chaque *capitão mór* y renfermait son rapport, qu'il avait eu le temps de rédiger dans l'intervalle. Je laissai mes lettres au colonel Luciano Carneiro pour qu'elles fussent remises dans le portefeuille quand il repasserait par la ville de Castro, dont je parlerai plus tard, et qui était éloignée de 16 lieues de la *fazenda* de Jaguariaiba.

Le digne propriétaire de cette habitation portait jusqu'à l'enthousiasme l'amour respectueux et presque filial que les Brésiliens avaient alors pour leur souverain. Il me fit part du projet qu'il avait formé d'envoyer au roi cinq cents de ses plus belles vaches; je ne négligeai rien pour l'y faire renoncer, et je crois que je réussis. On aurait reçu son présent; ses vaches auraient été envoyées à Santa Cruz, et l'on se serait moqué de lui (1).

Comme il est très-facile de s'égarer dans le pays désert que j'allais parcourir en quittant l'habitation de Jaguariaiba et de prendre pour le véritable chemin, extrêmement peu fréquenté, des sentiers tracés par le bétail, l'excellent colonel Luciano Carneiro eut la bonté de me donner un guide qui devait m'accompagner pendant plusieurs jours.

Au delà de Jaguariaiba, dans un espace de 5 *legoas*, pays un peu montueux, des pâturages à perte de vue; çà et là des rochers noirâtres sur le penchant des collines; au fond des vallées, de sombres bouquets de bois où domine l'*Araucaria;* peu de plantes en fleur, et moins de variété dans la végétation qu'entre Itapéva et l'Itarcré; plusieurs

(1) Santa Cruz, ancienne propriété des jésuites, située à 12 lieues de

petites rivières coulant sur des rochers aplatis; partout une profonde solitude.

Pour la première fois depuis très-longtemps, je revis un *campo* où des arbres rabougris étaient, comme à Minas et à Goyaz, disséminés au milieu des herbes et des sous-arbrisseaux. Parmi eux, je reconnus le *mangabeira falsa* et plusieurs Légumineuses qui appartiennent aux pâturages des deux provinces que je viens de citer, mais il me sembla qu'ici la végétation n'était pas aussi variée que sur les bords du S. Francisco ou du Paranahyba. Dans le nombre des plantes herbacées et des sous-arbrisseaux, il y en avait plusieurs qui croissent avec abondance au milieu des *campos* des pays beaucoup plus septentrionaux, tels que les Composées 1443 *ter* et 1443 *quater*, et l'Hippocratée, appelée *Calypso campestris*, Asn. Juss. Camb. Je puis indiquer aussi comme une plante que je connaissais déjà le *Pequi* à tige naine (*Caryocar Brasiliense*, var. *nana*), qui alors était en fleur (5 février), et que j'avais trouvé pour la première fois en octobre dans les environs de Franca, où il était également fleuri.

Je marchais depuis bien longtemps sans avoir vu une seule maison, sans avoir rencontré un seul voyageur, lorsque, vers le soir, au milieu d'un désert, non loin des terres occupées par les sauvages, j'aperçus tout à coup des pâturages entourés de larges fossés, des barrières très-bien faites, des murs d'enclos parfaitement entretenus, blanchis et couverts avec des tuiles : c'était l'annonce de la *fazenda* la plus agréable et la mieux soignée qui se fût

---

Rio de Janeiro, était devenue un château royal; j'aurai occasion d'en parler dans ma dernière relation.

offerte à mes regards depuis celle Ubá (1); sa vue me causa une surprise délicieuse. Je venais de parcourir un pays agreste, inhabité, et j'avais sous les yeux une demeure charmante dont l'entrée me rappelait celle de certaines maisons de campagne des environs de Paris.

L'*Invernada* ou *Fazenda de Cachambú* est située sur le penchant d'une colline au-dessous de laquelle coule un ruisseau; la colline opposée présente un gazon d'une belle verdure, et sur le côté est un bois d'*Araucaria* dont la couleur rembrunie contraste avec le vert gai des pâturages voisins. L'habitation proprement dite ne se composait pas, comme tant d'autres, de quelques chaumières éparses et à demi ruinées. La maison du maître était séparée des cases à nègres et des autres bâtiments, mais tous étaient disposés sur une même ligne, parfaitement entretenus et couverts en tuiles; ils donnaient sur un jardin entouré de murs qui avait environ 550 pas de longueur. Ce jardin s'étendait sur le penchant de la colline; l'eau y arrivait par le moyen d'un de ces aqueducs rustiques en usage chez les Mineiros (2); elle tombait d'assez haut dans un petit canal, et partout elle portait la fraîcheur. Une rangée de rosiers rapprochés les uns des autres, très-élevés, toujours couverts de fleurs faisait face à la maison du maître et aux bâtiments voisins, s'étendait dans toute la longueur de l'enclos, et produisait l'effet le plus agréable par le mélange de ses teintes avec celles des orangers et des autres arbres. Derrière la rangée de rosiers en était une autre de cognassiers, au-dessous de laquelle on avait planté une

---

(1) Voir, dans mes trois *Relations* précédentes, ce que j'ai écrit sur cette habitation située à environ 25 lieues de Rio de Janeiro.

(2) Voir mon *Voyage dans les provinces de Rio de Janeiro, etc.*, I, 159.

allée de citronniers et d'orangers. Des grenadiers, des pruniers, des pêchers, des figuiers étaient épars çà et là, et plus bas encore régnait, dans toute la longueur du jardin, un berceau de vigne qui, à l'époque de mon voyage, était chargé de raisins blancs et de raisins noirs. Enfin, dans la partie la plus basse de l'enclos, on voyait une petite prairie artificielle de *capim da colonia* (*Panicum spectabile*, Mart.) qui, se trouvant entourée de murs, ne courait pas le risque d'être broutée par les bestiaux. Dans tout ce pays, on laisse errer les chevaux au milieu des *campos*, et on leur jette le lacet quand on veut s'en servir. Bien différent de ses voisins, plein d'activité et de prévoyance, le propriétaire de Cachambú avait fait construire une écurie où les chevaux qu'il avait coutume de monter étaient toujours sous sa main, et c'était pour pouvoir les nourrir qu'il avait formé la prairie artificielle dont je viens de parler.

Au-dessous du jardin qu'elle terminait, était une espèce de verger beaucoup plus grand que le jardin lui-même et simplement entouré de fossés; on y voyait des pommiers de diverses sortes, des pruniers, des cerisiers, des *jabuticabeiras* (*Myrtus cauliflora*, Mart.). Chaque espèce formait une longue rangée bien alignée, et entre deux rangées s'étendait une planche d'ananas traversée par un sentier où l'on pouvait se promener. Sur le côté de ces plantations en était une de bananiers à laquelle on donnait beaucoup de soins; on ne pouvait sans doute soustraire tous les pieds à la triste influence de la gelée, mais la plantation était si considérable, qu'il restait, chaque année, un grand nombre d'individus intacts sur lesquels on recueillait d'excellents fruits. Je vis aussi dans ce verger un petit champ de cannes à sucre d'Otaïti (*Canna Cayana, Saccharum Taitense*); on avait soin de couvrir les jeunes plants pour les garantir de la gelée, et en 1819 on avait recueilli assez de sucre pour faire une quantité considérable de vin d'orange. Sorocába forme, comme je l'ai dit, la limite des caféiers ; cependant il existait à Cachambú quelques pieds de ces arbrisseaux, mais on avait eu l'attention de les planter dans un endroit très-abrité, et on ne les conservait qu'en leur donnant les plus grands soins.

Auprès de l'habitation était encore un potager entouré de murs ; je n'y vis que des choux, mais il y en avait une très-grande quantité ; ils étaient plantés avec symétrie, et le terrain était bien nettoyé. Je ne ferais pas, certes, une pareille observation si je décrivais un de nos jardins d'Europe ; mais, dans ce pays, tout ce qui annonce le soin et la régularité doit être cité comme une merveille.

Les fleurs n'avaient pas non plus été négligées ; on leur avait consacré un petit enclos entouré de murs qui se trouvait sur le côté de la maison du maître. J'y vis des tubéreuses, des œillets, des agrostemmes ; mais nous approchions de la fin de l'été (février), et l'on n'était plus dans la saison des fleurs.

On avait mangé les cerises en janvier ; les prunes avaient atteint leur maturité dans le même mois ; cependant, au commencement de février, époque de mon voyage, on en voyait encore quelques-unes sur les arbres. La terre était alors jonchée de pêches piquées par les vers, et une multitude d'autres, parfaitement saines, couvraient les pêchers ; ces fruits, j'ai déjà eu occasion de le dire, n'acquièrent point ici une maturité parfaite, et l'on me présenta comme bonnes à manger des pêches qu'en France tout le monde aurait certainement rejetées.

On espérait pouvoir faire bientôt la récolte des pommes ; les coings, ainsi que les ananas, approchaient également de l'époque où l'on devait les cueillir ; les figues étaient déjà parfaitement mûres, et me parurent excellentes. Je mangeai aussi de très-bons raisins blancs, mais les noirs n'avaient pas la même qualité. Les rosiers de tous les mois étaient chargés de fleurs ; dans ce canton, ils en donnent toute l'année ; cependant ils n'en ont plus autant quand les froids se font sentir.

J'étais encore à quelque distance de la belle *fazenda* que e viens de faire connaître, lorsque mon guide avait pris es devants pour annoncer mon arrivée, me faire donner un logement et me recommander de la part du colonel Luciano Carneiro. Le propriétaire de l'habitation, M. XAVIER DA SILVA, n'était malheureusement pas chez lui ; mais des femmes qui gardaient sa maison me donnèrent la permission de m'établir dans un petit pavillon situé près de la porte d'entrée. Je passai près de cinq jours à Cachambú, retenu par des pluies continuelles. Pendant tout ce temps, on me traita à merveille ; depuis Sorocába, je n'avais fait nulle part aussi bonne chère. J'étais servi par le *capatá* ou chef des troupeaux, qui, en l'absence du maître, administrait l'habitation, et qui cependant n'était qu'un esclave. Cet homme n'avait certainement jamais eu à se plaindre de son maître, car il avait l'air satisfait ; il était poli sans bassesse, et, tout en commandant aux autres esclaves avec autorité, il leur témoignait une bonté extrême.

Ce ne pouvait être un homme ordinaire que M. Xavier da Silva, qui, triomphant des nombreux obstacles que lu avaient opposés la nature et ses semblables, avait créé, au milieu d'un désert, une habitation que l'on aurait considérée comme très-agréable, même dans un pays civilisé; qui avait su former et diriger ses ouvriers, et qui, dépourvu de modèle, ne devait pour ainsi dire rien qu'à lui-même et à ses souvenirs. J'ai à peine besoin de dire que ce propriétaire était un Portugais européen. Les habitants de la contrée que je décris sont paresseux; ils ont trop peu de goût, trop peu d'idées de symétrie pour faire rien de semblable. Les voisins de M. Xavier da Silva envoyaient chercher des fruits dans son jardin, quand ils avaient quelque hôte à régaler, et aucun d'eux ne cherchait à imiter ce qu'il avait fait.

CHAPITRE XVI.

SUITE DU VOYAGE DANS LES CAMPOS GERAES. — LA FAZENDA DE FORTALEZA. — ENCORE LES INDIENS COROADOS.

Le *Rio Cachambú.* — *Fazenda do Tenente Fugaça ;* les nègres de cette habitation. — Pays situé au delà de Fugaça. — *Fazenda da Fortaleza ;* histoire et portrait de M. José Felis da Silva, son propriétaire. — Les Indiens Coroados ; une femme de cette tribu. — Départ de Fortaleza. — Précautions contre les Indiens sauvages. — Un Portugais massacré par eux. — Le village de *Tibagy*. — Le hameau appelé *Barra do Hyapó*. — Le *Rio Tibagy ;* or et diamants ; *garimpeiros*. *Fazenda de Guartela ;* hospitalité ; blattes ; puces. — *Igreja Velha ;* les jésuites ; les Indiens sauvages. — La *Serra das Furnas ;* mauvais chemin ; beau paysage ; *Araucaria* écartés les uns des autres. — Recrutement de la garde nationale ; cultivateurs mis en réquisition pour faire le chemin de Garapuava.

Le 9 de février, le temps était encore couvert ; je partis néanmoins pour n'être pas à charge plus longtemps à mes hôtes ; mais ce ne fut point sans regret que je quittai cette jolie *fazenda* de Cachambú, si différente de ce que je voyais depuis bien longtemps.

En prenant quelques précautions, nous traversâmes sans accident le ruisseau qui coule au-dessous de la *fazenda*, sur un lit de rochers aplatis, et dont j'ai déjà parlé plus haut.

Ce ruisseau ne doit point être confondu avec le *Rio Cachambú*, que l'on trouve aussi à peu de distance de la *fazenda*, et qui lui a donné son nom, emprunté aux deux mots guaranis *caa*, bouquet de bois, et *cambú*, arrondi comme un sein (bouquet de bois arrondi comme un sein). Le Rio Cachambú contient beaucoup de diamants. Il paraît qu'autrefois les contrebandiers en ont tiré une grande quantité des *calderões* répandus dans cette rivière ; mais la crainte des Bugres, qui, depuis quelque temps, étaient devenus fort audacieux, avait fini par refroidir ceux qui se livraient à la recherche de cette précieuse pierre (1).

Après avoir passé le ruisseau de la *fazenda* de Cachambú, nous entrâmes dans un pays presque plat, couvert de pâturages, où de très-petits bouquets de bois, composés principalement d'*Araucaria*, s'élèvent du milieu de quelques enfoncements.

Les *campos* que j'avais parcourus pendant longtemps ne m'avaient offert qu'un gazon presque ras ; mais, dans ceux que je traversai au delà de Cachambú, l'herbe était à peu près aussi haute que celle de nos prairies. Ces derniers n'avaient point été brûlés depuis un an et avaient pu atteindre leur hauteur naturelle, c'étaient des *macegas* ; les autres avaient été incendiés dans les six derniers mois de l'année précédente, c'étaient des *verdes* (2).

Après avoir fait 2 *legoas* depuis Cachambú, je m'arrêtai à une *fazenda* qui portait le nom de son maître, le lieute-

---

(1) Selon Casal, il existe aussi à Minas une *serra de Cachambú* entre le Rio Jacaré et le Rio Grande, affluents du Paraunà. (*Corog. Braz.*, I, 375.)

(2) Voir plus haut, p. 19.

nant *Fugaça*, et s'appelait, par conséquent, *Fazenda do Tenente Fugaça.*

Le propriétaire était absent au moment de mon arrivée, mais je fus parfaitement reçu par ses nègres. Leurs manières polies, le contentement qu'ils portaient empreint sur leurs figures me les avaient fait prendre d'abord pour des hommes libres : c'étaient des esclaves ; ils me firent un très-grand éloge de leur maître, et je ne fus plus étonné de les voir joyeux et empressés à servir. Si les nègres ont trop souvent l'air sombre, souffrant et stupide, si quelquefois même ils se montrent malhonnêtes et audacieux, c'est qu'on les maltraite.

La journée que je fis en quittant l'habitation du lieutenant Fugaça fut une des plus longues de tout mon voyage ; jamais les mulets n'avaient marché aussi vite, et pourtant nous mîmes neuf heures pour arriver à la *fazenda* où nous devions faire halte.

Nous suivîmes un chemin de traverse peu fréquenté, et nous ne vîmes aucune maison, nous ne rencontrâmes qui que ce fût pendant toute la durée du jour. Sans un guide que, sur la demande du colonel Luciano Carneiro, on m'avait donné chez le lieutenant Fugaça, nous nous serions égarés mille fois.

La contrée que nous parcourions est voisine des bois habités par les Indiens sauvages ; je ne voulais pas demeurer trop loin de ma caravane, et je fus obligé de négliger quelques plantes. J'étais cependant resté fort en arrière au passage d'un petit cours d'eau assez difficile à traverser. Ayant reconnu qu'il y avait dans cet endroit un fort bel écho, je m'amusai à le faire répéter. Mes gens s'imaginèrent que je les appelais à mon secours ; Firmiano et surtout le nègre Manoel accoururent, mais José Marianno, qui me devait le plus, ne changea point de place.

Tout le pays, qui est ondulé, offre encore d'immenses pâturages au milieu desquels s'élèvent, dans les enfoncements, quelques bouquets de bois. De loin en loin, nous jouissions d'une vue extrêmement étendue, mais partout l'aspect de la campagne était le même ; rien n'est monotone comme les déserts ; ce sont les travaux de l'homme qui répandent de la variété dans la nature.

En ce canton et même depuis l'Itareré, les arbres dont se composent les bouquets de bois sont d'un vert aussi noir que les *Araucaria*, mais ces masses rembrunies produisent un très-bel effet au milieu de la verdure charmante des pâturages. Principalement depuis le Rio Jaguariaiba, je ne voyais plus, parmi les Graminées des *campos*, autant d'espèces appartenant à des familles diverses ; les arbrisseaux surtout devenaient assez rares. Les plantes que je trouvais encore avec le plus d'abondance étaient des Vernoniées, des Mimosées, la Convolvulacée n° 1424, la Composée n° 1436, appelée vulgairement *charrua*, la Verbénacée n° 1417 *bis*, la Labiatiflore n° 1352, la *Cassia* n° 1447 *bis*. Une Graminée n° 1425, qu'on nomme *capim frecha* (herbe flèche) et qui est fort goûtée des bestiaux, domine dans tous les pâturages.

La première habitation que je trouvai au delà de Cachambú s'appelait *Fortaleza* (forteresse) (1) et appartenait à un lieutenant-colonel de la garde nationale (*milicia*).

M. José Felis da Silva, c'était son nom, passait pour un

(1) On sait que la capitale de la province de Ceará porte aussi le nom de *Fortaleza*.

des plus riches propriétaires de la province de S. Paul, et était en même temps renommé pour sa parcimonie. Cet homme avait épousé une femme pauvre, et, comme il la traitait avec une extrême sévérité, elle forma le projet de se débarrasser de lui en le faisant assassiner. Elle aposta des brigands soudoyés qui l'attaquèrent; mais il se défendit avec courage et il leur échappa. Cependant il perdit, dans ce combat, tous les doigts d'une main ; l'autre main fut aussi fort maltraitée, et enfin il resta boiteux des coups qu'il avait reçus sur les pieds. Tout le monde sut qu'il n'avait été assassiné qu'à l'instigation de sa femme; elle fut mise en prison, mais il la sauva à force de sollicitations et de démarches. Il y avait déjà plusieurs années, lors de mon voyage, qu'il la retenait dans sa *fazenda*, d'où il ne sortait plus, et il était assez courageux ou plutôt assez insensé pour vivre avec elle. Il n'avait qu'une fille qu'il avait mariée et qui était restée veuve; il la forçait également de demeurer chez lui; elle avait voulu s'échapper plusieurs fois, mais il l'avait fait rattraper. Comme M. José Felis était également fort dur pour ses esclaves, il en était aussi détesté que de sa femme et de sa fille, et à diverses reprises ils avaient tâché de le tuer. Ce malheureux était arrivé à un tel point de défiance, qu'il tenait sous clef ses moindres provisions, et qu'il faisait couper sa barbe par son petit-fils, enfant de huit à dix ans.

Aussitôt qu'il sut que j'allais arriver, il envoya au-devant de moi un homme à cheval pour me complimenter.

J'étais à peine entré dans la vaste cour de l'habitation, qu'on me donna pour logement une petite maison qui faisait face à la demeure du maître et en était séparée par toute la longueur de la cour. J'y trouvai M. José Felis da

Silva; c'était un petit homme d'une soixantaine d'années, tel qu'il est facile de se le représenter d'après ce que j'ai dit plus haut, mutilé, estropié, dont le visage était couvert d'une barbe longue d'un demi-pouce, ce qui était contraire à l'usage de ce temps-là, mais qui, en même temps, avait des yeux vifs et spirituels et des manières honnêtes. Il me reçut avec politesse; il fit apporter le thé, et bientôt après on nous servit un souper excellent.

Je ne partis de Fortaleza que le quatrième jour après mon arrivée; pendant ce temps, le propriétaire ne cessa d'avoir pour moi toute sorte d'égards, et il redoubla encore de politesse lorsque j'eus fait naître l'occasion de lui montrer ma *portaria* (passe-port privilégié).

Heureux sans doute de pouvoir se soustraire aux ennuis de son triste intérieur, il venait de grand matin s'établir dans le petit bâtiment où il m'avait placé; nous y mangions ensemble; il lisait pendant que je travaillais, et il ne se retirait que pour se coucher. C'était un homme d'esprit et de bon sens; il avait fait ses études à S. Paul et causait à merveille; mais je remarquai qu'il évitait de parler de lui, de ses affaires, de ce qui l'intéressait, et même de tout ce qui avait rapport au pays. Nous parlions de la France et de Rio de Janeiro.

On servait à Fortaleza, je ne sais pourquoi, tout autrement que dans les autres maisons brésiliennes; on commençait les repas par où on les finit en France. D'abord on apportait les fruits; le rôti venait ensuite, puis les ragoûts; après cela le bouilli, enfin des confitures. La première fois que j'avais vu mettre des fruits sur la table au commencement du dîner, je m'étais imaginé que nous n'aurions pas autre chose.

C'était M. José Felis da Silva qui avait été le créateur de son habitation. Il était venu s'établir à Fortaleza vers le commencement du siècle : alors ce lieu était uniquement fréquenté par les sauvages, et l'on n'en prononçait pas le nom sans frayeur; mais, depuis cette époque, beaucoup de cultivateurs s'étaient fixés dans les alentours, enhardis par le courageux exemple du premier défricheur, et sûrs d'être protégés contre les Indiens par un homme puissant entouré de nombreux esclaves.

La *fazenda* de Fortaleza s'étendait sur le penchant d'une colline; devant la maison on voyait un bois sombre d'*Araucaria* et de tous côtés de vastes pâturages. Les bâtiments étaient disposés autour d'une grande cour carrée, et derrière la maison du maître, où je n'entrai point, on avait planté un jardin dans lequel je n'entrai pas davantage, mais où je vis de loin des orangers alignés avec symétrie.

Fortaleza était, à l'époque de mon voyage, la *fazenda* la plus enfoncée dans les terres occupées par les sauvages. Souvent ils y commettaient des désordres; on les poursuivait, on tuait quelques hommes, et l'on prenait des femmes et des enfants. Les nègres de M. José Felis n'allaient jamais travailler dans ses plantations sans être munis d'armes à feu.

Les Indiens voisins de Fortaleza appartenaient, comme ceux de Jaguariaiba, à la tribu des Coroados (1); ils portaient également une petite tonsure sur le sommet de leur tête; d'ailleurs ils laissaient croître leurs cheveux par derrière et les coupaient sur leur front au niveau des sourcils.

(1) Voir plus haut, p. 45.

M. José Felis me dit qu'il était entré dans une des maisons de ces sauvages, et me confirma ce qui m'avait été raconté chez le colonel Luciano Carneiro : cette maison était construite de la même manière que celles des Portugais, et on y avait trouvé une provision considérable de maïs et de haricots. Outre des tissus du genre de ceux dont j'ai déjà parlé (1), on avait souvent pris aux Coroados de Fortaleza des arcs, des flèches, des haches de pierre, diverses poteries, des corbeilles, des colliers faits avec des dents de singe; on me montra un pot (*panella*) qu'on leur avait enlevé, et qui me parut aussi bien fait que ceux des Paulistes.

Je vis à Fortaleza une femme et deux enfants coroados qu'on avait pris tout récemment, et je leur trouvai une figure assez agréable. La femme avait la tête beaucoup plus petite que ne l'ont communément celles des autres peuplades, et elle se tenait beaucoup mieux; j'avais déjà fait la même remarque sur l'Indienne du colonel Luciano Carneiro. Était-il vraisemblable que les seules femmes coroadas que j'eusse vues jusqu'alors, et qui avaient été prises à d'assez grandes distances, fissent toutes les deux des exceptions? N'était-il pas plus naturel de croire que la plupart de celles de leur nation leur ressemblaient? Quoi qu'il en soit, d'après tout ce que j'ai dit jusqu'ici des Coroados des Campos Geraes, tribu des Bugres, il est bien évident que, dans leur état sauvage, ils sont supérieurs en intelligence, en industrie, en prévoyance à beaucoup d'autres peuplades indiennes, et peut-être même le sont-ils en beauté; par conséquent, on aurait dû mettre tout en œuvre pour les rapprocher des hommes

---

(1) Voir plus haut, p. 46.

de notre race, et ensuite encourager les mariages mixtes entre eux et les Paulistes pauvres, qui ne doivent point rougir du sang indien, car depuis longtemps il coule dans leurs veines; mais, il faut bien le dire, il était moins facile de faire de tels efforts en faveur des Coroados que de les tuer ou de les réduire en esclavage.

Je reviens à mon hôte, le lieutenant-colonel José Felis da Silva. Il voyait bien rarement des étrangers, si même il en voyait jamais, et je crois qu'il eût été charmé que je prolongeasse mon séjour dans son habitation; mais je trouvais déjà ce voyage beaucoup trop long, et j'aurais voulu pouvoir en rapprocher le terme. Je quittai Fortaleza le 15 de février, et au moment de mon départ je reçus de mon hôte un présent considérable de lard, de viande sèche, de confitures, de fromages et de volailles. Ce présent et la chère excellente que m'avait fait faire M. José Felis durant mon séjour chez lui démentaient entièrement la réputation d'avarice qu'il avait dans son voisinage.

En sortant de Fortaleza, je traversai une portion de *campo* et ensuite une belle plantation de maïs; de là je passai dans un bois à la sortie duquel je me trouvai sur une hauteur, et je découvris une immense étendue de pâturages parsemés de petits bouquets de bois.

Dans cet endroit, je retrouvai un guide que m'avait donné le lieutenant-colonel José Felis, et que j'avais laissé aller devant. Cet homme me dit qu'il m'avait attendu, parce qu'un bois voisin servait souvent d'asile aux Indiens sauvages, et il me montra les restes d'une grange à laquelle ils avaient mis le feu il y avait environ un an, lorsqu'elle était encore pleine de maïs. Des arbres couvraient, il y a peu d'années, le lieu élevé où nous étions alors, mais le lieutenant-colonel les avait fait couper pour épier plus aisément les démarches des Indiens.

Bientôt nous passâmes dans un endroit où, il y avait environ deux ans, ces barbares avaient tué deux hommes qui travaillaient dans une plantation; trois autres leur avaient échappé en s'enfuyant dans les *campos*, au milieu desquels les sauvages craignent de s'engager. Ils avaient massacré à coups de bâton ceux qui étaient tombés entre leurs mains, leur avaient fracassé la tête et les avaient dépouillés. A peu de distance de l'endroit où l'événement s'était passé, je vis la maison d'une des victimes. Cet homme était né dans les îles Açores; il cultivait le lin avec beaucoup de succès, et sa femme en faisait des tissus assez fins. Seule, privée de son protecteur naturel, cette infortunée n'avait pu rester dans un lieu où tout lui rappelait son malheur et où sa vie était sans cesse menacée; elle avait quitté le pays, et la maison était restée sans habitants.

En nous avançant davantage, nous vîmes, sur la droite, des montagnes peu élevées qu'on appelle *Serra da Pedra Branca* (montagnes de la pierre blanche). C'est, me dit-on, à peu près au pied de ces montagnes, à quelques lieues de Fortaleza, qu'est situé le petit village de *Tibagy*, dont le nom est celui d'une rivière voisine. La crainte des Indiens avait décidé quelques colons à se rapprocher les uns des autres, et c'est ainsi que s'est formé le village de Tibagy. A l'époque où je voyageais, il dépendait, ainsi que Fortaleza, de la paroisse de Castro, éloignée d'environ 10 lieues; dans ces derniers temps, on en a fait une paroisse particulière (1).

(1) MULLER, *Ensaio*, 51.

La rivière d'*Hyapó*, qui, après avoir pris sa source à peu de distance de Castro, coule au-dessous de cette ville et se jette dans le Tibagy, fut le terme de ma journée. L'espèce de petit hameau qui est situé sur sa rive gauche et où je fis halte s'appelle *Barra do Hyapó* (confluent de l'Hyapó), parce qu'il est situé à une très-petite distance de l'endroit où cette rivière mêle ses eaux à celles du Tibagy. Le nom de l'Hyapó est Guarani, et signifie la rivière du vallon ou du marais (1).

Il avait fait assez beau temps pendant toute la journée; vers le soir, je vis un orage se former dans le lointain. Lorsque j'arrivai sur les bords de l'Hyapó, la pluie ne tombait pas encore; mais il fallait passer la rivière, parce qu'il n'y avait aucune maison sur la rive droite où j'étais alors. Mes gens se hâtèrent d'enlever les cuirs qui couvraient la charge des mulets et mirent en tas le menu bagage; ils avaient à peine commencé le transport des effets

---

(1) Les auteurs de l'utile *Diccionario do Brazil* (I, 516, 568) disent que cette rivière s'appelle *Japó* et que ce sont les Espagnols qui la nomment *Hyapó*. Je ne sais de quels Espagnols il s'agit ici, mais ce qui est bien certain, c'est que, dans le pays habité par les descendants des Portugais, tout le monde prononce *Hyapó*. Cazal écrit tantôt *Hyapó* (*Corog.*, I, 229), tantôt *Yapó* (I, 213), et c'est cette dernière orthographe que suit Dan. Pedro Müller (*Ensaio*, 54), comme j'avais fait moi-même dans mes notes; mais, si à la fin des mots composés nous écrivons *hy*, il me semble que, pour être conséquents avec nous-mêmes, il faut que nous écrivions également *hy* à leur commencement. — On doit croire que c'est uniquement par inadvertance que, dans le discours du président de la province pour 1844 (*Discurso recitado*, etc., p. 31), on a imprimé *Ypok*; cette orthographe, en effet, ne serait justifiée ni par une autorité de quelque valeur ni par l'étymologie, et encore moins par l'usage des habitants du pays. Il ne faudrait pas s'imaginer que, parce qu'on écrit *Oyapok*, on doit aussi écrire *Yapok* ou *Ypok*.

lorsque la pluie commença, et il tomba des torrents d'eau sur les malles, qui, toutes, contenaient des plantes sèches, des insectes et des oiseaux. Elles étaient faites avec tant de soin et si solidement, que rien ne fut mouillé dans leur intérieur ; mais je craignais que l'humidité ne fît moisir tout ce qu'elles renfermaient, et je gémissais pour la centième fois sur le désagrément qu'il y a à voyager au Brésil avec des collections pendant la saison des pluies.

Le lieutenant-colonel José Felis avait donné des ordres pour qu'on me préparât une maison dans le hameau. Celle qu'on me donna était la meilleure des trois ou quatre qui étaient éparses à peu de distance de la rivière ; il n'y pleuvait pas, mais la porte était si étroite, que les malles eurent beaucoup de peine à y passer.

Le lendemain de mon arrivée à Barra do Hyapó, le temps était très-couvert, et je me décidai à rester un jour dans ce hameau ; mais ce fut seulement à la nuit que la pluie commença. Je passai la journée à soigner mes collections et à étudier les plantes que j'avais recueillies la veille.

Vers le soir, je me promenai dans une pirogue jusqu'au confluent de l'Hyapó, qui, comme je l'ai dit, se jette dans le Tibagy. A l'endroit où elles se réunissent, ces deux rivières sont très-profondes et coulent, m'a-t-on assuré, sur un lit de rochers. Quand il a reçu les eaux de l'Hyapó, le Tibagy peut avoir à peu près la même largeur que nos rivières de quatrième ordre ; ici son cours est à peine sensible. Comme l'Hyapó, il est bordé d'une lisière d'arbres et et d'arbrisseaux au-dessus desquels s'élève le majestueux *Araucaria*; quelques lianes se balancent élégamment jusqu'à la surface de l'eau, et parmi elles l'Apocynée se fait remarquer par ses tiges et ses feuilles blanchâtres.

Le *Rio Tibagy*, dont le nom vient probablement des mots de la *lingoa geral*, *tyba*, factorerie, et *gy*, hache (1), est un des affluents du Paranapanéma (2). De toutes les rivières des Campos Geraes qui contiennent des diamants et de l'or, le Tibagy passe pour la plus riche ; il existe même des diamants dans les terres qui l'avoisinent, et principalement, m'a-t-on dit, à quelques centaines de pas du village auquel il a donné son nom. Il paraît qu'au temps où les Paulistes parcouraient encore les déserts pour y chercher de l'or et faire la chasse aux Indiens, quelques bandes qui pénétrèrent dans ce canton y trouvèrent des diamants (3). Le gou-

(1) Cette étymologie, due à M. Francisco dos Prazeres Maranhão, est parfaitement d'accord avec les explications du *Diccionario portuguez et brasiliano*; je la préfère à celle que m'avait donnée un Américain-Espagnol que j'ai souvent cité, et d'après lequel *Tibagy* viendrait de *tibachy*, la rivière de la *capoeira*. Il ne serait pas impossible que les Paulistes, destructeurs du Guayra, pour échanger des haches avec les Tupis, leurs alliés, contre des Indiens captifs, eussent formé sur les bords du Tibagy une sorte de factorerie semblable à celle qu'ils avaient établie au Porto de S. Pedro (CHARLEVOIX, *Hist. Parag.*, I).

(2) L'abbé Manoel Ayres de Cazal dit que le Tibagy prend sa source à l'occident de Cananea (*Corog. Braz.*, I, 212). Cela est parfaitement juste; mais on ne doit pas conclure de là que c'est auprès de Cananea que commence cette rivière ; car, pour se rendre des environs de ce port au Paranapanéma, il faudrait qu'elle passât par-dessus la Serra do Mar, ce qui est impossible. Ici on ne pourrait reprocher qu'un peu de vague à l'auteur, en général si admirablement exact de la *Corografia brazilica*; mais je ne puis m'empêcher de croire qu'il se trompe comme, après lui, les auteurs du *Diccionario do Brazil* (II, 704), lorsqu'il fait passer le Tibagy par les Campos de Garapuava, situés bien plus au sud (voir *la carte de S. Paul*, par Villiers, Rio de Janeiro, 1847).

(3) Parmi les Paulistes qui, plus anciennement, visitèrent les déserts voisins du Tibagy pour y faire des esclaves, il faut compter l'illustre Fernando Dias Paes, celui qui découvrit la province de Minas (Baltazar da Silva Lisboa (*Annaes de Rio de Janeiro*, II, 280).

vernement fut instruit de cette découverte, et, pour empêcher que des particuliers n'en profitassent, il établit une garde dans le pays. Plus tard, la garde fut supprimée, et non-seulement quelques habitants des environs de Tibagy se mirent à faire la contrebande des diamants, mais encore il vint des *garimpeiros* (1) du dehors et même de la capitainerie de Minas Geraes. Dans ces derniers temps, mon hôte de Fortaleza, José Felis, donna avis au gouvernement de ce qui se passait ; il fut chargé de faire des recherches dans le Tibagy, et l'on m'a assuré qu'elles eurent un résultat fort satisfaisant. On forma dans le canton une compagnie de milice dont José Felis da Silva devint le commandant, et il reçut l'ordre d'employer ses hommes à poursuivre les *garimpeiros*. Il paraît qu'à l'époque de mon voyage il n'y avait guère que les habitants du village de Tibagy qui lavassent à la dérobée tantôt quelques *bateas* (2) de sable puisées dans les *calderões* des ruisseaux, tantôt un peu de terre enlevée aux endroits où ils savaient qu'il existe des diamants.

J'ai déjà dit que mon excursion dans les terres des Campos Geraes, voisines du territoire des sauvages, m'avait conduit, par un détour à peu près demi-circulaire, au-dessous

(1) Les *garimpeiros*, contrebandiers ordinairement réunis en troupes, se répandaient dans les lieux où les diamants se trouvaient avec le plus d'abondance, et ils les cherchaient eux-mêmes sans se faire aider par des esclaves. Quelques-uns d'entre eux, placés en sentinelle dans un endroit élevé, avertissaient les autres de l'approche des soldats, et la bande prenait aussitôt la fuite (voir mon *Voyage dans le district des diamants*, etc., I, 21).

(2) Les *bateas* sont de grandes sébiles qui ont la forme d'un cône tronqué, et dont on se sert pour le lavage de l'or (voir mon *Voyage dans les provinces de Rio de Janeiro et de Minas Geraes*, I, 245).

de Castro, ou, si l'on veut, au sud-ouest de cette ville. A partir du confluent de l'Hyapó, je commençai à retourner vers cette dernière en revenant pour ainsi dire sur mes pas, et suivant une direction contraire à la première, celle du nord-est.

Au delà de l'Hyapó, les campagnes ne m'offrirent point, avec celles qui les précèdent, de différences sensibles dans leur aspect général, mais je fus étonné d'y retrouver une foule d'espèces que j'avais recueillies dans une contrée bien plus septentrionale, les environs du Rio das Velhas (1).

Le lieutenant-colonel José Felis da Silva m'avait donné un itinéraire d'après lequel je devais aller coucher de Barra do Hyapó au lieu appelé *Igreja Velha;* un guide que j'avais pris sur les bords de l'Hyapó prétendit que cette marche serait beaucoup trop longue, et, quand nous eûmes fait 2 lieues, il me fit rester à la petite *fazenda* de *Guartela.* La maîtresse de cette propriété, dont le mari était absent, me donna, avec beaucoup de politesse, la permission de faire halte dans sa maison; elle m'abandonna non-seulement la pièce où l'on reçoit les étrangers (*sala*), mais encore une chambre et une cuisine. Au moment de mon arrivée, elle m'envoya du maté, boisson fort en usage dans ce pays, et, quoique je ne lui fusse nullement recommandé, elle fit servir à souper à moi et à mes gens. Si les habitants des Campos Geraes ne sont pas doués d'une intelligence égale à celle des Mineiros, ils ne sont pas moins hospitaliers qu'eux.

---

(1) Voir mon *Voyage aux sources du S. Francisco et dans la province de Goyaz*, II, 279.

Il n'y a que 1 lieue 1/2 de Guartela à Igreja Velha, et il paraît que mon guide ne m'avait fait rester à la première de ces habitations que dans l'espérance de pouvoir retourner plus promptement chez lui. Grâce à la supercherie de ce brave homme, je mis deux jours à faire un chemin qui ne demandait qu'une journée, et pour comble de bonheur je fus obligé de séjourner à Guartela, parce qu'on ne put retrouver qu'à la nuit mes mulets, qui s'étaient écartés dans la campagne.

Je n'avais qu'à me louer sans doute des égards de la dame qui avait bien voulu me recevoir, mais je ne pouvais m'empêcher de trouver sa maison horriblement désagréable à cause du nombre prodigieux de blattes dont elle était remplie. Ces odieux insectes se cachent, comme l'on sait, pendant le jour; mais, lorsque la nuit venait, les murs et le plancher des pièces où l'on m'avait logé en étaient aussitôt couverts. Je ne trouvais dans les Campos Geraes ni moustiques ni *borrachudos* ni *carrapatos*, animaux malfaisants qui tous se plaisent dans les contrées chaudes (1); mais les blattes n'y sont malheureusement pas rares, et nulle part je n'avais vu une aussi grande quantité de

---

(1) Mes *Relations* précédentes donnent des détails sur les *carrapatos* et les *borrachudos* (*Voyage dans les provinces de Rio de Janeiro, etc.*, I, 37, 322. — *Voyage aux sources du Rio de S. Francisco, etc.*, I, 202; II, 32). J'ai dit que, pour se débarrasser des *carrapatos miudos*, on peut employer avec succès une boulette de cire que l'on applique sur ces animaux et à laquelle ils restent attachés; on a paru douter de l'efficacité de ce moyen (Neuw., *Braz.*, 55), et il est effectivement incontestable qu'il ne réussirait pas pour enlever des *carrapatos* qui, ayant atteint une certaine grosseur, se seraient enfoncés profondément dans la peau; mais il est infaillible contre les *miudos*, comme je l'ai éprouvé moi-même.

puces. Lorsque j'étais à Guartela, il y avait déjà plusieurs jours que ces derniers insectes m'empêchaient de dormir.

A 1 lieue 1/2 de Guartela, je fis halte à un *sitio* qui appartenait à un propriétaire peu aisé que j'avais vu chez le lieutenant-colonel José Felis, et qui m'attendait depuis plusieurs jours. Cet homme me reçut à merveille, et voulut absolument me donner à souper. Son *sitio* occupait le sommet d'une colline d'où l'on découvrait de vastes pâturages ; un bouquet de bois s'étendait derrière la maison, sur le penchant de la colline, et au-dessous de cette dernière était un vallon arrosé par un ruisseau qui coulait sur un lit de rochers aplatis, entre deux lisières d'arbres et d'arbrisseaux. Le penchant de la colline était marécageux, et là, comme sur le bord du ruisseau, je trouvai un grand nombre de belles plantes parmi lesquelles je me contenterai de citer le *Lavoisiera australis*, Aug. S. Hil. et Naudin.

Ce lieu portait le nom d'*Igreja Velha* (l'église vieille), parce que, peu de temps avant leur expulsion, les jésuites y avaient construit une église, et avaient commencé à y former un établissement. Ces religieux possédaient dans le pays une étendue considérable de terres, et pouvaient rendre beaucoup de services. Il est à croire que leur projet avait été de travailler à la civilisation des Indiens coroados des alentours, et, d'après ce qu'ils ont fait ailleurs, il est permis de penser que, si leur ordre n'avait pas été détruit, ces sauvages, aujourd'hui (1820) si redoutables aux descendants des Portugais, seraient chrétiens comme eux. Les jésuites, pour commencer leur établissement, n'auraient pu choisir un lieu plus favorable qu'Igreja Velha. Non-seulement ils y auraient élevé un grand nombre de bestiaux, comme ils faisaient ordinairement dans les pays de pâturages, mais encore ils se seraient trouvés dans le voisinage des Indiens coroados sans avoir rien à craindre d'eux, car ceux-ci ne passaient jamais la rivière d'Hyapó. D'Igreja Velha ils auraient pu observer ces sauvages, les étudier et aviser aux moyens de pénétrer au milieu d'eux. La guerre qu'on leur faisait à l'époque de mon voyage rendait un rapprochement tous les jours plus difficile. Les Indiens oublient tout, excepté les injures, et, quand même on aurait voulu sincèrement vivre en paix avec eux, il eût été fort difficile de le leur faire comprendre ; le seul moyen que l'on aurait pu tenter eût été de leur renvoyer quelques prisonniers qu'on aurait très-bien traités, et de charger ces hommes de faire à leurs frères des propositions de paix. A la vérité, le colonel Luciano Carneiro me disait que son Indienne avait autant de peur des gens de sa nation que les blancs eux-mêmes ; mais cette frayeur s'explique sans peine, car les sauvages ne pouvaient distinguer de loin si une personne habillée à la manière des Européens appartenait à leur nation ou si elle était Portugaise. Il est à croire qu'ils n'eussent point tiré de flèches contre une Indienne qu'ils auraient vue arriver de la terre des blancs avec des cheveux longs et une simple saie.

Après avoir quitté Igreja Velha, je traversai une petite rivière qui coule, comme je l'ai dit, au-dessous du monticule sur lequel le *sitio* était bâti. Tout près de l'endroit où nous la passâmes, cette rivière tombe d'une hauteur d'environ 6 mètres, et fuit entre des rochers parmi lesquels croissent des arbres et des sous-arbrisseaux. Plus loin j'arrivai à un *campo* très-marécageux où les mulets enfonçaient sans cesse dans un terrain noir et fangeux. Avançant toujours, je reconnus que bientôt le sol changerait de niveau, car fort au-dessous des *campos* que je parcourais j'apercevais dans le lointain de vastes campagnes couvertes d'*Araucaria*, au milieu desquels je distinguais quelques pâturages ; enfin, après avoir fait 3 *legoas*, j'arrivai à l'endroit où il fallait descendre.

J'avais souvent parcouru de bien mauvais chemins depuis que j'étais au Brésil, mais je n'en avais pas encore vu d'aussi difficiles. Le terrain s'abaisse brusquement d'une hauteur considérable, et il faut marcher sur des rochers glissants et presque à pic. Je craignais que les mulets ne se précipitassent avec leur charge ; mais heureusement il ne nous arriva aucun accident. Cette descente porte le nom de *Serra das Furnas*, la montagne des grottes, et cependant il n'y a, en cet endroit, aucune montagne proprement dite, mais seulement, comme on vient de le voir, un changement brusque dans le niveau du terrain. Le nom de *Furnas* a sans doute été donné à ce lieu à cause d'une grotte assez profonde qui se trouve au milieu des rochers, et où les voyageurs ont souvent passé la nuit, mais qui, d'ailleurs, ne me parut avoir rien de remarquable ; je regrette de n'avoir pas songé à rechercher si elle ne contenait pas des ossements fossiles.

Après avoir traversé un bois qui s'étend au-dessous de la Serra das Furnas, nous nous trouvâmes dans un lieu découvert extrêmement pittoresque. Regardant derrière nous, nous apercevions la côte rapide que nous venions de descendre, et qui, à droite, n'offre que des rochers noirs absolument à pic, tandis qu'ailleurs elle présente des arbres et des arbrisseaux parmi lesquels domine le sombre *Araucaria*. Les bois s'étendent sur un terrain incliné, depuis la côte jusqu'à un *campo* où sont quelques chaumières ; plus loin se voient encore des pâturages, mais ceux-ci, au lieu d'être entièrement découverts, sont parsemés d'*Araucaria* écartés les uns des autres. Ce paysage a dans son ensemble quelque chose qui rappelle ceux de la Suisse.

De là je fis encore 1 lieue pour arriver au *sitio* où je devais passer la nuit. Dans cet espace, le pays est montueux, plus boisé que les vastes solitudes qui le précèdent, et en même temps plus pittoresque. A un bouquet de bois succède un pâturage de peu d'étendue, et celui-ci, quelquefois entièrement découvert, est plus souvent parsemé d'*Araucaria* qui s'élèvent au milieu des gazons à des distances inégales. Jusqu'alors j'avais vu des bois entièrement composés d'*Araucaria*; j'en avais vu d'autres où ces Conifères se trouvent mêlées à des arbres de différentes familles ; c'était, ce jour-là, pour la première fois que je traversais des pâturages dans lesquels croissent, comme je viens de le dire, les Pins du Brésil épars çà et là. Dans ces pâturages surtout, on peut admirer le contraste charmant que forme le vert foncé de la cime parfaitement égale de ces végétaux majestueux avec les teintes adoucies des humbles Graminées.

Lorsque nous arrivâmes à la maisonnette où nous devions faire halte, la pluie commença à tomber par torrents. Je crois que, depuis Sorocába, c'est-à-dire depuis le 6 janvier, nous n'avions passé qu'un seul jour sans eau, et nous étions alors au 18 de février.

Le 19, nous ne fîmes que 2 *legoas*, et nous couchâmes à Castro.

La population de cette ville et celle des alentours étaient dans une grande consternation, parce qu'on voulait compléter la garde nationale (*milicia*) du pays. C'étaient les colonels ou, en leur absence, les capitaines des compagnies qui faisaient cette opération. Chacun, comme cela arrive partout ailleurs en pareil cas, apportait ses raisons d'exemption : l'un objectait ses infirmités, l'autre sa pauvreté qui ne lui permettait pas d'acheter un uniforme ; on sollicitait, on s'intriguait, on faisait parler ses amis.

Il n'est pas étonnant que les habitants du pays eussent tant de répugnance à entrer dans la milice. Environ deux ans et demi auparavant, on avait envoyé une partie du régiment à Rio Grande, où les Brésiliens se battaient contre Artigas ; presque tous les hommes requis étaient mariés, et leur absence avait plongé leurs familles dans l'indigence. On avait assuré, il est vrai, qu'au bout d'un certain temps on les rendrait à leur patrie ; mais cette promesse avait été complétement oubliée. Tout nouvellement aussi on venait de donner ordre à un détachement de miliciens de se rendre à Sainte-Catherine, et quand les maris ne se montraient pas on rendait les femmes responsables.

Le passage très-récent du colonel Diogo par ce canton avait encore ajouté à la terreur universelle. Lorsque plus anciennement, sous les ordres de cet officier, avait été commencé le chemin de Garapuava, dont j'ai parlé ailleurs (1), on avait forcé les habitants du pays à y travailler ; on ne les payait point et on les traitait avec une extrême sévérité. Plus de mille personnes avaient alors quitté le district pour se réfugier dans la province de Rio Grande do Sul, et la ville de Castro n'offrait plus, à l'époque de mon voyage, que des maisons abandonnées qui tombaient

---

(1) Voyez le volume précédent.

en ruines. Le colonel Diogo, que j'avais, comme on sait, rencontré à Morangáva, avait suivi la route directe, et, pendant que je faisais un long détour, il était arrivé à Castro. Il avait apporté de S. Paul l'ordre de continuer le chemin commencé et celui de former une nouvelle paroisse à un endroit appelé *Linhares*, où, déjà, disait-on, il existait quelques chaumières. Quand on avait su cette nouvelle, la désolation s'était répandue dans toutes les familles, et la plupart des habitants avaient pris la résolution de fuir plutôt que de s'enfoncer encore dans des déserts infestés par les sauvages, d'aller travailler, presque sans salaire, loin de leurs femmes et de leurs enfants, et d'être traités avec une extrême rigueur par un chef accoutumé à toute la dureté de la discipline militaire. Je ne sais si l'entreprise projetée aura produit un grand bien ; mais ce qui est sûr, c'est que, conduite avec un intolérable despotisme, elle avait commencé par produire un très-grand mal.

CHAPITRE XVII.

LA VILLE DE CASTRO. — FIN DU VOYAGE DANS LES CAMPOS GERAES.

La ville de *Castro*; son histoire; sa position; pont; rues; maisons; église; instruction publique; nature de la population; le nombre des ouvriers des différents états en rapport avec les occupations des habitants des divers cantons de la province. — Limites du *termo* de Castro; sa population; observation sur les mouvements de cette population; productions du *termo*. — Le *sargento mór* José Carneiro; sa maison; petites fêtes. — Désagrément que l'auteur éprouve à Castro; l'Indien Firmiano; vices des classes inférieures. — Départ de Castro. — Chemin affreux; supercherie des *camaradas* de l'auteur. — La *fazenda* de *Carambehy*; ses habitantes; mauvaise conduite de José Marianno. — L'auteur s'écarte de la route directe. — Le *Rio Pitangui*. — La *fazenda* du même nom. — Couleur des pâturages. — Encore le Tibagy. — La *fazenda* de *Carrapatos*; dona Balbina; toilette des dames. — La *fazenda* de *Rincão da Cidade*; discours que la propriétaire de cette habitation tient à l'auteur. — Le hameau appelé *Freguezia Nova*; le nombre des blancs fort considérable; costume des femmes. — La *fazenda* de *Caiacanga*. — Changement dans la végétation et l'aspect du pays. — Le *Rio Hyguaçu*. — Le *registro* de Curitiba; nouveaux détails sur les droits que payent les mulets à leur entrée dans la province.

La ville de *Castro* ne fut d'abord qu'une simple paroisse et prit alors le nom d'*Hyapó*, qu'à l'époque de mon voyage on lui donnait encore par habitude, et qui est, comme je l'ai dit, celui de la rivière la plus voisine. En 1788, le gouverneur de la province de S. Paul, José Bernardo de Lorena, érigea en ville le village d'Hyapó (1). Lorsque je passai par la ville de Castro, c'est ainsi que l'avait appelée Lorena, elle faisait partie de la *comarca* de Curitiba et elle était le chef-lieu de son *termo* le plus septentrional; aujourd'hui (1847) elle occupe la même position dans la cinquième *comarca* qui remplace celle dite jadis de Curitiba (2).

La ville de Castro, située à 95 *legoas* de S. Paul, occupe le sommet d'une colline allongée qui s'étend du sud au nord jusqu'à la rivière d'Hyapó dont j'ai déjà parlé ailleurs. A l'est de la colline, le terrain est peu élevé et n'offre que des pâturages; cependant une lisière d'*Araucaria* qui borde un marais répand de la variété dans le paysage. Le côté de l'ouest est plus montueux et plus pittoresque; des *Araucaria* couronnent les collines qui s'élèvent de ce côté; quelques maisonnettes sont éparses au-dessous de ces arbres majestueux, et, plus bas, une vaste pelouse s'étend jusqu'à la ville. La rivière d'Hyapó serpente au pied de cette dernière, entre des arbrisseaux aux branches desquels sont suspendus des lichens blanchâtres qui ressemblent à la barbe d'un vieillard et se laissent balancer par le plus léger vent. Les plus communs de ces arbrisseaux sont le *pao de cebo*, Légumineuse dont le bois est presque aussi mou que la tige de l'*Agave vivipara*, l'*Eugenia tenella*, Aug. S. Hil. Juss. Camb., dont on mange les fruits et qu'on appelle vulgairement *cambui*; enfin l'*Escallonia vaccinoi*-

(1) Piz., *Mem. hist.*, VIII; 298.
(2) Villiers, *Carta topografica de S. Paulo. Rio de Janeiro*, 1847.

des, Aug. de S. Hil., qui se fait remarquer par ses jolies fleurs blanches.

Ici je ferai remarquer, à propos de la dernière de ces plantes, que les Campos Geraes doivent être considérés comme étant, au Brésil, la région des Escalloniées; or M. de Humboldt indique celles-ci comme formant une région végétale élevée de 1,140 à 2,460 toises au-dessus du niveau de la mer, dans les contrées tout à fait voisines de l'équateur (1); donc les Campos Geraes, situés très-approximativement entre les 23° 50' et 25° à la hauteur de 400 mètres, correspondent, jusqu'à un certain point, à la partie des montagnes équatoriales qui se trouve élevée de 1,400 à 2,460 toises au-dessus de l'Océan.

On avait construit sur l'Hyapó un pont en bois dont les arches, au nombre de vingt-six, avaient environ sept pas de largeur; mais, à l'époque de mon voyage, il était presque entièrement détruit, et probablement il n'aura pas été rétabli de longtemps, car le sénat municipal de la ville de Castro (*camara*) était d'une pauvreté extrême. La longueur de ce pont n'indiquait nullement la largeur habituelle de la rivière, mais seulement celle qu'elle a dans le temps des pluies; elle est beaucoup moins large pendant la sécheresse, et même alors elle devient guéable pour les gens de pied (2).

---

(1) *Distr. plant.*, 106.

(2) Dans ces derniers temps, on s'est occupé de la réparation du pont de Castro; le gouvernement provincial avait même accordé des fonds pour qu'on y travaillât; mais, en 1844, on avait besoin d'une nouvelle allocation pour pouvoir achever l'ouvrage déjà commencé (*Discurso recitado pelo Presidente Manoel Felisardo de Souza e Mello, etc.*, 1844).

La ville de Castro se composait, lors de mon voyage, d'une centaine de maisons qui formaient trois rues allongées ; ces dernières étaient fort petites, construites avec des bâtons croisés, et ressemblaient beaucoup à celles de nos paysans de Sologne, avec cette différence qu'elles étaient peut-être mieux éclairées et qu'on n'y voyait moins de meubles. Depuis les émigrations causées par la crainte du chemin de Garapuáva, la plupart, comme j'ai déjà eu occasion de le dire, avaient été abandonnées et tombaient en ruine.

L'église paroissiale, dédiée à S. Amarus, était fort basse, très-petite, sans ornement et en aussi mauvais état que les maisons des particuliers. J'en avais peu vu d'aussi vilaines depuis que j'étais au Brésil (1) ; on en avait commencé deux autres, mais on ne les continuait pas.

En 1820, l'instruction publique était absolument nulle à Castro et dans tout son district ; ce fut seulement en 1830 que le gouvernement provincial décréta qu'à l'avenir il y aurait, dans cette ville, un maître d'école pour les garçons (2), et, par un autre décret de mars 1846 seulement, qu'on y établit une école de filles. Il ne paraît pas, au reste, que, jusqu'ici, la première de ces écoles ait été très-fréquentée, car le président de la province déclare, dans son rapport de l'année 1843, que l'instituteur n'avait point envoyé, ainsi qu'il l'aurait dû, la liste de ses élèves, et, comme cette liste ne se trouve pas davantage dans les rapports des années 1844, 45 et 47 que j'ai sous les yeux, il est très-pro-

---

(1) L'ouvrage de D. P. Müller prouve que l'église de Castro n'avait pas encore été agrandie en 1839 (*Ensaio estatistico*, 54).

(2) *Discursos recitados*, etc.

bable que le maître rougissait de n'avoir à donner que les noms d'un très-petit nombre d'enfants.

Trois ou quatre marchands, des femmes de mauvaise vie, quelques ouvriers formaient à peu près toute la population permanente de Castro. Les plus nombreux d'entre les derniers sont les selliers, ce qui ne doit point surprendre, puisque les habitants du pays passent leur vie sur leurs chevaux (1). En général, on pourrait souvent juger des goûts et des habitudes d'une contrée par le genre d'ouvriers qui y sont le plus répandus : dans les pays aurifères, même très-pauvres, il y a beaucoup d'orfévres, parce que toutes les femmes veulent porter des bijoux d'or ; à S. Paul et au milieu des riches districts où l'on cultive la canne à sucre, les tailleurs sont plus nombreux que les autres artisans, parce qu'on a les moyens d'être bien vêtu et qu'on se plaît à l'être ; à Santos, port de mer, on trouve beaucoup de calfats ; les charpentiers abondent dans les cantons où des immigrations fréquentes ajoutent sans cesse à la population, etc.

Les alentours de la ville de Castro produisent du maïs, des haricots, du riz, et du froment avec lequel on fait un pain très-blanc et fort savoureux ; mais les habitants des campagnes voisines songent beaucoup moins à cultiver la terre qu'à élever des bêtes à cornes et des chevaux, et dans les soins peu variés qu'exigent ces animaux se concentrent à peu près toutes les idées des campagnards.

En 1820, le *termo* de Castro était borné, au nord-est, par l'Itareré, qui le séparait du district d'Itapéva, et, au sud, il était séparé du *termo* de Curitiba par le Rio Tibagy,

---

(1) Mill. et Lop. de Mour., *Dicc.*, I, 253.

ce qui formait une étendue d'environ 52 *legoas*; les terres occupées par les Indiens sauvages le resserraient du côté de l'ouest et du nord; à l'est sont de grandes forêts qui vont jusqu'à la mer, et au milieu desquelles se trouve la ville d'Apiahy. A l'époque de mon voyage, on ne s'avançait pas au delà de 13 lieues vers le pays des Indiens; mais, dans ces derniers temps, on s'est étendu davantage, et les forêts qui s'élèvent du côté de l'orient ont été mieux explorées; d'ailleurs les limites du *termo* sont toujours restées les mêmes.

Il n'y a pas encore extrêmement longtemps, la paroisse de la ville de Castro comprenait le district tout entier; mais l'accroissement de sa population et surtout l'extension de son territoire ont nécessité des morcellements successifs; et dès 1839 on comptait en tout, sur les terres de Castro, cinq paroisses différentes, celles de la ville, de Garapuáva, de Belem, de Jaguariaiba et de Ponta Grossa (1).

On compte dans la population du district de Castro un nombre d'hommes véritablement blancs beaucoup plus considérable que dans celle du district d'Itapéva ou d'Itapitininga. En 1820, elle s'élevait à 5000 individus (2), dont 500 esclaves; mais elle avait été plus considérable, avant que le colonel Diégo, par son extrême rigueur, eût, pour ainsi dire, forcé un grand nombre de personnes

(1) Cette indication est empruntée à D. P. Müller (*Ensaio*, tab., 18); mais il paraît, d'après la carte de M. de Villiers, que, postérieurement à 1839, on a ajouté deux nouvelles paroisses aux cinq autres.

(2) Le chiffre 5,000 m'a été communiqué dans le pays même. Celui qu'indique le livre de Pizarro, imprimé en 1822 (*Memorias historicas do Rio de Janeiro*, VIII, 299), présente une différence bien peu sensible, puisqu'elle n'est que de 150.

à quitter leur pays (1). Si les indications dues à P. Müller sont exactes, il y a eu, à partir de 1820, une augmentation de 1190 individus en dix-huit années, ce qui a dû faire, en 1839, une population totale de 6190, sur lesquels on comptait 1612 esclaves, dont 727 nègres africains et 292 mulâtres ou mulâtresses ; le nombre des célibataires au-dessus de trente ans était, en 1837 ou 1838, à celui des gens mariés, environ comme 1 à 4,5 ; il s'était célébré, dans la même année, 46 mariages de personnes libres et 33 d'esclaves ; il était né 310 enfants libres et 94 dans l'esclavage ; enfin, pour 404 naissances, il n'y avait eu que 101 décès (2). Les chiffres qui précèdent donnent lieu aux considérations suivantes : — 1° L'augmentation d'un peu plus d'un cinquième sur le chiffre de la population, dans un espace de dix-neuf années, serait peu considérable relativement à ce qui a eu lieu dans d'autres parties de la province de S. Paul ; mais il est possible que les émigrations aient continué dans le courant de 1820 et ensuite 1821, jusqu'à la révolution qui a changé la face de l'empire brésilien. D'un autre côté, il est bien évident qu'un canton aussi éloigné que celui de Castro n'a pu recevoir, dans un temps égal, autant d'étrangers que ceux qui avoisinent la province de Rio de Janeiro, celle de Minas Geraes ou le port de Santos. — 2° Tandis qu'en l'année 1838, dans tout l'ensemble de la province, il n'y a eu, comme je l'ai dit ailleurs, que 1 mariage sur 105,35 individus, il s'en est célébré, dans le *termo* de Castro, 1 sur 78,35. Si l'on pouvait raisonnablement tirer des con-

---

(1) Le chiffre de 4,831 individus, indiqué par MM. Spix et Martius pour l'année 1815 (*Reise*, I, 239), serait probablement trop faible.
(2) *Ensaio estatistico ; continuaçao do appendice a tab.* 5 ; tab. 6.

séquences d'un fait qui peut-être ne s'était pas encore
présenté et peut-être ne se sera pas reproduit, nous
serions tenté de croire d'abord que les mœurs sont meilleures dans le *termo* de Castro que dans une foule d'autres; mais il ne faudrait pas oublier que, sur les 79 mariages qui ont eu lieu, il n'y en a pas eu moins de 33
parmi les esclaves, et que le nombre de ceux qui se
sont faits chez les blancs a été comparativement très-
faible. Des chiffres indiqués nous ne pourrions donc pas
conclure que les habitants de ce canton sont plus réguliers que tant d'autres de leurs compatriotes, mais tout
simplement qu'ils sont plus prudents et ne veulent pas renouveler aussi fréquemment leurs achats de nègres, conduite qui, au reste, ne devrait certainement pas être blâ-
mée, car, en même temps qu'elle serait parfaitement conforme aux intérêts les mieux entendus du propriétaire
d'esclaves, elle tournerait aussi au profit des mœurs publi-
bliques.—3° Le nombre des esclaves, qui, en 1820, ne formait qu'un dixième de la population, a été porté, en dix-
neuf années, à un peu plus du quart. Dans l'ordre moral,
cette augmentation est, pour les blancs peut-être encore
plus que pour les noirs, un malheur véritable; mais, dans
l'ordre matériel, elle est un signe certain d'un très-grand
accroissement de richesses. — 4° Si, dans les années qui
ont précédé immédiatement 1839, il y avait eu à peu près la
même proportion entre les mariages des gens libres et ceux
des esclaves que dans cette même année, ce que nous igno-
rons tout à fait, il faudrait malheureusement conclure que
les négresses n'auraient pas toujours été traitées comme
l'humanité l'exigeait; car, tandis que, d'un côté, les mariages d'individus privés de la liberté ont été à ceux des

personnes libres comme 1 à 1,39, les naissances des enfants d'esclaves ont été à celles des enfants de gens libres comme 1 à 3,29 (1).

J'ignore quels avaient été les chiffres des produits du *termo* de Castro pendant l'année qui a précédé celle de mon voyage; mais les tables de Pedro Müller nous apprennent qu'en 1838 on recueillit, dans ce *termo*, 1,080 *alqueires* (43,200 litres) de riz, 6,691 (267,640 litres) de haricots, 181,631 de maïs, 318 arrobes (4,687 kilog. 32) de tabac, 200 arrobes (2,948 kilog.) de coton, 3,453 arrobes (50,897 kilog. 22) de maté, et qu'on y éleva 3,751 chevaux, 485 mulets, 12,662 bêtes à cornes, 1,103 bêtes à laine. Aucun des districts de la province de S. Paul ne fournit, en cette même année, autant de chevaux, de mulets, de bêtes à cornes et de moutons que celui de Castro; mais il fut surpassé tantôt par l'un, tantôt par

---

(1) On lit, dans le *Diccionario geographico do Brazil* (I, 254), qu'en 1845 la population du district de Castro s'élevait à 8,000 âmes, et, dans la notice de M. Francisco de Paula e Silva Gomes (in *Annuario do Brazil*, 1847, 525), que, conjointement avec celle du district de Villa do Principe, ou Lapa, elle monte à plus de 18,000 âmes. L'une et l'autre indication présenteraient une augmentation bien extraordinaire sur le chiffre de l'année 1838, si rapprochée de 1845 et 1846; mais il est permis, ce me semble, de croire qu'il y a eu quelque confusion pour la première; car, dans la phrase où elle se trouve, il est dit que le *district* de Castro est limité par les provinces de Rio Grande et de Sainte-Catherine, et l'on sait qu'entre ces provinces et Castro il y a encore le *district* de Curitiba. Quant à la seconde indication, qui porterait la population du district de Castro à environ 13,000 individus, déduction faite des 5,000 que l'on compte dans celui de Lapa (*Dicc. do Brazil*, II, 777), elle avait un but qui a pu la faire soupçonner d'exagération par ceux qui ne croient pas encore opportun de séparer la septième *comarca* du reste de la province de S. Paul.

l'autre des autres districts pour tous les produits du sol proprement dits (1).

Je reviens à l'historique de mon voyage.

Le lieutenant-colonel José Felis avait chargé mon hôte d'Igreja Velha de me procurer un logement à Castro, et j'eus un peu d'humeur, je dois l'avouer, quand je vis celui qu'on me destinait; mais mon mécontentement se dissipa bientôt, lorsque j'eus reconnu que la maison où j'avais été installé, quoique très-vilaine et fort mal entretenue, était peut-être encore la meilleure de toute la ville.

Presque aussitôt après mon arrivée, j'allai remettre une lettre du capitaine général au *sargento môr* JOSÉ CARNEIRO, fils du colonel Luciano, mon hôte de Jaguariaiba. Il me reçut avec un embarras que je pris d'abord pour de la froideur; mais je ne tardai pas à reconnaître que c'était un homme excellent, et je ne saurais trop me louer des complaisances qu'il eut pour moi pendant mon séjour à Castro. Non-seulement il exigea que je mangeasse chez lui, mais encore il voulut, à trois reprises différentes, me donner une petite fête. Il n'avait à sa disposition ni meubles riches ni appartements élégamment ornés; rien de semblable n'existait à Castro; il rassembla tous les musiciens du pays dans sa *sala*, qui n'était ni carrelée ni planchéiée, et que je pourrais à peine comparer à nos plus modestes cabarets de village. Parmi les musiciens que j'entendis chez le *sargento môr* était un homme qui pinçait de la guitare avec beaucoup de goût sans connaître une seule note. Un

---

(1) *Ensaio estatistico*, tab. 3. — Je ferai observer qu'en parlant du territoire de Castro on a pu dire indifféremment *termo* ou district, puisque le *termo* ne comprend (1838) qu'un seul district (l. c., 54).

autre, véritablement fort sur le petit instrument appelé *machette*, qui n'est autre chose qu'une guitare de poche, en jouait dans toutes les postures imaginables, et avait toujours le talent d'en tirer parti. Ce même homme savait encore démonter sa figure de tant de manières différentes, qu'un fameux saltimbanque, que l'on appelait alors à Paris *le grimacier*, aurait pu lui porter envie. Le *sargento mór* ne s'en tint pas à la musique; il fit danser. On ne se permit pas de *batuques* (1) à cause du carême; on dansa des danses à deux qui ressemblaient beaucoup aux anciennes allemandes, et d'autres à quatre appelées, dans le pays, *anu* et *chula*, où l'on trépigne beaucoup des pieds en pliant le jarret, mais qui ne sont pas sans agrément. Les joueurs de guitare chantèrent aussi; mais ce n'est point par là que brillent les Brésiliens, qui vivent loin des grandes villes et n'ont pas appris la musique d'une manière régulière. Quel-

(1) Les *batuques* sont des danses obscènes dont j'ai eu occasion de parler dans mes autres ouvrages. M. le prince de Neuwied a cru (*Brasilien*, 24) que, dans ma première relation, j'avais écrit *batucas*; c'est bien réellement *batuques* que j'ai écrit (*Voyage dans la province de Rio de Janeiro*, I, 40), comme je le fais encore aujourd'hui et comme on le fait au Brésil. Au reste, il existe, dans la langue portugaise, certains sons mixtes très-difficiles à saisir, et sur l'orthographe desquels on peut ne pas être d'accord : ainsi M. le prince de Neuwied a entendu appeler *Ciri* (*Bras.*, 46) un certain hameau de la province d'Epirito Santo, tandis que je l'ai entendu nommer *Ceri* (*Voyage sur le littoral*, II, 198, 20); M. de Neuwied a pour lui Francisco Manoel da Cunha (*Informação, etc., in Revista trimensal*, IV, 240) et moi MM. Milliet et Lopes de Moura (*Dicc.*, I, 267). Pour l'orthographe du nom d'un autre hameau de la même province que M. de Neuwied appelle *Miaïpé* et moi *Meiaipi*, je ne trouve qu'une autorité, celle du *Diccionario geographico*, et elle est entièrement en ma faveur. Au contraire, on trouve plus de personnes qui écrivent *Jucú* (rivière de la province d'Epirito Santo) avec M. de Neuwied que *Jecú* avec moi et Cazal.

ques *modinhas* (1) sont sans doute assez jolies ; mais, en général, rien n'est plus triste et plus monotone que les chants du peuple dans les provinces que j'ai parcourues. La voix des Brésiliens est presque toujours juste ; mais ceux de l'intérieur, appartenant aux classes subalternes, appuient pendant des minutes entières sur la même note en affaiblissant leur voix peu à peu, ce qui fait ressembler leurs chansons à des chants funèbres. On joua aussi chez le *sargento mór* quelques petites farces dégoûtantes par leur indécence et leur grossièreté. Enfin, entre les différentes danses, plusieurs personnes récitèrent des pièces de vers assez jolies, et cependant la société ne se composait que d'ouvriers et de cultivateurs. Chez nous personne ne sait de vers que ceux qui ont fait quelques études ; il faut s'être familiarisé avec notre poésie pour en sentir les charmes : la prosodie naturelle aux langues du Midi rend leur poésie plus vulgaire ; habitués à entendre et à prononcer sans cesse des syllabes mesurées, les méridionaux sont instinctivement juges du mètre des vers.

Malgré les politesses du bon *sargento mór* et l'empressement qu'il mettait à me rendre toutes sortes de services, mon séjour à Castro fut fort peu agréable. Comme la plupart des maisons de cette ville, celle où j'avais un logement était extrêmement mal habitée, et il en résulta pour moi un grand nombre de tracasseries et de contrariétés. L'Indien Firmiano chercha à excuser ses escapades par une suite de mensonges, me manqua de respect, voulut prendre la fuite et me causa de véritables chagrins. Je ne devais pas, au reste, être surpris de ce qu'il se gâtait, je devais l'être de ce

---

(1) Les *modinhas* sont des chansonnettes souvent assez libres.

que, vivant au milieu des hommes dégradés qui me servaient, il ne s'était pas perdu beaucoup plus tôt. Comme j'ai déjà eu l'occasion de le dire dans mes autres relations, les Brésiliens des dernières classes, privés de toute instruction morale et religieuse, ont rarement de véritables vertus; souvent ils sont sans famille, des femmes perdues les ont élevés dans le vice (1); leur état habituel est une sorte de putréfaction morale, et, s'ils en sortent, c'est par une crise d'où résultent des crimes (1816-22). Les prostituées pullulent dans les moindres villages, et c'est entre leurs mains que les *camaradas* laissent le fruit de leur travail; aussi les propriétaires de caravanes évitent-ils avec soin de s'arrêter ailleurs qu'en des lieux isolés ou sous des *ranchos* éloignés des bourgs et des villes. S'ils sont forcés quelquefois de s'écarter de cette règle, les *camaradas* qui les servent cachent les mulets de la caravane pour prolonger leur séjour au milieu des femmes publiques avec lesquelles ils se livrent à la débauche; ils volent leurs maîtres et commettent mille désordres. Le nègre affranchi Manoel, qui m'accompagnait, faisait parfaitement son devoir quand j'étais en route; mais, aussitôt que j'arrivais dans un village, il s'habillait, se mettait en campagne, et, excepté aux heures des repas, il ne reparaissait ni le jour ni la nuit (2).

Je passai huit jours à Castro pour y faire faire des caisses que je voulais laisser, pleines d'objets d'histoire naturelle, entre les mains du digne *sargento mór* José Car-

---

(1) Pudenda dictu spectantur. Fit ex his consuetudo, deinde natura. Discunt hæc miseri, antequam sciant vitia esse (M. F. Quintiliani, *Inst. orator.*, lib. I).

(2) Voir le premier volume de cet ouvrage.

neiro. Il s'était chargé de les envoyer au gouverneur de la province, M. João Carlos d'Oeynhausen, et je devais, à mon retour, les prendre chez ce dernier.

Je n'eus qu'à me louer des ouvriers dont je me servis à Castro ; particulièrement du menuisier, qui me fut extrêmement utile pour les petites précautions qu'il fallait prendre, afin de garantir des insectes et de l'humidité les collections que je laissais derrière moi. Cet homme, blanc de race pure, répétait avec orgueil qu'il était originaire de France, et réellement il montrait plus d'activité que n'en ont commmunément les gens de ce pays.

Après avoir fait mes adieux à l'excellent *sargento mór* je repris la route directe de Curitiba, et je parcourus, dans l'espace de 1 lieue, un pays boisé comme le sont, à ce qu'il paraît, tous les alentours de la ville de Castro.

A 1/4 de lieue de cette dernière, le chemin devint affreux ; il fallut traverser des bourbiers où les mulets enfonçaient jusqu'au poitrail ; plusieurs d'entre eux tombèrent, et ce fut avec une peine extrême que nous arrivâmes au lieu appelé *Currallinho* (petit parc pour le bétail). J'y appris que nous nous étions égarés, et que, pour retrouver la véritable route, il fallait retourner sur nos pas. Il était déjà tard ; Manoel soutenait qu'il allait tomber des torrents d'eau ; je me décidai à rester.

Lui et José Marianno partirent presque aussitôt pour la chasse, et revinrent au bout d'un quart d'heure sans avoir rien tué. Manoel lâcha les mulets dans un pâturage, et, quelques instants après, José s'écria : Voilà les mulets qui s'enfuient vers la ville ; nous ne pourrons plus les retrouver demain. Il n'y a pas d'autre remède, dit Manoel, que d'aller coucher sur le chemin. Il s'habilla proprement, prit une hache et un cuir de bœuf écru pour me faire croire qu'il dormirait dans les bois, et il s'en alla. J'avais déjà trouvé un peu extraordinaire qu'il eût fait une toilette pour passer la nuit sous un arbre; mais je ne doutai plus que tout ce qui avait eu lieu ne fût une petite mystification, quand j'appris que José Marianno avait accompagné son camarade, et Firmiano ne tarda pas, en effet, à m'avouer que ces hommes étaient allés à la ville.

Ils revinrent le lendemain matin avant que je fusse levé; je fis semblant de ne m'être aperçu de rien et nous partîmes. Nous retournâmes sur nos pas, et, après avoir fait 3/4 de lieue, nous nous retrouvâmes dans la grande route (1). Elle était tellement large à l'endroit où nous l'avions quittée la veille, qu'il était évident que l'erreur de mes gens avait été volontaire, et qu'ils avaient tout combiné pour passer à Castro quelques instants de plus.

Nous continuâmes d'abord à parcourir un pays couvert;

---

(1) Itinéraire approximatif de la ville de Castro à celle de Curitiba en faisant quelques détours :

	Legoas.
De Castro à Carambehy, fazenda.	3 1/2
De Carambehy à Pitangui, fazenda.	3
De Pitangui à Carrapatos, fazenda.	4
De Carrapatos à Santa Cruz.	2
De Santa Cruz au Rincão da Cidade.	3
De Rincão da Cidade à Freguezia Nova, hameau.	1
De Freguezia Nova à Caiacanga, fazenda.	3
De Caiacanga à Papagaio Velho, sitio.	2
De Papagaio Velho au Registro de Curitiba, douane.	2
Du Registro de Curitiba à Itaque, sitio.	4
D'Itaque à Piedade, hameau.	2
De Piedade à Ferraria, sitio.	2
De Ferraria à Curitiba, ville.	2
	33 1/2

mais peu à peu les bois devinrent plus rares, et nous finîmes par nous trouver dans une immense plaine ondulée où, au milieu d'excellents pâturages, on n'apercevait plus qu'un petit nombre de bouquets de bois de peu d'étendue.

La *fazenda* de *Carambehy* où je fis halte et qui tire son nom des mots guaranis *carumbé*, tortue, et *y*, rivière (la rivière de la tortue), est située dans cette plaine. C'était une jolie petite maison qui rappelait un peu celles qu'habitent certains bourgeois dans nos villages de Beauce.

J'avais une lettre de recommandation pour le propriétaire ; mais, comme il était absent, je fis remettre la lettre à sa femme. Je fus introduit par un esclave dans un corridor sur lequel donnaient plusieurs petites chambres sans fenêtres destinées pour les étrangers, genre de distribution qui se retrouve partout. Mes malles furent déchargées dans le corridor, et croyant que l'on me servirait à manger, mais que je ne verrais personne, comme cela m'était arrivé si souvent à Minas, je m'étais déshabillé et j'allais me mettre à travailler, lorsqu'à ma grande surprise je vis paraître deux jeunes femmes bien mises qui me firent passer dans une espèce de salon. L'une était la femme du propriétaire, l'autre celle de la personne qui m'avait recommandé. Toutes deux étaient jolies ; elles avaient de très-bonnes manières et causaient à merveille. Depuis Rio de Janeiro, je n'avais guère aperçu que des prostituées et des négresses ; ce fut pour moi une nouveauté délicieuse de passer une soirée avec deux femmes honnêtes et aimables. Il fut beaucoup question du pays, de Rio de Janeiro, de S. Paul et de Guarapuáva qui revenait dans toutes les conversations. Ces dames me servirent le thé, et, après être resté une couple d'heures avec elles, je me mis à travailler.

On m'appela ensuite pour souper, mais je mangeai seul avec Laruotte ; les dames ne reparurent que lorsque le couvert eut été enlevé.

Je me retirai à mon heure ordinaire ; mais le hasard voulut que je sortisse pendant la nuit dans la cour de la *fazenda*, et je découvris que mes gens avaient abusé indignement de l'hospitalité qu'on nous avait accordée d'une manière si généreuse et si aimable. Je passai le reste de la nuit dans une agitation violente, occupé à faire mille projets que ma faiblesse et l'impossibilité de me débarrasser de mes gens rendaient aussi inexécutables les uns que les autres. Cependant, lorsque José Marianno entra, le matin, dans ma chambre, il me fut impossible de me contenir. Je lui adressai des reproches ; il les écouta la tête penchée sur sa poitrine et ne répondit pas une seule parole. Les tracasseries que j'éprouvais sans cesse de la part de ceux qui me servaient m'affligeaient plus que je ne puis dire, et détruisaient le plaisir que j'aurais eu à parcourir cet admirable pays.

A partir de Carambehy, je m'écartai, pour la seconde fois, de la route directe de Curitiba. Celle que je suivis pour me rendre dans cette ville est plus longue ; mais on m'engagea à lui donner la préférence, parce que les lieux où je pouvais faire halte sont moins éloignés les uns des autres, que le pays est plus agréable et les habitants plus hospitaliers.

Accompagné d'un guide que l'on m'avait donné à Carambehy, je continuai à traverser d'immenses pâturages d'une verdure admirable où sont épars quelques bouquets de bois de peu d'étendue ; je passai devant une petite habitation en bon état, comme paraissent l'être la plupart de celles de l'intérieur des Campos Geraes ; et enfin j'arrivai au *Rio Pitangui*, qui donne son nom à la *fazenda* dans laquelle je couchai (1). A l'endroit où l'on traverse cette rivière, elle a peu de largeur et coule entre des bords élevés couverts d'arbres et d'arbrisseaux que domine l'*Araucaria* au tronc gigantesque. A droite et à gauche de la rivière, des rochers nus se montrent sur le penchant des collines et contribuent à rendre le paysage très-pittoresque.

La *fazenda* de Pitangui était encore un établissement des jésuites. Le bâtiment qu'ils avaient occupé n'existait déjà plus à l'époque de mon voyage; mais on voyait encore, au milieu de la cour de l'habitation, une église assez grande qu'ils avaient fait construire. Lors de la destruction de la compagnie, le roi s'empara de cette *fazenda*; les esclaves furent transportés ailleurs, et les terres furent vendues avec la maison et les bestiaux. Elles appartenaient, en 1820, à un capitaine de milice que j'avais vu à Castro, et qui, obligé de s'absenter, avait laissé chez lui l'ordre de me recevoir. On me donna une chambre, on me servit un fort bon souper, mais je fus beaucoup moins heureux que la veille; je ne vis qu'un sellier qui travaillait pour le compte du capitaine.

Le pays que je parcourus au delà de Pitangui, dans un espace de 4 *legoas*, est un peu ondulé comme celui où j'avais voyagé la veille; d'ailleurs il ne présente pas de différences sensibles.

La verdure des pâturages est aussi fraîche dans les Cam-

---

(1) L'Espagnol-Américain que j'ai souvent cité faisait venir ce mot du guarani,*pïtâgï*, presque rouge : n'est-il pas plus vraisemblable qu'il dérive de la *lingua geral*, comme le pense mon ami M. Manoel José Pires da Silva Pontes (*Revista trim.*, VI, 277); *pitang* ou *mitang*, enfant, et *y'g*, rivière, rivière de l'enfant?

pos Geraes que celle de nos prairies ; mais, en général, ils ne sont pas émaillés d'un aussi grand nombre de fleurs. En quelques endroits cependant, et surtout entre Pitangui et *Carrapatos*, je vis un nombre très-considérable de ces dernières. C'étaient l'*Eryngium* n° 1,569 et la Composée 1,464 *ter* qui se montraient le plus fréquemment ; et, tandis que le jaune et le blanc dominent dans nos prés, c'est, comme je l'ai dit ailleurs (1), le bleu céleste qui colore les portions de pâturages dont je viens de parler.

Après avoir fait environ 3 *legoas* 1/2, j'arrivai au Rio Tibagy, que j'avais déjà vu à la Barra d'Hyapó, et qui est encore ici bordé de deux lisières d'arbres et d'arbrisseaux entremêlés d'*Araucaria brasiliensis*. Au milieu de tous ces arbres, je remarquai le *Salix* n° 1,562, qui s'élève à environ 3 mètres et qui, à peu de distance de sa base, se divise en quelques grosses branches étalées chargées de ramules inclinés vers la terre (2).

Sur le bord du Tibagy, nous trouvâmes une petite pirogue qui servit à passer mes effets de l'autre côté de cette rivière.

Sur sa rive gauche, je n'étais plus dans le district de Castro ; j'entrais dans le *termo* de Curitiba, dont le Tibagy forme la limite septentrionale. Il ne faut pas croire cependant qu'en même temps je sortisse des Campos Geraes ; ceux-ci ne finissent que là où s'arrêtent les pâturages et où commencent les grandes forêts.

Après avoir fait encore une 1/2 lieue depuis le passage de la rivière, j'arrivai à la *fazenda de Carrapatos*, où je couchai,

---

(1) Voir le paragraphe *Végétation* dans le premier volume.
(2) Voir la page 4 de ce volume.

et qui appartenait à la sœur de la propriétaire de Carambehy. Le mari était absent, mais cette circonstance n'empêcha point sa femme de se montrer, et elle me fit mille politesses.

La toilette de dona BALBINA, c'était son nom, ne différait en aucune manière de celle des deux dames de Carambehy. Elle portait, comme elles, une robe d'indienne très-décolletée et un châle de même étoffe qui retombait sur les côtés de sa poitrine. Les jambes de ces dames étaient nues; un peigne relevait leurs cheveux; elles avaient chacune un long collier d'or et des pendants d'oreilles de diamants.

De Pitangui je me rendis à *Santa Cruz*, habitation autrefois fort importante, et le jour suivant j'allai coucher au lieu appelé *Rincão da Cidade* (le coin de la ville).

C'était une petite *fazenda* qui appartenait à des gens peu riches et chargés d'une nombreuse famille. La maîtresse de la maison me reçut avec une bonté extrême. Pendant que je travaillais, elle vint s'asseoir sur le seuil de la porte de ma chambre, et nous nous mîmes à causer. « Pourquoi vous
« tuer ainsi à courir le monde? me disait-elle; vous avez
« une mère : que n'allez-vous plutôt vivre auprès d'elle et la
« consoler dans ses vieux jours? En ce moment, elle pense
« sans doute à vous. Pendant que je jouis de toutes les
« douceurs de la vie, se dit-elle, il est possible que mon
« fils manque du nécessaire, et elle pleure sur votre sort.
« Votre mère n'a pas besoin de vous; mais croyez-moi,
« monsieur, une mère aimerait mieux vivre pauvre au mi-
« lieu de ses enfants que riche et éloignée d'eux. » Mes yeux se remplirent de larmes, et je conjurai cette femme de ne pas poursuivre davantage. Celle qui faisait valoir si bien les droits d'une autre mère devait être une bonne

mère elle-même ; elle aura, j'espère, été bénie dans ses enfants. Jamais je n'avais éprouvé un désir plus vif de revoir ma patrie et ma famille ; mais j'étais comme fixé par une sorte de fatalité à cette terre du Brésil ; je ne suivis point les conseils de mon excellente hôtesse, je l'ai cruellement expié.

Après avoir terminé mon travail, je sortis dans la campagne pour me dissiper. Il faisait déjà nuit ; une multitude d'insectes phosphoriques sillonnaient les airs, brillaient un instant, s'obscurcissaient ensuite et reparaissaient un peu plus loin. Le ciel était étoilé, on n'entendait pas le plus léger bruit ; je tombai dans une rêverie vague qui n'était pas sans quelque charme, et je rentrai plus calme.

A 1 lieue du Rincão da Cidade, je fis halte à une espèce de hameau qui se composait à peine d'une douzaine de maisons ; on l'appelait alors *Freguezia Nova* (la paroisse nouvelle), parce qu'il y avait seulement trois ans environ qu'il était devenu le chef-lieu d'une paroisse.

Celle de Curitiba comprenait autrefois le territoire de la ville de Lapa et celui de Castro ; mais, lors même que ceux-ci eurent été détachés de cette paroisse, elle se trouva beaucoup trop vaste. Comme la population des Campos Geraes augmentait sensiblement, et qu'un grand nombre de fidèles, trop éloignés de leur pasteur, restaient privés des sacrements, l'évêque de S. Paul sollicita et obtint du roi la création d'une paroisse nouvelle qui devait s'étendre du Tibagy au Rio Itaque. Le chef-lieu de cette dernière fut d'abord placé à l'endroit apppelé *Tamanduá* (1), où

---

(1) Il paraît que, depuis mon voyage, Tamanduá a acquis quelque im-

était une chapelle qui appartenait aux carmes, mais qui ne leur avait été donnée que sous la condition expresse de ne pas laisser passer plus de trois dimanches sans y dire la messe. Le service divin n'ayant pas été célébré depuis plusieurs années à Tamanduá, on avait pu, sans injustice, prendre possession de la chapelle ; mais les carmes réclamèrent, la chapelle leur fut rendue ; ils y envoyèrent un religieux, et ce fut alors que le hameau où je fis halte devint le chef-lieu de la nouvelle paroisse, qui commença à être appelée *Freguezia Nova* (1).

C'était dans une des douze ou quinze maisons dont se composait ce hameau que l'on disait la messe. D'après l'arrangement qui avait mis le roi en possession des dîmes du Brésil, il aurait dû fournir des fonds pour la construction d'une église (2) ; on en avait sollicité, mais jusqu'à l'épo-

portance. Il ne faut pas confondre ce lieu avec la ville du même nom qui fait partie de la province de Minas (voir mon *Voyage aux sources du Rio de S. Francisco*, etc., I, 148). Il ne faut pas non plus le confondre, comme on l'a fait (*Dicc. Braz.*, II), avec la ville de Tatuhy qui appartient à la quatrième *comarca* de la province de Saint-Paul, tandis qu'il dépend de la cinquième.

(1) Tel est le nom qu'à l'époque de mon voyage on donnait, dans le pays, à la paroisse nouvelle; mais je ne le trouve ni dans l'*Ensaio estatistico* de Müller, ni dans le *Diccionario do Brazil*, ni sur la carte de M. de Villiers. La position des lieux ne me permet guère de croire que Freguezia Nova soit autre chose que le lieu indiqué par Millict et Villiers sous le nom de *Palmeiras*; cependant je ne sais de quelle manière faire concorder cette opinion avec ce qui est dit dans le *Diccionario*, savoir, que Palmeiras fut érigé en paroisse par un décret de l'assemblée générale de 1833. Puisque le village de Freguezia Nova était déjà paroisse en 1820, il n'avait nullement besoin de le devenir en 1833.

(2) Voir ce que j'ai écrit sur ce point de l'histoire ecclésiastique du Brésil dans mon *Voyage à Minas Geraes*, vol. I, 169, 175.

que de mon voyage on n'avait rien obtenu. D'un autre côté, le curé se plaignait du peu de zèle de ses paroissiens qui ne voulaient pas sacrifier la moindre chose pour le culte divin ; ils s'étaient accoutumés à ne faire aucun acte de religion, et il avait eu beaucoup de peine à les décider à venir à la messe.

J'avais chargé José Marianno d'aller en avant demander l'hospitalité à cet ecclésiastique, et, quand j'arrivai, je fus introduit dans une chaumière qui, quoique fort petite, put cependant recevoir tous mes effets. Quelques instants après mon arrivée, je reçus la visite du curé, auquel je ne puis que donner des éloges.

J'assistai à sa messe et, à mon grand étonnement, j'y vis un nombre de personnes blanches plus considérable que celui des gens de couleur ; c'était le contraire que j'avais remarqué partout ailleurs. Parmi les femmes, il y en avait d'extrêmement jolies, dont le teint était couleur de rose et les traits d'une délicatesse extrême. Suivant l'usage, elles étaient accroupies par terre, et plusieurs d'entre elles tenaient un enfant entre leurs bras. Toutes étaient venues à cheval et portaient le costume accoutumé, un amazone bleu avec des boutons blancs de métal et un chapeau de feutre qu'elles ôtèrent pendant la messe.

Je dînai et soupai chez le curé, en compagnie de deux autres personnes, dont l'une était l'inspecteur de la douane (*registro*) de Curitiba. On causa beaucoup, et je repris un peu de gaîté. Ce qui contribuait à m'attrister, c'était la profonde solitude dans laquelle je vivais habituellement. La conversation de mes *camaradas* était fort peu divertissante, et j'avais reconnu que je ne pouvais m'entretenir avec eux sans que bientôt ils devinssent trop familiers et me manquassent de respect; d'un autre côté, la plupart des gens chez lesquels je faisais halte tournaient dans un cercle d'idées tellement rétréci, que je ne pouvais converser plus d'un quart d'heure avec eux ; j'étais donc obligé de me nourrir de mes propres pensées, et quand la mélancolie s'emparait de moi, que mon travail un peu monotone ne me procurait plus de distractions, je n'en trouvais nulle part.

De la ville de Castro à Freguezia Nova, j'avais marché à peu près du nord au sud; pour me rendre de ce dernier endroit à Curitiba, je pris la direction de l'ouest au sud-est.

A 3 *legoas* de Freguezia Nova, je fis halte à une petite *fazenda* appelée *Caiacanga* (des mots indiens *cai*, singe, *acanga*, tête ; tête de singe), dont le propriétaire me reçut d'abord fort mal. Il voulait m'envoyer plus loin, mais je parlai un peu haut ; je dis que j'étais *homem mandado* (un envoyé du gouvernement), et je restai. Au bout d'un quart d'heure, mon homme reparut et fut aussi poli qu'il l'avait été peu d'abord. Depuis Capivarhy, il avait plu à mes gens de faire de moi un lieutenant-colonel ; j'eus le tort de ne pas réclamer dans les commencements contre ce titre, et l'on finit par prendre l'habitude de me le donner. A la suite de notre petite discussion, on avait dit sans doute au propriétaire de Caiacanga que j'étais lieutenant-colonel, car, lorsqu'il reparut, il affecta de m'appeler ainsi, et je suis persuadé que je dus à mon grade le changement qui s'était opéré dans ses manières.

Avant d'arriver à Caiacanga, je traversai un *campo* dont l'aspect me rappela les *carrascos* de Minas Novas (1). Il était

(1) « Les *carrascos*, comme je l'ai dit dans mon *Voyage à Minas Ge-*

également couvert d'arbres et d'arbrisseaux très-rapprochés, hauts de 3 à 4 pieds, parmi lesquels les plus communs étaient les Composées n° 1,586 *bis* et n° 1586 *ter*. On croirait qu'un terrain où croissent naturellement des arbrisseaux doit être meilleur que celui qui se couvre uniquement de plantes herbacées ; mais il n'en est pas ainsi, du moins dans cette contrée. Les *campos* dont le sol est d'une mauvaise qualité et ceux qui ont été trop souvent broutés par les bestiaux produisent seuls des arbrisseaux pressés les uns contre les autres.

Déjà entre Freguezia Nova et Caiacanga, le paysage m'avait paru moins gai ; il le fut encore moins au delà de Caiacanga. Les vallées devinrent plus profondes ; on voyait plus souvent des rochers sur le penchant des collines ; les gazons n'offraient plus une verdure aussi fraîche : j'approchais des limites des Campos Geraes. A leur entrée dans le voisinage de Morangáva, ces belles campagnes m'avaient présenté un caractère remarquable d'austérité ; elles le reprennent ici où elles finissent.

A quelques lieues de Càiacanga, j'arrivai au *Rio Hyguaçú* (1) ou *Rio Grande*, qu'on appelle, dans ce canton, *Rio do Registro*, parce qu'il passe auprès de la douane de Curitiba (*Registro de Curitiba*). Pendant quelque temps, je

« *raes* (II, 22), sont des espèces de forêts naines composées d'arbrisseaux « à tiges et à rameaux grêles, hauts de 3 à 5 pieds, en général rapprochés « les uns des autres. »

(1) *Hyguaçú* vient de *hy*, eau, et de *guaçú*, grand ; la grande eau, la grande rivière. On trouve dans les auteurs *Iguassu* et *Yguassu* ; mais j'ai déjà fait voir (p. 66) qu'on ne peut, sans inconséquence, écrire la première syllabe autrement que *hy*, et l'orthographe *guaçú* a été adoptée par ceux qui se sont occupés sérieusement du guarani, comme on peut le voir dans le *Tesoro de la lengua guarani* du P. Montoya.

côtoyai cette rivière. Des rochers se montrent çà et là sur le flanc des collines entre lesquelles on la voit couler, et elle est bordée d'*Araucaria* entremêlés de divers arbrisseaux. Elle prend sa source dans la *Serra de Paranaguá* dont je parlerai plus tard, coule de l'est à l'ouest, forme plusieurs catadupes, reçoit les eaux d'un assez grand nombre de ruisseaux et de rivières, devient fort considérable et va se jeter dans la partie du Paranná qui coule du nord au sud (1).

Étant encore à Freguezia Nova, dans la maison du curé, j'avais présenté à l'inspecteur du *registro* une lettre de recommandation que j'avais pour lui; il m'avait engagé à passer par sa maison, et, comme on m'assura que cela ne m'allongerait pas beaucoup, je me rendis à ses instances. Il serait impossible d'être mieux accueilli que je ne le fus par cet homme. Il était Européen, causait assez bien et avait beaucoup plus d'idées que ses voisins. Il me fit faire une chère excellente, et je mangeai chez lui des raisins qui auraient été délicieux, si le climat de cette contrée eût permis qu'ils eussent été plus mûrs.

Le *registro de Curitiba*, c'est-à-dire la douane, était placé sur la route du sud, à 3 *legoas* de Lapa ou Villa do Principe, ville située à l'entrée du Sertão ou désert.

---

(1) Le traducteur, aujourd'hui oublié, de Manoel Ayres de Cazal (Henderson, *History*, 167), et ce dernier lui-même, disent qu'une horde de Puris habite le voisinage du Rio Hyguaçú. Les Puris vivent dans la partie orientale de la province de Minas; par conséquent, il serait bien extraordinaire, comme le fait très-bien observer M. le prince de Neuwied (*Bras.*, III, 9), qu'on les retrouvât à l'extrémité de la province de S. Paul : personne ne m'a rien dit, dans le pays, qui confirmât l'assertion du père de la géographie brésilienne.

J'ai dit, ailleurs (1), quels étaient les droits qu'il fallait acquitter pour pouvoir introduire dans la province de S. Paul les chevaux, les mulets et les bêtes à cornes venant de Rio Grande. Aux détails que j'ai donnés j'en ajouterai quelques autres.

On sait que les droits étaient partagés entre deux administrations, celle de la ferme (*contrato*) et celle de la *casa doada*, représentant nominalement la famille à qui le roi avait jadis accordé la moitié des sommes acquittées à l'entrée de la province (2). Les mulets, les chevaux et les juments nés sur les terres situées entre les limites de la capitainerie de Rio Grande do Sul et le *registro* payaient comme ceux qui venaient du Sud; mais la somme entière de 2,500 reis par mulet, etc., était applicable au *contrato*, parce que, à l'époque où le roi avait fait la concession de la moitié des droits à la *casa doada*, il n'y avait pas encore d'habitations entre le *registro* et la frontière de la capitainerie de Rio Grande do Sul, et que la concession ne portait que sur les animaux venant de cette dernière capitainerie.

On sait que ce n'est point au registro de Curitiba (3), mais dans la ville de Sorocába que se payaient les droits d'entrée.

L'administration du *contrato* accordait encore aux marchands de chevaux et de mulets d'autres facilités dont elle-même retirait de grands avantages. Les hommes qui allaient chercher ces animaux dans le Sud faisaient ce

---

(1) Voir le chapitre intitulé *La ville de Sorocába*, Ier volume de cet ouvrage.
(2) L. c.
(3) L. c.

commerce presque sans argent; quelques lettres de recommandation leur procuraient du crédit; ils achetaient à un an de terme ou même davantage, et ils arrivaient à Lapa sans avoir de quoi payer les *camaradas* qu'ils avaient loués afin de traverser le désert. Pour qu'ils pussent acquitter cette dette, l'administration du *contrato* leur faisait des avances; mais elle n'en donnait en argent qu'une très-petite partie. Le gouvernement lui avait accordé le privilége exclusif d'avoir une boutique au *registro*, et elle payait les *camaradas* des marchands de chevaux ou de mulets avec des étoffes et autres marchandises qui étaient à des prix fixes et toujours très-élevés. Depuis bien longtemps les *camaradas* étaient accoutumés à ce mode de payement et ne réclamaient jamais. L'administration fournissait aussi aux marchands le sel dont ils avaient besoin pour le reste de leur voyage, et elle était remboursée de ses diverses avances à Sorocába lorsque les mulets étaient vendus. Le privilége exclusif d'avoir une boutique avait été, dans l'origine, beaucoup plus étendu, car aucun marchand ne pouvait s'établir ni à Lapa ni à Lages, villes qui, comme l'on sait, forment les deux extrémités du désert; mais, depuis un certain temps, ce privilége avait été restreint au seul *registro*.

On estimait, à l'époque de mon voyage, que, dans le courant du dernier bail de trois ans, le *contrato* avait gagné plus de 40 *contos* de reis (280,450 fr.), et, quand un mulet entrait dans la capitainerie de Minas, il se trouvait avoir payé pour les droits la somme énorme de 900 reis (56 fr.), sans y comprendre les passages si multipliés des rivières.

L'inspecteur du *registro* pour la *casa doada* envoyait

ses états au ministère ; ainsi il était bien facile au gouvernement de connaître le bénéfice des fermiers sur les mulets et les chevaux qui entraient dans la province de S. Paul. Je présume donc que, si l'on continuait à affermer les droits du *contrato*, c'était ou pour se réserver un moyen d'enrichir quelques favoris, ou parce qu'il aurait été presque impossible au gouvernement de faire valoir lui-même la boutique du *registro;* mais il me semble que, dans le cas où l'on n'aurait eu en vue que les intérêts du fisc, il y aurait eu un grand avantage à affermer seulement le privilége de la boutique, à réunir les droits de la *casa doada* et ceux du *contrato*, et à les faire administrer pour le compte du trésor public, ce qui pouvait se faire à peu de frais, car cette administration était d'une simplicité extrême (1).

C'étaient des gardes nationaux (*milicianos*) qui étaient chargés de veiller à ce qu'aucun cheval ou mulet ne passât en contrebande ; ils faisaient des patrouilles sur le bord de la rivière, et étaient payés moitié par le *contrato*, moitié par la *casa doada*. Pendant longtemps ce service avait été confié aux soldats de la ligne ; mais alors la contrebande était continuelle, parce qu'on n'avait aucune peine à gagner des hommes qui n'offraient point de garantie. On l'avait rendue plus rare depuis qu'aux soldats on avait

(1) Quoique les auteurs du *Diccionario do Brazil*, publié en 1845, indiquent encore le Registro de Curitiba comme le lieu où se perçoivent les droits, il me paraît évident, d'après ce que dit Daniel Pedro Müller (*Ensaio*, tab. 18), que la douane a été avancée jusqu'à Rio Negro, endroit beaucoup plus rapproché que le Registro de Curitiba de la limite occidentale de la province. Il me paraît évident encore, toujours d'après ce qu'on lit dans le même écrivain, que sous le gouvernement constitutionnel on a effectué la réunion des droits de la *casa doada* à ceux du *contrato*, comme j'en fais sentir ici la nécessité.

substitué des gardes nationaux qui possédaient quelque chose et encouraient, en cas d'infidélité, la peine de la confiscation.

Les hommes passaient le Rio do Registro dans une pirogue, et on le faisait traverser à la nage par les chevaux et les mulets. Le péage était affermé pour le compte du fisc.

Au delà du Registro de Curitiba, le pays, montueux et boisé, a un aspect beaucoup moins gai que celui que j'avais traversé les jours précédents; il ne ressemble plus aux Campos Geraes, aussi considère-t-on comme la limite de cette portion si bien caractérisée de la province de S. Paul de petites montagnes qui se trouvent entre le *registro* et le *sitio d'Itaque,* qui en est éloigné de 4 *legoas*.

CHAPITRE XVIII.

LA PARTIE DU TERRITOIRE DE CURITIBA SITUÉE ENTRE CETTE VILLE ET LES CAMPOS GERAES.

Le *sitio d'Itaque*. — Son propriétaire, le capitaine VERISSIMO; émigrants portugais. — Une Labiée appelée *Puejo;* noms des plantes du Portugal appliqués à des espèces brésiliennes. — Hameau de Piedade; manque d'hospitalité. — *Sitio* de *Ferraria*; le colonel INACIO DE SA' E SOTOMAYOR, son propriétaire; superstitions absurdes confondues avec les vérités du christianisme.

Le sitio d'*Itaque* (1), où je fis halte le jour de mon départ du *registro*, appartenait à un capitaine de milice appelé VERISSIMO, qui me reçut fort bien et chez lequel le mauvais temps me força de rester près de trois jours.

C'était un excellent homme qui, né en Portugal, avait passé au Brésil dès l'âge de quinze ans. Après avoir servi dans les grades inférieurs, il s'était retiré près de Curitiba, et avait épousé une femme aussi pauvre que lui. Il s'était

---

(1) On a vu, dans quelques-uns des chapitres précédents, que le nom d'*Itaque* se retrouve en d'autres parties de la province de S. Paul, qu'il est indien et signifie *pierre à aiguiser*. C'est dans le voisinage d'Itaque que prend sa source, m'a-t-on dit, le Rio Assunguy. commencement du Ribeira d'Iguápe.

mis à cultiver la terre de ses mains, et avait tâché de découvrir quelles productions pouvaient lui procurer le plus d'avantage. Comme il donnait à la culture et à la fabrication du tabac plus de soins que ses indolents voisins, les amateurs riches venaient se fournir chez lui ; peu à peu il était sorti de l'indigence, il avait acheté quelques esclaves, était devenu capitaine de milice, et, sans avoir une grande fortune, il pouvait, quand je l'ai connu, se reposer des travaux de sa jeunesse. La plupart des Portugais qui, à l'époque de mon voyage, se fixaient au Brésil étaient des hommes sans éducation ; cependant, quoique appartenant à un peuple moins laborieux que les Allemands et les Français, ils avaient infiniment plus d'activité que les Brésiliens, et, pour peu que leur conduite fût sage et régulière, ils ne tardaient pas à jouir d'une certaine aisance.

Le capitaine Verissimo attribuait la perfection de son tabac à ce qu'il attendait, pour filer les feuilles, qu'elles eussent pris une couleur jaune, et au soin qu'il avait d'exposer à l'ardeur du soleil les bâtons sur lesquels était roulée la corde récemment filée (1).

Je vis, dans son jardin, beaucoup de poiriers et de pruniers qui, me dit-il, lui donnaient des fruits tous les ans ; on mangeait alors les pommes (12 mars) ; mais partout on les cueillait avant la maturité, et elles n'appartenaient pas à de bonnes espèces.

Entre Itaque et Piedade, dans un espace de 2 *legoas*, le pays continue à être fort boisé ; cependant le chemin traverse toujours des *campos*, et tout le canton porte le nom

---

(1) Voyez le premier chapitre de ce volume.

de *Campo Largo* (le *campo* spacieux) (1). Une Labiée, fort commune dans les endroits bas et humides, répand au loin une odeur aromatique très-agréable qui rappelle celle de la Menthe-Pouliot (*Mentha pulegium*). Les Portugais qui, les premiers, s'établirent dans le pays, trompés par cette odeur, prirent sans doute l'espèce dont il s'agit pour le Pouliot de leur patrie, car on donne ici le nom de *Puejo* à cette même espèce, et c'est celui que porte en Portugal le Pouliot véritable. On a ainsi appliqué à beaucoup de plantes brésiliennes les noms d'espèces portugaises avec lesquelles elles ont seulement quelque ressemblance, mais qui ont été considérées comme leur étant identiques par les Portugais, avides de retrouver, dans une contrée aussi éloignée, quelques souvenirs de leur patrie.

Piedade, où j'allai faire halte après avoir quitté Itaque, était une espèce de petit hameau qui possédait une chapelle (2). Le principal propriétaire refusa l'hospitalité à José Marianno, que j'avais envoyé en avant, et, quand j'arrivai, il me la refusa à moi-même, disant qu'il allait partir pour la ville avec toute sa famille; je parlai de ma *portaria*, et mon homme se décida à me faire ouvrir une

---

(1) Le territoire du canton de Campo Largo est devenu celui d'une paroisse de même nom créée par une loi provinciale du 12 mars 1841 (Milliet et Lopes de Moura, *Diccionario geographico*, I, 216).

(2) Ce hameau ne pouvait être que le noyau de la paroisse créée, comme je l'ai dit plus haut, sous le nom de *Campo Largo*. A la vérité Piedade n'est indiqué ni dans Pedro Müller, ni dans Milliet, ni sur la carte de M. de Villiers; mais le président de la province pour 1844 fait deux fois mention de ce village dans son rapport, et, sur le tableau 2 qui suit ce même rapport, *Campo Largo* et *Piedade* sont expressément portés comme n'étant qu'une même paroisse (**Discurso recitado pelo Presidente Manuel Felisardo de Souza e Mello**, 1844).

maison inhabitée voisine de la sienne. Ce fut le seul propriétaire qui, depuis l'Itareré, me reçut aussi mal ; partout ailleurs j'avais été parfaitement accueilli.

Au delà de Piedade, dans un espace de 2 *legoas*, on traverse presque toujours des bois dans lesquels domine l'*Araucaria*, et où le chemin était affreux. Le pas égal des mulets y avait formé de petites éminences et des creux qui se succédaient alternativement ; ces animaux glissaient sur les premières, et ensuite ils enfonçaient jusqu'aux genoux dans la boue tenace qui remplissait les creux ; en d'autres endroits étaient des fondrières profondes où, continuellement, j'avais à craindre qu'ils ne s'abattissent. A ma grande satisfaction, j'arrivai enfin au *sitio* de *Ferraria* (ferronnerie), et j'y fis halte.

Ce *sitio* appartenait à M. INACIO DE SA' E SOTOMAYOR, colonel de la milice à cheval, pour lequel j'avais une lettre de recommandation, et qui me reçut à merveille.

Il était Européen ; c'est dire assez qu'il avait plus d'activité et un esprit plus entreprenant que ses voisins. Il avait planté autour de sa maison diverses sortes de vignes, et depuis plusieurs années il tâchait de faire du vin passable. On prétendait autrefois que cette liqueur ne pouvait fermenter dans les environs de Curitiba, et tous les habitants du pays se moquèrent des premiers essais que l'on fit. Le colonel Sa' et d'autres personnes ont prouvé que le vin fermente ici comme ailleurs ; mais ils n'ont pu réussir à en faire de bon. Cela n'est pas, au reste, fort étonnant, puisqu'il pleut presque toujours depuis l'époque où le raisin se forme jusqu'à celle où il faut le cueillir, qu'il ne reçoit presque jamais les rayons du soleil, et pourrit avant d'atteindre une maturité parfaite. Le colonel Sa' ne s'était pas contenté de planter de la vigne ; il cultivait aussi, dans son jardin, un grand nombre d'arbres fruitiers, plusieurs espèces de pommiers, des pruniers, des pêchers, des noyers, des poiriers et même des abricotiers.

Plusieurs personnes de Curitiba vinrent le soir chez le colonel ; sa femme et sa fille se mêlèrent à la société, ce qu'elles n'auraient certainement pas fait à Minas, et l'on causa beaucoup. Je fus questionné sur une foule de sujets, particulièrement sur le mouvement des corps célestes et sur plusieurs points de physique ; tout ce que j'entendais trahissait l'absence totale de l'instruction même la plus vulgaire. On parla aussi de plusieurs pratiques superstitieuses qui étaient en usage dans ce pays, des revenants, des follets, des loups-garous, auxquels tout le monde croyait. On confondait les dogmes du christianisme avec les rêveries les plus absurdes ; on me demandait presque en même temps si j'ajoutais foi aux apparitions et au jugement dernier, à la fin du monde et aux loups-garous, et les personnes qui avaient quelque peine à se persuader qu'il existât des revenants se croyaient également en droit de douter des vérités de l'Evangile. Pour les hommes qui appartiennent aux classes élevées, une ignorance profonde a, dans tous les pays, autant de danger qu'une instruction superficielle ; ils prétendent se mettre au-dessus des préjugés du vulgaire, et, incapables de se livrer au plus léger examen, ils repoussent dédaigneusement des vérités devant lesquelles s'inclinaient avec respect Newton et Pascal, Fénélon et Bossuet.

Le pays que je traversai pour me rendre de Ferraria jusqu'à Curitiba est encore boisé ; mais, à peu de distance de cette ville, on entre dans une vaste plaine ondulée, agréablement coupée de bouquets de bois et de pâturages ; des montagnes appelées *Serra de Paranaguá* (1) qui font partie de la Serra do Mar bornent l'horizon et, formant un demi-cercle, se dirigent du nord-est vers le sud. L'étendue de la plaine, la nature de sa végétation, la hauteur des montagnes qu'on découvre dans le lointain rendent le paysage tout à la fois riant et majestueux.

(1) Je pense, comme M. le prince de Neuwied, que, dans une foule de cas, il faut conformer l'orthographe des noms de lieux brésiliens à la manière dont on les prononce ; mais il s'en faut bien que ce principe doive être admis sans restriction (*Voyage aux sources du Rio de S. Francisco, Préface,* XII). Quand un de ces noms, tel qu'on l'articule dans la conversation, n'est évidemment qu'une altération d'un autre nom consacré par la plupart des historiens, par les géographes et l'administration elle-même, il est clair que c'est ce dernier qu'il faut préférer. Par conséquent, quoique tout le monde au Brésil prononce *Parnaguá*, nous ne devons point écrire ainsi, de même qu'en France nous n'écrivons pas *Tar, Béar, Momorillon* ou *Pivier*, bien que, dans le pays même, les habitants prononcent de cette façon. Par une autre raison, je n'adopterai pas, pour l'un des affluents du lac Feia, province de Rio de Janeiro, le nom de *Barganza* proposé par M. le prince de Neuwied, parce qu'il est bien évident que ceux qui ont donné à la rivière dont il s'agit le nom qu'elle porte l'ont fait en l'honneur de la maison de Bragance. Au reste, le cours d'eau dont il s'agit a si peu d'importance, qu'il n'est cité nulle part ; mais le nom de *Bragança*, et jamais *Barganza*, se retrouve en d'autres parties du Brésil, comme on peut le voir dans le *Diccionario* de Milliet et Moura.

CHAPITRE XIX.

LA VILLE DE CURITIBA ET SON DISTRICT.

La ville de Curitiba ; son histoire ; sa situation ; maisons, rues ; place publique ; églises ; fontaines ; une chapelle. — Les habitants de Curitiba, la plupart cultivateurs ; ameublement de leurs maisons. — Commerce ; difficultés des communications ; le Brésil en quelque sorte interrompu. — Limites de la *comarca* de Curitiba ; les villes qu'elle contient ; sa population ; sa garde nationale ; rapports de la population tout entière avec le nombre des gardes nationaux. — Population du district de Curitiba ; la salubrité de ce district et son climat ; ses productions ; le caractère de ses habitants. — Excellente réception qu'ils font à l'auteur. — Description de la maison de campagne où il est logé. — Le *capitão mór* de Curitiba. — Deux Indiennes de la tribu des Coroados de Garapuáva ; vocabulaire de la langue de cette tribu ; manière dont se prononcent les langues indiennes en général ; comparaison de celle des Coroados de Garapuáva avec d'autres idiomes ; portrait des deux femmes coroadas ; les noms des tribus indiennes simples sobriquets ; aucune idée de Dieu ; *cauin*. — Préparatifs de départ ; le *sargento mór* José Carneiro.

Curitiba, situé à environ 110 *legoas* de S. Paul, par les 25° 51′ 42″ lat. sud (1), doit son nom à la prodigieuse

(1) Je me conforme ici à l'indication de Pizarro (*Memorias hist.*, VIII, 299) ; mais on n'est pas parfaitement d'accord sur la position de Curitiba.

quantité d'*Araucaria brasiliensis* qui croissent dans ses alentours. En guarani, *curii* signifie pin, et *tiba* réunion (réunion de pins) (1).

A l'époque de mon voyage, tout le monde racontait, dans cette ville, que les premiers habitants du pays s'étaient établis d'abord dans un lieu appelé actuellement *Villa Velha* (la ville vieille), qui est plus rapproché de la Serra de Paranaguá, et où ils n'avaient bâti que des chaumières. Je ne sais si le séjour de cet endroit avait quelque inconvénient pour eux; mais ils n'y restèrent pas longtemps. Suivant une ancienne légende, l'image de Notre-Dame de la Lumière (*Nossa Senhora da Luz*), leur patronne, avait, chaque matin, les yeux tournés vers l'emplacement qu'occupe aujourd'hui Curitiba, et ce fut pour cette raison, ajoute la légende, que s'y transportèrent les colons de Villa Velha. D'eux-mêmes ils proclamèrent *ville* leur nouvel établissement, s'inquiétant fort peu des droits et de l'autorité de leur souverain. On finit par comprendre qu'il était indispensable de les faire sortir de la position irrégulière où ils s'étaient placés, et, dans les dernières années du xviie siècle, Curitiba reçut légalement le titre de ville (2). Lorsque

---

(1) Il est clair, d'après cette étymologie, qu'il ne faut point écrire *Curytiba* avec Cazal, *Coritiba* avec Feldner et beaucoup d'autres, encore moins *Corritiva* avec John Mawe, ou *Coritigba* avec Pizarro.

(2) Les détails que je donne ici n'ont tous d'autre autorité que la tradition; mais, à l'époque de mon voyage, ils étaient considérés comme incontestables par les hommes les plus recommandables du pays. Pizarro dit que ce fut un certain Theodoro Ebano Pereira, capitaine des barques de guerre, qui, en 1654, fonda Curitiba; suivant D. P. Müller, le premier nom de cet homme n'aurait pas été Theodoro, mais Heliodoro (Pizarro, *Mem. hist.*, VIII, 299; — P. Müller, *Ens. est.*, 58); enfin le Pauliste Pedro Tacques de Almeida Pacs Leme, probablement mieux

la capitainerie de S. Paul, qui, pendant longtemps, n'avait eu qu'un *ouvidor*, fut divisée en deux *comarcas*, celle du nord et celle du sud, Curitiba fit naturellement partie de cette dernière. L'*ouvidor* de la *comarca* du sud eut d'abord sa résidence à Paranaguá ; mais, par un décret du 19 février 1812, il lui fut ordonné de se transporter à Curitiba. Alors cette ville devint le véritable chef-lieu de la *comarca* du sud, à laquelle on donna le nom de *Paranaguá e Curitiba* (1), dans l'intention, sans doute, de prévenir les plaintes jalouses des habitants de la côte. Mais ce moyen ne put être fort efficace ; car, à l'époque de mon voyage, il n'y avait personne qui, dans le langage habituel, ne désignât la *comarca* du sud sous le nom de *comarca de Curitiba*. C'était, au reste, avec juste raison que l'on avait changé la résidence de l'*ouvidor*. La *comarca* se trouve divisée par la chaîne maritime en deux parties très-inégales et qui communiquent difficilement entre elles ; il était juste que le principal magistrat du pays résidât dans la plus considérable. Deux juges ordinaires (*juizes ordinarios*) rendaient la justice en première instance sous l'*ouvidor*, et présidaient, suivant l'usage, le sénat municipal.

Depuis l'établissement du gouvernement constitutionnel au Brésil, Curitiba a été honoré du titre de *cidade ;* on y a établi un professeur de langue latine, et cette ville peut être considérée comme la capitale de la cinquième *comarca* (2). Très-voisine de la province de Rio Grande do

---

instruit que ces deux écrivains, donne à Ebano le nom de *Leodoro* (*Historia da cap. de S. Vicente,* in *Revista trim., segunda ser.,* II, 328).

(1) Pizarro, *Memorias hist.*, VIII, 299.
(2) Milliet et Lopes de Moura, *Diccionario,* I, 318.

Sul, elle n'a cependant participé en aucune manière aux troubles qui ont agité cette province, et le président de S. Paul pour l'année 1840 a donné de justes éloges à sa fidélité (1), qui, réellement, fut d'autant plus honorable que les Curitibanais, sollicitant depuis 1822 (2), et toujours sans succès, leur séparation du reste de la province de S. Paul, pouvaient se croire autorisés à montrer quelque mécontentement contre le gouvernement central.

Ici s'élève naturellement une question qu'il ne sera pas sans intérêt de chercher à résoudre : d'où venaient les hommes qui les premiers ont peuplé Curitiba, son district et les Campos Geraes ? Appartenant, pour la plupart, à la race caucasique parfaitement pure, prononçant le portugais sans aucune altération, les habitants actuels de ces pays ne peuvent évidemment descendre de leurs voisins les métis des districts d'Itapitininga et d'Itapéva. On ne peut non plus supposer qu'ils soient issus d'une colonie venant de la capitale de la capitainerie; car, dans ce cas, ils porteraient également des marques d'un mélange de sang indien, puisque les Mamalucos composaient en très-grande partie les bandes qui de S. Paul se répandaient dans les déserts de l'Amérique. Il me paraît donc impossible de ne pas admettre que la *comarca* de Curitiba a été originairement peuplée par des Européens qui étaient arrivés directement du Portugal à Paranaguá, attirés probablement par les mines d'or de ce pays, et qui ensuite au-

---

(1) Manoel Machado Nunes; *Discurso recitado no dia 7 de Janeiro de 1840*, 4.

(2) Francisco de Paula e Silva Gomes in Sigaud, *Annuario do Brazil*, 527.

ront traversé la Serra do Mar pour étendre leurs recherches ou plutôt pour fuir l'air malsain du littoral et pouvoir cultiver les plantes de leur pays. Cette opinion paraît d'autant mieux fondée que, lorsque Gabriel de Lara vint, en 1647, établir sa résidence à Paranaguá comme représentant le marquis de Cascaes, donataire de cette contrée, il amena avec lui plusieurs familles européennes (1).

Curitiba a été bâti dans une des parties les plus basses d'une vaste plaine ondulée qui, comme on l'a vu, présente une agréable alternative de bois et de pâturages, et qui est bornée, du sud au nord-est, par la Serra de Paranaguá.

Cette ville a une forme à peu près circulaire et se compose de deux cent vingt maisons (1820), petites et couvertes en tuiles, qui presque toutes n'ont que le rez-de-chaussée, mais dont un assez grand nombre est construit en pierre. Chaque maison, comme à Minas et à Goyaz, a son *quintal* (2) ; mais ici on ne voit, dans ces espèces de jardins, ni bananiers, ni papayers, ni caféiers ; ce sont des pommiers, des pêchers et d'autres arbres fruitiers d'Europe que l'on a coutume d'y planter.

Les rues sont larges et assez régulières ; quelques-unes ont été entièrement pavées, d'autres le sont uniquement devant les maisons. La place publique est carrée, fort grande et couverte de gazon.

Les églises sont au nombre de trois, toutes construites en pierre. Celle qui mérite le plus d'être citée est l'église

(1) Milliet et Lopes de Moura (*Diccionario do imperio do Brazil*, II, 236).

(2) Un *quintal* est moins un jardin qu'une espèce de cour irrégulièrement plantée d'arbres fruitiers. On peut voir ce que j'ai écrit sur les *quintaes* (pluriel de *quintal*) dans mes relations déjà publiées.

paroissiale, dédiée à Notre-Dame de la Lumière (*Nossa Senhora da Luz*) ; elle a été bâtie isolément sur la place publique, mais plus rapprochée d'un des côtés de cette place que des autres, elle nuit à sa régularité ; elle n'a ni tours ni clocher. La *capella mór* (1) et les deux autels latéraux sont assez jolis et bien ornés ; la nef est élevée et a environ 30 pas de longueur, mais elle est sans voûte, sans plafond et entièrement nue.

On voit à Curitiba deux fontaines en pierre qui n'ont aucun ornement. Au-dessous de la ville coulent deux ruisseaux dont les eaux sont employées par les habitants ; l'un d'eux, que l'on passe sur un pont formé de quelques planches, traverse la route de Castro (2). Il y a aussi autour de la ville quelques sources d'assez bonne eau qui ne sont point sans utilité pour les habitants.

Outre les trois églises dont j'ai parlé, on voit, à quelques centaines de pas de Curitiba, une petite chapelle construite sur une colline qui domine tout à la fois la ville et une partie de la plaine, et d'où l'on découvre un très-beau paysage (3).

---

(1) J'ai expliqué, au chapitre de cet ouvrage intitulé *La ville d'Hytú, etc.* (vol. I), ce qu'est la *capella mór* (chapelle majeure).

(2) On ne m'a point donné, dans le pays, le nom de ce ruisseau ; ce doit être le *Rio de Curitiba* indiqué par Feldner et par Milliet (*Reisen durch mehrere provinzen Brasiliens*, I, 159 ; — *Diccionario*, I, 318). Le Rio de Curitiba est le commencement de l'Hyguaçú dont j'ai parlé plus haut (p. 102).

(3) On lit, dans la note de M. Francisco de Paula e Silva Gomes insérée dans l'*Annuario* de M. Sigaud pour 1847, que, depuis vingt ans, on avait commencé à Curitiba un hôtel de ville et une prison, mais qu'on ne les finissait pas. L'auteur de la note accuse de cette négligence le gouvernement provincial siégeant à S. Paul.

Curitiba n'est pas moins désert, dans le courant de la semaine, que la plupart des villes de l'intérieur du Brésil; presque tous les habitants sont ici, comme dans une foule d'autres endroits, des agriculteurs qui n'occupent leurs maisons que les dimanches et les jours de fête, attirés par l'obligation d'assister au service divin.

On ne compte à Curitiba et aux alentours qu'un très-petit nombre d'hommes riches. J'ai vu l'intérieur des principales maisons de la ville, et je puis dire que, dans les autres chefs-lieux de *comarcas* ou même de *termos*, il n'y en avait point alors qui, appartenant à des hommes honorables, fussent aussi peu ornées. Les murs étaient simplement blanchis, et l'ameublement des petits salons où l'on me recevait se composait à peine d'une table et de quelques bancs.

On voyait cependant à Curitiba plusieurs boutiques assez bien garnies. Les négociants tiraient leurs marchandises directement de la capitale de l'empire; mais ils ne vendaient guère qu'aux propriétaires du district, parce que les marchands des villes voisines se fournissaient aussi à Rio de Janeiro. Après les marchandises sèches (*fazenda seca*), telles que la mercerie, la quincaillerie, la draperie, etc., le sel était l'article d'importation qui, à cause de la consommation considérable qu'en font les bestiaux, se montait à la somme la plus forte. La ville de Curitiba envoyait au port de Paranaguá, situé au-dessous d'elle, du lard, du maïs, des haricots, du froment, du tabac, de la viande sèche, enfin du maté, qui en partie se consommait sur la côte, et en partie s'expédiait pour les villes de Buenos-Ayres et de Montevideo, privées, par les événements politiques, de pouvoir tirer cette denrée du haut Paraguay.

Parmi les articles d'exportation, je ne dois pas oublier quelques bêtes à cornes que Curitiba vendait pour S. Paul ou Rio de Janeiro (1).

La ville d'Itapéva, comme je l'ai dit ailleurs, n'avait avec le petit port d'Iguápe que des communications très-rares et fort difficiles (2). Curitiba pouvait donc être considéré comme le seul point de l'intérieur qui, depuis S. Paul, entretînt des rapports fréquents et directs avec la côte; par conséquent, la situation de cette ville était extrêmement favorable pour le commerce, et il n'est pas douteux qu'elle ne fût devenue très-florissante, si le chemin qui traverse la Serra de Paranaguá eût pré enté moins de difficultés; mais, ainsi qu'on le verra bientôt, il existe peu de routes aussi affreuses que l'était celle-ci à l'époque de mon voyage.

Qui ne se serait cru aux premiers temps de la découverte du Brésil en songeant que, dans une étendue de plus de 110 *legoas* parallèle à la mer et très-peu éloignée d'elle, il n'y avait, pour ainsi dire, qu'un seul centre de population qui eût des relations avec le littoral, et encore par un chemin capable d'effrayer les plus intrépides? L'espace cor-

(1) Les articles d'exportation sont encore les mêmes aujourd'hui; mais les quantités ont nécessairement augmenté, parce que la population a pris un accroissement sensible et que l'étendue des terres cultivées est devenue beaucoup plus considérable. M. Francisco de Paula e Silva Gomes dit que, dans l'une des dernières années, la *comarca* de Curitiba a expédié plusieurs centaines d'*alqueires* de haricots pour Rio de Janeiro qui alors éprouvait une disette, et que cet envoi a fait tomber le prix de 20,000 reis à 8,000 (in Sigaud, *Annuario do Brazil*, 1847, p. 526). Le même auteur ajoute que, si les chemins étaient meilleurs, Curitiba pourrait fournir Rio de Janeiro d'excellentes pommes de terre.

(2) Voyez le chapitre de cet ouvrage intitulé *Voyage d'Itapitininga aux Campos Geraes, etc.* (vol. I).

respondant présente sur la côte quatre à cinq ports ; mais, quoiqu'ils ne soient pas éloignés de plus de 20 lieues de la partie habitée de l'intérieur, on y était plus étranger à ce qui se passait dans cette dernière que la France ne l'est à la Russie ou au royaume de Naples. On m'a assuré que plusieurs des habitants du littoral n'avaient jamais vu de vaches, et à quelques lieues d'eux il en existait des troupeaux immenses.

La portion de la province de S. Paul que j'avais parcourue entre Sorocába et Curitiba était une langue de terre étroite, isolée au milieu d'une contrée inculte, et l'on peut dire qu'à l'extrémité de cette langue de terre le Brésil était en quelque sorte interrompu ; en effet, du côté de la mer, on trouvait la Serra presque inaccessible de Paranaguá, et au delà de Lapa, autrement Villa Nova do Principe, ville située à 12 *legoas* de Curitiba, il fallait, pour sortir de la province, traverser un désert de 60 lieues (Sertão do Sul, Sertão de Viāmo) sans aucune habitation, infesté par les sauvages, et où le chemin ne présente qu'une suite de dangereuses fondrières (1).

A la vérité, outre le chemin qui conduisait de Curitiba à Paranaguá, il y en avait encore un qui, commençant à

(1) Le président de la province de Sainte-Catherine en l'année 1847, M. le maréchal de camp Antero José Ferreira de Brito, dit positivement, dans son discours à l'assemblée législative, qu'on vient d'achever les études (*explorações*) relatives au chemin qui conduit de Curitiba à Lages, ville frontière de Sainte-Catherine, et il se félicite beaucoup de ce qu'on a découvert un *sentier* assez facile qui rend le voyage plus court (*Falla que o Presidente, etc.*, 6). On va voir tout à l'heure que, si en 1847 on n'avait pas, pour se rendre de Curitiba à Lages, un chemin beaucoup meilleur qu'en 1820, ceux qui descendaient de la première de ces villes à Paranaguá n'étaient guère mieux partagés.

la paroisse de *S. José dos Pinhaes* (S. Joseph des Sapinières) (1), aboutissait à peu près sur le littoral, à un point correspondant à l'île de S. Francisco, dépendante de la province de Sainte-Catherine ; mais, d'après ce qui m'a été dit, ce chemin, peu fréquenté, était encore plus difficile et plus dangereux que celui de Paranaguá ; il fallait y faire porter les charges à dos d'homme dans un espace de 3 lieues, et les sauvages, ennemis des blancs, s'y montraient quelquefois (2).

Un petit nombre d'années avant moi, le respectable évêque de Rio de Janeiro, JOSÉ CAETANO DA SILVA COUTINHO, faisant la visite de son immense diocèse, avait parcouru la *comarca* de Curitiba, et, après avoir traversé la Serra de Paranaguá, il avait promis aux habitants du pays de solliciter du roi les moyens de faire dans ces montagnes un chemin praticable. De retour à Rio Janeiro, l'évêque fut fidèle à la parole qu'il avait donnée, et, peu de temps

---

(1) S. José dos Pinhaes, situé à 3 lieues sud-est de Curitiba, est, m'a-t-on dit dans cette dernière ville, plus ancien qu'elle-même. En 1820, S. José n'était qu'une paroisse dépendante du district de Curitiba, et, par conséquent, Manoel Ayres de Cazal, qui écrivait en 1817, a eu tort (*Corog. Braz.*, I, 226, 229) d'en faire une ville. D. P. Müller en 1838, le président Manoel Felisardo de Souza e Mello en 1844, enfin M. de Villiers en 1847, indiquent toujours S. José comme une simple paroisse. (*Ensaio estatistico*, 55 ; — *Discurso recitado no dia 7 de Janeiro de 1844*, 33, 84 ; — *Carta topographica da provincia de S. Paulo*.)

(2) D'après les rapports du président de la province de S. Paul pour 1844, il paraîtrait qu'actuellement les communications directes entre le midi de la *comarca* de Curitiba et S. Francisco ne présentent pas tout à fait les mêmes difficultés qu'en 1820 ; cependant M. L. Aubé, juge compétent, dit (*Notice sur la province de Sainte-Catherine*) que « les travaux de la route de Curitiba à l'île de S. François ont été si mal faits, que cette route n'a, pour ainsi dire, jamais été praticable. »

après, le ministre écrivit aux autorités locales pour leur demander des renseignements exacts sur le chemin de la Serra tel qu'il était alors, sur les moyens de l'améliorer et la manière de subvenir aux dépenses que cette entreprise devait occasionner. Les autorités répondirent aux questions qui leur avaient été faites, et proposèrent de mettre un impôt sur les mulets et les marchandises qui descendraient et monteraient la Serra. Le roi changea son ministère, et il ne fut plus question du chemin (1).

J'ai parlé de la ville de Curitiba en la considérant, pour ainsi dire, isolément ; je dirai à présent quelques mots de l'ensemble de la *comarca* dont elle est le chef-lieu, et je m'étendrai un peu davantage sur son district.

La *comarca* de Curitiba est bornée, au nord par le Rio Itareré, au sud par la province de Sainte-Catherine et celle de Rio Grande, à l'est par l'Océan et encore la province de Sainte-Catherine : à l'ouest ses limites ne paraissent pas parfaitement déterminées ; de ce côté sont d'immenses déserts.

---

(1) Les discours des présidents de la province de S. Paul aux diverses assemblées législatives tendent à prouver que, pour ce qui a rapport aux chemins, il ne s'est point opéré, depuis l'époque de mon voyage, de changements très-notables dans la *comarca* de Curitiba. On a tracé des sentiers, ébauché quelques routes, commencé des percées, mais tout cela sans suite et presque sans art ; on n'a rien fait de grand et de véritablement durable. M. Francisco de Paula e Silva Gomes, qui probablement a écrit en 1846, dit que le chemin de Curitiba à Paranaguá est dans le plus mauvais état possible (in Sigaud, *Annuario*, 1847), et le président de la province de S. Paul lui-même, M. Manoel Felisardo de Souza e Mello, s'exprime d'une manière presque semblable dans son rapport pour l'année 1844. (Voyez aussi la note précédente.)

Au commencement de 1820, elle comprenait, outre son chef-lieu, les villes de Guaratúba, Paranaguá, Antonina, Cananéa, Iguápe sur le littoral; Lages, Castro et Villa Nova do Principe ou Lapa sur le plateau. Vers la fin de la même année, Lages fut réuni à la province de Sainte-Catherine. Depuis l'établissement du gouvernement constitutionnel, la *comarca* de Curitiba est devenue la cinquième dans la province de S. Paul, et on en a retranché Cananéa et Iguápe pour les réunir à la sixième *comarca*, toute maritime. Ainsi, en 1838, elle ne se composait plus que de Guaratúba, Paranaguá, Antonina, Villa Nova do Principe, Curitiba et Castro (1). Aujourd'hui elle se trouve comprendre une ville de plus; mais ce n'est point par une augmentation de territoire, c'est qu'on a détaché de celui d'Antonina l'ancien village de Morretes pour en faire le chef-lieu d'un district (2).

La *comarca* de Curitiba comprenait, en 1813, 36,104 individus (3). En supposant que le territoire de Cananéa, celui d'Iguápe et celui de Lages n'en eussent point été séparés, cette population se serait élevée, en 1839, à 56,626 personnes, savoir : 42,890 pour la *comarca* elle-

---

(1) D. P. Müller, *Ensaio estatistico*, 54 et suiv.

(2) D'après ce que disent MM. Milliet et Lopes de Moura dans leur utile dictionnaire, *Palmeiras*, en 1840, aurait aussi été démembré du district de Curitiba pour être érigé en ville; mais M. de Villiers, sur sa carte de 1847, désigne encore ce lieu comme étant une simple paroisse, et c'est également ainsi qu'il est indiqué sur le tableau 5 qui accompagne le rapport du président de la province pour 1845 (*Discurso recitado pelo Presidente Manoel da Fonseca e Silva; mappa* 5).

(3) Pizarro, *Memorias historicas*, VIII, 313 ; — Eschw., *Journ.*, II, tab. 1.

même, telle qu'elle est aujourd'hui ; 9,396 pour le district d'Iguápe ; 1,627 pour celui de Cananéa (1), et 2,713 pour Lages (2). Enfin, d'après le petit écrit de M. Francisco de Paula e Silva Gomes et les notes envoyées en 1843 par les magistrats de Curitiba eux-mêmes au gouvernement central, le nombre des habitants de la *comarca* actuelle serait aujourd'hui de 60,000 âmes (3). De tout ceci il résulte que, si le territoire de Curitiba n'avait éprouvé aucun changement de 1813 à 1839, nous trouverions sa population augmentée, en vingt-cinq années, dans la proportion de 1 à 1,56; ou, si l'on veut, l'augmentation aurait été, approximativement, des 5/9 du nombre primitif, par conséquent moindre à peu près de 1/7 que celle qui aurait eu lieu durant le même espace de temps dans la *comarca* d'Hytú, si l'étendue de cette dernière n'eût pas été non plus diminuée depuis 1813 (*voy.* le chap. intitulé *La ville d'Hytú*, etc.). Au reste, si quelque chose a lieu de nous surprendre dans cette différence, c'est qu'elle ne soit pas plus considérable, car les immigrations sont plus faciles sur le territoire d'Hytú que sur celui de Curitiba, et l'introduction des esclaves a dû être, proportion gardée, plus considérable dans un pays où l'on fabrique du sucre que dans un pays où l'on élève du bétail.

A l'époque de mon voyage, la *comarca* de Curitiba com-

---

(1) Müller, *Ens.*, 54 et suiv.
(2) *Falla do Presidente de Santa Catharina do 1º de março de 1841, docum.* 15.
(3) M. de Villiers, sur son excellente carte de S. Paul publiée en l'année 1847, porte à 78,000 âmes la population de la *comarca* de Curitiba; mais il me paraît absolument impossible que l'augmentation ait été de 18,000 en quatre ans, et les magistrats de Curitiba qui voulaient prouver que leur pays était très-peuplé n'ont certainement pas dû rester au-dessous de la vérité.

prenait deux régiments de milice : l'un d'infanterie, forme par les habitants de la côte ; l'autre, de cavalerie, dont les compagnies étaient choisies parmi les propriétaires de chevaux habitant tous le territoire situé à l'ouest de la Serra. En 1838, lorsque déjà la *comarca* avait été réduite aux districts de Paranaguá, Guaratúba, Castro, Curitiba et Lapa, sa garde nationale se composait de 1,572 hommes de cavalerie vivant sur le plateau, et 2,062 d'infanterie, dont moitié environ appartenait au littoral ; en tout 3,634 hommes : ce qui formait un peu plus du cinquième de la garde nationale de toute la province, s'élevant, à la même époque, à 16,247 hommes (1).

Je crois qu'on pourrait établir très-approximativement qu'en France le chiffre de la population de chaque département et celui de sa garde nationale sont entre eux comme la population tout entière du pays et sa garde nationale aussi tout entière ; c'est-à-dire que, connaissant le chiffre de la population de la France, le nombre de ses gardes nationaux et le chiffre de la population d'un département quelconque, on saurait sans peine de combien d'hommes se compose à peu près la garde nationale de ce dernier ; mais de ce que cette milice, dans la *comarca* de Curitiba, est le cinquième de celle de la province de S. Paul prise

---

(1) Ces chiffres sont empruntés à D. Pedro Müller (*Ensaio est.*, tab. 11). A la vérité, le président de la province, Manoel da Fonseca e Silva, porte la garde nationale à 24,033 hommes pour l'année 1845 ; mais dans ce nombre il fait entrer non-seulement les absents qui probablement sont aussi compris dans le chiffre indiqué par Müller, mais encore la réserve et les hommes dispensés du service : de sorte que le nombre des militaires prêts à marcher se trouve réduit à un effectif de 14,260 (*Relatorio apresentado no dia 7 de Janeiro* 1845).

dans son ensemble, je n'en conclurai certainement pas que cette même *comarca* contient la cinquième partie des habitants de cette province. En effet, les nègres comptent comme les blancs dans le chiffre de la population brésilienne, mais ils ne font point partie de la garde nationale ; or il y a, proportion gardée, infiniment moins de nègres dans la *comarca* de Curitiba que dans celle d'Hytú, par exemple, et dans tous les pays où l'on fabrique beaucoup de sucre ; par conséquent, il ne serait pas impossible que telle autre *comarca* que celle de Curitiba fût beaucoup plus peuplée qu'elle et n'eût pas une garde nationale aussi nombreuse. J'aurai encore une autre observation à ajouter ici : en 1813, la milice de l'ancienne *comarca* de Curitiba se composait seulement de 758 hommes d'artillerie et 560 de cavalerie (1) ; par conséquent, l'augmentation de la garde nationale a été bien plus considérable, proportion gardée, de 1813 à 1838, que celle de la population prise dans son ensemble. La différence ne tient pas, je crois, à un degré de sévérité de plus dans les enrôlements, mais à ce que le pays est devenu plus riche et qu'un plus grand nombre d'hommes auront pu s'équiper ; peut-être aussi à ce qu'on aura admis, parmi les blancs, des jeunes gens dont les pères offraient des traces moins effacées de sang indigène.

Le district de Curitiba, en particulier, est borné, au nord-ouest et à l'ouest, par celui de Castro, au nord par celui d'Apiahy, à l'est par la Serra de Paranaguá qui le sépare du territoire de Morretes, dépendant autrefois d'Antonina ; au

---

(1) Tableau communiqué à d'Eschwege par le ministre d'État comte da Barca (in *Journ. Bras.*, II, tab. 2).

sud-est par le district de S. Francisco, portion de la province de Sainte-Catherine; enfin, au sud-ouest, par le district de Lapa, autrement dit Villa Nova do Principe.

De l'est à l'ouest, il peut avoir 28 lieues d'étendue ; du nord au sud, il en a 40 ; mais la partie la plus voisine du territoire d'Apiahy est entièrement déserte. En 1820, il n'y avait même pas de limites bien déterminées entre les deux districts. On avait fait tout récemment une percée qui allait directement de l'un à l'autre ; mais elle traversait de vastes forêts sans habitants, et nous voyons, par les rapports du président de la province pour 1843 et 1845, qu'il s'en faut de beaucoup que, jusqu'à ces deux années, elle fût devenue un chemin tant soit peu praticable (1).

En 1817, la population du district de Curitiba se composait de 10,652 individus; dans le courant de 1818, la petite vérole exerça ses ravages dans le pays, et cependant un nouveau recensement présenta, à la fin de la même année, une augmentation de 362 individus, c'est-à-dire, en tout, 11,014 ; en 1838, le nombre total se trouvait porté à 16,155. Les renseignements que j'ai pris sur les lieux me permettent de faire connaître de quelle manière était répartie la population de 1818, et je comparerai les chiffres d'alors avec ceux de 1838 fournis par D. P. Müller (2).

---

(1) *Discurso recitado pelo Presidente José Carlos Pereira d'Almeida Torres no dia 7 de Janeiro de 1843, p.* 24;—*Discurso recitado pelo Presidente Manoel Felisardo de Souza e Mello no dia 7 de Janeiro 1844, p.* 31.

(2) *Ensaio estatistico cont. do appendice a tab.* 5.

Voici le tableau que j'établis :

1818.		1838.	
Blancs des deux sexes. .	6,140	Blancs des deux sexes. .	9,806
Mulâtres libres.	3,036	Mulâtres libres.	4,119
Nègres libres.	251	Nègres libres.	289
Individus libres. .	9,427	*Individus libres*. .	14,214
Mulâtres esclaves. 544		Mulâtres esclaves. 704	
Nègres esclaves. . 1,043		Nègres esclaves. . 1,237	
Esclaves.	1,587	*Esclaves*.	1,941
	11,014		16,155

Ce tableau nous fournit les considérations suivantes :

1° La population totale du district de Curitiba a augmenté en vingt ans dans la proportion de 1 à 1,46, et par conséquent l'accroissement a été un peu plus considérable que dans l'ensemble de la *comarca* telle qu'elle était jadis (1), ce qui ne doit point étonner, puisque c'est, en tout pays, vers les centres de population que les émigrations se portent. — 2° Il s'en faut que l'accroissement se soit fait, pour toutes les castes, dans la même proportion, car il a été pour les blancs comme 1 à 1,59, pour les mulâtres libres comme 1 à 1,55, les nègres libres comme 1 à 1,29, les nègres esclaves comme 1 à 1,18 ; la population blanche est, par conséquent, celle qui a le plus augmenté, et ici on peut voir encore quel immense avantage ont sur les pays à sucre ceux où l'on cultive exclusivement d'autres plantes que la canne, où surtout on s'occupe à faire des élèves de bétail. En vingt-trois ans, en effet, de 1825 à 1838, l'augmentation des esclaves a été, dans le district

---

(1) Voir plus haut, p. 126.

d'Hytú, comme 1 à 1,54, et l'on sait qu'en réalité une telle augmentation est un véritable malheur. — 3° En 1838, dans le district de Curitiba, le nombre des hommes mariés était à l'ensemble de la population comme 0,40 à 1, et il était seulement comme 0,29, ou à peu près, à Hytú, et dans d'autres districts où l'on fait beaucoup de sucre et où l'on a besoin de beaucoup d'esclaves, différence qui tient d'abord à ce que l'on marie fort peu ces derniers, et aussi à ce que l'immoralité est, toutes choses égales d'ailleurs, en raison directe du nombre des esclaves.

A l'époque de mon voyage, il y avait dans le district de Curitiba 948 cultivateurs, 51 négociants, 205 journaliers, 50 muletiers, et, ce qui prouve combien l'agriculture du pays a fait de progrès, c'est que, de 1820 à 1838, le nombre des marchands a quadruplé. Toujours en 1838, il y avait à Curitiba et dans son district 1 menuisier, 11 charpentiers, 8 serruriers, 2 selliers, 8 orfévres, 5 potiers, 1 maçon, 10 tailleurs, 12 cordonniers. On est étonné sans doute de ne voir dans cette liste que 1 maçon pour 11 charpentiers, 8 serruriers et surtout 8 orfévres; mais il ne faut pas oublier qu'au Brésil en général on fait faire, comme l'ont dit MM. Spix et Martin, une multitude de choses par ses esclaves, que l'on a des nègres ouvriers, et que ce sont ces hommes qui, principalement, construisent les murs, travail qui n'exige pas à beaucoup près la même attention que celui du sellier et surtout de l'orfévre.

En 1818, on comptait dans le district de Curitiba

43 individus blancs
5 nègres ou négresses libres
3 nègres ou négresses esclaves
9 mulâtres libres

} de 80 à 90 ans.

11 blancs
2 nègres ou négresses libres
1 nègre ou négresse esclave
6 mulâtres libres
} de 90 à 100 ans.

Ce qui est fort remarquable, c'est que, pendant que la population prenait un accroissement sensible, les exemples de longévité devenaient, dans une forte proportion, moins nombreux. Voici, en effet, ce que nous donnent les états de 1838 :

43 individus libres
4 esclaves
} de 80 à 90 ans.

5 individus libres
2 esclaves
} de 90 à 100 ans.

Le climat n'a pu changer ; il ne paraît pas qu'aucune épidémie ait spécialement atteint les vieillards ; je serais tenté de croire que le goût du tafia sera devenu plus commun, ou que le virus vénérien se sera propagé davantage.

Curitiba et ses environs ne sont pas moins sains que les Campos Geraes ; les maladies épidémiques y sont à peu près inconnues, et du moins, à une certaine époque, les exemples de longévité n'y étaient pas fort rares. Cependant le voisinage des montagnes y rend la température plus inégale que dans les Campos Geraes ; les gelées y sont plus fortes en hiver, et la chaleur, en été, se fait sentir davantage ; depuis bien longtemps je n'avais eu aussi chaud qu'à Curitiba (mars).

On mange des ananas et des oranges excellentes dans les environs de Castro, principalement dans le canton appelé Ponta Grossa ; à Curitiba, au contraire, le froid des hivers ne permet pas de cultiver le premier de ces fruits, et les oranges sont très-acides. Quelques parties du district, telles que les bords du Rio Assunguy, font cependant exception; on peut y planter des caféiers, des bananiers, des ananas, et moi-même j'ai mangé des bananes qui venaient du voisinage de l'Assunguy et qui m'ont paru très-bonnes. Je présume que les lieux où l'on cultive ainsi des végétaux très-sensibles au froid, et en particulier les caféiers, sont garantis par quelque élévation des vents du sud-ouest, qui, dans ce pays, amènent communément les gelées.

De tous les arbres fruitiers d'Europe, le pêcher est celui qui réussit le mieux dans le district de Curitiba, comme dans les Campos Geraes; on en fait des enclos; on n'en prend aucun soin; les bestiaux se frottent contre sa tige: rien ne l'empêche de végéter avec une extrême vigueur. On plante aussi dans ce district beaucoup de pommiers de diverses espèces, des pruniers, quelques poiriers et même des noyers.

Quant aux végétaux que l'on cultive en grand, ce sont les mêmes que dans les Campos Geraes, savoir le maïs, le riz, le froment, les haricots, le tabac, et on ne leur donne pas ici d'autres soins qu'entre l'Itareré et le Tibagy. Le lin réussit très-bien dans les environs de Curitiba, et peut se semer et se recueillir trois fois dans le courant d'une année; mais il paraît que, jusqu'en 1820, on s'était peu occupé de la culture de cette plante, parce qu'on ne savait pas en tirer parti. A l'époque de mon voyage, le maïs se vendait à Curitiba, dans les temps ordinaires, 160 reis (1 fr.) l'*alqueire* ou 40 litres, le froment 2 crusades (5 fr.), le riz 2 *patacas* (4 fr.) avec enveloppes, et 4 sans enveloppes (8 fr.), les haricots une crusade (2 fr. 50) l'*alqueire*, prix que je crois fort inférieur à ceux d'aujourd'hui, même en tenant compte de la différence de la valeur du reis, ce qui tendrait à prouver, si on ne le savait pas, que le commerce a pris une extension sensible.

On verra bientôt que, dans les environs de Curitiba, il se fabrique du maté, qui forme un objet important d'exportation (1).

Avec la laine des brebis, il se fait aussi beaucoup de *cochonilhos*, couvertures de chevaux dont on fait usage dans le pays, et que l'on exporte aussi pour Sorocába.

L'an 1680, le Pauliste SALVATOR JORGE VELHO découvrit, dans les environs de Curitiba, des terrains aurifères qui, selon Pedro Tacques, étaient encore fort productifs en 1772. A l'époque de mon voyage, tout le monde connaissait l'existence de ces terrains ou d'autres peu éloignés; mais on ne les exploitait plus, et il ne paraît pas que, depuis, on les ait exploités davantage (2).

Dans aucune partie du Brésil je n'avais vu autant d'hommes véritablement blancs que dans le district de Curitiba. Les habitants de ce pays prononcent le portugais sans aucune de ces altérations dont j'ai parlé ailleurs (3), et qui sont un des signes du mélange de la race caucasique et de

---

(1) M. Francisco de Paula e Silva Gomes dit (in Sigaud, *Annuario* 1847, 526) que l'on a introduit la culture du thé dans la *comarca* de Curitiba, et qu'on en a déjà fait une dizaine d'arrobes d'excellente qualité.

(2) S'il y avait aujourd'hui des terrains aurifères en exploitation dans la *comarca* de Curitiba, il est vraisemblable que M. Francisco de Paula e Silva Gomes en aurait parlé dans la note où il donne avec complaisance le détail des produits de son pays (in Sigaud, *Annuario* 1847).

(3) Voir le premier vol. de cet ouvrage.

la race indienne ; ils sont, en général, grands et bien faits (1) ; ils ont les cheveux châtains et le teint coloré ; leurs manières sont honnêtes, leur figure est ouverte, et ils n'ont absolument rien de cette morgue dédaigneuse (*basofia*) qui, trop souvent, rend insupportables les employés et les marchands de la capitale du Brésil. Les femmes ont les traits plus délicats que celles des différentes parties de l'empire où j'avais voyagé jusqu'alors ; elles se cachent beaucoup moins qu'elles et causent avec agrément.

En résumé, les Curitibanais (*Curitibanos*) ont quelques traits de ressemblance avec leurs voisins, les habitants de Rio Grande do Sul ; mais, que l'on me passe cette manière de m'exprimer, ils sont plus brésiliens qu'eux. Leur hospitalité n'est point surpassée par celle des Mineiros ; s'ils n'ont pas la même intelligence que ces derniers, ils ont plus de consistance, et ils participent davantage de la nature de leurs ancêtres maternels et paternels, les Européens.

Il paraîtra sans doute extraordinaire que les habitants du district de Curitiba et ceux des Campos Geraes, issus, pour la plupart, d'Européens, sans aucun mélange de sang indigène, donnent à tous les Portugais d'Europe un sobriquet injurieux, celui d'*embuavas* ; mais il ne faut pas oublier que les enfants n'appartiennent pas au pays de leur père, ils appartiennent à celui où ils ont reçu la naissance et où ils ont été élevés. Les hommes nés au Brésil d'un Portugais et d'une Portugaise sont Brésiliens ; ils aiment aussi peu les Européens que le reste de leurs compatriotes, et ont

---

(1) Cazal avait déjà dit, avant moi, que les Curitibanais sont les mieux faits et les plus robustes des Paulistes (*Corog.*, I, 232).

contre eux les mêmes préjugés. Le nom d'*embuaba*, aujourd'hui *embuava*, était donné par les Indiens à tous les oiseaux dont les plumes s'étendent jusque sur les pattes, et ils l'appliquèrent aux Européens qui portaient des bottes ou des guêtres. Les Paulistes ne tardèrent pas à marcher les jambes nues comme les Indiens eux-mêmes ; ils adoptèrent le même sobriquet et l'appliquèrent surtout aux étrangers qui prétendirent partager avec eux les trésors de Minas Geraes (1). Ce nom paraît oublié dans une grande partie de la province de S. Paul, mais je le trouvai encore en usage chez les métis d'Itapéva, et de chez eux il se sera répandu parmi leurs voisins du district de Curitiba et de celui de Castro.

La plupart des Curitibanais sont agriculteurs et s'appliquent au moins autant à tirer parti de leurs terres qu'à élever des bestiaux ; d'abord parce qu'ils peuvent vendre leurs denrées avec avantage en les envoyant à Paranaguá, ensuite parce que dans les environs de Curitiba il y a plus de bois que de pâturages.

Malgré la douceur du climat, les habitants de ce district ne sont pourtant pas moins indolents que ceux des parties plus septentrionales du Brésil. L'homme recommandable qui, à l'époque de mon voyage, exerçait les fonctions de *capitão mór* était obligé de déterminer la quantité de terre que chacun devait ensemencer, et de faire mettre de temps en temps quelques paresseux en prison, afin d'effrayer les autres. Il avait fallu des ordres et des menaces pour introduire dans le pays la culture du froment, qui

---

(1) Cazal, *Corog. Braz.*, I, 235 ; — Pizarro, *Mem. hist.*, VIII, segunda parte, 10. — V. aussi le premier paragraphe du 1er vol. de cet ouvrage.

devait évidemment procurer tant d'avantages, et, si les pêchers sont actuellement si communs autour de tous les *sitios*, c'est parce que le *capitão mór* avait forcé les cultivateurs à en planter. Ici ce n'est point une excessive chaleur qui porte les hommes à la paresse ; ils sont indolents parce qu'ils ont peu de besoins, qu'ils ne connaissent pas le luxe, et que la fécondité de leur sol, comme la douceur de leur climat, ne les oblige qu'à de faibles efforts. A Curitiba, ainsi que dans les diverses parties du Brésil septentrional, la culture des terres n'exige guère que deux mois de soins ; dix mois de repos accoutument à ne rien faire, et, quand vient l'époque du travail, on n'a plus le courage de s'y livrer. Toute notre espèce aime naturellement le repos, et les peuples les plus laborieux de l'Europe cesseraient bientôt de l'être, s'ils pouvaient, sans travailler, pourvoir à leurs besoins réels ou factices. Chez nous, l'émulation contribue aussi à éloigner beaucoup de gens de l'oisiveté, et jusqu'à présent ce noble sentiment, il faut le dire, a bien peu pénétré chez les Brésiliens. Voici cependant ce qu'obtint le *capitão mór* de Curitiba en stimulant l'amour-propre de quelques femmes et leur goût pour la parure. Ce magistrat me disait que le canton le mieux cultivé de son district n'était habité que par de pauvres créatures dont les maris avaient pris la fuite pour se soustraire au despotisme du colonel Diogo (1). Chacune d'elles, voulant avoir un collier d'or, des pendants d'oreilles et quelques vêtements propres, travaillait pour se les procurer. Quand le *capitão mór* en apercevait une qui était moins bien mise que les autres, il l'en faisait rougir,

---

(1) Voir plus haut, p. 76.

et elle travaillait pour ne pas rester inférieure à ses voisines.

On va voir à présent combien j'ai eu à me louer de l'accueil que me firent les bons Curitibanais.

Lorsque, venant de Ferraria (1), j'étais sur le point d'arriver à Curitiba, je vis une troupe de gens à cheval qui venaient au devant de moi, presque tous en uniforme. C'étaient le *capitão mór*, un colonel et plusieurs officiers du régiment de milice. Ces messieurs m'abordèrent avec une extrême politesse, et, à mon grand désespoir, je fus traité d'excellence, comme cela m'était déjà arrivé quelquefois. Nous passâmes, sur un pont composé de quelques planches, le très-petit ruisseau dont j'ai déjà parlé, nous entrâmes dans la ville et nous nous rendîmes à la maison du *capitão mór*. On y servit un fort beau dîner auquel avaient été invités tous ceux qui étaient allés au-devant de moi. La viande était excellente, et chacun avait devant soi un petit pain très-blanc et fort bien fait. Après le dîner, le *capitão mór* m'offrit de choisir entre une maison à la ville ou une maison de campagne qui en était peu éloignée. Je dis que je préférais cette dernière, et j'y fus conduit par toute la société. Quand je fus installé, le *capitão mór* et les autres officiers se retirèrent, en laissant à ma porte un garde national chargé, me dit cet homme, de prendre mes ordres. Je causai quelques instants avec lui, je lui fis des politesses et je le congédiai.

Il est impossible de rien voir de plus délicieux que la position de la maison de campagne où l'on m'avait logé. Située sur une colline à peu de distance de Curitiba, elle

---

(1) Voir plus haut, p. 111.

domine toute la plaine où cette ville est bâtie. L'horizon est borné par la Serra de Paranaguá, qui forme le demi-cercle, et dont les sommets s'arrondissent en croupes ou s'élancent comme des pyramides. La plaine est ondulée et offre une agréable alternative de pâturages verdoyants et de bois au milieu desquels se fait toujours admirer le majestueux et pittoresque *Araucaria*. Sur la gauche on voit, à l'entrée d'un bois, un petit lac au bord duquel sont quelques maisonnettes, et dans le lointain on découvre, au sud-est, la paroisse de S. José dos Pinhaes. La ville de Curitiba ne s'aperçoit pas ; située dans un enfoncement, elle est cachée par une petite colline sur laquelle a été bâtie la chapelle dont j'ai parlé plus haut (1).

Je passai neuf jours à Curitiba, comblé de politesses par le *capitão mór* et les principaux habitants ; depuis que j'étais au Brésil, je n'avais certainement été mieux reçu nulle part. Le lendemain et le surlendemain de mon arrivée, les personnes les plus notables du pays vinrent, suivant l'ancien usage, me rendre visite, et je ne manquai pas, avant mon départ, d'aller les remercier.

Le *capitão mór* de Curitiba, dont j'ai déjà beaucoup parlé, était un homme excellent, gai, ouvert, serviable, qui paraissait aimé et estimé de tout le monde. Il fut plein d'attentions pour moi, et, malgré mes instances, il voulut absolument que je mangeasse tous les jours chez lui. Je dirai, en passant, que le dîner commençait toujours, comme en France, par un potage au pain, ce que je n'avais encore vu nulle part depuis que j'étais au Brésil.

Le *capitão mór* avait chez lui une jeune fille de Gara-

(1) P. 119.

puáva, appartenant à une de ces peuplades d'Indiens qui ont l'usage de se faire une petite tonsure vers le milieu de la tête, et que, pour cette raison, les Portugais appellent *Coroados* (*couronnés*). Cette femme me dicta quelques mots de sa langue ; je les lus ensuite à une autre femme de la même nation, et je rectifiai les inexactitudes qui m'avaient échappé. C'était la méthode que je suivais en pareil cas toutes les fois que cela ne m'était pas impossible (1).

(1) M. le prince de Neuwied fait des conjectures (*Brasilien*, 142) sur la manière dont j'ai recueilli les mots de la langue des Botocudos que j'ai insérés dans mon *Voyage à Minas Geraes* (vol. II, 153); il pouvait facilement s'épargner cette peine, car voici ce qu'on trouve dans le même ouvrage (l. c.) : « Je ne voulus pas quitter S. Miguel sans avoir un court « vocabulaire de la langue des Botocudos. Je disais des mots portugais « à un nègre du commandant qui avait appris l'idiome des sauvages, « je faisais répéter les traductions du nègre à un Botocudo de la troupe « de Jan-oé, et j'écrivais ensuite. Après avoir mis sur le papier les mots « qui m'avaient été dictés en langue botocudo, je les lisais à l'Indien de « Jan-oé, en me faisant montrer par lui les objets que représentaient « ces mots ; quand il ne me comprenait pas, je me faisais répéter les « mêmes mots par le nègre de Julião, et après cela je corrigeais ce que « j'avais écrit. » Je crois qu'il est difficile de prendre plus de précautions pour ne pas se tromper, et si, pour représenter le mot botocudo qui signifie *eau*, j'ai écrit *manhan* et non *magnan*, c'est que j'ai suivi, comme je le déclare (l. c., 153), l'orthographe portugaise, plus commode que la française pour rendre les mots indiens. M. de Neuwied compare plusieurs des mots de mon vocabulaire avec ceux du sien, et naturellement ce sont les miens qu'il condamne ; il condamne le vocabulaire d'Al. d'Orbigny encore plus que le mien ; enfin il condamne aussi celui de Feldner. J'ai comparé le vocabulaire de M. Jomard, depuis la lettre A jusqu'à la lettre K inclusivement, avec celui de M. de Neuwied, et je n'ai trouvé que quatre mots qui soient absolument semblables ; six diffèrent en partie ; un grand nombre d'autres n'ont pas la plus légère ressemblance : il est évident que le vocabulaire de M. Jomard serait également condamné par M. le prince de Neuwied. Enfin il faudra que nous

Voici les mots qui me furent communiqués par les deux femmes coroadas :

Soleil, Êlê (*l* participe du son de l'*r*).

condamnions le précieux vocabulaire, encore inédit, du respectable Guido Marlière, qui pourtant avait longtemps vécu parmi les Botocudos (voir mon *Voyage sur le littoral*, II, 313, 337), car il diffère bien plus que le mien de celui de M. de Neuwied. A la vérité, Marlière a beaucoup moins de voyelles finales que moi, mais il en a plus que M. de Neuwied : ainsi il a écrit pour cheval *pomucuame*, et M. de N. *pomo kenam*; pour pirogue *djonkate*, M. de N. *tiongeat*; pour étoiles *meré-ette*, M. de N. *nioré-at*; pour mou *nhoque*, M. de N. *gneuiock*; pour langue *gisoque*, M. de N. *kjitiock*; pour ara (oiseau) *atarane*, M. de N. *atarat*; pour arc *nime*, M. de N. *neem*; et, d'un autre côté, M. de N. traduit flèche par *ouagike* et Marlière par *uazik*. De tout ceci il faut, je crois, conclure que souvent les Botocudos ont dans leurs mots, comme les Portugais, des voyelles finales difficiles à saisir et que j'en aurai ajouté quelques-unes, tandis que M. de Neuwied en aura supprimé d'autres, comme dans le nom vulgaire du *vanellus cayanus* il a retranché les deux *o* qu'y mettent Cazal et ceux des Portugais qui ne disent pas *queriqueri*. Loin d'admettre que Feldner, d'Orbigny, Jomard, Marlière et moi nous avons tous eu tort, je suis fort tenté de croire que nous avons tous eu plus ou moins raison et M. de N. aussi. Nos patois changent non-seulement d'une ville à l'autre, mais encore de village à village; comment les langues des Indiens, qui ne sont jamais écrites, ne changeraient-elles pas, lorsque ceux qui les parlent, devenant ennemis par quelque circonstance, cherchent eux-mêmes à les modifier (Vasconcellos)? La différence des vocabulaires tient nécessairement aussi à l'extrême difficulté de rendre par nos lettres tous les sons des langues indiennes; un Allemand, un Anglais, un Français écriront souvent les mêmes mots d'une manière différente, et peut-être n'auront-ils pas entendu les uns comme les autres; M. d'Eschwege et moi avons fait répéter quelques mots de la langue des Chicriabas par la même personne, et nous ne nous sommes pas toujours rencontrés dans la manière de les écrire. Les missionnaires qui vivaient au milieu des Indiens, qui employaient les langues de ces sauvages pour les catéchiser, qui avaient imaginé des signes pour en mieux rendre les sons, ont pu seuls faire de bons dictionnaires; malgré les soins des voyageurs, les vocabulaires de ces derniers seront toujours fort imparfaits.

142   VOYAGE DANS LES PROVINCES

Lune,	Cõchê (prononciation lente).
Étoiles,	Crinhê.
Terre,	Nga.
Feu,	Pin.
Eau,	Goio (le dernier *o* est très-ouvert).
Pluie,	Ta.
Pierre,	Pa (l'*a* se prononce à peu près comme l'*awe* des Anglais).
Homme,	Hangué (*h* aspiré).
Femme,	Fanga (*a* final très-sourd).
Enfant,	Paissi.
Épouse,	Quajana (le dernier *a* participe du son de l'é français).
Mère,	Nan.
Père,	Io (*o* ouvert).
Frère,	Aranguerê.
Oncle,	Cacrê.
Tante,	Imba.
Tête,	Itcrim (*im* doit être prononcé à la manière portugaise).
Cheveux,	Nhem (l'*em* doit être prononcé à la manière portugaise).
Yeux,	Incànê (l'*in* a la prononciation portugaise).
Nez,	Inhinê.
Oreilles,	Ininglé (*l* participe du son de l'*r*; *é* fermé).
Bouche,	Inhantu.
Dents,	Inhê.
Front,	Icaquê.
Bras,	Iningda (*a* ouvert).

Mains,	Iningue (*in* se prononce à la manière portugaise).
Jambe,	Sfa.
Pied,	Pen.
Jaguar,	Min (l'*in* a la prononciation portugaise).
Tapir,	Oioro (*r* participe du son de l'*l*).
Cerf,	Gembê.
Singe,	Cajêré (le premier *e* ouvert, le second fermé).
Chien,	Ogog.
Perdrix,	Cuiupepê.
Perroquet,	Congio (le dernier *o* très-ouvert).
Poisson,	Pirê.
Lambari (espèce de petit poisson),	Cringlofora.
Un bois,	Ka.
Feuille,	Fayé (*é* fermé).
Jabuticaba, fruit,	Mê.
Pignon, fruit de l'*Araucaria*,	Fangue.
Maïs,	Nhēre.
Haricots,	Eringro (les *r* participent du son de la lettre *l* ; *o* est ouvert).
Farine,	Manenfu.
Arc,	Uieie.
Flèche,	Do (*o* ouvert).
Pointe de la flèche,	Nhemgfim (l'*em* et l'*im* doivent être prononcés à la manière portugaise).
Bon,	Maha (les deux *a* sourds).

Joli,	Chintovin (*in* se prononce, dans ce mot, comme en latin).
Laid,	Cōré.
Malade,	Canga.
Blanc,	Cupri.
Noir,	Capro.
Rouge,	Cucho.
Manger,	Coia.
Dormir,	Nōro.
Aller,	Tinhra.
Parler,	Uimra (*a* très-nasal).
Danser,	Grangraia.
Partons,	Mona.

Pour ce vocabulaire, comme pour ceux que j'ai déjà publiés, j'ai admis l'orthographe portugaise, qui est presque toujours conforme à la prononciation, et qui peint, par *em* et *im*, des voyelles bien plus nasales que notre *in* et notre *en*. J'ai seulement ajouté à cette orthographe notre accent circonflexe, pour peindre l'*e* ouvert, notre accent aigu, qui, comme en français, indiquera l'*e* fermé, et enfin le signe ‾, destiné à marquer les syllabes sensiblement longues (1).

La langue des Coroados de Garapuáva, comme toutes celles des Indiens, se prononce du gosier et la bouche presque fermée. J'ai retrouvé cette même prononciation chez tant de peuplades, qu'il est permis, je crois, de la

(1) Voir ce que j'ai écrit sur l'orthographe portugaise dans mon *Voyage aux sources du Rio de S. Francisco et dans la province de Goyaz*, vol. II, p. 110.

considérer comme un des caractères de la race américaine (1) ou au moins des indigènes du Brésil.

En comparant le vocabulaire de la langue des Coroados de Garapuáva avec celui que j'ai donné précédemment (2) de la langue des Guanhanans, on trouvera qu'il existe entre eux une très-grande ressemblance. En effet, je n'ai, dans les deux vocabulaires, que vingt mots qui représentent les mêmes objets, et dans ce nombre il y en a douze qui sont semblables ou presque semblables (3). Il est à croire, par conséquent, que les deux peuplades ont la même origine, mais que le temps et un grand éloignement auront introduit peu à peu dans leurs langages les différences que nous y remarquons aujourd'hui. D'ailleurs il y a aussi peu d'analogie entre l'idiome des Coroados de Garapuáva et ceux des peuplades dont j'ai publié les vocabulaires qu'entre ces mêmes idiomes et la langue des Guanhanans (4). A la vérité, le mot *piré*, qui, chez les Coroados de Garapuáva, signifie poisson, a une très-grande ressemblance avec le mot guarani *pira*, dont le sens est le même. Mais, lorsque tant d'autres mots diffèrent, je me

---

(1) L. c., 291.

(2) Voir un des chapitres du volume précédent.

(3) Guanhanan, *leve*, soleil; coroado, *élé*. — G., *clingué*, étoiles; c., *crinhé*. — G., *meve*, jabuticaba; c., *mé*. — G., *goio*, cau; c., *goio*. — G., *cajere*, singe; c., *cajéré*. — G., *clinglofora*, lambari, espèce de petit poisson; c., *clinglofora*. — G., *nhēré*, maïs; c., *nhērc*. — G., *manenfu*, farine; c., *manenfu*. — G., *ingro*, haricots; c., *eringro*. — G., *dove*, flèche; c., *do*. — G., *cuipepe*, perdrix; c., *cuiupepé*. — G., *fogfogve*, chien; c., *ogog*.

(4) J'ai montré que la langue des Guanhanans n'avait rien de commun avec celles des Malalis, des Macunis, des Coyapos, des Indiens de la côte, etc. (voir le volume précédent).

garderai bien de conclure d'une si faible analogie que les Coroados descendent des Guaranis.

Ailleurs (1), j'ai prouvé que les premiers n'ont rien de commun avec les Indiens du même nom qui habitent le voisinage du Rio Bonito ; ainsi je crois tout à fait inutile de revenir sur ce point (2). Je me contenterai de répéter que, tandis que ces derniers sont d'une très-grande laideur, les deux femmes de Garapuáva avaient de jolies figures. Leurs têtes, rondes et rapprochées des épaules, comme cela a lieu chez les Indiennes de toutes les tribus, n'avaient point la grosseur démesurée de celles des femmes coroadas du Rio Bonito ; leurs yeux étaient divergents, mais vifs et spirituels ; leurs traits annonçaient une grande douceur ; elles avaient le teint d'un bistre clair.

La beauté de ces femmes me ferait presque croire que,

---

(1) Voir mon *Voyage aux sources du Rio de S. Francisco et dans la province de Goyaz*, I, 42.

(2) M. le prince de Neuwied dit avec raison (*Brasilien*, 38) que la plus grande incertitude règne dans l'histoire des Indiens du Brésil ; cependant, quand un fait n'est pas encore fort ancien et qu'il est attesté par les autorités les plus graves, je crois qu'on peut l'accepter. Je ne rejetterai donc pas, comme le voudrait M. de Neuwied, ce que disent Manoel Ayres de Cazal et Azeredo Coutinho de l'origine des Coroados de Minas ou du Rio Bonito (*Voyage sur le littoral*, 111-120); on sait que le premier de ces écrivains était bien instruit des choses du nord du Brésil (J. F. F. Pinheiro *Annaes*, segunda ed., 386), et les rapports de la famille du second avec les Goitacázes remontaient à peu près à l'époque où une partie de ces Indiens, se mêlant avec des Coropós, avaient formé la peuplade des Coroados (*Ensaio economicó*, 62, 64).—Il est incontestable, comme le dit M. le prince de Neuwied et comme je l'ai dit moi-même, que les Goitacazes ont été appelés autrefois *Ouetacas* ou *Goaytacazes*; mais, aujourd'hui que le mot *Goitacazes* a été généralement adopté et se trouve consacré par des documents officiels, il serait aussi étrange de revenir aux anciens noms que d'écrire *Estampes* ou *Fontaine-belle-eau*.

malgré l'éloignement, elles avaient une origine commune avec celles que j'avais vues à Jaguariaiba et à Fortaleza (1). Elles ne purent me dire comment s'appelait leur nation, mais elles me nommèrent avec effroi deux peuplades ennemies de la leur : les *Socrés*, qui ont coutume de se percer la lèvre inférieure ; les *Tactayas*, qui ne se la percent point et ne se font point non plus de tonsure sur la tête (2).

M. de Martius a déjà dit d'une manière générale que, quand il demandait à un Indien le nom de sa tribu, celui-ci, comme les deux Coroadas de Curitiba, ne répondait pas à la question, mais disait aussitôt comment s'appelaient les peuplades avec lesquelles la sienne était en guerre. Ceci tendrait à prouver que chaque tribu, dans son état d'isolement, se considère comme le peuple par excellence, le peuple unique, pour ainsi dire, et que les noms des diverses peuplades sont presque toujours des sobriquets donnés par d'autres peuplades ou par les Portugais. J'ai déjà fait observer, ailleurs, que le mot *tupi* était un véritable sobriquet dérivé de la *lingoa geral*, et que les Coyapós n'ont point de nom pour se désigner eux-mêmes comme nation, mais qu'ils doivent aux Paulistes celui qu'on leur donne

---

(1) Voir le chapitre de cet ouvrage intitulé *Commencement du voyage dans les Campos Geraes, etc.*, et le chapitre suivant.

(2) Lorsqu'on a quelque idée de la prononciation des langues indiennes, il est impossible qu'on ne reconnaisse pas les *Socrés* dans les *Xocrens*, que le respectable abbé Chagas indique, en passant, dans son précieux écrit (*Mem. in Rev. trim.*, I, 52) et qui, selon M. José Joaquim Machado de Oliveira (*Not. Racioc.*, in *Revist. trim.*, segunda ser., I, 247), habitent entre l'Hyguaçú et l'Uruguay. Quant aux *Tactayas*, je ne retrouve leur nom nulle part.

généralement aujourd'hui (1). Le nom de *Botocudos* est certainement un sobriquet emprunté, avec quelque changement, à la langue portugaise; celui de *Coroados* est un mot de la même langue qui n'a pas même éprouvé l'altération la plus légère. Tout ce que je dis ici expliquerait comment il se fait qu'on trouve, dans les auteurs, tant de noms différents de tribus; la même a pu recevoir plusieurs noms, ou, pour mieux dire, plusieurs sobriquets, lorsqu'elle avait plusieurs ennemis.

Suivant les femmes coroadas que je vis à Curitiba, leurs compatriotes n'ont absolument aucune idée de la divinité. A l'époque de mon voyage, le mot *tupi* ne faisait que commencer à s'introduire dans la langue de ces sauvages, et ce sont les Portugais qui le leur ont apporté. Ceci tend à confirmer ce que j'ai dit de ce même mot à l'occasion des Guanhanans dans l'idiome desquels il s'est également introduit (2).

On sait que les Tupinambas, anciens habitants de la côte, faisaient, avec du manioc ou du maïs mâchés, une boisson enivrante qu'ils appelaient *cauin* (3). J'ai moi-même retrouvé l'usage de cette boisson chez leurs descen-

---

(1) Suivant M. José dos Prazeres Maranhão (*Colleção de etym.*, in *Revist. trim.*, segunda ser., 69), *coyapo* viendrait des mots *caa*, bois, et *pora*, habitant (habitant des bois), qui, tous les deux, appartiennent à la *lingoa geral*. Les Paulistes parlaient cette langue qu'ils avaient apprise des Indiens de la côte, et ils l'appliquaient souvent aux lieux habités par d'autres Indiens qui ne l'entendaient pas ou à ces Indiens eux-mêmes.

(2) Voir le chapitre de cet ouvrage intitulé *Voyage d'Itapitininga aux Campos Geraes*, etc.

(3) Lery, *Histoire d'un voyage fait en la terre du Brésil*, éd. 1594, 125; — Ferdinand Denis, *Brésil*, 24.

dants (1), et, pour me servir d'une expression du naïf Lery, j'ai *caouiné* comme eux. La différence totale des langues ne permet guère de croire que les Coroados de Garapuáva aient eu quelque chose de commun avec les Tupinambas, et cependant ils font, comme ces derniers, une boisson enivrante avec le maïs mâché et *caouinent* également ; cependant ils mettent quelque différence dans la préparation de la liqueur. Au lieu de se contenter de faire bouillir le maïs avant de le mâcher, comme les anciens Tupinambas (2), ils le font d'abord griller, puis bouillir ; ils le mâchent ensuite et le laissent fermenter. C'est encore

---

(1) Voir mon *Voyage dans le district des diamants et sur le littoral du Brésil*, II, 355.

(2) Voici comment Lery décrit la manière dont les Tupinambas faisaient le *cauin* : « Aprés avoir découpé les racines de maniot aussi « menues qu'on fait par deçà les raves..... les faisans ainsi bouillir par « morceaux avec de l'eau dans de grands vaisseaux de terre, quand elles « (les femmes) les voyent tendres et amollies, les ostās de dessus le feu, « elles les laissent vn peu refroidir. Cela fait, plusieurs d'entre elles « estās accroupies à l'entour des grands vaisseaux, prenans dās iceux « ces rouelles de racines ainsi mollifiées, après que sans les aualler « elles les auront biē maschées et tortillées parmi leurs bouches : re« prenās chacun morceau l'vn après l'autre auec la main, elles les re« mettēt dās d'autres vaisseaux de terre qui sont tous prests sur le feu, « esquels elles font bouillir de rechef. Ainsi remuās tousiours ce tripo« tage auec vn baston jusques à ce qu'elles cognoissent qu'il soit assez « cuit, l'ostās pour la secōde fois de dessus le feu sans le couler ni « passer, ains le tout ensemble le versant dās d'autres plus grādes cā« nes de terre..... après qu'il a un peu escumé et cuué couurans ces « vaisseaux elles y laissent ce bruuage, jusques à ce qu'on le vueille « boire... Or nos Amériquains faisans semblablement bouillir et mas« chans puis après dans leur bouche de ce gros mil, nommé *Auati* en « leur langage, en font encore du bruuage de la même sorte. » (L. c., 124, 125.)

des deux Indiennes transportées à Curitiba que je tiens ces détails.

Depuis mon départ de Castro, j'avais continué à recueillir des objets d'histoire naturelle. Avant de quitter Curitiba, j'adressai au *sargento mór* José Carneiro (1) deux caisses parfaitement soignées d'oiseaux et de plantes, et le priai de les faire passer au gouverneur de la province, João Carlos d'Oeynhausen.

Comme on ne peut traverser la Serra de Paranaguá qu'avec des mulets longtemps exercés, j'envoyai les miens avec tout leur équipage au *sargento mór* de Castro, et j'en louai neuf autres moyennant 9,000 reis (56 fr. 25) pour me rendre sur le littoral. L'excellent José Carneiro m'avait offert de garder ma petite troupe de mulets dans ses pâturages et de me la renvoyer quand je serais de retour à Rio de Janeiro. J'avais accepté son offre ; mais l'éloignement et la difficulté des communications me faisaient craindre de ne jamais rentrer dans cette petite propriété. Au bout d'environ deux ans, tout me parvint à Rio de Janeiro dans le meilleur état possible, les mulets bien portants et l'équipage aussi parfaitement complet que je l'avais laissé (2).

---

(1) Voir plus haut, p. 87.

(2) Un de nos navigateurs est arrivé à Rio de Janeiro le 24 de mars; il en est reparti le 4 avril, et le 23 il était à Montevideo. La relation de son voyage a été publiée aux frais des contribuables, mais rédigée, à ce qu'il paraît, par une personne qui n'avait point fait partie de l'expédition. Voici ce qu'on y lit : « Les Brésiliens sont peu sociables... Les étrangers ne sont pas reçus dans leur intimité (*Voyage Bonite*, I, 166). » Les Brésiliens occupent un bien grand pays ; on trouvera sans doute que cette phrase ne convient pas parfaitement à ceux des Campos Geraes et du district de Curitiba. Que d'injures à l'adresse des habitants du Brésil les

contribuables ont payées depuis 1815; sans parler de plusieurs choses qu'ils auraient pu, je crois, ignorer sans de graves inconvénients, ce fait-ci, par exemple, que, en l'an........., « les officiers d'un bâtiment « de l'État n'allèrent pas voir les sirènes françaises de la rue d'*Ou-* « *vidor*, à Rio de Janeiro, par prudence ou par économie. » Pauvres contribuables !

CHAPITRE XX.

DESCENTE DE LA SERRA DE PARANAGUÁ.

Départ de Curitiba; manière d'employer les mulets.—Le pays situé entre Curitiba et Borda do Campo. — *Borda do Campo;* les établissements des jésuites. — La fabrication du maté : quantité produite par la *comarca* de Curitiba.— La température qui convient à l'*Araucaria brasiliensis*. — L'auteur commence à monter la Serra de Paranaguá. — *Pandeló.* — *Boa Vista;* chemins affreux. — Beau trait de José Caetano da Silva Coutinho.— Descente de la Serra; chemins encore plus affreux. — Halte à *Pinheirinho* au milieu des bois. — Le *Porto*. — Changement de température; causes qui influent sur celle des Campos Geraes. — La plaine appelée *Vargem.* — *Morretes*, village, aujourd'hui ville; ses habitants, sa position; productions des alentours. — Le transport des marchandises de Morretes à Paranaguá. — Navigation sur le *Rio do Cubatão*. — Arrivée à Paranaguá.

Pendant que j'étais à Curitiba, le temps se mit à la pluie, et je fus obligé de rester dans cette ville jusqu'au 22 de mars. Non-seulement, en effet, on ne peut traverser la Serra que par un très-beau temps, mais encore il n'est pas prudent de la passer à la suite d'une pluie un peu abondante.

Le jour fixé pour le départ, les hommes que j'avais loués pour transporter à Paranaguá nos personnes et mes effets se présentèrent ; mais ils eurent beaucoup de peine pour répartir le menu bagage sur leurs mulets et pour charger mes malles. Il n'y a véritablement que les Mineiros qui entendent bien ce travail. Dans tout le sud de la province de S. Paul, les bâts sont faits sans aucun soin et blessent les mulets ; aussi, pour le moindre voyage, quand on a, par exemple, deux de ces animaux à charger, on en emmène six. Il n'est pas étonnant, au reste, qu'on les prodigue et qu'on en prenne moins de soin qu'à Minas ; on est tout près du pays qui les fournit, et par conséquent ils doivent être beaucoup moins chers ici que dans les parties plus septentrionales du Brésil.

Comme j'étais parti fort tard, je ne pus faire qu'une lieue le premier jour. Je traversai une partie de cette grande plaine ondulée, coupée de bois et de *campos*, qui s'étend depuis Curitiba jusqu'à la Serra, et je fis halte à un petit *sitio* appelé *Bacachiri*, des mots guaranis *vacá ciri*, vache qui a glissé (1).

Le lendemain, je fis 4 lieues.

La première partie du chemin est montueuse et coupée de bois et de pâturages. En regardant derrière moi, j'aperçus encore, dans le lointain, la ville de Curitiba, dont les habitants m'avaient si bien reçu, et la jolie maison de

---

(1) Itinéraire approximatif de Curitiba au port de Paranaguá :

De Curitiba à Bacachiri, sitio.	1 legoa.
De B. à Borda do Campo, fazenda.	4 legoas.
De B. do C. à Pinheirinho, en plein air.	3
De P. à Morretes, village, aujourd'hui ville.	4
De M. à Camiça, sitio.	2
De C. à Paranaguá, ville.	4
	18 legoas.

campagne que j'avais habitée ; puis je passai devant l'endroit appelé Villa Velha, où, comme on l'a déjà vu, s'établirent d'abord les premiers Européens qui vinrent dans ce pays.

Plus loin, le terrain devient moins inégal, et la campagne offre une alternative agréable de pâturages et de bois ; ceux-ci, pour la plupart, composés à peu près uniquement d'*Araucaria brasiliensis*. Ces arbres, presque toujours pressés les uns contre les autres, offrent des masses d'un vert obscur ; quelquefois aussi ils croissent dans les pâturages ; là ils se touchent à peine par leur cime, et leurs teintes foncées contrastent avec la verdure des gazons qui croissent au-dessus d'eux. Devant soi, à l'horizon, on voit la Serra de Paranaguá, dont les sommets, de forme variée, sont couverts de bois. Le paysage présente cet aspect austère et majestueux que la nature a toujours au pied des montagnes.

La *fazenda* où je fis halte, et qui porte le nom de *Borda do Campo* (la limite du pays découvert), était encore un établissement des anciens jésuites. Après leur expulsion, elle fut d'abord administrée pour le compte du trésor royal (*fazenda real*) ; mais, comme elle ne produisait rien entre les mains des gens du roi, on la mit à l'enchère. C'est à peu près l'histoire de tous les établissements des jésuites, dont eux savaient tirer de si grands avantages. Les terres de Borda do Campo ne sont pas, à la vérité, fort bonnes, les pâturages n'ont pas non plus la qualité de ceux des Campos Geraes ; mais ce lieu peut être considéré comme la clef du district de Curitiba et de celui de Castro. Les religieux de la compagnie de Jésus pouvaient sans cesse y rendre des services à ceux qui montaient et descendaient la Serra, et, par là, augmenter leur influence et le nombre de leurs amis. En général, il n'est pas étonnant que les établissements de ces pères leur fussent souvent si profitables, tandis qu'ils sont devenus inutiles entre les mains du roi. On sait avec quelle négligence et quelle mauvaise foi était dirigé, dans le Brésil, sous le gouvernement des souverains du Portugal, tout ce qui tenait au service public. Les jésuites, au contraire, portaient partout un ordre et une activité que l'on tâcherait vainement de surpasser, et, sans parler de l'amour du devoir dont ils étaient animés, ils avaient un esprit de corps et un sentiment d'honneur qui jamais n'existèrent à un si haut degré.

On a vu, plus haut, que le *maté* ou *congonha*, comme l'on dit à Minas, fait, pour la ville de Curitiba, un objet important d'exportation. L'arbre qui le fournit est commun dans les bois qui avoisinent cette ville, principalement dans ceux de Borda do Campo, et c'est probablement encore une des raisons qui avaient déterminé les jésuites à s'établir en cet endroit.

L'*arvore da congonha* ou *arvore do mate* (*Ilex paraguariensis*, Aug. de S. Hil.) est un arbre médiocre, rameux au sommet, très-feuillé, mais dont la forme n'a rien de bien déterminé.

Les feuilles fraîches de l'arbre du maté sont sans odeur et n'ont qu'une saveur herbacée et un peu amère; mais, quand elles sont préparées, elles répandent un léger parfum qui rappelle un peu celui du thé suisse.

Jusqu'à l'époque de mon voyage, on avait fait le maté, aux environs de Curitiba, avec beaucoup moins de soin que dans le Paraguay; mais la méthode des habitants de cette dernière contrée commençait à être connue des Curitibanais. Le *capitão mór* du district avait même l'intention de forcer tous ses administrés à l'adopter, parce que le maté fait d'après elle se vendait à Buenos-Ayres et à Montevideo beaucoup plus cher que celui qui avait été préparé suivant l'ancienne manière. Lorsque je passai par Borda do Campo, mon hôte avait chez lui un homme du Paraguay qui avait quitté son pays à cause de la guerre, et qui faisait du maté à la manière espagnole-américaine au milieu des bois de la *fazenda*; je vis ses procédés et je vais les décrire.

Le maté, pour être bon, doit se cueillir, me dit cet homme, depuis le mois de mars jusqu'au mois d'août, c'est-à-dire dans le temps où une diminution de chaleur ralentit le mouvement de la séve. On coupe les branches de l'arbre; on les apporte au lieu où la préparation doit se faire et on les entasse. On forme un bûcher étroit avec des troncs d'arbres fraîchement coupés, longs de 8 à 10 mètres, d'une grosseur médiocre. Pendant que le bûcher se consume, des hommes placés de droite et de gauche présentent au feu des branches de maté, en les tenant par l'extrémité inférieure, et ils en grillent légèrement les feuilles. Quand cette opération est achevée, on détache des branches les ramules garnies de feuilles et l'on en couvre le *barbaquá*, sorte de berceau que l'on fait de la manière suivante : On enfonce en terre deux arbres fourchus de la grosseur de la cuisse, qui, jusqu'à la fourche, ont environ 2 mètres à $2^m,50$ de hauteur, et entre lesquels on laisse un intervalle d'à peu près 2 mètres. Sur les deux fourches on appuie une branche d'arbre flexible qui forme l'arc, et qu'on appelle *arco mestre*, arc maître, arc principal. Cet arc est destiné à en soutenir, dans leur milieu, cinq autres qui se croisent avec lui et dont les deux extrémités portent sur la terre; puis à ceux-ci on attache, à partir de 1 mètre au-dessus du sol, des bâtons transversaux entre lesquels on laisse quelques pouces de distance. Le berceau qui résulte de cette charpente est arrondi; il a la forme d'un four, environ six pas de diamètre, et reste ouvert des deux côtés où sont plantées les fourches. On le couvre entièrement des ramules feuillées du maté, en les passant entre les bâtons transversaux, et l'on a soin qu'il ne reste entre ces mêmes ramules aucun intervalle. Préalablement, on a bien battu le terrain que recouvre le *barbaquá*. On fait du feu, au milieu de ce dernier, avec du bois vert; la fumée s'échappe par les côtés ainsi que par le bas du berceau où l'on n'a point attaché de bâtons transversaux, et au bout d'une heure et demie le bois des ramules est parfaitement sec, aussi bien que les feuilles. On détache les uns et les autres du *barbaquá*, on les entasse, on les bat avec des morceaux d'un bois lourd longs d'environ $1^m,50$, auxquels on a donné la forme d'un sabre, et dont le manche est cylindrique. Le maté est fait lorsque les feuilles sont réduites en poussière et les ramules en très-petits morceaux; alors on le met dans des espèces de très-petits paniers cylindriques faits assez artistement avec des tiges de bambou, et l'on bouche ces paniers avec des feuilles de fougères parfaitement sèches.

L'ancienne manière de fabriquer le maté, dans les environs de Curitiba, différait de celle du Paraguay en plusieurs points. On ne faisait aucune attention à la saison de l'année où l'on coupait les branches de l'arbre. Pour les griller (*sapecar*, mot en usage à Curitiba et au Paraguay), on n'allumait point un feu de bois vert, mais on choisissait de préférence les nœuds qui restent de l'*Araucaria* quand l'arbre est pourri. On ne construisait point de *barbaquás*, mais seulement des *giraos* (1) hauts d'environ 1 mètre, sur lesquels on plaçait les feuilles du maté. Enfin on ôtait le bois des ramules, qui, à ce que disent les Espagnols-Américains, donne le plus de goût à la boisson.

Les historiens du Paraguay ont beaucoup parlé du thé de ce pays ; mais, avant l'époque de mon voyage, on connaissait si peu la plante qui le produit, que le savant traducteur du voyage d'Azara croyait pouvoir le rapporter au genre *Psoralea*. J'étais à peine arrivé à Paris, que je lus à l'Académie des sciences un travail où je m'exprimais comme il suit : « Une plante intéressante croît en abon-
« dance dans les bois voisins de Curitiba ; c'est l'arbre
« connu sous le nom d'*arvore do mate* ou *da congonha*
« qui fournit la fameuse herbe du Paraguay ou maté.
« Comme, à l'époque de mon voyage, les circonstances
« politiques rendaient presque impossibles les communica-
« tions du Paraguay proprement dit avec Buenos-Ayres et
« Montevideo, on venait de ces villes chercher le maté à
« Paranaguá, port voisin de Curitiba. Les Espagnols-Amé-
« ricains, trouvant une grande différence entre l'herbe
« préparée au Paraguay et celle du Brésil, prétendirent
« que celle-ci était fournie par un autre végétal. Des échan-

---

(1) « Voici, ai-je dit ailleurs (*Voyage dans la province de Rio de Ja-
« neiro*, etc., I, 396), comment on forme les *giraos* : on enfonce dans
« la terre quatre pieux que l'on dispose entre eux comme les quatre
« quenouilles d'un lit ; sur chaque paire de pieux les plus rapprochés
« on fixe, avec une écorce flexible et tenace, un morceau de bois trans-
« versal, et l'on range des perches sur les deux morceaux de bois
« transversaux qui se font face l'un à l'autre. Le plus souvent on cou-
« vre le *girao* d'une natte ou d'un cuir écru, et il devient un lit. »

« tillons que j'avais reçus du Paraguay me mirent en état
« de signaler aux autorités brésiliennes l'arbre de Curitiba
« comme parfaitement semblable à celui du Paraguay ; et
« leur identité m'a encore été plus évidemment démon-
« trée lorsque j'ai vu moi-même les quinconces d'arbres de
« *maté* plantés par les jésuites dans leurs anciennes mis-
« sions. Si donc le maté du Paraguay est supérieur, pour
« la qualité, à celui du Brésil, cela tient à la différence des
« procédés que l'on emploie dans la préparation de la
« plante... Dans un autre mémoire que je me propose de
« soumettre à l'Académie sur le végétal dont il s'agit, il
« me sera facile de démontrer qu'il appartient au genre
« *Ilex* (*Aperçu d'un voyage au Brésil*, 44, ou dans les *Mé-*
« *moires du muséum*, IX). » A ce passage, j'ajoutais dans
une note une description abrégée de l'*arvore do mate*, et
je l'indiquais sous le nom botanique d'*Ilex paraguariensis*.

J'avais fait faire plusieurs dessins pour le mémoire projeté ; mais des travaux plus importants et surtout de longues souffrances m'ont empêché de le publier.

Dans ce mémoire, j'aurais fait connaître plusieurs espèces, un *Luxemburgia*, un *Vochisia*, mon *Trimeria Pseu-
domate*, que, suivant les cantons, on considère, dans la
province de Minas, comme le véritable maté, et qui en sont
fort différentes (1).

---

(1) Parmi les plantes qui ont été prises à tort pour l'arbre au maté, il faut compter le *Cassine Congonha*, Spix et Mart. M. Lambert a publié de très-belles figures de cette espèce et de l'*Ilex paraguariensis* (*Descript. Pinus*, II, suppl.); mais le texte qu'il y a joint doit être considéré comme non avenu, car ce n'est qu'une série des plus étranges méprises (voir la note que j'ai jointe au morceau que j'ai intitulé *Comparaison de la végétation d'un pays en partie extratropical avec*

Ces méprises, au reste, s'expliquent de la manière la plus facile. Les Minciros vont chercher des mulets dans le Sud ; on les régale de maté ; on leur montre la plante qui le fournit, et, de retour chez eux, ils croient la retrouver dans toutes les espèces dont les feuilles ont quelque ressemblance avec les siennes.

Au reste, quoique plusieurs plantes aient été faussement prises à Minas pour l'arbre au maté ou thé du Paraguay, le véritable *Ilex paraguariensis* y croît bien réellement. Ce qu'il y a de fort remarquable, c'est qu'à Minas, comme à Curitiba, on le trouve avec l'*Araucaria brasiliensis*.

J'ignore absolument quelle était, à l'époque de mon voyage, la quantité de maté que fournissait le district de Curitiba ; mais, en l'année financière de 1835 à 1836, sans parler de ce qui se consomma dans le pays et de ce qui fut expédié par terre, le port de Paranaguá en exporta 84,602 arrobes (392,553 kilogr.) fabriquées probablement dans toute la *comarca* et évaluées 169,204,000 reis (735,669 fr. au change de 230) (1). Enfin la fabrication est devenue tellement considérable, que l'on évalue à 3 ou

---

celle d'une contrée limitrophe entièrement située entre les tropiques, dans les *Annales des sciences naturelles de l'année* 1850). J'ajouterai que le nom spécifique de *paraguariensis* doit seul être adopté, non-seulement parce qu'il a l'antériorité, mais encore parce que les historiens ont consacré ce mot ou plutôt *paraquariensis* depuis deux cents ans, et il serait aussi étrange de vouloir le changer en *paraguensis* avec Lambert, ou *paraguajensis* avec Endlicher, que d'écrire *londonensis* pour *londinensis*.

(1) Müller, *Ensaio est.*, tab. 12. — J'établis le change d'après le tableau d'H. Say dans l'*Histoire des relations*, etc.

400,000 arrobes ce que le pays fournit à présent chaque année (1).

Après avoir assisté à la fabrication du maté, je quittai la *fazenda* de Borda do Campo. Nous entrâmes aussitôt dans des bois où domine l'*Araucaria brasiliensis*, et où nous trouvâmes quelques fondrières profondes auxquelles mon conducteur fit à peine quelque attention ; ce n'était rien, en effet, en comparaison de ce que nous devions voir un peu plus tard.

Bientôt nous commençâmes à monter, et à peu près depuis cet endroit l'*Araucaria brasiliensis* cessa de s'offrir à nos regards. Ceci prouve que cet arbre, ami d'une température modérée, craint un certain degré de froid. On le trouve près de Rio de Janeiro, sur les sommets les plus hauts de la Serra da Estrela, dont la température moyenne correspondrait vraisemblablement à celle de Curitiba ou des Campos Geraes, et il s'arrête au pied de la Serra de Paranaguá.

Lorsque nous commençâmes à monter cette dernière, le chemin fut d'abord passable. Nous voyions des bois de tous les côtés, et jusqu'au lieu où nous fîmes halte ce furent toujours des bois que nous traversâmes.

Le premier pas fort difficile que nous trouvâmes porte le nom de *Pão de ló* (espèce de gâteau fort léger). En cet endroit, le chemin est couvert de grosses pierres arrondies ; sa pente est rapide, et de distance à autre les bêtes de somme sont forcées de faire des sauts effrayants pour le voyageur qui n'a pas encore traversé ces montagnes.

La route redevient passable jusqu'au lieu appelé Belle-

(1) Francisco de Paula e Silva Gomes, in Sigaud, *Annuario* 1847.

Vue (*Boa Vista*), parce que de là on découvre une grande partie de la plaine que l'on a parcourue avant d'arriver à la Serra.

Vers Boa Vista, le chemin est creusé dans la montagne même, à une profondeur de près de 4 mètres, et n'offre qu'un passage étroit où les mulets ne peuvent avancer sans frotter la terre de droite et de gauche avec leurs charges. Bientôt on commence à découvrir devant soi un des pics les plus élevés de la Serra, auquel a été donné le nom de *Marumbi*, et dont les flancs, coupés presque verticalement, n'offrent, en plusieurs endroits, que le rocher nu. A chaque instant, la route devient plus affreuse : souvent elle est creusée à une profondeur assez considérable; elle n'a que quelques pieds de large et est couverte par des branchages qui privent le voyageur de la lumière du jour. Ailleurs ce sont des fondrières d'où les mulets ne s'arrachent qu'avec une peine extrême; ailleurs enfin ces animaux sont obligés de faire des sauts de plusieurs pieds, parce que le terrain change brusquement de niveau. Dans plusieurs endroits, on a mis des bûches en travers pour empêcher les bêtes de somme d'enfoncer dans la boue; mais elles glissent sur ces morceaux de bois arrondis et humides, et courent, à chaque instant, le risque de s'abattre.

Le respectable évêque de Rio de Janeiro, José Caetano da Silva Coutinho, voulant faire la visite complète de son immense diocèse, fut obligé de passer par cet affreux chemin. Quelques hommes, requis sans doute parmi les *ordenanças*, le portaient dans un hamac, se relayant les uns les autres. Il entendit l'un d'eux se plaindre de sa charge dans les termes les moins respectueux (*aquella d..... pesa muito*); il fit arrêter le hamac, ne prononça pas un seul mot de reproche, prit un bâton et descendit à pied le reste de la montagne. Cette anecdote ne se rattache qu'indirectement à mon voyage; mais je n'ai pu laisser échapper l'occasion de rendre un nouvel hommage (1) à un prélat qui honora son siége par ses vertus et ses lumières, dont les bontés ne sont point effacées de mon souvenir, et qui, ami du Brésil jusqu'à l'enthousiasme, trouvait du bonheur à s'entretenir avec moi des contrées que nous avions parcourues tous les deux.

La partie la plus mauvaise de tout le chemin est celle où l'on commence à descendre; elle porte le nom d'*encadeado* (enchaîné). La pente y est extrêmement rapide; des branches s'avancent sur le chemin qui est creusé au-dessous du niveau du sol et le rendent très-obscur; on avance sur de grosses pierres glissantes, et les mulets sont souvent forcés de s'élancer avec leurs charges. Je ne me lassais pas d'admirer l'adresse de ces animaux pour se tirer des plus mauvais pas : on les exerce à faire le voyage d'abord sans rien porter sur leur dos; puis on leur met un bât, et enfin une véritable charge. Il en meurt souvent dans les premières épreuves; mais, lorsqu'ils ont traversé la montagne plusieurs fois, ils n'ont plus aucune peine à surmonter les difficultés qui se représentent à chaque instant. Ils choisissent, avec une sagacité merveilleuse, les endroits où ils peuvent placer leurs pieds avec le plus de sûreté.

Nous avions mis près de huit heures à faire 3 lieues; mon conducteur m'assurait qu'il serait impossible de ga-

---

(1) J'ai déjà dit quelques mots de D. José Caetano da Silva Coutinho dans mon *Second voyage*, vol. II, 229.

gner les premières maisons avant la fin du jour. Je pris, en conséquence, le parti de faire halte au milieu des bois, et nous nous arrêtâmes au lieu appelé *Pinheirinho* (le petit pin), où il paraît que les voyageurs passent souvent la nuit. A droite, s'élevaient des pics inaccessibles couverts de bois ; à gauche, des arbres majestueux et d'un vert sombre étalaient leurs nombreux rameaux ; plus bas, coulait un torrent dont le bruit se faisait entendre au loin.

A peine mes malles et mes effets furent-ils déchargés, qu'il tomba de la pluie. Je commençais à m'affliger à cause de mes collections ; mais Manoel et mon conducteur dissipèrent bientôt mes craintes par les mesures qu'ils prirent. Ils placèrent les malles sur de longues perches ; par-dessus ils firent un petit toit avec des bâtons attachés les uns aux autres à l'aide de morceaux de bambou, et sur cette charpente ils étendirent les cuirs de bœufs qui servaient, dans le voyage, à assurer et à garantir la charge des mulets. Mon lit fut dressé sur les malles ; on mit à côté de moi tout le menu bagage, et il y eut encore assez de place sous le toit pour Laruotte et José.

Il ne tomba pas d'eau tant que la nuit dura ; mais le soleil était à peine levé, que le temps se couvrit, et il plut presque toute la journée.

On descend encore jusqu'au lieu appelé *Porto*, et, quoique la pente n'ait plus, à beaucoup près, la même roideur, le chemin n'est guère moins affreux.

En arrivant au Porto, je me trouvai dans une autre atmosphère : l'air était lourd ; il faisait infiniment plus chaud qu'aux environs de Curitiba ou dans les Campos Geraes. Je n'étais plus sur le plateau, je n'étais plus dans les montagnes, mais tout près du littoral où la température des tropiques se prolonge davantage encore vers le sud. Le climat avait changé, la végétation avait dû changer avec lui; tout à coup, en effet, je revis des plantes que l'on cultive dans les contrées les plus chaudes du Brésil. Au lieu des pêchers qui entourent les maisons du district de Curitiba, des bananiers étendent leurs larges feuilles sur celles du Porto, et je rencontrai des enfants qui portaient des cannes à sucre. Si donc le climat de Curitiba est extrêmement tempéré, quoique cette ville soit située sous un parallèle à peine plus méridional que celui du Porto ; si les productions de l'Europe y réussissent avec tant de facilité ; si les gelées y font périr les bananiers, les caféiers, la canne à sucre, il n'est guère douteux que l'élévation du pays n'en soit la cause principale (1). Je ne saurais croire, cependant, que la distance de l'équateur n'entre pas pour beaucoup aussi dans la température de la contrée qui s'étend depuis Hytú jusqu'à Curitiba ; car plus on approche de cette dernière ville, ou, si l'on aime mieux, du sud, plus le climat devient froid. Les caféiers, comme je l'ai dit, ne s'étendent pas beaucoup plus loin que Sorocába ; Itapitininga forme à peu près la limite de la canne à sucre, Itapéva celle des bananiers, enfin la Serra das Furnas celle des cotonniers et des ananas. Si l'élévation seule influait ici sur le climat, les plantes tropicales qui croissent au-dessus de la Serra das Furnas devraient, à plus forte raison, croître au-dessous d'elle, puisqu'il y a, en cet endroit, un abaissement dans le sol, et c'est le contraire qui arrive.

---

(1) Suivant le capitaine King cité par D. P. Müller (*Ensaio estatistico*, 7), la ville de Curitiba serait élevée de 183 braças (402^m,6) au-dessus du niveau de la mer.

Au Porto sont les premières maisons ; là aussi l'on trouve la rivière de *Cubatão*, que j'avais déjà vue en descendant la Serra, où elle prend sa source. Pour se rendre à Paranaguá, on s'embarquait autrefois au Porto ; mais, comme il existe des rapides (*cachoeiras*) entre ce hameau et le village de *Morretes* (petits mornes), aujourd'hui ville, c'était, à l'époque de mon voyage, dans ce dernier endroit que se faisaient les embarquements. Le Porto avait perdu sa destination primitive ; mais il conservait toujours le nom qu'elle lui avait fait donner.

Quand on quitte ce hameau et qu'on regarde derrière soi, on jouit d'une vue charmante. On découvre les montagnes couvertes de bois qu'on vient de traverser ; à leur pied sont les maisonnettes du hameau, entourées d'arbres touffus, et devant ces dernières on voit le Rio do Cubatão, qui est assez large et coule rapidement sur un lit de cailloux.

Au Porto commence une plaine marécageuse qui porte le nom de *Vargem*, comme toutes celles qui lui ressemblent, et qui n'est guère moins redoutée des muletiers que la Serra elle-même. Cette plaine, couverte de bois, ne présente, en effet, qu'une boue tenace où les mulets enfoncent profondément, et d'où ils ne se tirent qu'avec une peine extrême. Le chemin est, en général, fort large et côtoie la rivière ; mais, en certains endroits, on est obligé de serpenter entre les arbres, qui ne sont séparés que par des intervalles très-étroits, et contre lesquels heurte sans cesse la charge des bêtes de somme.

Je fis halte au village de Morretes, bâti, dans une position charmante, sur le bord de la rivière de Cubatão. Le *capitão mór* de Curitiba avait donné avis de mon arrivée au commandant du village, qui m'avait préparé une maison. A peine fus-je installé, que je reçus sa visite, et, peu d'instants après, il m'envoya un milicien qu'il voulait mettre en sentinelle à ma porte, mais que je congédiai comme celui de Curitiba.

Morretes (1) fut d'abord une aldée dépendante du district de la petite ville d'Antonina, dont il est éloigné d'environ 2 lieues (2). Il n'y avait pas plus de huit ans, lorsque j'y passai, qu'on en avait fait le chef-lieu d'une paroisse, qui, d'après ce que me dit le curé, comprenait environ mille communiants. Les habitants de ce pays, métis, pour la plupart, d'Indiens, de blancs et de mulâtres, étaient fort enclins au meurtre; mais, quelque temps avant l'époque de mon voyage, on avait pris des mesures sévères qui avaient rendu les assassinats moins fréquents. Comme la population de Morretes a beaucoup augmenté depuis un certain temps, et que ce lieu forme un point de communication fort important entre le plateau et le port de Paranaguá, l'assemblée législative provinciale, par un décret du 1er mars 1841 (3), l'a érigé en ville.

(1) Il ne faut écrire ni *Morrete* avec Cazal, ni *Morettes* avec les auteurs de l'excellent *Diccionario do Brazil*. Je me conforme ici à la prononciation usitée dans le pays, et l'orthographe que je suis est aussi celle qu'a admise D. P. Müller.

(2) La ville d'Antonina, qui, à la fin du siècle dernier, dépendait encore du district de Paranaguá, est située tout près de l'embouchure d'une rivière qui se jette au fond de la baie de Paranaguá. Son district comprenait, en 1822, 2,917 âmes, et, en 1838, 5,923. Il est plus sain que celui de Paranaguá; on y cultive principalement le riz et le manioc (Cazal, *Corog. Braz.*, I, 227;—Pizarro, *Mem. hist.*, VIII, 312; — Müll., *Ensaio est.*, 59; — Mill. et Mour. Lop., *Dicc.*, I, 59).

(3) Milliet et Lopes de Moura, *Diccionario*, II, 123.

Morretes est situé sur le bord du Rio Cubatão (1), au point où cette rivière devient tout à fait navigable, et se composait, en 1820, d'une soixantaine de maisons. L'église est bâtie au milieu du village, sur une colline d'où l'on découvre une très-belle vue : la Serra, couverte de bois sombres ; le pays plat qui s'étend au-dessous d'elle, et la rivière de Cubatão. L'ensemble de ce paysage rappelle beaucoup ceux des environs de Rio de Janeiro, et rien, absolument rien ne nous retrace ici l'aspect sévère des environs de Curitiba ou des Campos Geraes.

Le pays qui s'étend depuis la Serra de Paranaguá jusqu'à la ville du même nom est plat et humide ; mais, d'après ce qu'on m'a dit, il paraît que la partie de la plaine où est situé le village de Morretes est plus humide encore que tout le reste du pays. Au rapport des habitants les plus notables, il pleut ici continuellement ; le maïs moisit souvent dans l'épi lorsqu'il n'est pas encore mûr, et la racine du manioc pourrit dans la terre avant qu'on puisse la recueillir. La culture du riz est celle qui convient le mieux aux terres de ce canton ; cependant on y plante aussi le caféier et la canne à sucre, mais on n'emploie cette dernière qu'à faire des *rapaduras* (2) et du tafia. Le coton

---

(1) Les auteurs de l'utile *Diccionario do Brazil* disent que le *Rio do Cubatão* porte ses eaux dans la baie de Paranaguá sans avoir arrosé ni une ville ni un village (*Dicc.*, I, 309); puis ils ajoutent que c'est le *Nhundiaquára* qui passe à Morretes (II, 123). J'ignore si la rivière sur laquelle est située cette ville a originairement porté le nom de *Nhundiaquára*; mais il est incontestable qu'on l'appelle généralement aujourd'hui *Rio do Cubatão*, et c'est sous ce dernier nom qu'elle est désignée dans l'*Ensaio estatistico* de D. P. Müller.

(2) J'ai parlé plusieurs fois des *rapaduras* dans mes autres rela-

que l'on récolte aux environs de Morretes est d'une qualité inférieure, comme celui de toutes les parties extratropicales du Brésil.

La navigation de la rivière de Cubatão était affermée pour le compte du fisc. On payait à raison de 30 reis (18 c.) par arrobe (14 kilog. 7) le transport des marchandises qui allaient de Paranaguá à Morretes ou de ce village à Paranaguá. Le pesage de la marchandise se faisait à Morretes ; mais, quand le propriétaire le désirait, il pouvait acquitter à Paranaguá le payement des prix de transport. Pendant longtemps deux soldats de la milice avaient été chargés seuls de protéger cette navigation ; mais, assez récemment, un officier supérieur qui commandait à Paranaguá avait renforcé cette garde, pour que le bon ordre fût maintenu plus sûrement.

Le lendemain du jour où j'étais arrivé à Morretes, il plut toute la matinée, et je pris la résolution de ne point partir. J'étais cependant très-fâché de ce retard, parce qu'un lieutenant de Paranaguá auquel j'étais recommandé, sachant que j'arriverais bientôt, avait envoyé à Morretes, il y avait déjà plusieurs jours, une pirogue avec deux rameurs, et je privais cet homme de sa barque et de ses gens. Sur les deux heures, cependant, ceux-ci se présentèrent chez moi et me dirent que le temps était assez beau pour nous permettre de faire quelques lieues. Le fermier de la rivière me prêta aussi une pirogue, et je quittai Morretes.

---

tions ; ce sont des espèces de tablettes, carrées et épaisses, de sucre cuit avec son sirop. Les Espagnols-Américains disent *raspaduras*, de *raspa*, râper, parce qu'il faut râper ces tablettes pour les manger : *rapaduras* est évidemment une altération de *raspaduras*.

Il n'était pas absolument indispensable de s'embarquer pour se rendre de Morretes à Paranaguá. On pouvait suivre un chemin qui allait de la première de ces villes à la seconde ; mais, comme il traversait des marais fangeux et des bois hérissés d'épines, il était impraticable pour les mulets chargés, et ne pouvait servir qu'aux gens de pied et aux bêtes à cornes.

Quoi qu'il en soit, jusqu'à *Camiça*, dans un espace de 2 lieues, le Rio do Cubatão, sur lequel je m'étais embarqué, peut avoir la largeur de nos rivières de troisième ou quatrième ordre, et coule dans un pays très-plat, en décrivant un grand nombre de sinuosités. Des bois s'avancent jusque sur ses bords ; diverses espèces de lianes revêtent le tronc des arbres et retombent sur la surface de l'eau. Parmi les grands végétaux qui bordent le Cubatão, je distinguai de nombreux Palmiers et le *Cecropia*, que je ne me souviens pas d'avoir vu dans les Campos Geraes. Une plante aussi très-commune sur les bords de la rivière est cette Graminée gigantesque aux feuilles disposées sur deux rangs, à la panicule longue et flottante, qui se trouve si fréquemment aux environs de Rio de Janeiro, et qu'on y appelle *Ubá* ou *Cana Braba*. Les plantations de riz sont fort nombreuses auprès de Cubatão ; elles dépendent des petits *sitios* qu'on aperçoit de temps en temps et qui répandent de la variété dans le paysage.

Il était permis aux propriétaires de ces *sitios* d'avoir des pirogues ; mais ils ne pouvaient s'en servir pour transporter les marchandises qui devaient aller de Paranaguá à Curitiba ou de Curitiba à Paranaguá. Cependant, lorsqu'ils tenaient beaucoup à faire eux-mêmes quelque transport, on ne s'y opposait pas, pourvu qu'ils payassent aux fermiers la même rétribution que si ces derniers avaient fourni leurs rameurs et leurs pirogues.

Comme il était déjà tard quand nous arrivâmes au *sitio* appelé Camiça et que le temps était couvert, nous prîmes le parti de nous arrêter en cet endroit. Le propriétaire était absent et avait emporté la clef de sa maison ; je m'établis sous un petit hangar couvert de feuilles de palmier qui servait de logement aux esclaves.

Nous partîmes à la pointe du jour pour pouvoir profiter de la marée.

Dans l'espace d'environ 1 lieue, l'eau resta encore douce ; mais peu à peu la rivière s'élargit, elle devint salée, et la végétation changea. Je ne vis plus, sur le bord de l'eau, que des Mangliers, des Avicennias, le n° 1659, et quelques autres arbustes qui appartiennent généralement aux terrains bas et marécageux voisins de la mer. Une foule d'oiseaux d'eau de diverses espèces cherchaient leur nourriture dans la fange, au milieu des Mangliers, et parmi eux il était impossible de ne pas distinguer le *guara* (*Ibis rubra*), qui vole par troupe, et dont le plumage couleur de feu produit dans l'air un effet charmant.

Vers le soir, la pluie tomba par torrents, et elle durait encore quand nous arrivâmes à Paranaguá. Ces pluies continuelles faisaient mon désespoir ; elles m'empêchaient de rien recueillir : le peu que j'avais récolté depuis quelque temps ne séchait point, et tout ce qui se trouvait dans mes malles se détériorait.

Après avoir fait environ 4 lieues, depuis le *sitio* d'où j'étais parti, j'entrai enfin dans la baie de Paranaguá, et je longeai plusieurs îles peu considérables. Passant entre l'extrémité occidentale de celle de *Cotinga*, la plus grande de toutes, et la terre ferme que j'avais à ma droite, j'arrivai à l'embouchure d'une petite rivière qu'on appelle *Rio de Paranaguá* ; puis je débarquai à la ville du même nom, devant laquelle étaient à l'ancre plusieurs petites embarcations, *lanchas* et *sumacas*.

CHAPITRE XXI.

LA VILLE DE PARANAGUÁ.

Histoire de la ville de Paranaguá. — La baie du même nom. — Position de la ville; maisons; rues; églises; ancien couvent des jésuites; écoles; commerce; explorations. — Climat; insalubrité; mangeurs de terre. — Population du district de Paranaguá. — Sa garde nationale; les *ordenanças*. — Ses productions. — Manière d'exploiter les bois. — Le maréchal qui commandait à Paranaguá. — Moyen de rendre praticable le chemin de la Serra. — Mœurs peu aimables. — Rencontre d'un étranger. — Environs de Paranaguá. — L'île de *Cotinga* ; un vieil Allemand. — La chapelle du *Rocio* ; une promenade charmante. — Le vendredi saint.

Le premier endroit de tout le Brésil où l'on ait reconnu la présence de l'or fut celui où est actuellement bâtie la ville de Paranaguá. Avant même l'année 1578 (1), quelques aventuriers paulistes trouvèrent, dans ce canton, des terrains aurifères, et commencèrent à les exploiter. Il paraît cependant que leurs recherches n'eurent pas de grands résultats, car en 1613 on proclama comme tout à fait nou-

---

(1) Pizarro, *Mem. hist.*, VIII, 311. — II, 114.

velle la découverte des mines de Paranaguá, et l'on peut même douter qu'elles aient été sérieusement exploitées avant que l'on ait commencé à bâtir la ville de ce nom ou plus tard encore. Suivant Gaspar da Madre de Deos, ce fut Gabriel de Lara qui en jeta les premiers fondements, un peu avant l'année 1653, et, selon Pizarro, elle fut fondée par Theodoro Ebano Pereira, officier de la marine royale. Les mines de Paranaguá fournirent de l'or pendant un certain temps (1), et il faut même qu'elles en rendissent des quantités assez considérables, car le gouvernement forma dans la ville un établissement pour la fonte de ce métal (*casa de fundição*), établissement qui, suivant Cazal, existait encore en 1817 (2). Un hôtel pour la fonte de l'or serait aujourd'hui tout à fait inutile, car personne à Paranaguá ne m'a parlé des mines de cette ville, et ni Francisco de Paula e Silva Gomes, intéressé à vanter les richesses de

---

(1) Pizarro, Pedro Tacques, Müller et Martius considèrent Ebano comme le fondateur de Paranaguá, mais ils ne sont pas d'accord sur les dates; les deux premiers admettent l'année 1648 et les autres 1640. Si Theodoro Ebauo Pereira avait fondé Paranaguá en 1648, il aurait fallu que, presque aussitôt, il se fût hasardé à franchir la Serra, et en 1654 il aurait déjà fondé une seconde ville, celle de Curitiba (voir, plus haut, la note de la page 115); cela n'est pas fort vraisemblable. Le fondateur des deux villes est indiqué, par l'auteur des *Memorias historicas*, sous le nom de *Theodoro Ebano Pereira*; selon Müller, le fondateur de Curitiba se serait appelé *Heliodoro Ebano Pereira*, et celui de Paranaguá simplement *Heliodoro Pereira*; l'ouvrage de Pedro Tacques porte *Leoodoro Ebano Pereira*; enfin le roi de Portugal, dans une lettre écrite en 1651, dit qu'il a reçu des échantillons de mines découvertes auprès de Paranaguá par *Theotonio do Ebanos*. Il serait essentiel de faire des recherches dans les archives de la *comarca* de Curitiba; peut-être y trouverait-on des documents qui lèveraient tous les doutes.

(2) *Corog. Braz.*, I, 217.

son pays, ni Daniel Pedro Müller, n'en font aucune mention.

Les 40 lieues qui formaient la partie la plus méridionale de l'ancienne capitainerie de S. Amaro commençaient à Paranaguá. A peine cette ville était-elle bâtie, qu'elle se trouva mêlée dans les querelles, aujourd'hui si difficiles à comprendre, des héritiers de Pero Lopes de Souza, donataire de la capitainerie de S. Amaro, avec ceux de Martim Affonso, donataire de S. Vicente. A la suite d'un procès très-important, le comte de Monsanto avait été mis en possession des héritages de Pero Lopes; mais son fondé de pouvoir s'empara, en outre, de S. Vicente. Chassé de cette ville, l'héritier de Martim Affonso érigea en capitainerie la ville d'*Itahaen* qui lui restait encore. Alors le marquis de Cascaes, représentant des droits de Pero Lopes, eut l'idée de faire aussi de Paranaguá le chef-lieu d'une capitainerie; mais cette création assez ridicule n'eut absolument aucune suite (1).

Lorsque la province de S. Paul fut divisée en deux *comarcas*, celle du nord et celle du sud, on choisit la ville de Paranaguá pour être le chef-lieu de la dernière. Mais, comme je l'ai déjà dit (2), elle ne conserva cet honneur que jusqu'en 1812; alors la résidence de l'*ouvidor* fut transférée à Curitiba, qui devint la véritable capitale de la

---

(1) Sur tous ces faits MM. Milliet et Lopes de Moura (*Dicc.*, II, 236) ne me paraissent nullement d'accord avec Gaspar da Madre de Deos (*Mem. S. Vicente*, 185), ni avec Pedro Tacques (*Historia da capitania de S. Vicente*, in Revista trim., 1848). Ce sont ces derniers, parfaitement instruits de ce qui concerne l'ancienne capitainerie de S. Vicente, que j'ai cru devoir suivre ici.

(2) Voir plus haut, p. 116.

comarca; et, pour consoler les habitants de Paranaguá, on fit entrer le nom de leur ville dans celui de la *comarca;* on eut même soin de le placer le premier, et dans les actes officiels on écrivait *comarca de Paranaguá e Curitiba.*

Sous le gouvernement constitutionnel on a pris des précautions plus grandes encore pour empêcher des rivalités toujours fâcheuses de naître entre les villes. On a prudemment désigné les *comarcas* par de simples numéros; l'ancienne *comarca* de Paranaguá e Curitiba est devenue la cinquième, et l'on a donné à la fois aux deux villes le titre de *cidade.*

Entre la Serra de Paranaguá, portion de la cordilière maritime, et l'Océan, s'étend une plaine large de 12 à 15 lieues, extrêmement égale, basse, marécageuse, couverte de bois et coupée, dans toute son étendue, par un grand nombre de rivières qui prennent leur source dans la montagne et dont celle de Cubatão est la plus considérable. Cette plaine était sans doute autrefois couverte par les eaux de la mer, qui se sont retirées peu à peu, et les terres que les pluies enlèvent aux montagnes l'auront successivement exhaussée. L'or que l'on trouvait autrefois à Paranaguá avait donc très-probablement son véritable gisement dans la Serra, et c'est là qu'il serait bon peut-être de faire aujourd'hui des recherches.

Les nombreuses rivières dont la plaine est arrosée portent leurs eaux dans une baie de forme très-irrégulière qui présente plusieurs criques, est parsemée d'îles, et a, dit-on, 7 lieues de long de l'ouest à l'est, sur 3 lieues dans sa plus grande largeur (1). Cette baie a été appelée par les anciens

---

(1) Cazal, *Corog. Braz.*, I, 215.

habitants *Paranaguá* (1), qui, dans la langue des Indiens, signifie la *mer Pacifique*, et elle mérite bien réellement ce nom, puisqu'elle est parfaitement abritée (2). Les Portugais, joignant des mots qui n'auraient pas dû se trouver ensemble, ont dit *Baia de Paranaguá*, et le nom de Paranaguá a été appliqué par eux à la ville qu'ils ont bâtie près de la baie, à la rivière ou au bras qui s'étend au-dessous de cette ville, à tout le pays (*district de Paranaguá*) et aux montagnes qui le bornent.

On peut entrer dans la baie par trois différents canaux ou passes (*barras*) que forment la terre ferme et deux îles : au nord, celle appelée *Ilha das Peças* ; et, au midi, l'*Ilha do Mel* (île des pièces, île du miel). Le canal le meilleur et le plus fréquenté passe entre les deux îles et porte le nom de *Barra grande*. Celui du midi a été appelé, à

---

(1) Il est incontestable qu'il faut écrire *Paranaguá* (voyez une des notes du chapitre intitulé, *La partie du territoire, etc.*); mais tout le monde, dans le pays, prononce *Parnaguá*, et D. Gaspar da Madre de Deos, ainsi que Pedro Tacques (*Memorias*), s'est constamment conformé à cette prononciation.

(2) Il me paraît évident que c'est la baie de Paranaguá qui est désignée sous le nom de *Rio de Santo Antonio* dans le précieux ouvrage du vieux Gabriel de Souza intitulé, *Noticia do Brazil* (in *Not. ultram.*, parte 1ª, 86), comme il désigne sous celui de *Rio Alagado* la baie de Guaratuba, dont je parlerai plus tard. Les premiers navigateurs prenaient pour des embouchures de fleuves les grands amas d'eau qu'ils voyaient s'avancer dans les terres, et de là, outre les noms que je viens de citer, ceux de *Rio de Janeiro* et *Rio do Epirito Santo* ; mais, lorsqu'on a formé des établissements fixes à Paranaguá et à Guaratuba, les nouveaux colons ont adopté les noms consacrés par les indigènes, et ceux que les navigateurs avaient donnés, pour ainsi dire en passant, ont été oubliés.

cause de sa position, *Barra do Sul* (1), et est borné, du côté opposé à l'Ilha do Mel, par la portion de terre ferme que l'on nomme *Pontal de Paranaguá*. Des navires d'un fort tonnage ne franchissent point la barre; mais les petits bâtiments désignés par les Portugais sous les noms de *lanchas* et *sumacas* peuvent, ainsi que les brigantins et les petits bricks, entrer dans la baie et mouiller devant la ville.

Cette dernière (*cidade de Paranaguá*), située en face de l'extrémité occidentale de l'île de Cotinga, à quelques centaines de pas de l'embouchure d'une petite rivière appelée *Rio de Paranaguá*, est un peu élevée au-dessus de cette rivière (2).

Quand on arrive de l'intérieur, où un si grand nombre de villages et de villes sont entièrement bâtis en terre, et qu'on entre dans Paranaguá, ce qui frappe, c'est de voir toutes les maisons, tous les édifices publics construits en pierre.

La ville se compose de quelques rues qui s'étendent parallèlement à la rivière et sont coupées par d'autres rues fort courtes. Les premières sont, en général, larges et bien alignées; on n'a nullement pris la peine de les paver, et

---

(1) Manoel Ayres de Cazal (*Corog. Braz.*, I, 215) appelle *Ibupetuba* ou *Barra Falsa* le canal du Sud.

(2) Cazal, suivi par Milliet et Lopes de Moura, place Paranaguá sur la baie elle-même, et Pizarro sur un bras de mer communiquant avec la baie (*Corog. Braz.*, I, 226; — *Dicc. Braz.*, II, 236; — *Mem. hist.*, VIII, 311). Ce qui a pu tromper le dernier de ces auteurs, c'est le mot *braço* (bras), souvent employé pour désigner les affluents d'une rivière moins considérable qu'elle.

cependant on n'y trouve jamais de boue, parce que le terrain est très-sablonneux.

Les maisons paraissent, en général, bien entretenues ; mais presque toutes n'ont que le rez-de-chaussée.

Il n'y a point à Paranaguá de place publique.

On y compte trois églises ; deux qui n'ont pas une grande importance et l'église paroissiale. Celle-ci, dédiée à Notre-Dame du Rosaire (*Nossa Senhora do Rosario*), a plus de largeur que la plupart de celles que j'avais vues jusqu'alors dans le Brésil.

L'hôtel de ville est un bâtiment assez grand qui fait face à la rivière et a un étage. Suivant l'usage, le rez-de-chaussée sert de prison.

Les jésuites avaient à Paranaguá un couvent qui existe encore ; mais il s'en faut qu'ici ces pères eussent donné à leur maison les mêmes soins qu'à la plupart des édifices qu'ils faisaient construire. C'était un grand bâtiment fort vilain et sans régularité. A l'époque de mon voyage, il servait de logement au curé et n'était pas entretenu. Müller nous apprend (1) que, plus récemment, on en a réparé une partie pour en faire une caserne, et Milliet qu'on y a établi la douane (2).

En 1847, il y avait à Paranaguá deux instituteurs et une institutrice primaire, les premiers comptant ensemble 136 élèves, et la seconde 29 (3). Même avant 1820, on

---

(1) *Ensaio estatistico*, 58.

(2) *Diccionario*, II, 237. — On lit aussi, dans le même ouvrage, que Paranaguá possède actuellement un théâtre.

(3) *Discurso recitado pelo marechal de Campo Manoel da Fonseca Lima e Silva na abertura da assemblea legislativa provincial.*

avait établi dans cette ville un professeur de langue latine qui est obligé aujourd'hui d'enseigner également le français (1).

Suivant Müller, il s'était formé à Paranaguá une société dite patriotique et protectrice ; mais un peu plus tard elle a eu le bon esprit de se transformer en confrérie de la Miséricorde (*caza da misericordia*), nom qui rappelle des idées un peu plus touchantes que celui qui avait été adopté d'abord. Ne voulant pas rester au-dessous de ses sœurs de S. Paul et de Santos, la confrérie de la miséricorde de Paranaguá, reconnue par le gouvernement provincial, s'était déjà occupée, en 1838, de faire guérir les matelots malades et de secourir les indigents par des aumônes (2).

On voit à Paranaguá un grand nombre de *vendas* et de boutiques bien garnies. Les négociants se fournissent à Rio de Janeiro des objets dont ils ont besoin, et envoient dans cette ville, ainsi que dans le Sud, du riz, de la chaux faite avec des coquilles, une grande quantité de planches, principalement de *Parova* et de *Canela preta*, du maté, des cordages faits avec l'espèce de liane appelée *cipó d'imbé* ou avec des feuilles de Broméliées, et enfin divers petits articles. Il n'est pas douteux que le commerce de Paranaguá ne devienne très-important, quand le chemin de la Serra sera praticable, et l'agriculture plus florissante dans les Campos Geraes. Déjà même, malgré la difficulté toujours existante des transports, malgré le peu d'encouragements que reçoit le pays, il a fait, depuis le commencement du

---

(1) L. c.
(2) *Ensaio estatistico*, tab. 19.

siècle, des progrès extrêmement sensibles. De 1805 à 1807, les exportations de Paranaguá fournies non-seulement par le district de cette ville, mais encore par une partie du reste de la *comarca* de Curitiba avaient été évaluées (1) à 51,482,530 reis (à 160 reis pour 1 franc, 321,765 fr.), et dans la seule année financière de 1835 à 1836 elles se sont élevées à 197,900,470 (2) (à 225 reis pour 1 fr., change d'alors (3), 879,559 fr.).

Au temps de mon voyage, on comptait qu'environ cinquante petits bâtiments entraient annuellement dans le port de Paranaguá ; en 1836 le nombre des bâtiments entrants s'est élevé à cent trente-quatre (4), parmi lesquels il y a eu un danois, un français, un portugais, un anglais, un montévidéen, un chilien. Il est fort vraisemblable qu'au commencement du siècle Paranaguá n'entretenait de relations qu'avec d'autres ports du Brésil et tout au plus le Rio de la Plata ; en 1836 il partit de cette ville des navires non-seulement pour ces deux pays, mais encore pour le Chili et la côte d'Afrique (5). Parmi les bâtiments qui, vers 1829, fréquentaient le port de Paranaguá, il y en avait une douzaine qui appartenaient aux habitants du pays ; ce nombre n'est certainement pas resté stationnaire, mais je ne saurais dire jusqu'à quel chiffre il s'est élevé.

Les articles d'exportation sont aujourd'hui à peu près

(1) Piz., *Mem., hist.*, VIII, 276.
(2) Müll., *Ensaio est.*, tab. 12.
(3) Horace Say, *Histoire des relations*, tabl.
(4) Müll., *Ensaio est.*, tab. 17.
(5) Müll., *Ensaio est.*, tab. 17.

les mêmes qu'au commencement du siècle ; mais il est à remarquer qu'alors il sortait de Paranaguá du blé en grains et de la farine de froment, et qu'aujourd'hui ce port n'exporte ni l'une ni l'autre de ces deux denrées (1). Peut-être, au reste, n'est-il pas difficile de se rendre compte de ce changement. Dans les années qui suivirent 1800, les prix extrêmement bas du bétail (2) durent engager les propriétaires du district de Curitiba à chercher des ressources ailleurs que dans l'éducation des bêtes à cornes. Alors les lois portugaises et la guerre rendaient difficile l'arrivée des blés étrangers au Brésil ; les Curitibanais cultivèrent le froment avec ardeur, et l'on dit même que l'on avait construit un bon nombre de moulins auprès de S. José dos Pinhaes (3). Mais, lorsque la province de Rio Grande do Sul cessa d'envoyer des bestiaux à Rio de Janeiro, que ceux de Curitiba commencèrent à être vivement demandés et que leur valeur eut quadruplé ; lorsque des grains étrangers de très-bonne qualité purent arriver sans peine et se vendirent à des prix modérés, les Curitibanais, qui avaient laissé altérer la qualité de leur blé (4), durent naturellement tâcher d'augmenter leurs troupeaux plutôt que de se livrer, comme auparavant, à la culture du froment qui leur donnait plus de peine et moins de bénéfices.

J'ignore à quelle somme s'éleva chacun des articles qui furent exportés par la ville de Paranaguá en 1805 et en

---

(1) Piz., *Mem. hist.*, VIII, 276. — Müller, *Ensaio*, tab. 12.
(2) Voyez plus haut.
(3) Cazal, *Corog. Braz.*, I, 229.
(4) Müller n'indique aucune quantité de blé comme produite, en 1837, par les districts de Castro et de Lapa, et 10 *alqueires* seulement pour celui de Curitiba (*Ensaio est.*, tab. 3).

1820 ; mais D. P. Müller nous apprend qu'en 1835 elle expédia, comme je l'ai dit, 84,602 arrobes de maté, valant 169,204,000 reis (au change de 230,735,669 fr.); de plus, 27,950 *alqueires* de riz (111,800 litres), évalués à 6,149,000 reis (au change de 23,026,734 fr.) ; des bois de charpente pour 3,591,320 reis ; de la viande pour 8,504,000 ; de la chaux pour 1,607,600. Aucun des autres articles, toile de coton, tabac en corde, haricots, farine de manioc, ne monta à des sommes aussi importantes.

Au reste, quelque considérable qu'ait été, en 1836, la valeur des exportations, elle fut dépassée de 168,047,899 reis par celle des importations, consistant presque entièrement en marchandises d'Europe. Mais il ne faut pas oublier que les exportations de la *comarca* de Curitiba ne sont pas limitées aux seuls articles qui sortent de Paranaguá. Cette *comarca* envoya encore par terre, dans des contrées plus septentrionales, des bêtes à cornes, des chevaux, des tissus, des couvertures de chevaux, et, si nous pouvions évaluer ensemble tout ce qui sort de son territoire, nous trouverions certainement qu'elle fournit au dehors bien plus qu'elle ne reçoit.

Je reviens à la description de Paranaguá, que ces considérations générales m'ont fait interrompre.

Cette petite ville est certainement une des plus jolies de celles que j'avais vues depuis le commencement de mon séjour au Brésil ; mais il y fait à peu près aussi chaud qu'à Rio de Janeiro ; les vapeurs qu'exhalent les marais du voisinage y rendent l'air extrêmement malsain ; enfin l'eau que l'on y boit, fournie par une fontaine éloignée des maisons de quelques centaines de pas, est extrêmement médiocre. Quand on vient des Campos Geraes, la chaleur que l'on ressent ici paraît insupportable, et après avoir respiré l'air pur des belles campagnes du district de Curitiba on ne peut s'accoutumer à l'odeur de vase qui règne sur cette partie du littoral. On est frappé, lorsqu'on arrive à Paranaguá, de l'air languissant et du teint jaune des gens du peuple et des enfants. Les marchands, qui forment la première classe de la société, se nourrissant mieux que les hommes peu aisés, souffrent moins de l'insalubrité du climat; mais il paraît qu'ils n'échappent pas à l'influence de la chaleur, car on les voit nonchalamment étendus sur les comptoirs de leurs magasins, attendant que quelque chaland se présente.

Ici et à *Guaratuba*, petit port dont je parlerai plus tard, on trouve beaucoup de gens qui ont le goût bizarre de manger de la terre; ceux qui sont atteints de cette espèce de maladie deviennent jaunes; des obstructions se forment dans leurs viscères; peu à peu ils maigrissent, se dessèchent et finissent par mourir. Aussi, quand on achète un esclave, a-t-on bien soin de s'informer s'il mange de la terre. Ce goût dépravé devient souvent une passion qui ne connaît plus de bornes; on a vu des nègres qui avaient été muselés se rouler dans la poussière pour tâcher d'en aspirer quelques grains. Les mangeurs de terre préfèrent celle qui a été tirée des habitations de fourmis blanches, et il y a des gens qui envoient chercher par leurs esclaves des morceaux de ces habitations pour en faire un régal. Ces hommes font aussi un très-grand cas des morceaux de pots cassés, principalement de ceux qui viennent de la ville de Bahia. Les jeunes personnes surtout sont très-friandes de ces derniers, et elles les cassent pour avoir le plaisir de les manger (1). Le curé de Guaratuba faisait de ce goût étrange un cas de conscience à ses paroissiens, et non sans raison, puisque ceux qui s'y livrent prennent volontairement une sorte de poison. Lui-même me raconta qu'il ne confessait jamais un esclave ou un homme du commun, sans lui demander s'il n'avait pas mangé de la terre, des morceaux de pots ou d'habitations de termès, et il surprit excessivement un pilote étranger qui s'était adressé à lui dans le temps de Pâques en lui faisant les mêmes questions par habitude.

Jusqu'à ces derniers temps le district de Paranaguá était borné, au nord, par celui de Cananéa; au sud, par le territoire de Guaratuba; à l'est, par la mer; et enfin, à l'ouest, par les districts de Curitiba et d'Antonina. A présent que le territoire de Morretes a été détaché de celui d'Antonina, il est clair qu'il faut le mettre au nombre des limites occidentales du district de Paranaguá. Ce dernier a environ 20 lieues du nord au sud, sur 6 de l'ouest à l'est. On y comptait, en 1820, environ 5,000 habitants (2), et, selon D. P. Müller, il y en avait 8,894 en 1838.

Tandis que dans le district de Curitiba et celui de Castro

---

(1) Voir l'*Aperçu de mon voyage au Brésil*, et l'*Introduction à l'histoire des plantes les plus remarquables du Brésil et du Paraguay*, XLIV.

(2) MM. Spix et Martius, comme on le verra bientôt, indiquent 5,801 âmes pour l'année 1815 (*Reise*, I, 238). Selon Pizarro, la paroisse de Paranaguá comprenait dans son ressort 5,677 personnes en 1822; ce serait une diminution bien singulière, si les deux nombres étaient exacts et que le territoire de la paroisse et celui du district fussent absolument les mêmes.

les hommes considérés comme blancs le sont bien réellement, il y a dans la ville de Paranaguá un grand nombre d'individus qui paraissent blancs au premier coup d'œil, mais qui doivent leur origine à un mélange d'indigènes et de Portugais. Ces métis se distinguent peut-être plus facilement encore que ceux d'Itapéva et d'Itapitininga des hommes qui n'appartiennent bien certainement qu'à notre race, et on les désigne par le surnom de *caboclos* (1), que l'on retrouve dans d'autres parties de la province de S. Paul et qui est un diminutif de *caboco*, sobriquet injurieux appliqué aux indigènes en différentes provinces du Brésil. Il est à croire que l'origine des métis de Paranaguá remonte à l'époque où des Paulistes arrivèrent pour la première fois sur cette partie du littoral; ces aventuriers n'avaient point de femmes dans leurs bandes, et les Indiens de la côte communiquaient sans peine avec eux : les ancêtres des Curitibanais, au contraire, étaient accompagnés de leurs familles; il n'y avait sans doute point d'Indiens dans le pays où ils s'établirent, ou bien les anciens habitants prirent la fuite à leur approche.

Les tableaux suivants, tout approximatifs qu'ils sont, sans aucun doute, nous donneront une idée du mouvement de la population dans le district de Paranaguá et

---

(1) Ce n'est point *capoculos*, comme l'ont cru les savants illustres Spix et Martius, et le major Schaeffer. En général, les noms des divers métis ont été plus d'une fois défigurés; j'ai cru déjà devoir relever quelques erreurs de ce genre (*Voyage à Goyaz*); M. le prince de Neuwied a montré aussi, dans le voyage du véridique Gardner, une fausse application très-probable du mot *caboclo*, et l'on fera bien de ne pas admettre sans de grandes restrictions la liste de métis qui se trouve dans la relation d'un de nos illustres navigateurs (*Voyage Vénus*, I).

nous conduiront à quelqués considérations intéressantes. Je rappellerai qu'aux deux époques dont il va être question l'étendue du territoire était la même.

1815.		1838.	
1,858 blancs......... 1,967 blanches........	} 3,825	2,436 blancs......... 2,462 blanches........	} 4,898
249 mulâtres libres... 292 mulâtresses libres..	} 541	1,162 mulâtres libres... 1,147 mulâtresses libres..	} 2,309
174 nègres libres...... 188 négresses libres...	} 362	20 nègres libres..... 25 négresses libres...	} 45
Individus libres......	4,728	Individus libres.....	7,252
357 nègres......... 327 négresses.......	} 684	636 nègres......... 645 négresses......	} 1,281
177 mulâtres........ 212 mulâtresses.....	} 389	158 mulâtres...... 200 mulâtresses.....	} 358
Esclaves.........	1,073	Esclaves.........	1,639
Population totale, individus (1).	5,801	Population totale, individus (2).	8,891

L'accroissement de la population prise dans son ensemble a été plus considérable, à peu près dans le même espace de temps, à Paranaguá qu'à Curitiba ; dans le premier de ces districts il a été comme 1 à 1,53, et dans le second comme 1 à 1,46 ; mais il existe une différence infiniment plus grande dans la manière dont l'accroissement s'est réparti entre les différentes castes.

---

(1) Spix, Mart., *Reise*, I, 238.
(2) Müll., *Ens. cont. do append. a*, tab. 5.

En effet, à Curitiba, il a été chez les blancs comme 1 à 1,50, et chez les mulâtres comme 1 à 1,35, tandis qu'à Paranaguá les blancs se sont augmentés dans la proportion de 1 à 1,28, et les mulâtres dans celle de 1 à 4,26. La différence que je signale ici, fort singulière en apparence, tient à deux causes : premièrement à ce qu'il règne moins de libertinage à Curitiba qu'à Paranaguá, port de mer et pays très-chaud, où le nombre des hommes mariés est moindre d'un tiers, et que, par conséquent, dans cette dernière ville, les unions illégitimes des blancs avec les mulâtresses doivent être plus fréquentes que dans la première; elle tient encore à ce que les mulâtres, gens de métiers, matelots, pêcheurs, n'émigrent point pour Curitiba, où l'on arrive difficilement et où ils ne trouveraient pas les conditions d'existence qui leur conviennent, tandis qu'ils n'ont aucune peine à se rendre à Paranaguá et peuvent exercer leurs professions avec plus d'avantages même qu'ils ne feraient dans les autres petits ports de cette côte depuis Santos. Il est facile aussi d'expliquer pourquoi le nombre des nègres esclaves est devenu, en vingt-trois ans, moins considérable dans le district de Curitiba que dans celui de Paranaguá : sur le plateau on élève du bétail et l'on n'a pas autant besoin de noirs que sur le littoral où l'on cultive la terre ; les blancs n'y rougissent point de travailler, et ils craignent moins le travail, parce qu'il ne fait pas aussi chaud que sur le littoral; d'un autre côté, comme Paranaguá est devenu le centre du commerce de tout le pays, il doit y avoir dans cette ville plus de richesses qu'à Curitiba; or, dans les contrées où l'on admet l'esclavage, l'augmentation du nombre des esclaves est nécessairement en raison directe de celle des fortunes.

J'ai dit ailleurs que la milice ou garde nationale de la *comarca* de Curitiba formait deux régiments : l'un de cavalerie, qui se composait des propriétaires de chevaux vivant sur le plateau (*serra acima*); l'autre d'infanterie, comprenant les habitants du littoral. C'était le district de Paranaguá qui naturellement devait fournir la plus grande partie des miliciens à pied. Un gouverneur militaire commandait tout le régiment dont les hommes étaient appelés tour à tour à faire le service de la place ; ces derniers, cependant, ne pouvaient être requis comme rameurs. Les *ordenanças*, soldats d'une milice inférieure composée des différentes sortes de métis, étaient seuls obligés de faire le service des barques employées pour le service du roi ; aussi les véritables gardes nationaux avaient-ils bien soin de porter à leurs chapeaux la petite cocarde rouge et bleue qui était leur marque distinctive.

D'après ce que j'ai dit précédemment, il est clair que le district de Paranaguá doit être, dans toute son étendue, boisé, bas et marécageux, comme les environs mêmes de la ville. Les bananiers y sont communs ; on y mange de très-bons ananas et de bonnes oranges ; la canne à sucre y réussit assez bien ; le caféier y donne des fruits, mais ils sont d'une qualité inférieure, parce que cette plante ne se plaît bien que sur le penchant des collines et des montagnes ; le coton, qui devient si beau dans les terrains secs, meubles et légers, est ici d'une qualité plus inférieure encore que le café. De tous les arbres fruitiers d'Europe, il n'y a que les pêchers qui donnent des fruits, tandis que les pommiers, les pruniers, les abricotiers, etc., en produisent abondamment sur la partie correspondante du plateau.

J'ai dit que les planches étaient, pour Paranaguá, un article important d'exportation. Les arbres que l'on emploie se coupent de la même manière que dans la province d'Epirito Santo (1). On va les choisir au milieu des forêts, et on les abat à environ 6 à 10 décimètres de la terre. De cette façon, ils ne peuvent repousser, et il est évident que l'on anéantit les espèces les plus utiles. Je ne demanderai pas, sans doute, que pour quelques arbres on se donne la peine d'exploiter une forêt tout entière dont le bois serait perdu ; mais, du moins, il faudrait, comme en Europe, couper tout à fait au pied les arbres que l'on veut mettre en planches, et en même temps dégarnir le terrain tout autour, pour empêcher les lianes et les autres végétaux d'étouffer les jeunes pousses. Si ce livre tombe entre les mains de quelque propriétaire brésilien, il rira de mes conseils....., et ses petits-enfants ne retrouveront plus que dans la composition de quelques vieux meubles les bois précieux qui auraient pu les enrichir.

Quand j'arrivai à Paranaguá, on me fit débarquer devant la maison du *capitão mór*, qui vint à ma rencontre. Il me reçut avec froideur, et me conduisit sur-le-champ à la maison qu'il m'avait destinée ; celle-ci, du moins, réunissait toutes les commodités qu'un voyageur peut désirer.

Aussitôt après m'être habillé, j'allai rendre visite à un maréchal de camp qui, dans un moment où l'on avait craint que les Espagnols n'attaquassent la côte, avait été envoyé à Paranaguá pour la défendre. C'était un homme

---

(1) Voir mon *Voyage dans le district des diamants et sur le littoral du Brésil*, II, 88.

âgé, gai et poli, qui paraissait désirer sincèrement le bien de son pays. Depuis qu'il était à Paranaguá, il s'était beaucoup occupé des moyens de remédier aux défauts de police, malheureusement trop nombreux dans tout le district. Il avait assuré la subsistance des habitants de la ville en donnant des ordres pour qu'on amenât du bétail des Campos Geraes; dans le but de rendre moins malsaines les villes de Morretes et de Paranaguá, il avait fait couper les bois qui couvraient leurs alentours. Il avait pris des mesures contre les meurtriers, maintenu le bon ordre partout, et tout le monde s'accordait à lui donner des louanges.

Nous parlâmes beaucoup du chemin de la Serra. Il paraît qu'il avait eu l'intention d'y faire faire quelques travaux ; mais il venait de recevoir l'ordre de se rendre à Santos, et bientôt, sans doute, ses projets auront été oubliés. Il est bien certain, cependant, que ce chemin n'aurait exigé aucun de ces grands travaux nécessaires pour rendre praticables les routes de nos montagnes d'Europe. Dans toute la partie de la Serra qu'il faut traverser, il n'y a aucun précipice, point de torrents à passer, point d'avalanches à craindre. Au lieu appelé *cadeado* ou *encadeado* il serait, à la vérité, indispensable d'adoucir la pente, en faisant décrire au chemin un certain nombre de sinuosités ; d'ailleurs il faudrait seulement élargir quelques endroits, en paver d'autres, boucher quelques trous et couper les branches qui, arrêtant les rayons du soleil, empêchent la terre de sécher. Il serait encore nécessaire de faire construire, de distance en distance, des *ranchos* où les voyageurs pussent, en cas de besoin, trouver un abri, et, pour que les malintentionnés ne les détruisissent pas, on y placerait des soldats qui seraient relevés à des époques fixes.

Quant à la *Vargem* ou plaine marécageuse, rien ne serait si facile que de la rendre praticable ; il suffirait d'y faire transporter les cailloux de la rivière de Cubatão, qui coule à quelques pas.

Après avoir fait ma visite au maréchal, j'allai chez le gouverneur de la ville, chez le *capitao mór* et chez la personne à laquelle j'étais recommandé. A Curitiba, les principaux habitants m'avaient comblé de politesses; ils avaient eu pour moi mille attentions : ici mes quatre visites me furent rendues, mais rien de plus, et, ne voulant pas recourir sans cesse au *capitão mór*, je n'eus personne pour m'appuyer auprès des ouvriers, qui, comme j'ai déjà eu occasion de le dire, négligent l'étranger dénué de protections. Depuis quelques années, on s'est beaucoup plaint du peu d'hospitalité que l'on trouve sur le littoral du Brésil (1), et j'en avais moi-même fait l'expérience dans la province de Rio de Janeiro ; mais on peut dire, pour excuser les habitants de la côte, que, voyant souvent des étrangers, et presque toujours des gens de mer complétement grossiers, ils doivent être beaucoup moins disposés à rechercher les voyageurs que ne le sont les colons de l'intérieur des terres. Je dois ajouter aussi que des Portugais sans éducation, marins et autres, viennent sans cesse s'établir au milieu de la population blanche des petits ports, et doivent nécessairement entretenir chez elle le défaut de politesse et des mœurs peu aimables.

Je reçus cependant à Paranaguá beaucoup d'honnêtetés d'un homme qui m'aborda dans la rue en me parlant français ; mais il n'appartenait pas au pays plus que moi-

---

(1) Mawe, *Travels*, 61, 89. — Eschw., *Brasilien*, II, 72.

même. C'était le patron d'un petit bâtiment espagnol qui allait partir pour Montevideo, chargé de maté. Cet homme me conduisit chez quelques ouvriers, et me fit faire connaissance avec le *patrão mór da barra* (le pilote de la barre), qui était fort poli et causait assez bien. Au milieu des habitants du Brésil, qui ressemblent si peu aux peuples de l'Europe, toute différence de nation disparaît entre les Européens. Ce qui rapproche des hommes de nations différentes dans un pays où ils sont également étrangers, c'est aussi, il faut en convenir, le plaisir qu'ils ont à pouvoir parler de ce pays en toute liberté et à se communiquer leurs réflexions, presque toujours malignes, souvent fort injustes.

Je profitai de mon séjour à Paranaguá pour herboriser dans ses alentours, où les moustiques y sont très-communes, et où l'air exhale souvent une odeur de marée fort désagréable. Partout le terrain est couvert de *capoeiras* au milieu desquelles abonde principalement la Tremandrée, 1645 *ter*. Parmi les herbes et les sous-arbrisseaux, j'en vis un très-grand nombre qui appartiennent aux terrains humides de Rio de Janeiro, entre autres la Mélastomée, n° 1651. Cette ressemblance de végétation ne doit nullement surprendre, non-seulement parce que les plantes des lieux marécageux ou aquatiques peuvent se retrouver à de grandes distances, et souvent même former un lien entre des Flores très-différentes, mais bien plus encore parce que le climat de Paranaguá a la plus grande analogie avec celui de la capitale du Brésil. Ceci confirmerait, s'il était nécessaire, cette loi qui veut que sur les côtes, en général, il y ait une plus grande uniformité de température et de végétation que dans l'intérieur des terres.

Une petite promenade que je fis dans la baie me fit connaître l'île de Cotinga, où je débarquai, et dont le nom, qui est guarani, signifie *semblable au coati*. Cette île, étroite, montueuse, longue d'environ 1/2 lieue (1), a de bonnes eaux. Elle commence dans la partie la plus reculée de la baie, et au sud elle ne laisse qu'un canal de peu de largeur entre elle et la terre ferme. Je montai sur un des points les plus élevés, et de là je découvris une partie de la baie, la Serra de Paranaguá, et le terrain marécageux coupé de ruisseaux et de rivières qui s'étend depuis les montagnes jusqu'à la mer. Il y a quelques *sitios* dans l'île de Cotinga. L'un d'eux appartenait à un vieil Allemand très-pauvre établi dans ce pays depuis un grand nombre d'années, et qui y avait été fort tourmenté pour quelques fautes contre la discipline et les usages. Tandis qu'il ne faut à beaucoup de gens qu'un petit nombre d'années pour oublier plus ou moins leur langue maternelle, le vieillard de l'île de Cotinga parlait l'allemand avec une facilité qui me causa la plus grande surprise, et cependant il n'avait jamais l'occasion d'en dire le moindre mot. Je me hasardai à lui demander ce qui avait pu l'amener dans un pays si éloigné du sien : Des fautes, des extravagances, me répondit-il avec amertume. J'avais touché une corde sensible; je ne lui fis plus de questions.

Je ne pouvais quitter Paranaguá sans aller me promener sur le seul chemin qui, dans le voisinage de cette ville

---

(1) Cazal, copié par Milliet, donne à l'île de Cotinga une longueur beaucoup plus considérable (*Corog. Braz.*, I, 215). Il est possible que mon évaluation, faite dans une promenade rapide, soit restée au-dessous de la vérité.

(1820), ne soit pas marécageux et couvert d'eau. Il est composé d'un sable presque pur, et conduit à une petite chapelle appelée *Capella do Rocio* (chapelle de la place publique), où, tous les ans, on célèbre une fête qui attire un grand concours de monde. Cette promenade charmante et très-fréquentée par les habitants de Paranaguá en rappelle plusieurs des environs de Rio de Janeiro. Le chemin serpente, à la manière des allées d'un jardin anglais, au milieu d'un taillis vigoureux et d'un vert agréable qui donne de l'ombrage et de la fraîcheur. De distance à autre, on passe devant de petits *sitios* autour desquels on voit des bananiers, des caféiers, des ananas et des champs de manioc de peu d'étendue. La chapelle dédiée à la Vierge (*Nossa Senhora do Rosario*) est bâtie dans un lieu solitaire, à quelques pas de la rivière de Cubatão. Devant la porte est une croix placée sur des gradins en pierre, et quelques palmiers s'élèvent sans ordre sur le bord de l'eau. De l'autre côté de la rivière se voient de petites montagnes, et l'on découvre dans le lointain la Serra de Paranaguá, dont les sommets sont le plus souvent couronnés de nuages. On ne saurait croire combien les palmiers plantés près de la chapelle répandent de charme dans ce joli paysage. Non-seulement il y a dans les formes du palmier quelque chose d'élégant et de majestueux qui impose, mais encore une foule de souvenirs religieux se rattachent à ce beau végétal et en font, pour ainsi dire, un arbre sacré.

Je me trouvai à Paranaguá le mercredi saint (31 mars), jour que l'on regarde, dans ce pays, comme la plus grande des fêtes. Toutes les boutiques étaient fermées, ce qui n'a jamais lieu les dimanches ni pendant aucune autre solennité. Je n'ai pas besoin de dire que les ouvriers ne travaillaient pas, sur ce point ils sont très-scrupuleux, et, quand on leur demande l'ouvrage qu'on leur a commandé, ils s'excusent toujours sur quelque fête. A la nuit, je rencontrai une procession dans laquelle le peuple s'avançait pêle-mêle et avec lenteur à la suite d'une grande croix accompagnée de deux lanternes qui ne donnaient qu'une lumière très-sombre. On récitait des prières d'une voix sourde, et de distance en distance on s'arrêtait, on se mettait à genoux et l'on baisait la terre. Cette procession avait quelque chose de lugubre assez bien approprié à la fête, et cela doit être remarqué, car nulle part on n'a aussi peu que dans cette contrée le sentiment des convenances pour tout ce qui tient au culte public et aux cérémonies religieuses.

Le samedi saint au matin, je vis des mannequins pendus dans presque toutes les rues de la ville ; ils devaient représenter Judas Iscariote. Aussitôt que l'*alleluia* fut chanté, les Judas furent dépendus, traînés dans les carrefours par les enfants, frappés de grands coups de bâton et mis en pièces. Cette farce populaire a été transportée du Portugal au Brésil. En 1816, j'étais à Lisbonne pendant la semaine sainte ; on y pendit aussi Judas Iscariote, et ensuite on le mit également en pièces.

Dans les provinces de Rio de Janeiro, Minas Geraes, Goyaz, une grande partie de la province de S. Paul, on voyage avec des mulets ; mais, sur le littoral, on ne se sert plus de ces animaux, et à Paranaguá commencèrent les difficultés inconcevables que j'éprouvai, jusqu'à la ville de Laguna, pour le transport de mes effets et de mes collections (1).

---

(1) Voir mon *Introduction à l'histoire des plantes les plus remarquables du Brésil et du Paraguay.*

CHAPITRE XXII.

VOYAGE DE PARANAGUÁ A GUARATÚBA. CETTE DERNIÈRE VILLE ET SON DISTRICT.

Manière de voyager fort incommode. — L'auteur s'embarque sur la baie de Paranaguá. — Il débarque au Pontal de Paranaguá. — Voyage nocturne dans des chariots. — Anse de Caióva. — L'auteur se rend à cheval jusqu'au *Canal da Barra do Sul*. — Il s'embarque pour traverser le *Canal* et arrive à Guaratúba. — Description de la baie. — Position de la ville de Guaratúba; maisons; église; belle vue; pont; commerce; histoire. — Les limites du district de Guaratúba; sa population; mœurs des habitants; productions. — Départ. — Voyage en chariots sur le bord de la mer; végétation. — Les habitants de la plage. — Le Rio Sahi Mirim. — Réflexions sur le désir qu'a témoigné la *comarca* de Curitiba d'être séparée du reste de la province de S. Paul.

Pour aller de Paranaguá au petit port de Guaratúba, il fallait d'abord que j'eusse des pirogues et des rameurs pour gagner l'extrémité de la baie; il fallait que, après être débarqué au *Pontal de Paranaguá*, j'y trouvasse des chariots traînés par des bœufs qui, en suivant le bord de la mer, me transportassent moi et mon bagage jusqu'à la baie de *Caióva*; enfin, comme il y a quelque danger, m'avait-on dit, à traverser cette baie dans des pirogues, il fallait que j'eusse la certitude d'avoir à Caióva des gens qui, par un chemin fort difficile, portassent mes effets sur leurs épaules jusqu'à Guaratúba. Dans un pays où les communications sont peu fréquentes, la paresse excessive, l'inexactitude extrême, il m'eût été impossible d'obtenir une parfaite coïncidence entre ces divers moyens de transport, si je n'avais eu recours à l'autorité. En arrivant à Paranaguá, j'avais donc prié le *capitão mór* de me procurer les moyens de continuer mon voyage; mais en même temps je lui avais déclaré que je payerais les hommes qui seraient requis pour mon service.

Je partis de Paranaguá, le 3 avril, avec deux pirogues conduites l'une par deux rameurs et l'autre par trois (1). Après être sorti de la rivière de Paranaguá, nous entrâmes dans un canal qui s'étend à peu près vers le sud de la baie, et est borné, d'un côté, par la terre ferme, de l'autre par une suite d'îles. Bientôt nous cessâmes d'apercevoir la ville; nous découvrions dans le lointain la Serra couronnée de nuages qui, se succédant avec rapidité, laissaient apercevoir les sommets des pics et les cachaient tour à tour.

Nos pirogues avançaient avec vitesse; nous laissâmes derrière nous la partie montueuse de l'île de Cotinga, et côtoyâmes l'extrémité la plus voisine de l'Océan, qui est basse et couverte de mangliers. A la suite de cette île vient

---

(1) Itinéraire approximatif de la ville de Paranaguá à la frontière de la province de Sainte-Catherine :

	Legoas.
De la ville de Paranaguá au Pontal de Paranaguá (sur la baie).	4
Du P. de P. à Guaratúba, ville, en suivant la plage.	13
De G. à la frontière de Sainte-Catherine, en suivant la plage.	2 1/3
	19 1/3

l'*Ilha Rasa* (l'île rase) (1), plate, comme son nom l'indique. L'*Ilha do Mel* (l'île du miel), qui succède à l'île rase, s'avance jusqu'à l'entrée de la baie. C'est vers l'extrémité de cette île qu'a été construit le petit fort qui défend la barre. A mesure que l'on avance, le canal de navigation s'élargit. Ainsi que l'Ilha Rasa et l'Ilha do Mel, la terre ferme est bordée de mangliers ; mais de distance à autre on voit, sûr cette dernière, à quelques pas du rivage, de petits *sitios* couverts en tuiles, devant lesquels sont plusieurs pirogues.

La terre avancée, dont j'ai déjà dit quelques mots (2), et qu'on appelle Pontal de Paranaguá, fut le lieu où je débarquai. J'y fus reçu par un caporal de milice qui commandait un détachement cantonné dans le voisinage. Cet homme avait reçu l'ordre de veiller à ce que les chariots qui devaient transporter à Caióva mes gens, moi et mon bagage arrivassent à l'heure dite : tout le monde fut parfaitement exact. Les chariots appartenaient à des propriétaires des alentours ; ils étaient fort grands et attelés de quatre bœufs ; des nattes de bambous les couvraient, et sur ces dernières on avait placé des feuilles de bananier retenues par une sorte de treillis fait avec des lianes.

Il n'y avait au Pontal ni maison ni végétation ; on n'y voyait que du sable pur. A peine fûmes-nous débarqués, que nous allumâmes du feu sur le rivage pour faire cuire les haricots et le riz qui, avec de l'eau et de la farine, devaient faire notre souper. On chargea les malles, et il y

(1) On sait qu'à l'entrée de la baie de Rio de Janeiro il existe une île du même nom. Milliet et Lopes de Moura indiquent une troisième *Ilha Rasa* dans la baie d'Angra dos Reis, province de Rio de Janeiro.

(2) Voir plus haut.

avait déjà longtemps que le soleil était couché quand nous partîmes. On a coutume de parcourir cette plage de nuit, parce que les bœufs vont beaucoup plus vite quand ils ne voient pas la clarté du jour.

Je me mis avec Laruotte dans un des chariots ; José et Firmiano montèrent dans un autre, Manoel dans le troisième. Laruotte avait étendu sur une natte une couverture et mon *poncho* ; je me couchai, et les mugissements des eaux de la mer m'eurent bientôt endormi. Cependant je m'éveillais à de courts intervalles, et je voyais, au clair de la lune, que nous suivions une plage formée par un sable pur où les vagues venaient souvent battre les roues de nos chariots. Nos bœufs allaient toujours en courant, et à la pointe du jour nous arrivâmes à l'embouchure d'une petite rivière appelée *Rio do Matosinho* (la rivière du petit bois). Là il fallut attendre la marée basse pour pouvoir passer, et après avoir fait encore environ 1 lieue, toujours sur la plage, nous arrivâmes à *Caióva*, du guarani *cairoga*, maison des singes. Depuis Matosinho jusqu'à cet endroit, le terrain qui s'élève au-dessus de la plage présente un épais fourré d'arbrisseaux, parmi lesquels domine la Termandrée, 1645 *ter*, et il est à croire qu'une végétation semblable borde une grande partie du rivage que nous avions parcouru pendant la nuit.

A Caióva est une anse semi-circulaire qui porte le nom de *Baia de Caióva*. En cet endroit, le terrain n'est plus bas et marécageux comme à Paranaguá ; des mornes élevés et couverts de bois s'étendent jusqu'à la mer et ne permettent plus aux chars à bœufs de la côtoyer : le chemin n'est praticable que pour les gens à cheval et pour les piétons.

Ordinairement, quand on va de Paranaguá à Guaratúba,

on s'embarque dans des pirogues ; on traverse l'anse, et l'on passe dans un canal qui, situé à la partie méridionale de cette dernière, forme l'entrée de la baie de Guaratúba. On m'avait donné des craintes sur le passage de l'anse, et en conséquence j'avais prié, comme je l'ai dit, le *capitão mór* de Paranaguá de prendre des mesures pour que mon bagage fût transporté par terre. Je trouvai à Caióva environ seize hommes qui m'attendaient, commandés par un sergent de milice. La vue de la mer, parfaitement tranquille, me rassura : je ne fis porter par terre que les malles les plus importantes ; les autres furent embarquées dans une très-grande pirogue.

Je montai à cheval et côtoyai une partie des contours semi-circulaires de la baie, accompagné du sergent et de Laruotte. Arrivé sur le bord du canal qui forme l'entrée de la baie de Guaratúba et qui porte le nom de *Canal da Barra do Sul,* parce que telle est sa position par rapport à l'anse de Caióva, il fallut nécessairement que je m'embarquasse. La ville de Guaratúba est, en effet, située de l'autre côté du canal, à l'entrée de la baie qui porte le même nom qu'elle.

A mon arrivée, le sergent qui m'avait accompagné me conduisit à une maison que je trouvai préparée pour me recevoir, et bientôt j'eus la visite du curé, du *capitão mór* du district et d'un *sargento mór* du régiment de milice.

Ne pouvant plus recueillir de plantes pendant que j'étais en route, comme au temps où j'étais monté sur mon mulet, j'avais pris la résolution de faire des pauses de distance à autre, et pour commencer je passai deux jours à Guaratúba. C'était certes beaucoup plus qu'il ne m'était nécessaire pour connaître cette chétive ville, même en donnant la plus grande partie de mon temps à l'histoire naturelle.

La baie de Guaratúba, qui avait été appelée par les anciens navigateurs *Rio Alagado* (1) et que les habitants du pays nomment encore aujourd'hui *rio*, m'a paru elliptique; elle s'étend à peu près du nord-est au sud-ouest, et peut avoir, m'ont dit les habitants du pays, environ 2 lieues 1/2 de longueur. Elle communique avec l'anse de Caióva et, par conséquent, avec la haute mer, par le canal étroit appelé Canal da Barra do Sul, qui, s'il est au nord par rapport à elle, se trouve au midi de l'anse. Du nord au sud en passant par l'ouest, c'est-à-dire du côté de la terre ferme, elle est environnée de montagnes boisées qui font suite à la Serra de Paranaguá et appartiennent, par conséquent, à la chaîne maritime.

La langue de terre qui sépare la baie de la haute mer est fort étroite vers son extrémité, c'est-à-dire du côté du Canal de la Barre; mais elle s'élargit peu à peu, et au sud elle a environ 3 *legoas* entre la baie et l'Océan. Un peu en deçà de son extrémité s'élève une couple de mornes; ailleurs elle ne présente aucun mouvement de terrain. Dans une partie de sa longueur, elle est, du côté de la baie, bordée d'*Avicennia* et de *Rhizophora Mangle*, derrière lesquels se trouvent des bois; davantage vers le sud, elle s'élève un peu au-dessus du niveau de la baie, et les bois s'avancent jusqu'à cette dernière.

Un grand nombre de rivières et de ruisseaux descendent des montagnes et se jettent dans la baie de Guara-

---

(1) Voir une des notes de l'avant-dernier chapitre.

túba. Les plus considérables sont le *Rio de S. João*, le *Rio do Cubatão Grande* et celui *do Cubatão Pequeno*.

Plusieurs îles et îlots s'élèvent de la baie, mais n'offrent, pour la plupart, qu'un terrain marécageux couvert de mangliers ou même uniquement des deux Graminées (n°s 1666 et 1667) confondues dans le pays sous le nom de *Paratuva* (1). Quelques-unes cependant, telles que l'*Ilha do Rato* (2) et l'*Ilha da Pescaria* (l'île du rat, l'île de la pêche), sont susceptibles d'être cultivées. Les plus remarquables de toutes ces îles sont celle des *Perroquets*, ainsi appelée parce que l'espèce n° 366-9 y est extrêmement commune ; puis celle des *Guarás*, dont le nom est celui des oiseaux d'un rouge éclatant, qui font l'ornement le plus beau de cette partie du Brésil (*Ibis rubra* des naturalistes).

Ces magnifiques oiseaux ne se trouvent pas uniquement à l'extrémité la plus méridionale de la province de S. Paul ; on en voit à Paranaguá, à Santos, à Sainte-Catherine ; mais on prétend qu'ils ne pondent que dans l'île qui porte leur nom. Depuis le mois d'août jusqu'à celui de novembre, ils s'y réunissent en troupes innombrables ; ils font un nid sans art sur les branches des mangliers, et multiplieraient prodigieusement, si les vents ne renversaient une partie de leurs nids, si les oiseaux de proie ne dévoraient un grand nombre d'œufs, et si les habitants du pays n'en enlevaient aussi pour en faire leur nourriture. Quand on effraye les *guarás* dans le temps de la ponte, ils abandonnent

---

(1) Pour *piriliba* (guar), lieu planté de jonc.
(2) Il existe aussi dans la baie d'Angra dos Reis, province de Rio de Janeiro, une île qui porte le nom d'*Ilha do Rato* (Mill. et Lopes de Mour., *Dicc.*, II, 383).

leurs œufs ; mais ils montrent un grand attachement pour leurs petits. J'ai dit ailleurs (1) que ces oiseaux avaient déjà disparu non-seulement de Rio de Janeiro, où, du temps de Marcgraff, ils étaient fort communs, mais encore d'une des villes de la province d'Espirito Santo, qui leur doit son nom, Guarapari (2). M. le prince de Neuwied assure qu'il n'en a pas vu un seul dans tout son voyage sur le littoral, commencé à Rio de Janeiro (3) ; et, comme on n'exécute plus ou qu'on exécute mal une ancienne ordonnance qui défendait de les tuer (4), il est fort à craindre qu'on ne les détruise aussi dans la province de S. Paul. On les cherchera vainement dans les tristes marécages qu'ils embellissaient et dont ils faisaient oublier l'odeur fétide au voyageur occupé à les admirer ; il ne restera plus d'eux que les descriptions qui se trouvent dans quelques livres et leur nom donné aux lieux qu'ils habitaient. C'est ainsi qu'aujourd'hui on ne trouve déjà plus l'*inhuma* (*Palamedea cornuta*) dans les endroits nombreux où, sans doute, il était abondant autrefois, puisqu'ils portent le

(1) Voir mon *Voyage dans le district des Diamants et sur le littoral du Brésil*, II, 222.

(2) M. le prince de Neuwied se plaint de ma sévérité, parce que j'ai dit (*Voyage sur le littoral du Brésil*, II) qu'il faut écrire *Guarapari* et non *Guaraparim* ; je ne suis pas plus sévère que Cazal, Pizarro, Roussin, Milliet et Lopes de Moura qui ont écrit comme moi, et je ne crois pas l'être non plus en disant, avec tous les Brésiliens, que l'*i* et l'*im* se prononcent, dans leur langue, d'une manière fort différente. L'*i* a le même son qu'en allemand et en français ; l'*im* est une voyelle fort nasale, qui n'a pas d'analogue dans notre langue (Moraes, *Dicc.*, 3ᵉ ed.— Abr. Meldola, *Nova gramm., port.*, 373. — Sané, *Gramm.*, 4).

(3) Cazal, *Corog. Braz.*, I, 215.

(4) *Beiträge*, IV, 692.

même nom que cet oiseau (1). Et combien de plantes qui faisaient l'ornement du désert disparaîtront aussi, non-seulement dans les incendies des *campos* et ceux des bois vierges, mais encore sous la main destructrice de l'impitoyable collecteur!

J'ai décrit avec détail la baie de Guaratúba ; pour donner une idée de son ensemble, on peut dire qu'elle a en petit une ressemblance étonnante avec la baie de Rio de Janeiro. La vue qu'elle offre est, sans doute, plus austère et plus monotone que celle de cette dernière, parce que les montagnes environnantes sont toutes couvertes de bois, et qu'on n'y voit aucune habitation; mais, d'un autre côté, le paysage conserve encore ce calme et, si je puis m'exprimer ainsi, cette majesté vierge qui n'appartient qu'aux déserts.

Ce n'est pas seulement une petite île de la baie qui doit son nom aux guaras; la ville de *Guaratúba* elle-même leur est redevable du sien, car il est composé des mots guaranis *guara* et *tĭba*, qui signifient *réunion de guarás*.

Cette ville, puisque c'est ainsi qu'il faut l'appeler, a été bâtie au fond d'une petite crique, à l'entrée de la baie, du côté du sud-est, et par conséquent vers l'extrémité de la langue de terre qui sépare cette dernière de la haute mer. Elle est entourée d'arbres et de pelouses, et un morne couvert de bois vierges la domine du côté du nord-est (2).

---

(1) *Voyage dans les provinces de Rio de Janeiro, etc.*, I, 63.
(2) Pizarro dit que Guaratúba est situé sur le Rio Sahi (*Mem. hist.*, VIII, 312). Cette rivière a son embouchure à 5 ou 6 lieues de Guaratúba, et en 1820 il n'y avait pas même de hameau sur ses bords. Cependant l'erreur que je signale ici pourrait avoir son excuse dans un fait histo-

A peine se compose-t-elle d'une quarantaine de maisons (1820) ; quinze environ forment le demi-cercle sur

rique dont je ne réponds nullement et que je citerai plus tard. Cazal n'a pas fait la même faute que Pizarro ; mais il est impossible de comprendre la phrase par laquelle il a voulu indiquer la position de Guaratúba. « Cette ville est située, dit-il, tout auprès d'un morne, sur la rive « droite du bras méridional du Rio Guaratúba ; » et ailleurs il ajoute : « A 5 lieues nord..... de la limite de la province est l'embouchure du « rapide et profond Guaratúba, tout auprès de laquelle s'élève le *Morro* « *Cayoába.* » (*Corog.*, I, 226, 215.) Je ne devine pas, je l'avoue, ce que peut être le bras méridional du Rio Guaratúba ni ce qu'est sa rive droite. Tout en disant *rivière ou baie de Guaratúba*, Milliet et Lopes de Moura se sont à peu près conformés aux indications de Cazal (*Dicc.*, I, 429). Sur la carte de la côte du Brésil, tracée par Givry et Roussin, et sur celle des explorations du baron d'Antonina, qui, pour le littoral, n'est probablement qu'une imitation de cette dernière, les eaux de Guaratúba sont représentées comme un fleuve de peu de longueur, qui recevrait à sa source plusieurs petits affluents, et se dirigerait bien droit de l'ouest à l'est ; mais, comme de grands bâtiments ne peuvent pénétrer dans ces eaux, il est clair que les deux savants français n'ont pu les étudier eux-mêmes. Sans être d'une exactitude irréprochable, la carte inédite de la démarcation, par l'ingénieur Francisco João Roccio, n'indique point un fleuve, mais une baie. Est-ce réellement ce nom qu'il faut admettre, ou doit-on préférer celui de fleuve? Un fleuve est un cours d'eau continu depuis la source jusqu'à l'embouchure ; une baie est un petit golfe formé, en grande partie, par les eaux de la mer et dont l'ouverture (*Dict. acad.*) est moins large que le milieu. L'amas d'eau qui communique avec la baie de Caióva par l'ouverture étroite appelée Canal da Barra do Sul n'est point l'extrémité d'un seul cours d'eau, mais il est formé par une avance de la mer à laquelle se mêlent le Rio S. João, le Cubatão Grande, le Cubatão Pequeno, etc.; donc il faut donner à cette espèce de réservoir commun le nom de *baie*, comme on le donne aux eaux de Paranaguá ou à celles de Rio de Janeiro. Par la même raison, on doit appeler *baie d'Espirito Santo* le vaste réservoir dont l'entrée est bornée, au sud, par la montagne de Moreno, et au nord par la pointe de Pirahê. En effet, il n'existe pas de cours d'eau qui, depuis sa source, porte le nom d'Espirito Santo ; on appelle ainsi *un petit golfe dont l'entrée est bien moins large que le milieu* et où se jettent à la fois, comme

le bord de la crique ; les autres s'élèvent derrière celles-ci autour d'une vaste place couverte de gazon, à l'extrémité de laquelle est l'église. Les plus anciennes ne sont que de misérables chaumières construites avec des bâtons croisés et dans le plus mauvais état ; mais, peu de temps avant mon voyage, on en avait bâti en pierre quelques-unes qui étaient assez jolies.

L'église, également en pierre, est peu ornée, mais propre et bien éclairée ; elle a été dédiée à saint Louis, roi de France.

Devant la ville on découvre une partie de la baie, quelques-unes de ses îles et les mornes couverts de bois qui l'environnent. Parmi ces derniers, l'un des plus remarquables est celui d'*Araraquara* (1), qui, situé à l'entrée de

---

le dit Moura, de nombreuses rivières. A la vérité, ceux qui ont découvert cette baie lui ont donné le nom de *rio*, mais on l'a donné également à celles de Rio de Janeiro et de Paranaguá, parce qu'on les prenait toutes pour des embouchures de grands fleuves, et par habitude on continue à dire *Rio do Espirito Santo*, *Rio de Janeiro* ; j'ajouterai même que, dans le pays, on ne me comprenait pas quand je disais la *baie d'Espirito Santo*. Déjà depuis bien longtemps Cazal a décrit cette baie sous son véritable nom, et, s'il dit une fois *o Espirito Santo*, il est évident que c'est un reste de l'ancienne habitude. Roussin, dans son *Pilote du Brésil*, se sert tantôt du mot *rivière* et tantôt de celui de *baie* ; mais, sur sa carte, où il fallait nécessairement choisir, on ne trouve que ce dernier. Enfin Milliet et Lopes de Moura, dans leur *Diccionario* très-récent, commencent l'article *Espirito Santo* par ces mots : *bahia da provincia do Espirito Santo*, et peut-être, en vingt endroits de leur important ouvrage, appliquent-ils cette même expression au petit golfe dont il s'agit (conf., Neuwied, *Brasilien*, 49).

(1) Ce mot, qui se retrouve dans plusieurs autres parties de la province de S. Paul, signifie le *trou des aras* (voir le chapitre III de cet ouvrage).

la baie, du côté du nord, fait presque face à la ville. D'autres, plus élevés, s'aperçoivent dans le lointain, au fond de la baie.

Des embarcations de 80 à 100 palmes de longueur (17^m,60 à 22 mètres) peuvent entrer dans la baie de Guaratúba ; mais elles ne mouillent pas immédiatement devant la ville. En face de celle-ci est un canal fort étroit, et au delà une de ces îles marécageuses qui sont entièrement couvertes des Graminées appelées *Paratuva*. C'est de l'autre côté de cette île, qui est fort petite et d'une forme allongée, que vont mouiller les bâtiments. Il est à croire, au reste, qu'elle disparaîtra bientôt, car, chaque année, m'a-t-on dit, les eaux en emportent une partie.

Le pays est trop pauvre, sa population est trop peu considérable, et par conséquent il s'y trouve trop peu de terres cultivées, pour que le port de Guaratúba soit très-fréquentée ; cependant des embarcations viennent de temps en temps y prendre un peu de farine et quelques planches, et elles complètent leur chargement ailleurs.

Les habitants du pays m'ont dit, en 1820, que les commencements de Guaratúba ne dataient que d'une cinquantaine d'années ; ils ajoutaient qu'environ dix ans plus tard le très-petit nombre de maisons alors construites avait déjà été érigé en ville par le gouverneur de la province, à qui on avait dépeint ce lieu non tel qu'il était alors, mais tel qu'il peut devenir un jour (1).

(1) Pizarro dit (*Mem. hist.*, VIII, 312) que la ville de Guaratúba a été *fondée*, en 1771, par le gouverneur Luis Antonio de Souza Botelho, sur le bord du Rio Sahi. Selon Müller (*Ens.*, 57), l'année 1771 ne serait que celle où Guaratúba aurait reçu le titre de ville, et sa fondation véritable remonterait à 1766. C'est aussi pour la concession du titre de ville que

Guaratúba est, sur la côte, la ville la plus méridionale de la province de S. Paul. Cette chétive ville dépend, comme je l'ai déjà dit, de la *comarca* de Curitiba, et sous l'ancien gouvernement elle n'avait que des juges ordinaires. Son district, qui forme une seule paroisse, a 15 milles de longueur de l'est à l'ouest, et autant du nord au sud, sur le bord de la mer. Au nord, il commence au lieu appelé *Curral*, en face d'une île du même nom éloignée de 8 milles de la ville de Guaratúba; au sud, il est borné par le *Rio Sahi Mirim*, qui le sépare de celui de S. Francisco dépendant de Sainte-Catherine (1). On y comptait,

Spix et Martius indiquent l'an 1771 (*Reise*, I, 238). Quant à MM. Milliet et Lopes de Moura, ils entrent dans des détails plus étendus. « Les « commencements de Guaratúba datent, disent-ils, de 1656, lorsque le « marquis de Cascaes fonda la capitainerie de Paranaguá. Quelques individus de celle de S. Vincent, qui s'étaient fixés sur le bord du Rio « Sahi, entre le Rio de S. Francisco et le Rio Guaratúba, songèrent à « bâtir une chapelle à Notre-Dame-de-Bon-Secours, pour leur servir de « paroisse. — D. Luís Antonio de Souza Botelho Mourão, gouverneur de « la province de S. Paul, fonda une ville, en 1771, sur la rive méridionale du Rio Guaratúba, sous le nom de Villa Nova de S. Luiz. On y « construisit une église qui fut dédiée à saint Louis, et que l'on rendit « paroissiale pour remplacer la chapelle du Bon-Secours des bords du « Sahi. » (*Dicc.*, I, 432.)

Les auteurs du *Diccionario do Brazil* ne nous disent point d'où ils ont tiré ce récit assez obscur, qui en plusieurs points contredit les indications des autres auteurs, et nous ne savons, par conséquent, quelle valeur nous devons lui attribuer. Ce qu'il présente de très-clair, c'est qu'il y eut jadis un établissement sur le bord du Sahi, et ce fait serait, en quelque sorte, confirmé par l'erreur de Pizarro, qui place la ville de Guaratúba sur les bords de cette même rivière.

(1) Tant que j'avais voyagé dans l'intérieur, je n'avais jamais entendu évaluer les distances autrement que par *legoas* (lieues) de 18 au degré, mesure qu'on établit généralement par approximation et que l'on allonge

en 1820, environ 900 âmes, dont 600 communiants (1).

La plupart des habitants sont des métis de Portugais et d'Indiennes. Ils sont paresseux, très-pauvres et vivent presque uniquement de poisson sec et de farine de manioc. Leur vêtement consiste presque toujours en un caleçon de toile de coton, une chemise passée en manière de blouse par-dessus le caleçon, et un chapeau dont la forme est arrondie et le bord très-étroit. Passant une grande partie de leur vie sur l'eau, ils savent conduire leurs pirogues avec une adresse extrême. Lorsque j'étais sur les bords de la baie de Caióva, j'admirai l'agilité avec laquelle ils s'élançaient dans les barques au moment où elles étaient soulevées par la vague.

plutôt qu'on ne la raccourcit. Ce fut sur la côte que, pour la première fois, on me parla de milles (*milhas*). Il faut 3 *milhas* (singulier, *milha*) pour faire la *legoa*.

(1) Je n'ai pas dit dans mes notes de qui je tenais ces chiffres, mais il est impossible que ce ne soit pas du curé ou du *capitão mór*, et je les croirais à peu près exacts, parce qu'on n'avait aucune raison pour me tromper, tandis qu'on a presque toujours quelque intérêt à mettre de l'exagération dans les tableaux officiels ou à y rester au-dessous de la vérité. Les illustres savants Spix et Martius disent qu'en 1815 il y avait 663 individus dans le district de Guaratûba (*Reise*, I, 258). Pizarro en réduit le nombre à 533 pour 1822 (*Mem.*, VIII, 313), et Müller le porte à 1,062 pour 1838 (*Ens. contin.*, tab. 3). Il est bien évident qu'on ne peut avoir aucune confiance dans ces chiffres, surtout les deux premiers, et qu'il faut en avoir moins encore dans les détails du tableau qui a été communiqué à MM. Spix et Martius pendant leur séjour à S. Paul. On voit, en effet, dans ce tableau, qu'avec 62 blancs et 46 négresses il y avait 430 mulâtres ou mulâtresses esclaves; d'où seraient venus tant de mulâtres? Les états de D. P. Müller contredisent entièrement ces chiffres, et n'ont pas les mêmes caractères d'invraisemblance, car ils n'indiquent aucun mulâtre ni aucune mulâtresse esclaves, et seulement 8 esclaves noirs, ce qui s'accorde parfaitement avec l'extrême pauvreté du pays.

Il fait beaucoup moins chaud à Guaratúba qu'à Paranaguá, et, comme le pays est plus élevé et moins marécageux, il est aussi plus sain. On voit cependant ici, comme à Paranaguá, beaucoup de gens qui ont le teint extrêmement jaune ; mais les aliments peu substantiels dont ils font habituellement usage en sont probablement une des causes principales. Comme je l'ai déjà dit (1), le goût de manger de la terre est, dans ce canton, aussi commun qu'à Paranaguá, et il y a des suites aussi fâcheuses.

Il existe, auprès de Guaratúba, des terrains presque uniquement composés d'un terreau noir, auquel se trouvent mêlées avec abondance des coquilles d'huîtres et une très-petite espèce de peignes. Ces terrains, que les habitants appellent *cambaqui* (2) sont très-productifs. On fait de la chaux avec les coquilles d'huîtres tirées des *cambaqui* et séparées du terreau à l'aide de tamis en bambous ; mais, jusqu'à l'époque de mon voyage, on ne s'était servi de cette chaux que pour les besoins du pays et l'on n'en avait point encore exporté.

Les environs de Guratúba produisent du maïs, du manioc, du riz qui rend cent pour un (3) ; la terre y est fertile et couverte d'excellent bois ; mais, pour tirer parti de ce pays, il faudrait le mettre en communication, par des chemins praticables, avec Curitiba et Villa Nova do Prin-

---

(1) Voir plus haut.

(2) Il est difficile que ce mot ne vienne pas de *caa*, bois, montagne, et de *mbacuĩ*, chose grillée. Les Indiens auront-ils eu l'idée de comparer ces terrains, à cause de leur couleur noire, à des forêts brûlées?

(3) D. P. Müller dit qu'actuellement on y cultive quelques cannes à sucre et qu'on y a trouvé des terrains aurifères (*Ensaio estatistico*, 57).

cipe ; tant qu'on le laissera dans l'abandon et dans une sorte d'isolement, comme s'il ne faisait point partie de la patrie commune, il restera pauvre et presque désert (1).

A mon arrivée à Guaratúba, j'avais prié le *sargento mór* de me faire préparer trois chars pour aller plus loin ; et, peu de temps après, j'envoyai, par son entremise, à un adjudant de la ville de S. Francisco une lettre de recommandation que j'avais pour lui, le priant de me faire préparer une maison.

Le 7 d'avril au matin, les trois chars que j'avais demandés étaient à ma porte, et nous partîmes.

Nous traversâmes la langue de terre sur laquelle est bâtie la ville de Guaratúba, et je me trouvai sur le bord de l'Océan, au fond d'une anse semi-circulaire d'environ 1/2 lieue de tour. La plage qui l'environne porte le nom de *Praia de Brajetúba* : à l'extrémité de cette plage la plus avancée dans la mer du côté du nord est un morne couvert de bois, qu'on appelle *Morro de Caióva* (2) ; à la pointe méridionale s'élève un autre morne également couvert de bois, qui a pour nom *Morro de Brajetúba*, emprunté à la plage qu'il termine. J'ai à peine besoin de dire que le Morro de Caióva, formant l'extrémité septentrionale de la plage de Brajetúba, doit former, par la même raison,

---

(1) Il y a quelques années, un gentilhomme suédois qui voulait établir au Brésil une colonie de paysans de son pays vint me consulter pour savoir à quelle partie il devait donner la préférence : je lui indiquai les terrains qui s'élèvent au-dessus de Guaratúba ; nous eûmes ensemble de nombreuses conférences, mais j'ignore s'il a donné suite à son projet. C'est précisément à côté du canton que j'avais désigné que se trouve située la dotation de madame la princesse de Joinville.

(2) Voir plus haut.

la pointe méridionale de l'anse de Caióva, qui précède celle que circonscrit l'anse de Brajetŭba.

Après avoir passé derrière le morne du même nom, je me trouvai sur une autre plage, à l'entrée de laquelle on pêche un poisson appelé *biraguaia* (1), que mes conducteurs me dirent être long de 3 à 4 pieds et qui, ajoutèrent-ils, imite le bruit du tambour (2). Presque partout, cette plage est très-dure et forme un chemin commode pour les chars et pour les gens de pied. Les *fucus* ne se trouvent que sur les rochers; aussi n'y en avait-il point sur cette plage; mais j'y vis un grand nombre de mollusques vésiculeux, couleur de rose, qui éclataient avec bruit lorsque nous marchions dessus.

Au delà de l'espace qui est battu par les eaux de la mer on ne voit qu'un petit nombre de plantes éparses dans le sable. Ce sont principalement la Calycérée 1,656, la Graminée 1,672, la Convolvulacée 1,679, si communes sur le bord de la mer, dans la province de Rio de Janeiro et dans celle d'Espirito Santo. Au-dessus de l'espace sablonneux où croissent ces plantes est un épais fourré d'arbrisseaux d'un vert sombre qui, augmentant peu à peu de vigueur et d'élévation, à mesure que le terrain s'éloigne de la mer, forment une sorte de glacis. J'avais déjà vu un effet semblable de végétation du côté de Macahé et dans d'autres parties de la côte septentrionale.

(1) Peut-être de *pirá*, poisson, et *guai*, peinture.

(2) On sait que ce poisson n'est pas le seul qui fasse du bruit. Ce que je dis ici tendrait même à prouver qu'il n'y a pas d'exagération dans les récits des voyageurs qui disent que le *drun* fait entendre des sons retentissants (voir Dugès, *Physiologie comparée*, III, 478).

Parmi les arbrisseaux qui forment ce glacis domine la Myrtée qu'on appelle *Hapaguela* (qui happe à la gorge, *Myrcia pubescens*, DC.), parce que son fruit, qui est noir et à quatre lobes, est, dit-on, d'une très-grande astringence; avec elle croissent aussi, avec plus ou moins d'abondance, la Fougère 1,652, une grande Aroïdée et la Mélastomée 1,651. Plus avant dans l'intérieur s'élèvent des forêts.

De loin en loin, un sentier qui aboutit à la plage, une pirogue et des bâtons croisés destinés à recevoir des filets annoncent le voisinage d'un *sitio* qui, presque toujours, est caché par les arbrisseaux, et que l'on n'aperçoit point du rivage. J'allai jusqu'à l'un d'eux, et je ne trouvai qu'une misérable chaumière construite simplement avec des perches rapprochées les unes des autres, et qui laissaient passer entre elles le vent et la pluie. Quelques pots et des nattes en composaient tout l'ameublement, et ceux qui l'habitaient étaient couverts de haillons. Il est fort vraisemblable que les autres *sitios* du voisinage n'étaient pas beaucoup plus magnifiques. Je ne crois pas cependant que les pauvres habitants de ces tristes demeures soient aussi malheureux que nous pourrions le croire. Descendant, sans doute, des anciens Mamalucos, ils doivent être sans prévoyance; ils pensent au jour, tout au plus au lendemain. Le climat est chaud; la mer leur fournit une nourriture abondante. Le monde leur est aussi étranger qu'eux-mêmes le sont au monde, et ils tomberaient dans un état voisin de celui de la bête sauvage, si de temps en temps ils n'allaient à l'église, si par la prière ils ne se rattachaient à la société chrétienne, si, avant de monter dans leurs pirogues, ils n'invoquaient la Vierge, pour obtenir, par son intercession, une pêche abondante.

Le temps était superbe, et le ciel d'un azur brillant ; un vent frais qui venait de l'est nous empêchait de sentir l'ardeur du soleil ; la mer mugissait, et ses vagues arrivaient jusqu'à nos pieds.

Pendant quelque temps nous n'avions aperçu que la montagne de *Cavaracuara* (le trou du cheval, des mots de la *lingoa geral cabarú*, cheval, *coára*, trou) ; mais, arrivés au *Rio Sahi Mirim*, nous découvrîmes toutes celles qui entourent la baie de Guaratúba. Là mes conducteurs me montrèrent, dans le lointain, un défilé où passe un chemin qui va de la ville de Morretes à la baie de Guaratúba, mais où l'on ne peut faire passer que des bestiaux.

Le *Rio Sahi Mirim* (1) a peu de largeur ; cependant il n'est point guéable. Mes effets furent déchargés et passés dans des pirogues : les bœufs ne furent point dételés ; ils traversèrent la rivière à la nage, en traînant les chariots vides derrière eux. Le Sahi Mirim coule à 7 milles de Guaratúba, et, à ce que m'assurèrent mes conducteurs, il sert de limite au district de Curitiba et à la province de S. Paul ; sur sa rive droite, je me trouvai à l'entrée du district de S. Francisco, appartenant à la province de Sainte-Catherine (2).

Là il ne me restait plus qu'à saluer cette terre de Curitiba qui peut devenir si florissante, où j'avais été accueilli avec tant de bienveillance, et que j'apercevais pour la dernière fois.

---

(1) On donne le nom de *sahi* à plusieurs espèces d'oiseaux ; on peut aussi faire dériver *Sahi Mirim* des mots guaranis *sai* et *mirim*, les petits yeux.

(2) Voir le chapitre suivant.

Ce serait laisser incomplet ce que j'ai dit sur cette belle *comarca* que de passer sous silence un désir que ses habitants ont manifesté dès l'année 1822, et dont ils ont plusieurs fois renouvelé l'expression, celui de voir leur pays séparé de la province de S. Paul et former une province de second ordre. En 1840, ils en firent la demande d'une manière toute spéciale. Le ministère, en répondant aux autorités locales, leur adressa diverses questions qui certes ne prouvaient pas que le gouvernement d'alors eût, de cette partie du Brésil, une bien grande connaissance. L'affaire en resta là ; mais les Curitibanais ne s'endormirent pas, ils renouvelèrent leur demande en 1843 ; on commença à la discuter dans l'assemblée générale des députés de l'empire, et jusqu'à présent rien n'a été décidé (1).

La plupart des motifs allégués par les Curitibanais pourraient l'être également par les habitants des parties éloignées de chaque province, s'ils avaient envie de former des gouvernements à part. Minas Novas aurait le droit de demander sa séparation à cause de la fécondité de ses terres, de l'excellence de son coton, de la facilité qu'elle a de le transporter par le Rio Jiquitinhonha ; les *comarcas* les plus septentrionales de Goyaz se plaindraient de leur extrême éloignement de la capitale actuelle de la province ; Campos dos Goitacazes ferait valoir ses richesses, ses nombreuses sucreries, son fleuve, les terres de ses alentours toutes cultivées, etc. Mais, il faut le dire, il n'y a que des nuances plus ou moins prononcées entre les différentes parties des provinces que je viens de nommer ; on peut sans

---

(1) Milliet et Lop. de Mour., *Dicc. braz.*, I, 317.—Francisco de Paula e Silva Gomes, in Sigaud, *Annuario*, 1817.

peine à Ouro Preto se faire une idée juste des besoins de Minas Novas ; il ne faut dans la ville de Rio de Janeiro aucun effort pour se représenter les sucreries de Campos, ses terres soigneusement cultivées, ses nombreux esclaves : au delà de l'Itareré, au contraire, commence un monde nouveau pour celui qui vient du nord de la province de S. Paul. La campagne a un tout autre aspect; les productions ne sont plus les mêmes ; il y a dans les races une différence notable : les habitants du nord de S. Paul sont, en grande partie, des descendants de Portugais et d'Indiennes; la plupart des Curitibanais appartiennent entièrement à la race caucasique; enfin la cinquième *comarca* a peut-être moins d'analogie avec les autres que le Danemark, sauf les différences de religion et de langage, n'en a avec le Languedoc. Des hommes qui vivent à 110 lieues d'un pays, qui ne le connaissent point et se tromperaient complétement, s'ils le jugeaient par des analogies tirées du leur, peuvent-ils l'administrer convenablement ? Il n'est personne, je crois, qui ne répondît par la négative.

Cependant, je le confesse, si j'avais à prononcer sur cette grave question, j'hésiterais, et le motif qui me rendrait indécis est, je n'en doute pas, celui qui a empêché l'assemblée générale de se prononcer. Depuis un certain temps, chaque village brésilien, chaque hameau a voulu devenir le chef-lieu d'un district, chaque ville celui d'une *comarca* ; si l'on entrait dans la même voie pour les provinces, si l'on accordait à Curitiba sa séparation d'avec S. Paul, une foule de *comarcas* voudraient jouir du même honneur, et les liens si faibles qui existent entre les différentes parties du Brésil ne tarderaient pas à le devenir davantage. Quoique la demande des Curitibanais soit en-

tièrement fondée, peut-être serait-il digne de leur patriotisme de l'ajourner encore. « Ce n'est pas seulement le
« Brésil que j'ai habité, ai-je dit autrefois, j'ai aussi vu les
« bords de la Plata et ceux de l'Uruguay. C'était naguère
« une des plus belles contrées de l'Amérique méridionale.
« Ses habitants se désunirent, chaque village, chaque
« hameau prétendit *faire sa patrie à part*; d'ignobles
« chefs s'armèrent de tous côtés; la population fut dis-
« persée ou anéantie; les *estancias* furent détruites; des
« étendues de terre qui formaient presque des provinces
« n'offrent aujourd'hui que des chardons, et où paissaient
« d'innombrables bestiaux l'on ne voit plus que des ban-
« des de chiens marrons, des cerfs, des autruches et de
« féroces jaguars (1). »

(1) Ces phrases sont tirées du *Précis historique des révolutions du Brésil* qui termine mon *Voyage dans le district des diamants et sur le littoral*. Dans cet écrit, je rends à l'empereur D. Pedro Ier, dont la renommée croîtra avec le temps, toute la justice qu'il méritait; mais en même temps je ne dissimule point ses fautes. Pendant son séjour à Paris, il adressa ces paroles à un de mes amis : *Dites à M. Aug. de Saint-Hilaire qu'il a dit la vérité*. Ce trait fait trop d'honneur à la mémoire de cet illustre souverain pour que je ne le fasse pas connaître.

CHAPITRE XXIII.

ESQUISSE GÉNÉRALE DE LA PROVINCE DE SAINTE-CATHERINE (1).

§ Ier. — Histoire.

Jusque vers le milieu du XVIIe siècle l'île de Sainte-Catherine resta couverte d'épaisses forêts, et ne fut guère habitée que par des Indiens de la nation des Carijos, qui

---

(1) En rédigeant ce chapitre et les suivants, j'ai consulté tous les écrits sur Sainte-Catherine que j'ai pu me procurer et je les ai fort souvent cités. J'ai surtout cité l'excellente *Notice sur la province de Sainte-Catherine* de M. L. Aubé, insérée dans le vol. III de l'année 1847 des *Annales maritimes*; mais je dois avertir que j'ai constamment indiqué la pagination des exemplaires tirés à part. L'auteur s'exprime comme il suit en commençant son mémoire : « Si l'on excepte « quelques pages de la *Chorographie* de Manoel Ayres de Cazal, et « l'ouvrage de Ch. Van Lede sur la *Colonisation*, ouvrage tout à fait « spécial...; si l'on excepte encore quelques pages d'admiration inspi- « rées par la belle nature aux navigateurs..., on peut dire qu'il n'existe « presque aucun ouvrage qui parle du pays. » (*Not.* 3.) La justice et l'intérêt de la science exigent que j'indique ici quelques bons écrits dont M. Aubé, qui a longtemps séjourné en Amérique, loin des grandes villes, n'a point eu connaissance. Outre divers articles sur les paroisses

en partageaient le séjour avec des jaguars et des bandes de cerfs presque innombrables.

Le navigateur SOLIS fut le premier Européen qui reconnut l'île de Sainte-Catherine (1515). Environ dix ans plus tard, Sébastien Cabot, chargé du commandement de quelques navires espagnols, jeta l'ancre dans la même île, en se rendant au Rio de la Plata, et fut très-bien reçu des Carijós. L'année suivante, le pilote portugais, DIOGO GARCIA, qui naviguait dans les mêmes mers pour le compte du roi d'Espagne, aborda aussi à Sainte-Catherine ; les Indiens lui donnèrent des vivres comme à tous les Européens qui s'étaient présentés avant lui ; mais en même temps ils se plaignirent avec amertume de l'ingratitude de Cabot, qui,

dont se composait, en 1822, la province de Sainte-Catherine, José de Souza Azevedo Pizarro e Araujo a inséré, dans le vol. IX de ses *Memorias historicas,* un chapitre très-important, où il traite de l'histoire de la province tout entière, de son administration, de son commerce, de sa statistique, etc. A la fin de ses *Annaes da provincias de Rio Grande, de S. Pedro do Sul,* le regrettable José Feliciano Fernandes Pinheiro, baron de S. Leopoldo, a publié un résumé de l'histoire de Sainte-Catherine, où il donne des détails sur tout ce qui concerne cette province. Enfin on trouvera, dans le *Diccionario geographico do Brazil,* une longue suite d'articles sur Sainte-Catherine. Les suffrages d'un des Brésiliens les plus honorables, le baron de S. Leopoldo, m'encouragent à indiquer encore un fragment que j'ai publié dans les *Nouvelles annales des voyages,* IV, de 1835, 194-240, *sur l'île de S. François et la pêcherie d'Itapocoroia,* pays alors presque inconnus. Je ne saurais m'empêcher d'ajouter aussi que Van Lede, tout spécial qu'il est, cependant fourni des renseignements tout à fait nouveaux sur certaines parties de la province de Sainte-Catherine, que les quelques pages de Cazal renferment une foule de choses, et que cet écrivain, auquel on peut sans doute reprocher un petit nombre d'erreurs, est pourtant le premier qui ait donné aux géographes une idée juste et complète du pays qui nous occupe.

pour les récompenser de l'accueil qu'il avait reçu d'eux, les avait quittés en dérobant quelques-uns de leurs fils.

Lorsque, en 1531, Pero Lopes de Souza explora la côte du Brésil, il s'approcha d'un port qu'il appelle *Porto dos Patos* (le port des Canards) : c'était la baie de Sainte-Catherine. A cette époque, on donnait aussi le nom d'*Ilha dos Patos* à l'île tout entière, parce que de nombreux canards habitaient ses rivages; mais, dès 1559, il y avait déjà longtemps qu'elle avait perdu ce nom, comme on peut le voir par la relation d'Hans Staden (1), et ce fut seulement le canal qui sépare l'île de la terre ferme que l'on continua d'appeler *Rio dos Patos*.

Il y avait déjà près de quarante ans que l'île de Sainte-Catherine était découverte, et les Carijós n'avaient encore vu d'autres Européens que des navigateurs peut-être plus barbares qu'eux; ils allaient connaître d'autres hommes. Partout où il y avait des Indiens à convertir, les missionnaires y étaient bientôt. Le P. LEONARDO NUNEZ, compagnon d'Anchieta, entendit parler des Carijós de Sainte-Catherine; il *vola* jusqu'à eux; c'était l'expression dont se servaient les Indiens pour peindre son activité surprenante. Nunez fit entendre aux Carijós des paroles de vérité et d'amour, et bientôt ils lui prouvèrent qu'il avait été compris. Les Espagnols étaient alors en guerre avec ces sauvages : ceux-ci firent prisonniers quelques gentilshom-

---

(1) « Quand cet homme fut près de nous, dit Hans Staden, et que nous lui eûmes demandé où nous étions, il nous répondit : Vous êtes dans le port que les Indiens appellent *Schirmerein* (pour *Jucumirem*, petite bouche); et, pour que vous compreniez mieux, j'ajouterai que les premiers qui l'ont découvert lui ont donné le nom de baie de *Sainte-Catherine*. »

mes castillans qui se rendaient à la Plata avec leurs familles ; le missionnaire demanda leur liberté aux Carijós au nom de celui qu'il leur prêchait, et elle lui fut accordée sans la moindre résistance.

Leonardo Nunez fut bientôt forcé de quitter les Carijós ; mais les jésuites n'abandonnèrent point sans retour ces hommes qu'ils regardaient comme les plus doux des Indiens et les plus faciles à instruire. En 1618, le pieux JOÃO D'ALMEIDA et son compagnon JOÃO FERNANDES GATO partirent de Santos pour Sainte-Catherine, et ils y prêchèrent l'Évangile. Les Carijós se pressaient pour les entendre, et ce ne fut qu'avec une peine extrême qu'ils consentirent à leur départ. Émerveillés du résultat de leurs efforts, les deux religieux conjurèrent le général de leur ordre de fonder à Sainte-Catherine un établissement fixe au milieu des sauvages. On fit droit à leur pieuse demande ; un missionnaire fut envoyé dans l'île avec le titre de supérieur, et il y bâtit, en 1622, une maison que l'on voyait encore en 1824.

Mais les jésuites ne pouvaient lutter contre les aventuriers européens qui sans cesse débarquaient dans l'île de Sainte-Catherine. Voulant sans doute se soustraire aux vexations de ces derniers, les Carijós finirent par abandonner leur pays, ils se dispersèrent, et aujourd'hui il ne reste plus au Brésil d'autre trace des anciens possesseurs de l'île dos Patos que leur nom qu'ils ont laissé à une liane et à l'aqueduc de Rio de Janeiro (1).

(1) La liane est le *Davilla rugosa*, Poir., vulgairement appelé *Cipó de Carijó*. J'ai fait figurer cette plante dans mon ouvrage intitulé *Plantes usuelles des Brésiliens*, et l'ai signalée (n° XXII) comme astringente. On la trouve dans les provinces de S. Paul, Rio de Janeiro, Minas Ge-

Il ne paraît pas que, jusque vers le milieu du XVIIe siècle, les Portugais aient formé d'établissement durable au delà du port de Cananéa, et pendant un long intervalle de temps l'île de Sainte-Catherine fut uniquement l'asile passager des écumeurs de mer alors fort nombreux ou des navires que quelque circonstance forçait d'y relâcher.

Vers 1650, le Pauliste Francisco Dias Velho Monteiro vint enfin s'y établir avec ses deux fils, ses deux filles, 500 Indiens civilisés (1), et un blanc appelé José Tinoco, qui était aussi accompagné de sa famille. La foi régnait encore dans tous les cœurs ; le premier soin de ces émigrants fut de construire une église ; ils la consacrèrent à sainte Catherine, la patronne de l'île (2).

---

raes. — Le nom de l'aqueduc de Rio de Janeiro est *Arcos da Carioca* (et non *do Cariocco*). Si, comme on l'a écrit, ce mot venait de *cary'ba*, homme blanc, et *o'ca*, maison, Lery n'aurait pas manqué d'indiquer cette étymologie, puisqu'il connaissait le ruisseau et le village déjà ainsi appelés de son temps, et qu'il était du nombre des premiers blancs arrivés dans le pays ; voici, au contraire, comment il s'exprime : « Ka-« riauh bè. En ce village, ainsi dit ou nommé, qui est le nom d'une « petite rivière dont le village prend le nom, à raison qu'il est assez « près, et est interprété la *maison des Karios*, composé de ce mot *ka-« rios*, et en ostant *os*, et y adioustant *auq*, fera *Kariauh*. » (*Hist. d'un voyage, etc.*, 3e éd., 315.) Je n'ai pas besoin de dire qu'on écrivait *Carios* aussi bien que *Carijós*.

(1) Pizarro dit, dans un endroit, que Monteiro avait avec lui 59 indigènes (*Mem. hist.*, III, 77), et ailleurs (IX, 269) qu'il en avait 500. J'admets le dernier de ces chiffres, parce qu'il a été adopté par M. José Feliciano Fernandes Pinheiro, Ferdinand Denis et Milliet ; mais j'avoue que toutes les vraisemblances me porteraient à préférer la première indication.

(2) Suivant un historien éminemment recommandable (J. F. Fernandes Pinheiro, *Annaes*, 2a ed., 389), Dias Velho « dédia son église à « sainte Catherine à cause de sa fille aînée qui s'appelait Catherine, et

La colonie nouvelle prospérait depuis quelques années, lorsque le capitaine d'un navire hollandais qui revenait du Pérou chargé d'or débarqua dans l'île de Sainte-Catherine, pour y réparer quelques avaries. Monteiro, dit-on, attaqua brusquement ces étrangers, qui se rembarquèrent avec précipitation et laissèrent leurs trésors sur le rivage. Mais en se retirant ils jurèrent de se venger de cette perfidie. Un an s'était à peine écoulé, que les Hollandais étaient déjà dans les parages de Sainte-Catherine. Ils prirent un pilote à S. Francisco et s'avancèrent avec précaution. Monteiro fut prévenu secrètement de leur arrivée, se mit en état de défense et attendit les étrangers dans l'endroit qui lui parut le plus commode pour un débarquement, celui où est aujourd'hui située la ville de Desterro. Les Hollandais étaient descendus ailleurs; ils fondirent sur les Paulistes, et, s'étant emparés de Monteiro, ils exigèrent la restitution de leurs lingots, qui avaient été déposés dans l'église de Sainte-Catherine. Pendant que l'affaire se traitait, les compagnons du capitaine hollandais outragèrent indignement les filles de Monteiro; celui-ci s'empara aussitôt de l'arme d'un de ces misérables, et il allait se venger lorsqu'il reçut le coup de la mort (1).

« ce fut alors que ce nom devint celui de toute l'île. » Je n'ai pas besoin de dire qu'il ne peut en être ainsi, puisque, dès 1540, Hans Staden fait mention de l'île de Sainte-Catherine sous son nom actuel, que Vasconcellos indique le même nom dans son livre imprimé en 1663, et que M. Ferdinand Denis l'a retrouvé sur une carte qui date de l'an 1554.

(1) José Feliciano Fernandes Pinheiro se borne à dire que Monteiro fut attaqué par les Hollandais et mourut en défendant son église; d'ailleurs il rejette entièrement les faits que je raconte ici d'après Pi-

Désespérés de ce triste événement, les fils de Monteiro et la plupart de ses compagnons se retirèrent à Laguna, où, peu de temps auparavant, un autre Pauliste, DOMINGO DE BRITO PEIXOTO, avait formé un établissement.

Pendant quelques années, Sainte-Catherine, presque déserte, resta soumise à la juridiction des *capitães móres* de Laguna ; ceux-ci étaient chargés par le gouvernement d'empêcher les étrangers d'y faire le commerce, et ils envoyaient un officier pour y maintenir l'ordre autant qu'il était possible de le faire parmi des hommes qui vivaient à l'aventure, dans un état voisin de celui des sauvages.

L'île de Sainte-Catherine et la partie de la terre ferme qui en dépend s'étaient trouvées comprises dans la donation que le roi de Portugal, Jean III, avait faite à Pero Lopes de Souza. En 1711, cette contrée retourna au domaine de la couronne et l'on commença à s'en occuper sérieusement.

Le COMTE DE SARZEDAS, qui, en 1732, prit possession du gouvernement de S. Paul, ayant senti combien il était important que, pour la défense et le bien du pays, Sainte-Catherine et le territoire voisin fussent repeuplés, y envoya des ménages tirés de la ville de Santos, et plus tard on y fit passer, à plusieurs reprises, des familles d'habitants des îles Açores. Par un décret de l'année 1794, il fut ordonné que les criminels qu'on avait jusqu'alors envoyés en exil au Pará et à Maragnon le seraient à Sainte-Catherine ; mais

---

zarro, parce qu'ils ne s'accordent point avec le caractère très-honorable de Monteiro, qu'ils sont rapportés par le seul auteur des *Memorias historicas*, et que cet historien ne fait nullement connaître à quelle source il a puisé son récit.

on trouva que le climat de cette île était *trop sain pour eux*, et en 1797 le décret fut révoqué. Ainsi le nombre des habitants de Sainte-Catherine qui ont eu des condamnés pour chefs de leurs familles doit être extrêmement petit, si même il en est quelques-uns.

Jusqu'en 1738, Sainte-Catherine et son territoire avaient formé une partie intégrante de la province de S. Paul; mais, à cette époque, on en fit un gouvernement séparé, dépendant de celui de Rio de Janeiro.

Parmi les gouverneurs qu'on y envoya jusqu'au moment où fut proclamée l'indépendance du Brésil, quelques-uns furent des hommes peu estimables ou même des tyrans, d'autres eurent un véritable mérite. Au nombre de ces derniers on doit mettre surtout Francisco Antonio da Vega Cabral, qui donna, pendant toute son administration, des preuves de probité, d'aptitude, de générosité, et se montra tout à la fois le père des soldats et celui des colons; Francisco de Barros Moraes Araujo Texeira Homen, qui, quoique âgé de quatre-vingts ans, sut remplir tous ses devoirs, administra avec autant de prudence que de justice, encouragea le commerce et fonda l'hôpital de la Charité; José, dont le zèle pour le perfectionnement de l'agriculture, les connaissances et l'habileté méritent les plus grands éloges.

Il est à regretter, pour l'honneur du Portugal, que quelqu'un de ces hommes recommandables ne fût pas à la tête du gouvernement de Sainte-Catherine, lorsque les troupes espagnoles attaquèrent cette île. Le Portugal et l'Espagne n'avaient pu s'entendre sur les limites respectives de leurs colonies; la guerre avait été déclarée. Une flotte formidable sort de Cadix le 15 de novembre 1776, portant 10,000 hommes de troupes commandés par D. Pedro de Zeballos; elle arrive à Sainte-Catherine et jette l'ancre dans l'anse de Canavieiras. Les Espagnols débarquent pendant la nuit, personne ne se présente pour arrêter leur marche ; les forts se rendent sans coup férir, et le gouverneur de la province, Pedro Antonio de Gama Freitas, saisi d'une terreur panique, se retire sur le continent, où bientôt il se rend à discrétion.

Quelques officiers ne voulurent point participer à cet acte de lâcheté; ils refusèrent de signer la capitulation en se répandant en invectives contre leur général, et Fernando da Gama, colonel du régiment de l'île, déchira ses drapeaux pour qu'ils ne servissent pas de trophée à l'ennemi. Les colons, de leur côté, montrèrent une profonde horreur pour le joug des Espagnols; plutôt que de le subir, ils s'enfuirent dans les forêts, où plusieurs d'entre eux périrent de fatigue et de faim. Les Espagnols cependant ne jouirent pas longtemps de leur conquête; dès l'année suivante, la cour de Lisbonne et celle de Madrid conclurent un traité de paix, et Sainte-Catherine fut rendue à ses anciens maîtres.

Après ces événements, la province de Sainte-Catherine jouit, pendant bien des années, d'une paix profonde. Les défrichements qui avaient commencé depuis longtemps se continuèrent avec activité; le climat de l'île, autrefois insalubre, finit par s'assainir ; le pays arriva à l'apogée de la prospérité. Mais cette époque fut de courte durée ; les mesures tyranniques des gouverneurs et le fâcheux système d'agriculture généralement adopté par les Brésiliens amenèrent une prompte décadence.

Lorsque le Brésil se sépara de la métropole, les habitants de Sainte-Catherine refusèrent d'abord de reconnaître le gouverneur JOAQUIM PEREIRA VALENTE, qui leur fut envoyé de Rio de Janeiro; mais bientôt ils se soumirent, et actuellement la province, comme toutes celles du Brésil, est administrée par une assemblée provinciale et par un président qui, chargé du pouvoir exécutif, représente le gouvernement central (1).

(1) Pero Lopes de Souza, *Diario*, 30. — Hans Staden, *Histoire d'un pays situé dans le nouveau monde*, in Ternaux, *Voyages*, 50. — Vasconcellos, *Noticias*, 40; id., *Chronica*, 72. — Southey, *Hist.*, III, 648. — Graham, *Journal*, 73. — Pizarro, *Mem. hist.*, III, 75, 82; IX, 268, 277, 300. — J. F. Fern. Pinheiro, *Annaes prov. S. Pedro*, 2ª ed., 383 et suiv. — J. J. de Abreu e Lima, *Synopsis*, 37, 251. — Mill. et Lop., *Dicc.*, II, 281. — F. Denis, in Aubé, *Notice*, 5. — Le très-estimable historien J. F. Fernandes Pinheiro se plaint de la précipitation avec laquelle les voyageurs européens écrivent sur le Brésil (*Annaes*, 2ª ed., 392), et il cite pour exemple Lesson, qui, après avoir fait *dépendre l'île de S. C., en 1822, d'une capitainerie générale embrassant le pays situé entre Rio Grande et le gouvernement de S. Paul, indique cette île comme un lieu de déportation pour les vagabonds des provinces centrales, etc.* Les détails dans lesquels je viens d'entrer, empruntés, comme on le voit, aux meilleures sources, prouvent assez que les reproches de l'auteur brésilien ne sont malheureusement pas dépourvus de fondement. Le même écrivain fait observer que l'île de S. C., faisant partie de la donation de Jean III à Pero Lopes de Souza, n'avait nullement été donnée à Dias Velho, en 1750, comme l'a prétendu le sophiste Raynal, ni en 1650, comme l'ont dit Cazal et, après lui, l'illustre amiral Duperrey (*Voyage Coquille*, 59). Il est évident aussi que l'on a trompé M. de Barral quand on lui a assuré que « les Européens avaient débarqué d'« abord sur le petit îlot d'Inhatomirim..., qu'ils y avaient construit un « fort et que peu à peu, au moyen de courses fréquentes faites sur l'île « et le continent, ils étaient parvenus à éloigner les nations sauvages. » (*Ann. marit.*, 1833, II, 334.) Partant des mêmes données que Barral, l'histoire du *Voyage de la Coquille* dit (p. 56) que « la fondation du fort de Santa Cruz date du premier établissement colonial. » L'époque de cette fondation est parfaitement connue; elle eut lieu en 1739, sous

Située sur la route de la Plata et du cap Horn, l'île de Sainte-Catherine a dû nécessairement être visitée par un grand nombre de navigateurs. Plusieurs d'entre eux nous en ont laissé la description, et leurs récits nous font connaître les changements qui s'y sont opérés successivement, mieux peut-être que ceux des historiens eux-mêmes.

Frezier y débarqua en 1712. Alors Sainte-Catherine dépendait encore du gouvernement de Laguna appelé Alagoa, et l'on ne comptait pas dans le pays plus de 147 blancs, quelques noirs et des Indiens qui s'étaient volontairement réunis aux Portugais ou avaient été pris à la guerre. Toute l'île était couverte de bois remplis de jaguars, et il n'y avait rien de défriché que le voisinage des habitations dispersées sur le bord de la mer en douze ou quinze endroits différents. Le continent était entièrement désert, et, dans la crainte des sauvages et des animaux féroces, les colons n'osaient y pénétrer sans se réunir bien armés au nombre de trente ou quarante. « Ces hommes, dit Frezier, sont
« dans une si grande disette des commodités de la vie,
« qu'aucun de ceux qui nous apportaient des vivres ne
« voulait être payé en argent, faisant plus de cas d'un
« morceau de toile ou d'étoffe, pour se couvrir, que d'une
« pièce de métal ; pour tout habit, ils sont contents d'une
« chemise et d'une culotte; les plus magnifiques y ajou-
« tent une veste et un chapeau ; néanmoins ils sont obli-
« gés de se couvrir les jambes, lorsqu'ils entrent dans les
« forêts; alors la peau de la jambe d'un tigre leur est un

le gouverneur José da Silva Paes, celui dont R. Walter a dit tant de mal.

« bas tout fait... Ces gens, du premier abord, paraissent
« misérables, mais ils sont, en effet, plus heureux que les
« Européens, ignorant les curiosités et les commodités
« superflues qu'on recherche en Europe avec tant de
« peine....... La seule chose dont ils sont à plaindre,
« c'est de vivre dans l'ignorance ; ils sont chrétiens à la
« vérité ; mais comment sont-ils instruits de leur re-
« ligion, n'ayant qu'un aumônier qui vient de Lagoa
« (Laguna) leur dire la messe les principales fêtes de
« l'année (1). »

George Schelvocke, qui relâcha à Sainte-Catherine en 1719, confirme ce qu'avait dit Frezier ; il fait l'éloge de la manière dont il fut reçu par les habitants du pays, et cependant il ajoute que c'était un ramas de bandits venus des provinces voisines (2). Il est fort possible que quelques meurtriers poursuivis, dans leur patrie, par la justice aient cherché un asile à Sainte-Catherine, comme aujourd'hui encore des criminels passent d'une province à l'autre, pour éviter un châtiment mérité ; mais quand l'assertion de Schelvocke, présentée d'une manière aussi générale, ne serait pas réfutée par les récits des historiens sérieux, elle le serait suffisamment par celui de ce navigateur lui-même : en effet, les habitants de Sainte-Catherine montrèrent, dit-il, la plus grande probité dans les rapports qu'ils eurent avec lui, et furent très-polis envers lui et ses compagnons de voyage. Des bandits, d'ailleurs, vivent de rapines ; et sur qui les habitants de Sainte-Catherine auraient-ils pu exercer leurs brigandages, vivant dans un désert où il n'y

---

(1) Frezier, *Voyage dans la mer du Sud*, 18 et suiv.
(2) *Voyage of George Shelvocke in Harris collection*, I, 200.

avait qu'eux, des cerfs, des jaguars et des Indiens sauvages?

Les commandants français qui, à peu près de 1702 à 1714, naviguèrent dans la mer du Sud mirent Sainte-Catherine en grande réputation ; ils jetèrent l'ancre du côté de la terre ferme dans la rade qu'ils avaient appelée *Bon port*; ils y prenaient de l'eau et du bois, et y trouvaient une hospitalité généreuse (1).

A la fin de 1740, l'amiral Anson passa un mois à Sainte-Catherine. Le premier gouverneur de la province José da Silva Paes le reçut mal, et sans doute, pour ne pas déplaire à leur supérieur, les habitants de l'île suivirent son exemple. L'histoire du voyage de l'amiral anglais accuse Paes de malversation et de perfidie, et il tâche de détruire la bonne opinion que les navigateurs européens avaient de la province de Sainte-Catherine et de ses habitants. Alors la population du pays s'était déjà accrue par des immigrations ; on avait mis une garnison dans l'île, et le gouvernement devenait plus régulier ; mais les défrichements avaient à peine commencé (2).

Lorsqu'en 1763 Bougainville relâcha à Sainte-Catherine, la ville se composait seulement d'environ 150 maisons n'ayant qu'un simple rez-de-chaussée. Elle était habitée par des blancs, par des nègres et surtout des mulâtres ou plutôt des métis, fort laids, de négresses et d'Indiens. Ces hommes marchaient presque tous pieds nus, la tête découverte, les cheveux en désordre ; ils n'étaient pas beaucoup mieux vêtus que leurs pères ; car ils ne portaient

---

(1) Walter, *Voyage round the world by George Anson*, 45.
(2) Walter, *Voyage round the world by George Anson*, 42.

qu'une chemise, une culotte et quelquefois un manteau; les plus riches seuls avaient un chapeau à haute forme, des chaussures et un chaperon qui retombait sur leur visage. Les esclaves noirs des deux sexes restaient à peu près nus. On ne voyait dans la ville presque aucune boutique; les hommes blancs et leurs femmes vivaient dans la plus complète oisiveté. Quelques familles s'étaient établies sur le continent, mais hors de la ville il n'existait que de misérables cases; les défrichements avaient fait peu de progrès, et l'île entière n'était toujours qu'une vaste forêt, asile des serpents et des jaguars. Jamais un rayon de soleil ne pénétrait entre les arbres pressés les uns contre les autres, et des endroits bas s'élevaient des vapeurs malsaines et fétides (1).

Dans un intervalle de vingt ans, de 1763 à 1783, époque à laquelle la Pérouse relâcha à Sainte-Catherine, les progrès furent encore très-lents. L'illustre navigateur trouva dans l'île une population de 3,000 âmes, et 1,000 en particulier à Desterro. Les défrichements avaient pris plus d'extension; mais le pays continuait à être fort pauvre, il manquait d'objets manufacturés, et les gens de la campagne restaient presque nus ou portaient des haillons; D'ailleurs les mœurs du pays étaient douces; les habitants étaient polis, obligeants, mais jaloux de leurs femmes, qui, bien différentes de celles d'aujourd'hui, ne paraissaient point en public (2).

Krusenstern (3) visita Sainte-Catherine en 1803; de

(1) Pernety, *Voyage aux îles Malouines*, I, 141.
(2) La Pérouse, *Voyage*, II, 33.
(3) Krusenstern, *Reise um die Welt*, I, 74, 89. — Langsdorff, *Bemerkungen auf einer Reise*, I, 28-66.

grandes améliorations s'étaient opérées ; le pays n'était plus le même. Il paraît qu'on avait déjà fait des défrichements considérables, car le climat était devenu fort sain. Les jaguars avaient disparu, et les blancs s'étaient étendus sur le continent à 2 lieues de la côte. Ce n'était plus, comme au temps de Bougainville, de 150 maisons, mais de quelques centaines que se composait Desterro ; la population de cette ville avait triplé ; on trouvait dans les boutiques toutes les marchandises européennes. Les gens les moins aisés étaient propres et ne portaient plus de haillons. Les femmes étaient vêtues à peu près comme celles du Portugal, mais plus légèrement ; elles avaient cessé de se tenir enfermées dans l'intérieur de leurs maisons, et elles faisaient aux étrangers un très-bon accueil. L'obligeance et l'hospitalité régnaient partout. D'ailleurs personne n'était riche ; les prohibitions du gouvernement rendaient le commerce presque nul, et il était douteux que dans toute l'île et sur la côte voisine on pût trouver de quoi charger un navire de 400 tonneaux (1).

§ II. — Colonisation.

Il est évident, d'après tout ce qu'on vient de lire, que pendant soixante-douze ans, de 1712 à 1785, la province

(1) Après Krusenstern, depuis l'époque où a commencé mon voyage, de célèbres navigateurs, les amiraux Roussin et du Petit-Thouars, MM. Duperrey, de Barral, Lesson, Kotzebue, Chamisso, ont relâché à Sainte-Catherine et ont donné, sur cette île, des détails plus ou moins étendus ; j'aurai occasion de citer tous ces voyageurs ou du moins la plupart d'entre eux.

de Sainte-Catherine a fait des progrès peu sensibles, mais que, depuis cette dernière époque jusqu'en 1803, un changement très-remarquable s'est opéré ; et ce changement, dû à un accroissement considérable de population et à des défrichements nombreux, eût été bien plus grand encore sans les entraves que l'administration mettait au commerce, sans la tyrannie de la plupart des gouverneurs. L'émancipation du Brésil, proclamée sous le règne du roi Jean VI, fut pour Sainte-Catherine, comme pour le reste du Brésil, un immense bienfait ; on verra plus tard quelle cause en a limité les résultats.

L'extension qu'avaient prise les défrichements dans la province de Sainte-Catherine et les améliorations qui s'y étaient opérées étaient dues principalement à l'immigration des Portugais açoriens ; il était impossible que le gouvernement ne songeât pas à ce beau pays lorsqu'il forma le projet d'augmenter la population du Brésil par l'introduction de colons étrangers.

Très-peu de temps avant que j'arrivasse à Sainte-Catherine, le ministre d'État Thomas Antonio de Villa Nova e Portugal venait d'établir sur les bords de l'anse de Garoupas une colonie de pêcheurs que l'on appelait *Nova Ericeira*, du nom de la bourgade portugaise d'où ces hommes avaient été tirés ; je vis même, chez le gouverneur de la province, un jeune favori du ministre que celui-ci avait chargé de surveiller l'exécution de ses plans : les habitants de Nova Ericeira se seront sans doute bientôt dispersés, car il n'est question de ce village dans aucun des livres qui ont été publiés sur Sainte-Catherine depuis 1820.

Postérieurement à cette époque, on a formé, dans ce

pays, des colonies d'Allemands, d'Italiens, de Belges, et même un phalanstère français. Le gouvernement provincial a fait, pour ces étrangers, des dépenses énormes ; mais elles sont restées à peu près sans résultat. Ce serait sortir de mon sujet que d'en rechercher la cause, et de traiter avec détail les questions si difficiles et si complexes de la colonisation du Brésil. Ce qui est bien évident, c'est qu'on ne doit pas se borner à augmenter la population de cette belle contrée, sans examen et sans choix ; il importe surtout d'y introduire des hommes qui n'encouragent point par leurs mauvais exemples les vices des anciens habitants et n'anéantissent pas ce qui reste à ceux-ci de sens moral par des sophismes grossiers. Que le Brésil évite donc d'appeler dans son sein des colonies d'ouvriers ; les hommes de cette classe qui quittent leur pays sont le plus souvent ceux que leur paresse, leur peu d'habileté, leur mauvaise conduite y ont fait mépriser.

Le gouvernement brésilien doit surtout favoriser l'immigration des cultivateurs, parce que le Brésil est un pays essentiellement agricole, qu'il a une immense quantité d'excellentes terres à distribuer et que les habitants de la campagne sont, en Europe, plus laborieux, moins volages, moins immoraux que ceux des villes. Il ne faudrait pourtant pas faire des dépenses sans discernement, pour tous les cultivateurs qui pourraient se présenter ; il faudrait même, je ne crains pas de le dire, renoncer à l'idée d'appeler à grands frais des masses de colons choisis par des agents peu soucieux du bien du pays ou dépourvus d'intelligence.

Le ministre d'État JOAQUIM MARCELLINO DE BRITO a proposé le plan de colonisation sans contredit le meilleur (1) ; ce serait d'encourager l'immigration de cultivateurs isolés ; on leur donnerait des terres pour un prix qui, quoique extrêmement modique, serait néanmoins une garantie de la consistance de l'acheteur et de son désir de travailler ; le gouvernement n'aurait ensuite autre chose à faire que de le protéger contre le mauvais vouloir de ses voisins et le despotisme des autorités locales.

Si pourtant on persistait à former de véritables colonies, il n'est pas douteux qu'il ne faudrait point en tirer les habitants du milieu de toutes les nations européennes indifféremment. Les Français s'accommodent avec une extrême facilité aux mœurs des autres peuples ; mais ils n'émigrent que pour revenir un jour plus riches dans leur patrie. Les Allemands méritent incontestablement la préférence sur eux ; cependant il faut aussi considérer que, s'ils peuvent quitter leur pays sans l'arrière-pensée d'y retourner un jour, ils restent Allemands au milieu de leur patrie adoptive, conservent leur langue, leurs mœurs, leurs habitudes, et méprisent trop souvent leurs nouveaux compatriotes. Les colonies allemandes, je le crains, formeront longtemps de petits États dans l'État lui-même, et seront souvent fort difficiles à administrer ; je n'en veux pour preuve que ce qui arrive dans la colonie de Pétropolis, près de Rio de Janeiro, et celle de S. Leopoldo, dans la province de Rio Grande (2). La constitution des États-Unis admet sans peine ces agrégations qui n'ont entre elles presque

---

(1) *Relatorio do ministro d'estado de maio* 1847, in Sigaud, *Annuario*, 50.

(2) *Relatorio do ministro d'estado do maio* 1847, in Sigaud, *Annuario*, 50.

aucun lien : le Brésil, au contraire, a besoin d'unité ; c'est dans l'unité seule que sera son salut (1). Admettant toujours qu'on veuille des colonies, c'est, comme le dit parfaitement le président de la province de Sainte-Catherine, M. Antero José Ferreira de Brito, parmi les Portugais et les Açoriens qu'il faudrait les choisir (2). Ceux-ci parlent la même langue que les Brésiliens ; ils ont la même religion, à peu près les mêmes coutumes et les mêmes mœurs ; ils retrouvent au Brésil des traditions de famille, des liens de parenté. Les Portugais et les Brésiliens sont des frères qui se sont querellés quelques instants, entre lesquels une vanité puérile fait encore naître quelquefois de mesquines rivalités, mais qui ne sauraient oublier qu'ils ont sucé le lait de la même mère (3).

(1) Les colons allemands auront, sans doute, été utiles aux habitants de ce pays par les exemples d'activité et d'intelligence qu'ils leur auront donnés ; cependant il ne faudrait pas croire qu'il en a toujours été ainsi et s'exagérer les services de ces étrangers. Un des présidents de la province de S. Paul se plaint beaucoup de l'indiscipline de plusieurs d'entre eux ; et M. Blumenau, Allemand, colon lui-même, dit qu'il en est, parmi ses compatriotes, qui se montrent aussi peu actifs que les Brésiliens, et « qu'un grand nombre suivent stupidement les anciennes « méthodes adoptées dans le pays. » (*Sud brasilien*, 26.)

(2) *Falla do Presidente da provincia de Santa Catharina do 1º de março*, 1844, 27. — Il est bien évident que M. Antero n'a eu en vue que des cultivateurs honnêtes ; il n'a certainement pas prétendu qu'il fallût encourager l'immigration des jeunes gens des villes du Portugal, déjà assez enclins à passer au Brésil, et qui trop souvent n'y apportent que de la grossièreté, de l'ignorance et des vices.

(3) On ne lira pas sans intérêt quelques ouvrages qui ont été publiés sur la colonisation du Brésil ; mais on fera bien, je crois, de se tenir en garde contre l'enthousiasme qui a dû nécessairement animer leurs auteurs : *Das kaiserreich Brasilien von F. X. Ackermann*, livre qui traite de la colonisation en général et, en particulier, de celle du Rio

§ III. — Limites de la province.

La province de Sainte-Catherine, une des plus petites du Brésil, comprend, outre l'île du même nom et celle de S. Francisco, plus de 655 lieues carrées sur la terre ferme. Au nord, elle est bornée par la *comarca* de Curitiba, appartenant à la province de S. Paul (1) ; au sud elle est séparée par le *Mambituba* de celle de Rio Grande do Sul ; l'Océan la baigne du côté de l'est (2) ; à l'ouest ses limites ne sont point encore parfaitement déterminées (3). Si nous exceptons le district de Lages et les bords de certaines rivières, les colons, jusqu'en 1822, ne s'étaient pas étendus à plus de 5 lieues du littoral, et il ne paraît pas que, depuis cette époque, ils se soient avancés davantage.

La chaîne maritime divise la province de Sainte-Catherine en deux parties fort inégales. Le seul district de Lages, peu habité et encore mal connu, est situé sur le plateau à l'ouest de la chaîne ; il appartient, par conséquent, à la

Doce. — *De la colonisation au Brésil ; mémoire sur la province de Sainte-Catherine, par Van Lede,* où l'on pourrait désirer plus d'ordre, mais qui contient des renseignements fort utiles. — *Süd Brasilien in seinen Beziehungen zu deutscher auswanderung und colonisation von H. Blumenau,* petit écrit dont l'auteur paraît bien connaître le Brésil méridional et les colonies qu'on y a fondées.

(1) Voir, sur cette limite, ce que je dis dans le chapitre suivant.

(2) Voir le morceau intitulé l'*Ile de S. François*, etc., dans les *Nouvelles annales des voyages*, IV, de 1835, 194, 240.

(3) M. Antero José Ferreira de Brito le dit d'une manière positive dans son rapport à l'assemblée législative de 1824 (32) ; mais en même temps il indique les limites présumables de la province.

région des campos, et ne saurait produire aucune des denrées coloniales qui, comme je l'ai dit dans ma description de la province de S. Paul, ont déjà trouvé leurs limites bien davantage vers le nord. Dans l'île de Sainte-Catherine, au contraire, celle de S. Francisco, et sur le littoral, moins jusqu'au district de Laguna, on peut cultiver le café, le sucre, le coton; mais les deux dernières de ces plantes donnent des produits fort inférieurs à ceux qu'on en retire dans les contrées tropicales.

§ IV. — Population.

Vers le milieu du xviie siècle, lorsque le pays de Sainte-Catherine dépendait encore de Laguna, il ne comprenait que 147 blancs, quelques nègres libres, et un petit nombre d'Indiens pris à la guerre et d'autres qui s'étaient volontairement rapprochés des Portugais (1). En 1796, environ cinquante ans après l'immigration des familles açoriennes, on comptait dans la province de Sainte-Catherine 23,865 individus. Seize ans plus tard, en 1812, la population s'élevait déjà à 33,049 personnes, sur lesquelles il y avait 7,578 esclaves et 665 nègres ou mulâtres libres (2). Les états officiels de 1818 la font monter à 44,041 (3). En 1824, elle comprenait 45,430 âmes, 15,553 dans l'île et 29,877 sur le continent (4). Les états officiels pour l'année

(1) Frezier, *Voyage dans la mer du Sud*, 20, 21.
(2) Southey, *Hist.*, III, 863.
(3) Piz., *Mem. hist.*, IX, 278.
(4) O presidente Antonio Rodriguez de Carvalho in J. F. Fernandes Pinheiro, *Annaes*, 432.

1840 portent la population à 66,218 individus, dont 53,707 libres et 12,511 esclaves (1). Enfin, sans comprendre le district de Lages, il y eut, en 1841, dans le reste de la province, un excédant de 1,000 naissances sur les morts (2).

Ces chiffres nous fournissent les considérations suivantes :

1° Si le premier et le dernier d'entre eux sont exacts, il est clair que la population de la province de Sainte-Catherine, dans un intervalle de 45 ans, depuis 1796 jusqu'à 1841, a presque triplé, ou, pour parler d'une manière plus précise, le chiffre de 1796 est à celui de 1841 comme 1 à $2\frac{816}{1000}$.

2° Les documents trop nombreux que nous possédons ne nous permettent pas d'établir une comparaison parfaitement exacte entre l'augmentation qui s'est effectuée dans la population de la province de Sainte-Catherine et celle que nous avons notée ailleurs pour la province de S. Paul ; cependant nous savons que, dans un intervalle de 49 ans, depuis 1777 jusqu'à 1826, l'accroissement a été,

---

(1) A. J. Ferreira de Brito, *Falla do 1º de março* 1841, doc. 15.
(2) Id. *do março* 1842, 33. — M. Aubé indique, pour l'année 1842, le chiffre 70,454 ; j'ai cru devoir préférer ceux des rapports officiels du président de la province. Je ne fais pas davantage mention des nombres cités par M. Sigaud d'après Sturz et Fabregas (*Annuario*, 1846, 380), parce que celui de 1838 surpasse de 6,000 celui de 1835. Je ne dois rien dire non plus du chiffre qui se trouve dans l'*Annuario* de 1847, car M. Sigaud lui-même paraît y avoir peu de confiance, et, en prenant pour base les chiffres officiels publiés en 1841 et 1842, la population de S. C. ne devait guère s'élever en 1847 qu'à environ 73,000 âmes, au lieu de 80,000. Je dois dire en même temps que l'excellent géographe M. de Villiers a cru devoir admettre sur sa carte de 1848 le chiffre de 81,500.

dans cette dernière, comme 1 à 2 $\frac{213}{1000}$, et, par conséquent, bien moins considérable qu'à Sainte-Catherine. On a importé beaucoup plus de nègres qu'à S. Paul, qui, en outre, a reçu des immigrations importantes de Mineiros ; mais, d'un autre côté, dans l'espace de temps indiqué, une foule de Paulistes se sont enfuis soit dans les déserts, soit à Rio Grande pour se soustraire aux enrôlements ou à la tyrannie du colonel Diogo, et la guerre contre Artigas a privé, pendant de longues années, la province de S. Paul de sa plus belle jeunesse (1).

3° Si nous estimons fort approximativement à 700 lieues carrées la surface tout entière de la province de Sainte-Catherine, nous aurons 96 individus par lieue carrée ; ce serait, par conséquent, une population très-considérable pour le Brésil, puisque, par lieue carrée, il n'y a que 19 individus à S. Paul et 40 à Minas ; mais si nous remarquons que, outre l'île de S. Francisco et celle de Sainte-Catherine, il n'y a d'habité sur le littoral qu'une bande très-étroite, nous trouverons que, excepté dans les grandes villes, il n'existe nulle part, au Brésil, une population aussi compacte que dans la portion de la province de Sainte-Catherine qui n'est pas restée déserte.

4° Tandis que, dans les pays aurifères et même ceux dont la canne à sucre fait toute la richesse, le nombre des esclaves égale ou dépasse celui des hommes libres, la province de Sainte-Catherine, où il n'y a point de mines d'or en exploitation ni de très-grandes sucreries, comprend tout au plus 1 esclave pour 5 hommes libres. Cette différence n'est certes pas, comme je l'ai montré ailleurs, un signe de

---

(1) Voir, dans cet ouvrage, ma description de la province de S. Paul.

richesse ; mais elle présente un immense avantage sous le rapport de la morale publique. On travaille peu, sans doute, dans ce pays; mais, du moins, le travail n'y est pas entaché de honte, comme dans ceux où les esclaves sont très-nombreux et, suivant la remarque très-juste du président de la province, M. Antero José Ferreira de Brito, s'il se commet, dans toute la province de Sainte-Catherine, moins de crimes qu'en d'autres provinces, c'est certainement, en grande partie, parce qu'il ne s'y trouve pas autant d'esclaves.

§ V. — Division de la province.

A l'époque de mon voyage, la province de Sainte-Catherine comprenait trois villes : *S. Francisco*, dans l'île du même nom ; *Nossa Senhora do Desterro*, dans l'île de Sainte-Catherine ; *Laguna*, sur le continent. Chacune de ces trois villes était le chef-lieu d'une paroisse. Il y avait, en outre, trois paroisses dans l'île de Sainte-Catherine : *N. S. da Conceição*, *N. S. da Lapa*, *N. S. das Necessidades*; et quatre sur le continent : *S. José*, *S. Miguel*, *N. S. do Rosario*, *Santa Anna* (1).

Depuis 1822, le nombre des paroisses a beaucoup augmenté. Voici, d'après un document officiel (2), quelles sont aujourd'hui les divisions de la province :

---

(1) Cazal, *Corog.*, I, 192.
(2) Antero José Ferreira de Brito, *Falla do 1º de março de 1841*.

DE SAINT-PAUL ET DE SAINTE-CATHERINE.   243

			Individus.
MUNICIPES (MUNICIPIOS)	DU SUD.	Celui de la cité de Desterro, comprenant toute l'île de Sainte-Catherine divisée en 6 paroisses.	
		Celle du chef-lieu,	1,930
		N. S. da Lapa do Ribeirão,	563
		N. S. da Conceição da Lagoa,	677
		N. S. das Necessidades de S. Antonio,	418
		S. João Baptista do Rio Vermelho,	403
		S. Francisco de Paula de Canas vieras,	345
		De la ville de Laguna, 4 paroisses.	
		Celle de la ville,	1,192
		S. João Baptista d'Imaruhy,	545
		S. Anna de Villa Nova,	400
		N. S. da Piedade do Tuberão,	189
		De S. José, 2 paroisses.	
		Celle de la ville,	1,635
		De N. S. do Rosario da Enseada do Brito,	590
	DU NORD.	De la ville de S. Miguel, comprenant 2 paroisses.	
		Celle de la ville,	1,100
		De João Baptista das Tijucas grandes,	234
		De la ville de Porto Bello, 2 paroisses.	
		De la ville,	553
		De Santissimo Sacramento d'Itajahy,	137
		De S. Francisco, 2 paroisses.	
		De la ville,	1,057
		De N. S. da Penha d'Itapocoroia,	233
		De Lages, comprenant une seule paroisse.	
		De la ville,	290

Je dois faire remarquer que, dans la province de Sainte-

Catherine, on ne se sert point, comme à Minas, du mot *arraial* pour désigner les villages, mais de celui de *freguezia*, paroisse. Le mot *arraial*, à proprement parler, signifie un lieu de campement, et en réalité les premiers mineurs ne faisaient que camper ; mais la grande quantité d'or qu'ils trouvèrent en certains endroits les décida à s'y fixer, et le mot *arraial* a été ainsi détourné peu à peu de sa signification primitive. Rien de semblable n'a pu arriver à Sainte-Catherine, où il n'y avait pas de mines à exploiter.

§ VI. — Administration ecclésiastique.

Dès l'origine la province qui nous occupe fit partie du diocèse de Rio de Janeiro, comprenant alors un pays qui, égal en étendue à trois ou quatre des plus grands royaumes de l'Europe, se prolongeait depuis les limites de l'archevêché de Bahia, au nord, jusqu'à celles du Brésil lui-même, du côté du midi. En 1776, l'évêché de S. Paul fut détaché de Rio de Janeiro. Le plus simple bon sens indique assez qu'il fallait en même temps faire un évêché, pour le moins, de l'immense portion du Brésil comprise entre la province de S. Paul et l'audience de Buenos-Ayres : il n'en fut pas ainsi ; Sainte-Catherine et Rio Grande continuèrent à appartenir au diocèse de Rio de Janeiro, et rien n'a été changé depuis, de sorte que ce diocèse se trouve séparé en deux parties par une enclave aussi grande que la France. Les évêques de Rio, s'ils voulaient, comme le respectable José Caetano da Silva Coutinho, visiter leur diocèse, seraient obligés d'y consacrer plusieurs années et ne pourraient arriver à Sainte-Catherine qu'après un voyage par mer de plusieurs jours ou un voyage par terre de plusieurs mois. De bons esprits ont gémi de cet état de choses, et l'on peut dire, en effet, qu'il annihile l'épiscopat dans une partie du Brésil (1). Les pasteurs, éloignés de toute surveillance, s'endorment dans une molle oisiveté, perdent jusqu'à l'idée de leurs devoirs, et autorisent par leurs vices ceux de leurs ouailles; la religion s'altère, disparaît et fait place à l'ignorance et à une grossière superstition (2). Si, par exemple, à l'époque de mon voyage, il y avait eu un évêque à Desterro, il n'eût certainement pas souffert, quelque relâché qu'on le suppose, que, tout près de lui, dans l'île de S. Francisco, les fonctions curiales fussent exercées par un homme qui, à force d'avilissement et de débauche, était tombé dans un état voisin de la démence. Le gouvernement brésilien reconnaît l'heureuse influence que la religion peut exercer sur les peuples (3); il saura satisfaire au plus noble de leurs besoins,

---

(1) José de Souza Azevedo Pizarro et Araujo; le *desembargador* Antonio Rodriguez Veloso de Oliveira.

(2) Pendant la courte relâche qu'un de nos plus illustres navigateurs a faite à Sainte-Catherine, on lui a dit que « les habitants de cette île « étaient sous l'empire d'une bigoterie qui rétrécissait leur caractère et « contribuait à rendre leur vie malheureuse. » (*Voyage Coquille, hist.*, 66.) Il n'est pas impossible qu'à Sainte-Catherine, comme cela arrive partout ailleurs, quelque malade se soit laissé tourmenter par de vains scrupules; mais nous pouvons dire des peuples du Brésil en général que, chez eux, les pratiques ont d'abord étouffé peu à peu ce que la religion a d'essentiel, et qu'on a fini par attacher peu d'importance aux pratiques elles-mêmes. C'est là qu'on était arrivé à l'époque de mon voyage, et ce que je lis dans un écrit imprimé en 1850 (Blumenau, *Süd brasilien*) tend à me prouver que sur ce point les choses n'ont pas changé.

(3) José Joaquim Torres, *Relatorio da repartição da justica a assemblea geral legislativa*.

celui de s'inspirer d'idées morales et religieuses et d'y puiser de douces consolations.

A mesure que la population de la province de Sainte-Catherine, devenant plus considérable, s'est répandue sur une plus grande surface, on a augmenté le nombre des paroisses, et, comme je l'ai dit, il s'élève aujourd'hui à dix-neuf. C'est beaucoup d'avoir facilité aux habitants de la campagne, autant qu'il était possible, l'accomplissement de leurs devoirs religieux ; mais, malheureusement, on ne trouve pas assez de prêtres pour remplir, dans toutes les cures, les fonctions sacerdotales ; le clergé brésilien a laissé tellement avilir l'état ecclésiastique, qu'aujourd'hui peu de personnes veulent l'embrasser. « Le personnel de l'église de la province, disait, en 1844, son digne président, M. Antero José Ferreira de Brito, est dans un état lamentable. » Qu'on ne croie pourtant pas, d'après tout ceci, que les Brésiliens soient, comme des milliers d'Européens, un peuple systématiquement impie ; si un grand nombre d'entre eux ne pratiquent pas ou pratiquent mal, c'est qu'ils ignorent, c'est qu'on ne les a pas instruits ; leur cœur s'ouvrirait sans peine à tous les sentiments tendres et élevés que la religion inspire. Je n'en veux pour preuve que les rapports de M. Antero. Dans son discours de l'année 1844, il annonce à l'assemblée législative provinciale que trois religieux espagnols qui lui étaient recommandés par l'évêque de Rio de Janeiro sont venus à Sainte-Catherine, qu'ils ont prêché dans toutes les paroisses de l'île, qu'on les a entendus avec autant d'empressement que de ferveur, et qu'ils suppléent, en grande partie, au défaut de prêtres séculiers. « Les mêmes religieux, dit-il, dans son discours « de l'année 1847, persévèrent depuis plus de trois ans,

« et ils continuent à obtenir les plus heureux succès. » Pourquoi ces hommes arrivent-ils à des résultats auxquels le clergé séculier reste étranger depuis si longtemps? M. Antero va nous l'apprendre en quelques mots : « Leurs « mœurs sont austères ; ils prêchent la doctrine chré- « tienne dans toute sa pureté, restent étrangers aux cho- « ses de ce monde et se consacrent sans réserve au service « de Dieu (1). » Puisse le clergé séculier ne point leur porter envie, mais les prendre pour modèles !

§ VII. — Instruction publique.

Sous le gouvernement du roi Jean VI, il y avait à Desterro un professeur de langue latine et quelques maîtres d'école (2); mais il est à croire que l'enseignement était presque nul, car, en 1829, longtemps même après que les bienfaits de l'instruction primaire ont été assurés à tous les citoyens par la constitution brésilienne, J. F. Fernandes Pinheiro se plaignait de ce que cette partie si essentielle du service public était fort négligée (3). Mais, d'après ce que dit le président Antero José Ferreira de Brito, dans son discours de l'année 1841 à l'assemblée législative de la province, il paraît qu'il y avait au moins autant de reproches à faire aux familles qu'à l'administration ; car le pro-

---

(1) Les discours de M. le président Antero José Ferreira de Brito méritent de grands éloges ; ses chapitres, en particulier, intitulés *culto publico*, sont empreints d'un amour sincère du bien et pleins de convenance.

(2) Cazal, *Corog. Braz.*, I, 95.

(3) *Annaes*, 2ª ed., 440.

fesseur de rhétorique et de philosophie n'avait point d'élèves, celui de grammaire latine n'en avait que six qui mettaient fort peu d'exactitude à entendre ses leçons, et les écoles primaires n'étaient pas suivies avec beaucoup plus de zèle.

Depuis 1840, l'assemblée législative, et surtout son digne président, M. Antero, se sont beaucoup occupés de l'instruction publique; mais l'administration a été longtemps contrariée par l'insouciance des parents et la difficulté de trouver des maîtres capables. Cependant, en 1847, Antero annonce que sa persévérance commence à être couronnée de quelques succès. Sur les 20 places d'instituteurs primaires créées par la loi provinciale, 16 étaient remplies, et, sur les 7 d'institutrices, il n'y en avait que 4 de vacantes; et tous remplissaient leurs devoirs. Mais ce qui surtout est, pour la province, d'une haute importance, c'est la fondation d'un collége due aux religieux dont j'ai déjà parlé dans le paragraphe précédent. Ces pères, pour une très-faible rétribution, prennent des pensionnaires auxquels ils enseignent le latin, les éléments de l'histoire, la géographie, le français, la géométrie, la rhétorique et la philosophie. M. Antero avait assisté, en 1847, l'examen des élèves; il avait été généralement content de leurs progrès; il l'avait été surtout de voir que « des jeunes gens « autrefois turbulents et mal élevés se distinguassent par « leurs excellentes manières, leur application sérieuse, « leur docilité, leur respect pour leurs semblables et leur « amour pour leurs maîtres. » Moi qui aime le Brésil presque comme mon pays, je me réjouis du fond de mon cœur du succès d'une œuvre si belle et fais des vœux ardents pour que de misérables intrigues ne viennent point en interrompre le cours.

§ VIII. — Administration judiciaire.

La province de Sainte-Catherine formait déjà, depuis plusieurs années, un gouvernement à part, lorsqu'elle dépendait encore, pour l'administration de la justice, de la *comarca* de Paranaguá. En 1749, on lui donna un *ouvidor*; mais, au bout d'un demi-siècle, la ville de Desterro perdit l'avantage qu'elle avait eu d'être un chef-lieu de *comarca*; les habitants de l'île de Sainte-Catherine et ceux des districts plus méridionaux furent obligés d'aller se faire juger en seconde instance à Porto Alegre, ville dont ils étaient séparés par une distance énorme. Tel était, à l'époque de mon voyage, l'état des choses; il y avait seulement un *juiz de fora* dans l'île de Sainte-Catherine, et il n'avait d'autorité que sur le district tout entier et sur ceux du sud; le district de S. Francisco était administré par des *juizes ordinarios* et ressortissait, comme dans les premiers temps, de l'*ouvidoria* (1) de Paranaguá. C'était à Lisbonne que se faisaient tous ces arrangements; les hommes qui y présidaient connaissaient à peine le Brésil par des cartes infidèles, et ne se faisaient qu'une idée très-imparfaite des distances et de la difficulté du voyage : l'expérience démontra que, quelque activité qu'eût pos-

---

(1) J'ai fait connaître dans ma première *Relation* ce qu'étaient les *ouvidores*, les *juizes ordinarios*, les *juizes de fora*.

sédée l'*ouvidor* de Porto Alegre, il lui aurait été impossible de parcourir, comme *corregidor*, l'immense pays soumis à sa juridiction, et, par un décret du 12 février 1821, fut rétablie l'ancienne *ouvidoria* de Sainte-Catherine (1).

Depuis que le Brésil a conquis son indépendance, l'administration judiciaire a été organisée dans la province de Sainte-Catherine de la même manière que dans le reste du Brésil, et la législation commune à tout l'empire y a été introduite. Mais, dans son rapport de 1842, à l'assemblée législative de la province, M. le président Antero fait sentir combien l'organisation actuelle de la justice criminelle donne peu de force à l'autorité, et combien il est à craindre qu'elle ne conduise à l'anarchie. En cela il ne paraît pas être en désaccord avec le ministre de l'empire de l'une de ces dernières années, qui appelle aussi une réforme. En 1840, une femme adultère de l'île de S. Francisco, aidée de son amant, coupe la tête à son mari; l'un et l'autre avouent plusieurs fois leur crime devant le public; le jury les déclare innocents. On s'est plaint plusieurs fois, non sans raison, de l'excessive indulgence des jurés français; elle n'a pas encore été aussi loin. L'institution du jury, si différente de ce qui se pratiquait autrefois au Brésil, n'a pu être comprise tout d'un coup par les habitants de ce pays; l'expérience et leurs propres intérêts leur ouvriront les yeux, et, sentant mieux l'importance de leurs devoirs, ils finiront par les remplir. Il est difficile, au reste, qu'on fasse jamais quelque chose de plus mauvais que ce qui existait sous le gouvernement du souverain du Portugal.

(1) J. F. Fernandes Pinheiro, *Annaes*, 2ª ed., 440.

§ IX. — Garde nationale.

A l'époque de mon voyage, la garde nationale de la province (*milicia*), parfaitement exercée et en état de défendre le pays, comprenait environ 4,000 hommes. Le seul district de Sainte-Catherine fournissait 2 régiments de cavalerie ; celui de S. Francisco et celui de Laguna, chacun un bataillon de 600 chasseurs. Vingt-deux ans plus tard, en 1842, on comptait, dans toute la province, 6,282 gardes nationaux portant tous l'uniforme et passablement armés (1). L'augmentation qui a eu lieu, dans un espace d'à peu près vingt ans, s'élève donc à la moitié du nombre primitif, et elle est, par conséquent, dans un rapport à peu près exact avec celle qui s'est opérée dans l'ensemble de la population.

§ X. — Fortune publique.

Il n'existe dans la province de Sainte-Catherine aucune mine en exploitation ; on y fabrique quelques poteries, on fait des tissus dans l'intérieur des ménages ; mais jusqu'à ce jour aucune manufacture proprement dite ne s'est établie dans le pays ; depuis que les blancs ont commencé à l'habiter, il est resté purement agricole. Les terres de la province de Sainte-Catherine sont généralement très-fertiles ; elle possède une vaste étendue de côtes et d'excellents ports : son climat assez tempéré permet aux habitants de

---

(1) Antero José Ferreira de Brito.

cultiver les plantes de l'Europe avec celles des tropiques, et cependant elle est pauvre. Les colons qui s'y établirent à différentes époques n'avaient point d'avances; la tyrannie du gouvernement portugais pesa longtemps sur eux. Telles sont les causes les plus anciennes de la pauvreté du pays : elle est prolongée par la passion des femmes pour la toilette, par le système d'agriculture en usage dans presque tout le Brésil, et enfin par les difficultés des communications.

Il est évident que les revenus publics doivent se ressentir du peu de richesse des habitants. Dans l'année financière de 1829 à 1830, par exemple, la récolte ne s'éleva qu'à 31,661,830 reis, tandis que les dépenses furent de 240,076,869 reis (1). Depuis cette époque, il est vrai, les finances de la province se sont beaucoup améliorées; car, en 1844, la dette passive ne s'élevait qu'à une somme insignifiante. Dans cette même année, cependant, aucun des sept municipes dont se compose la province ne pouvait encore payer ce qu'il devait, et toutes les fois que l'administration provinciale fait quelque dépense extraordinaire, même très-faible, elle est embarrassée pour y faire face. Ainsi, en 1847, il fallait une somme de 24,000,000 reis pour subvenir aux frais du premier établissement de trois cents Allemands que le gouvernement central voulait envoyer dans la province; sur cette somme, l'administration provinciale ne put fournir que 4,000,000 reis et fut obligée d'emprunter le reste (2). Dans d'autres circonstances on a eu recours à des loteries, et, quand il s'agit des

(1) J. F. Fernandes Pinheiro, *Annaes*, 2.e ed., 243.
(2) *Fallas do presidente em março 1844 c março 1847.*

moindres dépenses, on se plaint du manque d'argent.

La province de Sainte-Catherine est agricole, nous l'avons dit tout à l'heure ; donc, pour la tirer du triste état de médiocrité dans lequel on la voit languir depuis si longtemps, il faut tâcher d'augmenter ses produits et leur donner des débouchés. Je dirai plus tard comment on pourrait ranimer l'agriculture dans l'île de Sainte-Catherine, où le sol restera peu productif tant qu'on ne renoncera pas à la manière actuelle de culture. On croit bien faire en établissant des colons étrangers dans la partie continentale de la province de Sainte-Catherine : avec un plus grand nombre de bras, on augmentera la masse des produits ; mais cette augmentation perdra une grande partie de ses avantages, si les colons ne présentent, pour ainsi dire, que des espèces de groupes isolés entre eux comme des oasis, s'ils n'ont que des moyens difficiles ou même impossibles de communication, s'ils ne peuvent transporter leurs denrées partout où ils les placeraient avec avantage, surtout s'ils ne les échangent point avec les habitants du plateau qui en ont d'entièrement différentes à leur livrer. Tous ceux qui ont écrit sérieusement sur la province de Sainte-Catherine et qui l'ont bien connue, MM. José de Souza Azevedo Pizarro e Araujo, João Rodrigues de Carvalho (1), Van Lede et Léonce Aubé (2), ont fait sentir l'in-

---

(1) *Projecto d'uma estrada, etc.*, in *Revista trim.*, VII, 534 (1840).
(2) Voici comment s'exprimait M. Léonce Aubé en 1847 : « On peut
« dire qu'il n'existe pas de route dans la province de Sainte-Catherine,
« ou que, s'il y en a, elles forment quelques tronçons de peu d'éten-
« due ; ce ne sont que de mauvais chemins et de détestables sentiers...
« Trois chemins pénètrent dans l'intérieur de la province et traversent
« la Serra Geral pour aboutir à Lages... De ces chemins, celui du Tu-

dispensable nécessité de procurer aux habitants de la province de Sainte-Catherine des moyens de communiquer par terre les uns avec les autres et de pouvoir transporter leurs denrées à Curitiba et même dans les missions. A l'époque de mon voyage, il n'y avait dans l'île de Sainte-Catherine aucune route proprement dite ; de simples sentiers reliaient les habitations entre elles ; c'est tout au plus si les meilleurs chemins auraient pu être comparés aux plus mauvais de ceux que, chez nous, l'on appelle vicinaux. Jusqu'en 1847, aucun changement très-important n'avait encore eu lieu ; on avait fait des tracés, on avait dépensé quelque argent, mais on n'avait produit rien de bien, rien de durable, rien qui fût vraiment utile et que l'on puisse citer. La pauvreté de la province ne lui permet pas de tout entreprendre à la fois ; qu'elle fasse successivement les routes les plus utiles, que l'on confie la direction des travaux à des ingénieurs véritablement instruits, et qu'on n'oublie point que faire des chemins imparfaits dans les contrées montagneuses, c'est perdre son argent, parce qu'ils ne tardent pas à être détruits.

§ XI. — Mœurs.

J'ai dit ailleurs que les habitants des provinces du Brésil offrent souvent moins de ressemblance entre eux que n'en ont les uns avec les autres plusieurs des peuples eu-

« berão est, sans contredit, le meilleur, et pourtant, avant de l'avoir
« parcouru, il nous eût été impossible de nous faire une idée d'un sen-
« tier aussi épouvantable et aussi dangereux... Les deux autres chemins
« sont presque impraticables ; et, en effet, ils sont à peine fréquentés à
« de rares intervalles. » (*Notice*, 37.)

ropéens. Ces différences tiennent, sans aucun doute, aux époques où ont eu lieu les immigrations portugaises, au degré de richesse que les colons ont pu atteindre, à leurs mélanges plus ou moins multipliés avec les nègres ou les indigènes, surtout enfin à la nature et au climat des pays où ils se sont fixés.

Nous reconnaîtrons combien cette dernière influence a de force, si nous comparons les habitants de Rio Grande do Sul et ceux de Sainte-Catherine. Les uns et les autres sont partis également des îles Açores et à peu près à la même époque. Jetés dans d'immenses campagnes couvertes de pâturages, les premiers sont devenus éleveurs; on a conduit les seconds dans un pays boisé situé sur les bords de la mer : ils ne pouvaient s'étendre au loin sans de grands travaux; ils ont été pêcheurs. Forcés de courir sans cesse à la recherche de leurs vaches et de leurs taureaux, les colons de Rio Grande se sont accoutumés à être toujours à cheval ; les colons de Sainte-Catherine ont vécu dans des pirogues. Ceux-là, respirant l'air le plus pur, galopant sans cesse dans les *campos*, se nourrissant avec abondance de la chair de leurs bestiaux, ont acquis une force et une intrépidité remarquables ; leur teint s'est embelli des plus belles couleurs. Les autres, qui n'ont eu pour nourriture que du poisson, des coquillages, de la farine de manioc, et qui quelquefois respirent les miasmes d'un sol marécageux, sont loin d'avoir acquis une très-grande vigueur, et ont souvent un teint jaunâtre et un air languissant.

Les habitants d'Espirito Santo, comme les colons de Sainte-Catherine, se sont peu éloignés des bords de la mer; aussi les uns et les autres ont-ils les mêmes occupations et se nourrissent-ils de la même manière. Issus des colons portugais les plus anciens, qui eurent souvent des rapports avec les femmes indigènes, alors très-nombreuses, les habitants d'Espirito Santo sont plus américains que ceux de l'île de Sainte-Catherine. Les Indiens avaient déjà disparu de cette île lorsque arrivèrent les Açoriens dont les descendants forment presque toute la population actuelle du pays ; ces derniers ont conservé sans altération le type européen.

Les Mineiros, ayant acquis des richesses, ont fait donner de l'éducation à leurs enfants, qui sont devenus polis et ne sont pas restés étrangers à la culture des lettres; les colons de Sainte-Catherine sont arrivés dans cette province pauvres et ignorants; ils ne se sont point enrichis et ont conservé leur ignorance.

Voisins des Espagnols-Américains, les éleveurs de Rio Grande leur ont emprunté une foule de mots; c'est la *lingoa geral* qui, dans la province d'Espirito Santo, a altéré la pureté de la langue portugaise. Les Mineiros donnent peut-être trop de douceur à cette langue; les habitants de Sainte-Catherine, au contraire, la rendent dure et nasillarde, appuyant longuement sur l'avant-dernière syllabe et articulant les autres d'une manière brusque : ils ont probablement apporté cette prononciation des îles Açores.

Je n'étendrai pas cette esquisse davantage; les détails dans lesquels je vais entrer compléteront, j'espère, ce que j'ai laissé ici trop imparfait.

CHAPITRE XXIV.

LA VILLE, L'ILE ET LE DISTRICT DE S. FRANCISCO.

Continuation du voyage sur le bord de la mer. — Le *Pontal do Rio de S. Francisco*; une petite habitation. — Description du *Rio de S. Francisco*. — L'auteur le traverse ; l'aspect du pays comparé à celui de la Bretagne. — Vue que l'on découvre de la plage de la ville de S. Francisco. — Position de cette ville, rues ; maisons; église ; hôtel de ville; eaux; commerce; moustiques. — L'île de S. Francisco ; un chemin ; maladies ; nature du sol, ses produits, *imbé* ; mammifères et oiseaux. — Les limites du district de S. Francisco. — Administration de la justice dans ce district. — Sa population. — Mœurs de ses habitants. — Ses productions. — Pauvreté. — Le chemin de la *comarca* de Curitiba à la rivière de *Trez Barras*. — Quelques promenades dans l'île, une pauvre femme; le *Pão d'Assucar* ; le ver du bambou. — Une promenade sur le Rio de S. Francisco. — Les ouvriers. — Le curé de la paroisse de S. Francisco.

On a vu plus haut que, venant de Guaratúba, j'avais passé le Sahi Mirim, et qu'alors sortant, m'a-t-on dit, du territoire de S. Paul, je m'étais trouvé sur celui du district de S. Francisco appartenant à la province de Sainte-Catherine (1). A peu de distance du Sahi Mirim, on rencontre

(1) J'ai dit, dans mon fragment sur *l'île de S. François et la pêcherie*

une autre rivière que mes conducteurs semblaient considérer comme un simple bras de la première et qu'on ap-

d'*Itapocoroia* (*Nouvelles Annales des voyages*, IV, de 1835, 194-240), qu'il était permis de concevoir des doutes sur les limites nord de la province de Sainte-Catherine ; et effectivement, mes conducteurs paulistes m'avaient dit que le plus septentrional des deux *Sahi*, celui qu'ils appelaient *Sahi Mirim*, séparait leur pays du district de S. Francisco, tandis que, un peu plus tard, on m'assura, dans le chef-lieu du district, que la véritable limite était le *Sahi Grande*. Cette singulière contradiction et celles qu'on trouve dans les auteurs conduisent naturellement aux questions suivantes : Y a-t-il deux rivières distinctes du nom de Sahi ou une seule sans aucune bifurcation ? N'y en a-t-il qu'une se divisant en deux branches ? Dans le cas où il y aurait deux rivières également appelées *Sahi*, ou deux branches de ce nom appartenant à une seule rivière, quelle est la branche ou la rivière qui séparerait la province de S. Paul de celle de Sainte-Catherine ? 1° Quoique plusieurs géographes paraissent admettre un seul *Sahi*, il est incontestable qu'il y a deux cours d'eau de ce nom, puisque je les ai passés successivement, et Cazal, Milliet, Aubé en distinguent également deux (*Corog. Braz.*, I, 192. — *Dicc.*, II, 455. — *Notice*, 36). 2° Ainsi que je l'ai dit, les habitants du voisinage semblaient, à l'époque de mon passage chez eux, considérer les deux *Sahi* comme des branches d'une rivière unique, et telle est aussi l'opinion de Cazal et de Milliet ; mais, si le texte d'Aubé n'est pas, à cet égard, parfaitement explicite, sa carte indique bien clairement deux rivières distinctes. 3° Sur les lieux, on m'a assuré, je le répète, que le *Sahi Mirim* séparait la province de S. Paul de celle de Sainte-Catherine, et le statisticien D. Pedro Müller le dit d'une manière très-précise (*Ensaio estatistico*, 57) ; mais, d'un autre côté, le président de la province de Sainte-Catherine pour l'année 1841 indique expressément le *Sahi Grande* comme la limite de cette province, et c'est dans un document officiel qu'il donne cette indication (*Falla que o presidente Antero José Ferreira de Brito dirigio a asemblea legislativa em o 1° de março 1841*; *documento* 15). Au reste, il pourrait bien n'y avoir ici qu'une transposition de noms ; car on m'a indiqué sur les lieux le plus septentrional des deux *Sahi* comme étant le *Sahi Mirim*, et sur la carte de M. Aubé c'est le *Sahi Grande* qui est placé au nord de l'autre. Quoi qu'il en soit, il est assez vraisemblable, d'après ce que je lis dans Cazal et dans José Feliciano Fernandes Pinheiro, que,

pelle *Sahi Grande*. Elle n'est pas beaucoup plus large que le Sahi Mirim, et nous la passâmes de la même manière.

Nos bœufs allaient fort vite; mais, comme nous avions perdu un temps considérable au passage des deux rivières, je n'arrivai qu'à la nuit au *Pontal do Rio de São Francisco*, pointe de la terre ferme qui fait à peu près face à l'extrémité septentrionale de l'île de S. Francisco, et où je devais m'embarquer pour me rendre dans cette île.

La petite habitation où je passai la nuit, au Pontal, appartenait à d'excellentes gens qui eurent pour moi toutes sortes d'attentions. Loin de fuir à mon approche, comme auraient fait des femmes du nord de la province de Minas, la maîtresse de la maison et ses filles me reçurent de la manière la plus aimable; et le lendemain matin, elles m'envoyèrent un plat de poisson, seule nourriture qui, dans ce pays, puisse être offerte au voyageur.

Vers midi, l'adjudant auquel j'étais recommandé et à qui j'avais écrit, étant à Guaratúba, m'amena une pirogue. C'était une des plus grandes que j'eusse vues jusqu'alors; je la mesurai et lui trouvai 3 pieds 10 pouces anglais de large ($1^m,15$); ce qui, probablement, ne faisait guère moins de 5 mètres de circonférence pour le tronc d'où elle avait été tirée. On y chargea mes effets; mais le temps était affreux, et je ne pus partir que vers le soir pour me rendre à l'île de S. François.

---

dans les titres primordiaux, il n'est question que d'un *Sahi*, et en réalité la distance qui se trouve entre les deux est si peu considérable, qu'ils méritaient à peine d'être distingués.

Il est fort difficile de se faire une idée juste de cette île et du canal qui la sépare de la terre ferme (*Rio de S. Francisco*); une bonne carte serait, je l'avoue, préférable à toutes les descriptions (1). On peut dire, cependant, que l'ensemble de l'île et du canal présente assez bien l'image d'un quadrilatère fort irrégulier compris obliquement entre les branches très-écartées d'un y dont la tige serait oblique par rapport aux branches. Le quadrilatère serait l'île; l'y, le canal tout entier formant trois branches ; les deux branches de l'y, la partie du canal séparant immédiatement l'île du continent, ou, si l'on aime mieux, le canal proprement dit; enfin la tige de l'y, la partie du canal qui s'avance dans la terre ferme. D'après tout ceci, il est facile de concevoir que, si deux côtés du quadrilatère fort irrégulier qui forme l'île sont baignés par le canal proprement dit (les branches de l'y), les deux autres doivent l'être par l'Océan.

La première idée qui se présente à l'esprit lorsqu'on regarde la carte, idée qui est loin d'être dépourvue de justesse, c'est que la partie du Rio de S. Francisco qui paraît s'enfoncer dans le continent doit son origine à une réunion de plusieurs rivières venant de la grande Cordilière maritime, et que, à son extrémité, cette espèce de fleuve se divise en deux branches qui, formant à peu près le chevron brisé, séparent l'île de S. Francisco du continent (2). Les eaux de ce bras sont, à la vérité, salées; mais

---

(1) On peut surtout consulter la carte de M. Léonce Aubé dans sa *Notice sur la province de Sainte-Catherine* et celle que M. Antonio Xavier de Noronha Torrezão a jointe au même écrit.

(2) Telle était bien certainement la manière de voir de Pizarro, quoiqu'il ne se soit pas exprimé avec toute la clarté désirable (*Mem. hist.*,

une foule de fleuves le sont également, même au-dessus de leur embouchure, parce que là se forme un mélange causé par des courants et par le flux et le reflux.

Quant au canal proprement dit qui, du nord au sud, baigne immédiatement l'île de S. Francisco, il est incontestable qu'il reçoit les eaux douces du bras intracontinental où sont réunies les rivières appelées *Palmitar, Trez Barras* et *Cubatão Grande* (1); cependant, comme la plus grande partie de ses eaux vient évidemment de la mer, on doit, comme je l'ai fait il y a longtemps (2), et comme l'a fait depuis M. Aubé (3), la considérer comme un bras de cette dernière.

Ce bras forme une courbure, comme on l'a vu, et s'étend d'abord du nord au sud-ouest pour se diririger ensuite vers le sud-est; il a, très-approximativement, 6 lieues de longueur et est fort irrégulier dans sa largeur; cependant on peut dire qu'il va toujours en se rétrécissant de son milieu jusqu'à son extrémité méridionale. Du temps des Indiens, l'entrée du nord s'appelait, à ce qu'il paraît, *Babitonga* ou *Bopitanga* (probablement des mots guaranis *mbopí*, chauve-souris, et *tang*, jeune tendre); mais, à l'époque de mon voyage, personne, dans le pays, ne connais-

---

III, 79); telle est aussi celle qui a été adoptée par M. Léonce Aubé (*Notice*, 34).

(1) Je me borne à nommer ici le Cubatão Grande, le Palmitar, le Trez Barras, parce que M. Aubé affirme que les autres cours d'eau qui semblent se jeter dans la branche intracontinentale du Rio de S. Francisco n'y apportent rien, mais sont, au contraire, formés par elle (*Notice*, 35).

(2) *L'île de S. François* dans les *Nouvelles annales des voyages*, IV, de 1835, 194-240).

(3) *Notice*, 34.

sait plus ces noms, et ceux de *Barra Grande*, *Barra do Norte*. L'entrée du nord a environ 1,500 *braças* (3,000 mètres) de largeur et peut donner passage même à de petites frégates; les embarcations, m'a-t-on assuré, la franchissent par un vent du nord, un vent du nord-est, du sud et du sud-est. L'entrée méridionale, appelée *Barra d'Araquary* (1), n'a que 200 *braças* (400 mètres) de large et ne peut être franchie que par les *lanchas*. Je crois que, pour faciliter les descriptions, on pourrait, avec M. ANTONIO XAVIER DE NORONHA TORREZAO, réserver le nom de *Rio de S. Francisco* à la partie du canal proprement dit, qui s'étend de l'entrée du nord jusqu'au bras intracontinental, appeler *Rio d'Araquary* la partie comprise entre ce dernier et l'entrée du midi, enfin appliquer le nom de *Rio das Trez Barras* à tout le bras intracontinental.

Le canal tout entier est parsemé de plus de vingt îles ou îlots. Les moins petites de ces îles sont celles dites l'*Ilha do Mel* (île du miel), située dans le Rio Araquary, un peu au midi du bras intracontinental; l'*Ilha dos Barcos* (île des barques), encore un peu plus méridionale; et enfin celle d'*Antonio da Silva* (nom d'homme).

Entre les deux barres, à partir de celle du nord, se jettent dans le Rio de S. Francisco, du côté de la terre ferme, les vingt-cinq rivières suivantes (2).

---

(1) Et non *Aracary* ou *Aracari*, comme disent Cazal, l'amiral Roussin, Milliet et Van Lede, ni *Aricory*, comme a écrit Pizarro (*Mem. hist.*, III, 80). Le P. Antonio Ruiz de Montoya dit (*Tes. guar.*, 66) qu'un oiseau connu porte le nom d'*araquá*; ainsi *araquary* viendrait d'*araquá* et *y*, eau, la rivière des oiseaux appelés *araquá*. Peut-être aussi ce mot signifiait-il *la rivière du nid des aras*.

(2) *Description hydrographique*, etc., dans la *Notice* d'Aubé, 83, 84.

Au nord du bras intracontinental :

Le *Jaguaruna Pequeno* (guarani et portugais, la rivière du petit chien noir), qui est le plus voisin du Pontal; le *Jaguaruna Grande*, le *Rio do Barbosa* (nom d'homme).

Sur la rive orientale du bras intracontinental :

Le *Rio do Pinto* (portugais, la rivière du petit poulet), le *Rio dos Fernandes* (nom d'homme), le *Rio dos Tornos*, *Batuby* (du guarani *batobi*, montagne aiguë), *Bacuhy* ou *Bocuhy* (du guarani *mbacuy*, la rivière des monticules de sable); *Rio dos Barrancos* (portugais, la rivière des ravins); tous les six fort petits et ne devenant un peu considérables que par les marées hautes.

Sur la rive occidentale du même bras :

Le *Rio das Trez Barras* (portugais, la rivière des trois embouchures), ainsi appelé parce qu'il n'est qu'une embouchure commune à trois rivières, qui sont le *Furta-Enchente*, le *S. Joao* et le *Trez Barras*, dont la seconde, la seule qui soit un peu considérable, a, dit-on, 50 *braças* de large et 4 de fond, et peut être remontée par les pirogues dans un espace de 3 lieues; le *Rio dos Cavallinhos*, que les pirogues remontent dans une étendue de 10 milles; le *Pirabireba*, ou peut-être *Piraberaba* (guarani, peau de poisson), ayant une largeur assez considérable avec 3 *braças* (2 mètres) de fond, navigable pour les pirogues

---

— Il est d'autant plus essentiel, pour les navigateurs, de consulter cette description et la carte qui l'accompagne, que l'illustre amiral Roussin, dans son savant ouvrage intitulé *Le pilote du Brésil*, p. 69, où l'on trouve tant de détails hydrographiques si précieux, ne dit absolument rien de l'île de S. Francisco et paraît considérer le Rio Araquary et le Rio de S. Francisco comme deux rivières distinctes, dont la dernière se jetterait dans une baie.

jusqu'à un morne peu éloigné de l'endroit où s'arrête la marée ; le *Biguaçu* (guarani, le grand *begua*, espèce d'oiseau); le *Ribeirão* (portugais, torrent), qui a 5 *braças* de large, peu de fond, et ne saurait être remonté que par les pirogues ; le *Rio d'Antonio Felis*, étroit, de peu de fond et à peine navigable jusqu'à une 1/2 lieue de l'embouchure; le *Cubatão Grande*, qui a 20 *braças* de large (40 mètres) (1), 3 de fond, et peut être remonté, dans un espace de 10 *legoas*, jusqu'à un morne élevé qui porte le nom de *Morro da Tromba*; les deux *Eriris Grande* et *Pequeno* (du guarani *piriri*, jonc), ayant chacun 5 *braças* de large et 2 de fond à l'embouchure, navigables dans un espace de 2 lieues.

Sur la côte occidentale du Rio d'Araquary :

Le *Rio Saguaçu* (du guarani *sai guaçu*, grand œil), qui, à son embouchure, a 1/4 de lieue de large avec 4 *braças* de fond et sur lequel les pirogues font environ 10 milles ; le *Paranaguá Mirim*, éloigné de 1 lieue du précédent; le *Paraty* (du guarani *piraty*, poisson peint), navigable dans une étendue de 2 *legoas* 1/2 ; le *Rio das Areas Pequeno* (portugais, la petite rivière des sables), qui est profond, étroit, et navigable dans l'espace d'une demi-lieue; le *Rio das Areas Grande* (portugais, la grande rivière des sables); le *Rio dos Pinheiros* (portugais, la rivière des pins), très-petit, sans la moindre importance; enfin le *Rio Piraqué* (mot guarani qui désigne la petite espèce de poisson que les Portugais-Brésiliens nomment *lambari*), le plus voisin de la Barra d'Araquary, ayant, dit-on, 5 lieues de cours, 5 *braças* de largeur à son embouchure, pouvant être

---

(1) M. Aubé porte même cette largeur à 60 mètres (*Notice*, 36).

remonté par les pirogues dans un espace de 3 milles (1).

(1) Je crois pouvoir présenter cette liste avec confiance, parce que je la dois à l'homme du pays qui le connaissait le mieux, l'adjudant de S. Francisco, né sur les lieux, honoré de la confiance des autorités supérieures, chargé de toutes les affaires tant soit peu importantes. Il pouvait d'autant mieux m'indiquer les rivières qui se jettent dans le Rio de S. Francisco que c'était toujours lui qui avait envoyé au gouvernement les états de population ; et non-seulement ils étaient désignés, suivant les cantons, par les noms des rivières, mais encore dressés dans l'ordre même où celles-ci sont placées. Je lus à l'adjudant tout l'article de Cazal relatif au Rio de S. Francisco ; il m'indiqua les erreurs qui ont échappé à l'auteur, et j'ai conformé ma liste à ses rectifications. Ainsi on y voit qu'entre le *Rio do Barbosa* et celui *dos Fernandes* il faut placer le *Rio do Pinto;* qu'on doit écrire *Rio dos Tornos* et non *dos Fornos;* qu'après le *Paranaguá Mirim*, vient, en allant vers le sud, non pas le *Rio das Areas Grande*, mais le *Paraty*, puis l'*Areas Pequeno*, etc. J'ajouterai ici que les rameurs qui me conduisirent de la ville de S. Francisco à l'Araquari me confirmèrent tout ce que m'avait dit l'adjudant sur les cours d'eau qui, venant de la terre ferme, se jettent dans le canal depuis le Piraqué, à partir du sud, jusqu'au Paranaguá Mirim. — Je croirais laisser cette note incomplète, si je n'indiquais les différences qui se trouvent entre ma liste et les indications de MM. Torrezão et Aubé (*Annales maritimes*, III, de 1847), et qui, peut-être, tiennent à ce que telle ou telle rivière a deux noms différents ; que quelques petits ruisseaux ne m'auront été indiqués comme trop insignifiants ; que certains noms auront avec le temps éprouvé des altérations ; que de faibles cours d'eau auront disparu et que d'autres auront pris leur place ; peut-être enfin à ce que le lithographe parisien n'aura pas toujours copié exactement, comme cela est évident, ce me semble, pour le mot *Barrancas* substitué à *Barrancos*. Entre le *Rio do Pinto* et celui *dos Barrancos*, on trouve, sur la précieuse carte de M. Torrezão, les *Rios Ronco, Batuy, Lamir, Comprido, Bacury, Giguaçu :* le *Lamir* a été indiqué dans Cazal, où il est écrit *Lamés;* le *Batuy* n'est certainement que le *Batuby*, et le *Bacury* le *Bacuhy;* mais les étymologies indiennes indiquent assez que c'est *Batuby* et *Bacuhy* qu'il faut préférer. Au nord du *Barrancos* se voit, sur la même carte, un *Rio Baraara;* Cazal indique le *Rio Maria-Bachaura* comme un des principaux de ceux qui se jettent dans le *Trez Barras*, et l'existence de cette rivière m'a été con-

Embarqué dans ma pirogue, pour me rendre, comme je l'ai dit, du Pontal à la ville de S. Francisco, je pus à mon aise observer les deux rives du canal. Du côté de la terre ferme, à environ 1/4 de lieue du Pontal, est un petit fort dont les gardes nationaux (*milicianos*) faisaient le service. Là, près de la rivière de Jaguaruna Grande, commence une petite chaîne de montagnes peu élevées et cou-

firmée; mais on m'a dit en même temps qu'il fallait écrire, comme le fait M. Torrezão, *Maria Baraara* (le mot *mbaraara*, qui est guarani, signifie l'aurore, Marie l'Aurore). Au-dessus du *Trez Barras* la carte indique un *Rio Urubarana* que je n'ai pas dans ma liste. Dans *Pirabeirava*, on a substitué une orthographe portugaise à l'orthographe indienne. Entre le *Piraberaba* et le *Riberaõ*, la carte porte les Rios *Jequirehuma, das Ostras, Sambaqui* qui ne sont ni dans ma liste ni dans celle de Cazal, et à la place desquels, ce dernier auteur et moi, n'avons que le *Biguaçu*. Entre le *Ribeirão* et le *Cubatão Grande*, M. Torrezão a le *Pesqueiro* et le *Saturno;* Cazal et moi nous avons l'*Antonio Felis*. Au sud du *Cubatão Grande* et au nord des *Erirhys*, la carte note un *Cubatão Pequeno* dont l'existence est fort vraisemblable, car l'épithète *grande*, dans les noms de lieux, indique toujours une comparaison. M. Aubé écrit, dans son texte, *Iriruhu*, et M. Torrezão, sur sa carte, *Iririu*; en préférant *Eriri* avec Cazal, je crois me conformer à la prononciation usitée dans le pays à l'époque de mon voyage; mais peut-être le mieux est-il d'admettre, comme M. Antero José Ferreira de Brito, président de la province, le nom d'*Iririhy*, venant évidemment des mots indiens *piriri*, jonc, et *y*, rivière, la rivière des joncs. Entre le *Saguaçu* et le *Paranaguá Mirim*, Torrezão place un *Rio Pernambuco*, qui ne se trouve ni dans Cazal ni sur ma liste. L'auteur de la *Corografia Brazilica* n'a pas davantage le *Rio Taquera* placé, sur la carte, au midi du *Pinheiros*. Enfin l'étymologie guarani montre suffisamment qu'au lieu de *Pereque* il faut *Piraqué*, comme a également écrit M. Van Lede (*Colonisation*, 99). L'amour d'une exactitude poussée peut-être à l'excès et le désir de satisfaire les topographes les plus exigeants ont pu seuls me porter à entrer dans des détails aussi minutieux; car la plupart des ruisseaux dont il s'agit dans cette note sont plus petits peut-être que telle ou telle rivière de France, dont ceux qui la voient couler tous les jours ne savent pas même le nom.

vertes de bois qui se prolonge le long de la côte vers le sud (1). Du côté de l'île, je ne vis que des bois ; le terrain présente d'abord des mornes, puis il est plat, et enfin, dans le voisinage de la ville, il redevient montueux. Tandis que nous approchions de cette dernière, le temps, qui jusqu'alors avait été sombre, commença à s'éclaircir, et je pus contempler l'azur brillant du ciel, dont les teintes contrastaient avec le vert foncé des montagnes, d'où s'élevaient encore, de distance à autre, des colonnes irrégulières de vapeurs épaisses. Je me rappelais, en pensant à la France, que, sur les côtes de la Bretagne, tout s'accorde pour donner au paysage un aspect mélancolique ; des rochers grisâtres et pelés, un ciel pâle et brumeux, une végétation maigre : on ne peut pas dire que la nature soit riante sur le littoral du Brésil ; les forêts sombres qui couvrent les montagnes ont quelque chose d'ossianique ; mais la beauté du ciel et les effets brillants de lumière qui résultent de l'éclat du soleil ôtent à la nature ce qu'elle a de trop austère, en lui laissant une majesté inconnue dans nos contrées. Immédiatement avant d'arriver à la ville de S. Francisco, je passai devant une petite anse sur les bords de laquelle étaient quelques maisons. Après cette anse en vient une autre plus large, et c'est là qu'est située la ville, à une distance de 2 lieues de Barra Grande.

L'île de S. Francisco où je débarquai était autrefois occupée par les Indiens Carijós. Dès l'an 1549, le canal qui la borne du côté de l'ouest, ou du moins une partie de ce canal, était déjà connu sous le nom qu'il porte aujour-

(1) M. Léonce Aubé la représente, sur sa carte, comme formant une sorte de fer à cheval entre le Pontal do Rio de S. Francisco et le bras intracontinental.

d'hui (1); les Portugais le considéraient comme un bras du grand fleuve dont les eaux arrosent la province de Minas, et ils s'imaginaient que l'île faisait partie du continent. Vers l'époque dont il s'agit, un Espagnol appelé HERNANDO DE TRIJO s'établit dans le port de S. Francisco avec l'approbation de l'empereur Charles V; mais deux années s'étaient à peine écoulées, que la faim obligea les nouveaux colons de renoncer aux espérances de fortune qu'ils avaient conçues, et ils se retirèrent dans le Paraguay. Plus tard, des Paulistes qui avaient quelque connaissance de la fertilité du pays vinrent s'y fixer. Les Carijós se réunirent à ces étrangers ; la population du pays augmenta rapidement, et avant l'année 1656 on avait déjà

(1) Selon Pizarro, ce serait Gabriel Soares de Souza qui aurait découvert le Rio de S. Francisco, et lui aurait donné son nom; mais les récits de Hans Stade prouvent que ce nom était connu dès 1549, et il me paraît impossible que Gabriel Soares eût résidé au Brésil avant cette époque. Il n'est pas vraisemblable, d'ailleurs, que, s'il eût peuplé l'île de S. Francisco, il ne l'eût pas dit, et que, sachant observer avec autant de soin que de sagacité, il n'eût pas reconnu avec certitude que le Rio de S. Francisco n'est point un bras du grand fleuve dont les sources naissent dans la Serra da Canastra. Ce que dit Southey du voyage de Gabriel Soares dans le Rio de S. Francisco est évidemment erroné, et je crois qu'il ne faut pas non plus adopter sans examen ce qu'on trouve dans le *Diccionario do Brazil* sur l'histoire de l'île de S. Francisco. Suivant Cazal, l'entrée septentrionale et l'entrée méridionale du canal qui sépare cette île de la terre ferme étaient, à la fin du xvie siècle, considérées comme les embouchures de deux fleuves parfaitement distincts, celle du *Rio de S. Francisco* et celle du *Rio Alagado* : la description curieuse de Gabriel Soares me ferait croire plutôt qu'il faut voir dans le *Rio Alagado* la baie de Guaratuba, et que l'on doit regarder l'entrée méridionale du canal de S. Francisco comme étant l'ancien *Rio dos Drayos* (voir une des notes du chapitre de cet ouvrage intitulé, *La ville de Guaratuba*).

bâti une église sous l'invocation de *Nossa Senhora da Graça* dans l'île de S. Francisco (1). Depuis cette époque, cette île a été soumise à la même administration que celle de Sainte-Catherine, et elle s'est toujours trouvée sous les mêmes influences.

Immédiatement après avoir débarqué dans le port de S. Francisco, j'allai montrer ma *portaria* au commandant, qui me reçut très-bien et me fit beaucoup d'offres de service. Je pris ensuite possession de la maison que m'avait retenue l'adjudant; elle était petite, mais assez commode, et donnait sur la mer.

La ville de *S. Francisco*, autrement *da Graça de S. Francisco* (2), possède un très-beau port. Elle a été bâtie dans une position charmante, sur une des criques les plus septentrionales d'une anse assez vaste, qui s'étend du nord au midi. Je vais décrire la vue que l'on découvre de la plage. Le canal semble être un grand lac qui se prolongerait vers le sud, entouré de montagnes couvertes de bois. Les plus rapprochées d'entre ces dernières, moins élevées que les autres, forment cette petite chaîne qui commence auprès du fort et dont j'ai déjà parlé. Elles présentent peu d'irrégularités, mais, au milieu des forêts sombres qui les revêtent, on aperçoit, de loin en loin, quelques maison-

---

(1) Hans Staden, *Hist.*, in H. Ternaux, *Voyages*, 48. — Gabriel Soares de Souza, *Noticia do Brazil* in *Not. ultramar.*, III, parte I, 86. — Southey, *Hist.*, III, 647. — Pizarro, *Mem. hist.*, 79. — Cazal, *Corog.*, I, 190.

(2) MM. Milliet et Lopes de Moura disent, dans leur utile dictionnaire imprimé en 1845, que le titre de *cidade* a été accordé à la ville de S. Francisco ; le président de la province ne lui donne encore que celui de *villa* dans son rapport à l'assemblée législative du 1er mars 1847.

nettes et des plantations. A ces montagnes se rattache, par une illusion d'optique, une suite d'îlots bas, arrondis et couverts de bois comme elles. La grande île rase appelée *Ilha do Mel*, un peu plus éloignée que les îlots, paraît également faire partie de la terre ferme et borne la partie méridionale du lac, qui serait entouré, du côté de l'ouest et du sud-ouest, par les terres mêmes de l'île de S. François (1). Sur un plan beaucoup moins avancé, on découvre la grande Cordilière (Serra de Curitiba, Serra do Mar, Serra Geral), dont les sommets, élevés et très-inégaux, répandent dans le paysage une agréable variété; et sur le flanc d'une des montagnes de cette chaîne on distingue une large nappe argentée, formée, m'a-t-on dit, par une cascade qui doit être immense et d'une grande beauté, puisqu'elle se laisse apercevoir de plusieurs lieues.

La forme que présente la ville de S. François est à peu près celle d'un quadrilatère, plus large sur le bord du canal que dans les autres sens. Du côté de la terre, cette ville est resserrée entre deux mornes de hauteur inégale. Le plus élevé qui la domine vers l'est porte le nom de *Morro da Villa* (morne de la ville) et est couvert de bois vierges. L'autre, appelé *Morro do Hospicio*, forme la partie septentrionale de l'anse, et n'offre que du gazon et des broussailles; il se termine par une plate-forme sur laquelle on voit les ruines d'une église et quelques palmiers dont l'élégant feuillage, balancé par le plus léger vent, contraste avec l'immobilité des forêts environnantes.

(1) C'est par inadvertance que, dans mon fragment sur l'*île de S. François*, j'ai indiqué l'ouest et le sud-ouest.

La ville se compose d'environ quatre-vingts maisons (1820), blanchies avec de la chaux, couvertes en tuiles, la plupart bâties en pierre et bien entretenues. Le plus grand nombre n'a que le rez-de-chaussée; cependant il y en a aussi quelques-unes à un étage.

Les rues sont larges et assez droites. Quelques-unes, qui descendent vers la mer, sont pavées; les autres ne le sont que devant les maisons, et cependant on n'y voit jamais de boue, parce que le terrain se compose, comme à Paranaguá, d'une faible portion d'humus mêlé de sable et de coquilles.

Vers le milieu de la ville est une grande place irrégulière, couverte de gazon; c'est là qu'on a construit l'église paroissiale, mais on n'a pas assez songé à en mettre les lignes en harmonie avec celles de la place. Au reste, depuis Hytú, je n'avais pas encore vu une aussi belle église que celle de S. François; elle est vaste, fort large, bien éclairée et bâtie en pierre. Venant de Minas, où le moindre village possède plusieurs églises, je ne pus m'empêcher d'être surpris de ce qu'à S. Francisco il n'y en avait qu'une.

L'hôtel de ville, dont le rez-de-chaussée, suivant la coutume, sert de prison, est un petit bâtiment à un étage, placé à côté de l'église et presque entièrement caché par elle.

Les eaux de S. Francisco sont fort bonnes. Il y a autour de la ville plusieurs sources; mais on boit communément l'eau d'une fontaine qui a été arrangée pour la commodité du public et est sans ornement (1).

---

(1) Il faut que, depuis mon voyage, cette fontaine ait été entièrement négligée, ou qu'elle suffît si peu aux besoins du pays qu'on la considé-

On voit à S. Francisco un assez grand nombre de tavernes et plusieurs boutiques bien garnies. Les marchands se fournissent généralement à Rio de Janeiro ; mais, en cas de besoin, ils ont aussi recours à Paranaguá. En 1819, quinze embarcations, presque toutes destinées pour la capitale, et dont six appartenaient à des négociants du pays, prirent ici leur chargement, qui consistait en farine de manioc, riz et planches. Mais malheureusement, le peu d'activité que l'agriculture a dans ce pays y rend le commerce d'exportation fort difficile. Dans une de mes promenades j'entrai dans le *sitio* d'un homme qui paraissait être un des premiers marchands de l'île. Possesseur d'une *lancha*, il s'en servait pour aller vendre à Rio de Janeiro les denrées du pays ; mais il se plaignait de la lenteur excessive avec laquelle il était forcé de faire ses chargements ; sans cesse il se mettait en campagne pour découvrir quelque chose à acheter, et ses recherches restaient, la plupart du temps, infructueuses (1).

rait comme n'existant pas, ou enfin qu'on en eût laissé ignorer l'existence au président de la province ; car, dans son rapport du 1er mars 1841, il dit expressément qu'il n'y a point de fontaine publique à S. Francisco (*Falla que o presidente*, etc., p. 12).

(1) M. Léonce Aubé dit « que la petite ville de S. Francisco a fait, depuis quelques années, d'assez rapides progrès. » (*Not.*, 26.) Mais, d'après ce qu'il ajoute, dans ses *Observations*, sur l'état général de la province, il est évident que les progrès dont il parle sont relatifs au défaut total d'améliorations qui se fait remarquer dans d'autres cantons, et qu'ils ont, en réalité, bien peu d'importance. Ceci est, au reste, confirmé par M. Torrezão, qui, dans un morceau joint au travail d'Aubé, s'exprime comme il suit : « La ville de S. Francisco est pauvre, et offre peu de ressources pour les vivres. » (*Notice*, 82.) La même confirmation résulte suffisamment aussi de l'ensemble des discours prononcés, ces dernières années, à l'assemblée législative provinciale de la province par le digne président M. Antero José Ferreira de Brito.

Il existe peu d'endroits où les moustiques soient aussi communs que dans la ville de S. Francisco ; ce qui n'est pas étonnant, puisqu'elle est entourée de bois, la plupart très-épais, et que de tout côté on trouve des flaques d'eau et des terrains humides. Dans ces derniers temps, l'assemblée législative a consacré quelques fonds au dessèchement de certaines rues qui ressemblaient à de véritables marais; en 1842, une d'elles avait déjà été complétement assainie (1). On continuait le travail, et il est très-vraisemblable que le nombre des insectes malfaisants qui naissent dans les eaux stagnantes sera devenu beaucoup moins considérable (2).

Après avoir donné une idée de la ville de S. François, je dirai quelques mots de l'île où elle est située et dont elle est le chef-lieu. Cette île a 6 *legoas* de long du nord au sud, et 2 environ dans sa plus grande largeur. Elle est boisée et montueuse. Le *Pão d'Assucar* (pain de sucre) et le *Morro da Larangeira* (morne de l'oranger) peuvent être cités parmi les hauteurs qu'on y remarque le plus. Un chemin qui avait été ouvert par les gardes nationaux (*mili-*

---

(1) *Falla que o presidente A. J. Ferreira de Brito dirigio a assemblea legislativa em o 1º de março* 1842.

(2) John Mawe relâcha, en 1807, à S. Francisco ; mais il n'est pas sûr qu'il ait su qu'il était dans une île. « Des marchands de Rio de Janeiro, « Bahia et Pernambouc avaient fait construire, dit-il, à S. Francisco « non-seulement un bon nombre de petites embarcations pour le cabo- « tage, mais encore de grands navires. Quand ce commerce prenait fa- « veur, les ouvriers que nécessitait la construction des bâtiments étaient « fort recherchés, et l'on faisait travailler beaucoup de nègres. » (*Travels*, 58.) Ce qu'a écrit Mawe est généralement fort suspect, et, s'il y a quelque chose de vrai dans le récit que je viens de citer, il est à croire qu'il est au moins fort exagéré.

cianos) peu de temps avant mon voyage, et qu'on décorait du nom pompeux d'*estrada real* (route royale), parcourt l'île dans toute sa longueur ; il en met les différentes parties en communication les unes avec les autres et s'éloigne peu de la mer ; il a été fait avec soin, est bordé de forêts et forme une promenade très-agréable (1).

D'après ce qui m'a été dit par l'officier de santé de la ville de S. François, la *morfea* est heureusement inconnue dans toute l'île (1820) ; mais les fièvres intermittentes et les obstructions y sont très-communes. Les maladies vénériennes y sont plus rares que dans beaucoup d'autres pays, parce que les habitants ont avec le dehors peu de communications.

Les terres de l'île de S. Francisco sont, au rapport des agriculteurs, beaucoup moins bonnes que celles de la partie du district qui appartient au continent. Lorsque l'on a fait une première récolte dans une partie qui, auparavant, était couverte de bois vierges, on peut n'attendre que trois ans pour y planter une seconde fois ; mais ensuite, à moins de fatiguer le terrain, on ne le cultive que tous les sept ans, et, quand on n'observe pas cette règle, il finit par ne plus produire que des broussailles peu élevées

---

(1) « Dans la partie orientale de l'île, dit Manoel Ayres de Cazal (*Corog. Braz.*, I, 190), est un lac étroit appelé *Rio Acarahy* qui a « 3 lieues de longueur du nord au sud ; et un peu au nord de celui-ci « il y en a un autre d'une 1/2 lieue de long, 50 brasses de large et peu « de profondeur. » D'après les renseignements que j'ai pris auprès des personnes les mieux instruites, le *Rio Acarahy* n'est point un lac, mais une véritable rivière qui se jette dans la mer au nord-est de l'île. Au nord de l'Acarahy, m'a-t-on assuré encore, il n'y a ni lac ni rivière. Peut-être l'auteur a-t-il voulu parler du *Rio do Monte de Trigo* qui a son embouchure vers la *Barra do Norte*.

et un gazon ras : sur le continent, au contraire, on peut, en général, renouveler ses plantations tous les ans, surtout quand on choisit les *cubatões*, nom que l'on donne aux enfoncements des montagnes pleins d'un humus fécondant.

Quoique les terres de l'île de S. Francois soient inférieures à celles de la terre ferme, il n'en faudrait pourtant pas conclure que la végétation naturelle de ces terres est entièrement dépourvue de vigueur ; on y retrouve des forêts vierges et toute leur majesté. Au mois d'avril, époque à laquelle je me trouvais dans cette île, l'hiver des tropiques allait commencer ; peu de plantes étaient en fleur, et je remarquai que presque toutes appartenaient à la Flore de Rio de Janeiro, qui, comme je l'ai dit, s'étend, sur le littoral, fort loin vers le sud. Ici encore, l'on trouve dans les forêts vierges le *cipó d'imbé*, sorte de liane que j'ai fait connaître il y a déjà longtemps (1), et qui n'est autre chose que la longue racine d'une aroïde parasite dont la tige entoure, à une hauteur prodigieuse, le tronc des plus grands arbres. Les Botocudos se servent de l'écorce du *cipó d'imbé* pour attacher des plumes à leurs flèches. Dans un des villages de Minas Geraes (2), on fabrique des chapeaux avec cette racine ; à Paranaguá et à S. Francisco, on en fait des cordages très-souples et d'un grande force que les marins estiment beaucoup. L'*imbé* est encore une des productions végétales qui, comme tant d'autres, disparaîtront avec les bois vierges (3).

(1) Voir mon *Voyage dans les provinces de Rio de Janeiro et de Minas Geraes*, I, 13.
(2) *Voyage dans le district des Diamants*, I, 91.
(3) MM. Spix et Martius disent (*Reise*, I, 245), dans un tableau statis-

On voit autour de l'île de S. François, dans le canal et les îlots dont il est parsemé, un grand nombre d'oiseaux de rivage, tels que les n°ˢ 361, 379, 382; mais, dans l'intérieur de l'île, on trouve peu d'espèces terrestres; celles que l'on rencontre le plus communément sont le toucan n° 381, l'araçari n° 378 et le gavião n° 374. Il y a dans l'île, m'a-t-on dit, quelques cerfs (*veados*), des singes et des pécaris (1).

En 1820, le district de S. Francisco, dont je vais parler à présent, ne se composait pas seulement de l'île de ce nom; il comprenait encore 19 *legoas* de côtes depuis le Sahi (2), qui le sépare de la province de S. Paul, jusqu'à la rive septentrionale du *Rio Cambriaçu*, formant alors la limite du district de Sainte-Catherine (3). A l'ouest, cette

---

tique du commerce de Sainte-Catherine, que l'*imbe* du Brésil méridional est fourni par la tige de plusieurs *Paullinia*; mais, comme ils n'ont nullement visité le pays, on est très-fondé à élever des doutes sur cette assertion. Cependant leur autorité, très-grave à mes yeux, m'inspire aussi des doutes sur ce que moi-même j'écris ici, et me ferait presque craindre que je n'eusse confondu, avec l'imbé de Minas, une plante à laquelle on aurait également donné, à S. Francisco, le nom d'*imbé*. Ceux qui, par la suite, parcourront cette île feront bien de revenir sur ce point de botanique.

(1) On trouvera dans la *Notice* de M. Aubé une liste des mammifères et des oiseaux de toute la province de Sainte-Catherine. Quoique les noms scientifiques n'y soient pas cités et qu'on y ait souvent indiqué d'une manière peu exacte les noms vulgaires (ex., *gomba* pour *gamba*, *grail* pour *gralha*, *pic a pào* pour *picapao*), il est difficile qu'elle ne soit pas l'ouvrage d'un naturaliste.

(2) Voir ce que j'ai écrit sur cette limite.

(3) J'écris ce nom comme je l'ai entendu prononcer dans le pays, et comme l'écrit le plus souvent Van Lede; mais, selon Cazal, ce serait *Camboryguassu* (*Corog.*, I, 188), et suivant Milliet *Camboriú*. Le dernier, cependant, ajoute que, sur les lieux, on dit *Cambriú*, et, si L. Aubé

étendue de côtes n'avait pas de bornes bien certaines; mais les colons ne s'étaient pas établis à plus de 2 lieues du littoral; au delà sont des montagnes couvertes de bois qui n'avaient point de propriétaire (1).

A l'époque de mon voyage, la justice, dans le district de S. Francisco, était rendue en première instance, comme je l'ai déjà dit, par des juges ordinaires, et tandis que Sainte-Catherine dépendait, pour les appels, de l'*ouvidoria* de Porto Alegre, S. Francisco faisait partie de Curitiba.

Dans tout le district où se trouve comprise la pêcherie d'Itapocoroia, la population était, en 1820, répartie de la manière suivante :

Individus libres. . . .	3,157
Esclaves.	871
Total. . .	4,028

Le nombre des feux ainsi qu'il suit :

écrit, dans son texte, *Cambiriuguassu*, c'est simplement *Cambriú* que porte sa carte. *Combriaçu* est l'augmentatif indien de *Cambriú*. Les auteurs de l'utile *Diccionario do Brazil* disent (p. 539) que le territoire de S. Francisco a acquis une grande extension *du côté de l'ouest* depuis qu'on y a joint, en 1832, les terres situées entre le Sahi et l'Itajahy ; mais comme il avait autrefois le Cambriaçú pour limite, et que celui-ci coule au sud de l'Itajahy, il me semble qu'en le bornant à l'Itajahy on l'a diminué au lieu de l'augmenter. Au reste, ce n'est aujourd'hui ni le Cambriaçú ni l'Itajahy qui sert de limite au district de S. Francisco, mais le *Gravatá*, encore plus septentrional que l'Itajahy (*Falla que o presidente Antero José Ferreira de Brito dirigio, etc., em 1 de março 1841 ; documento 13*).

(1) Il ne paraît pas, d'après la *Notice* de M. Aubé, qu'il y ait, à cet égard, de changements tant soit peu notables.

Dans le chef-lieu. . . . 86
Dans le reste de l'île. . . 110
Sur la terre ferme. . . 919
Total. . . 1,115

En 1841, les états de population donnaient les chiffres suivants :

Individus libres sur la paroisse de la ville. 5,479 ⎫ 6,896
»   »   »   »   » d'Itapocoroia.   1,417 ⎭
Esclaves sur la paroisse de la ville. . .   1,057 ⎫ 1,280
»   »   »   » d'Itapocoroia. .   223 ⎭
Total. . . . 8,176

Le nombre des feux s'élevait

Pour la paroisse de la ville. . . 1,040
»   celle d'Itapocoroia.. 376
Total. . . 1,416 (1)

La comparaison de ces chiffres donne lieu aux considérations suivantes :

1° Si tous sont exacts (2), il faut en conclure que

(1) Le chiffre que je cite comme étant celui de la population totale du district (*municipio*) de S. Francisco en l'année 1840 est un peu inférieur à l'indication de Léonce Aubé pour 1842 ; je l'emprunte au rapport fait à l'assemblée législative de la province le 1ᵉʳ mars 1841 (*Falla do presidente Antero José Ferreira de Brito; documento* 15.

(2) M. d'Eschwege, moi, Daniel Pedro Müller, et dernièrement encore M. Sigaud, avons montré que les états de population faits au Brésil ne peuvent être considérés que comme étant plus ou moins approximatifs. Voici une observation qui tend à prouver qu'il ne faut point excepter ceux de la province de Sainte-Catherine : le tableau statistique officiel de la province pour l'année 1840 porte que, indépendamment des veufs

la population du district de S. Francisco, aujourd'hui *municipio*, a un peu plus que doublé en vingt ans, ce qui ne peut guère s'expliquer que par les essais de colonisation qui ont été tentés et qui auraient laissé quelques étrangers dans le pays.

2° L'augmentation n'a pas eu lieu dans une proportion égale entre les esclaves et les hommes libres; car elle a été, chez ces derniers, comme 1 à 2,18 et, chez les premiers, comme 1 à 1,46. La possession des esclaves est un signe de richesse; or S. Francisco, comme on l'a vu (1), est resté pauvre, et ce ne sont pas les nouveaux colons, gens probablement tous sans fortune, qui auront pu acheter des noirs et en augmenter le nombre.

3° Puisque, dans les pays où l'esclavage est admis, le nombre plus ou moins considérable d'esclaves indique le degré de la richesse, et que, d'un autre côté, en 1820, la population noire était à la population blanche comme 1 à 3,64, tandis qu'en 1840 la première n'était plus à la seconde que comme 1 à 5,39, il est évident que, terme moyen, il y avait moins de richesse à S. Francisco en 1840 qu'en 1820 (2).

---

et des veuves, il y avait alors sur la paroisse de S. Francisco 1,026 hommes mariés et 707 femmes également mariées; à moins de séparations légales ou librement consenties, des mariages supposent nécessairement un nombre égal d'hommes et de femmes. Croire que, sur 1,206 femmes, il y en ait eu 319 qui avaient quitté leurs maris pour aller ailleurs, ce serait admettre une immoralité qui me semble impossible : j'aime mieux me persuader qu'il y a dans le tableau cité de grandes inexactitudes; d'ailleurs d'Eschwege en a signalé de non moins palpables dans les états de population fournis par l'administration de la province de S. Paul.

(1) Voir plus haut.
(2) Il ne faudrait pas donner l'abolition légale de la traite pour cause

4° D'après les chiffres indiqués, il y aurait eu, en 1820, 3,61 individus par feu, et, en 1840, 5,77, c'est-à-dire presque le double. De là il faudrait conclure ou que la vie et les liens de famille se sont resserrés, et que les enfants se séparent moins légèrement de leurs pères, ou, ce qui est plus vraisemblable, que le nombre des esclaves ayant diminué proportionnément au reste de la population, on a cessé d'avoir autant de facilité pour multiplier les maisons.

5° Sur les 1,057 esclaves que l'on comptait, en 1840, dans l'île de S. François, il y en avait 591 qui appartenaient au sexe masculin, et parmi ces derniers 193 étaient mariés. Cette proportion paraîtra sans doute bien faible; mais il s'en fallait de beaucoup qu'elle fût atteinte par aucune des paroisses de la province, et à l'époque dont il s'agit il n'y avait pas un seul esclave marié sur la paroisse de Sainte-Catherine, où l'on en comptait 1,019 du sexe masculin. Une différence si grande fait trop d'honneur aux habitants de S. François pour que je n'éprouve pas une véritable satisfaction à l'indiquer.

La plupart des habitants du district de S. Francisco sont des cultivateurs et ont très-peu de fortune; ils font leur résidence dans des *sitios*, petites habitations rurales dispersées dans l'île et sur la terre ferme; mais les plus aisés d'entre eux ont à la ville une maison où ils viennent passer le dimanche.

---

de la diminution du nombre des noirs dans le district de S. Francisco; car tout le monde sait qu'on n'a jamais cessé d'amener des esclaves au Brésil, et qu'il y en a toujours eu assez pour satisfaire aux demandes (Gardner, *Travels*, 16. — Voir aussi mon *Voyage à Goyaz*, I, 108 et suiv.).

De quelque état que l'on soit, on est en même temps pêcheur. Il n'est personne qui ne possède une pirogue, et personne qui ne sache la conduire avec adresse. On voit les femmes se lancer sur une mer houleuse dans des barques mal assurées, et jamais elles ne montrent la plus légère frayeur. La mer est l'élément des habitants de ce pays ; chacun sait de quel côté vient le vent, quelles sont les heures de la marée ; et de même qu'on dit, dans les *Campos Geraes*, pour exprimer l'abondance de quelque chose, que l'on en pourrait charger un mulet, on dit ici que l'on pourrait en charger une pirogue.

Tout le monde est accoutumé à vivre de farine de manioc et de poisson cuit dans de l'eau, et l'on ne fait aucun effort pour se procurer d'autre nourriture ; souvent même on ne se donne pas la peine d'aller à la pêche ; on se contente des coquillages que l'on va chercher sur les rochers et parmi les mangliers. C'est tout au plus si une couple de fois, dans le courant de l'année, on tire quelques bestiaux dans le chef-lieu du district (1). Lorsque j'étais à S. Francisco, je fis chercher du lard dans tout le pays, je ne pus en découvrir ; on m'assura que les habitants les plus aisés n'en mangeaient point depuis longtemps, et c'est pourtant la seule substance qui, au Brésil, remplace le beurre ou l'huile.

Non-seulement à S. Francisco, mais encore sur toute la côte, depuis la ville de Paranaguá et plus au nord peut-

---

(1) Il est à croire que, sous ce rapport, il y a eu quelque changement, car le président de la province, en l'année 1841, dit que des ordres formels ont été donnés pour la construction d'un abattoir dans l'île de S. Francisco (*Falla que o presidente A. J. Ferreira de Brito, — março* 1842, 23).

être, les hommes d'une classe inférieure portent des cheveux très-courts ; ils en laissent seulement croître un rang sur le front, et une mèche tout à fait au bas de la tête : leur costume, d'ailleurs, n'a rien qui attire l'attention.

Le climat de tout le district de S. Francisco est moins malsain que celui de Paranaguá, parce que le terrain a plus d'élévation et ne présente pas autant de marécages ; aussi ne voit-on pas, dans ce district, autant de figures jaunes et languissantes que sur le littoral de la *comarca* de Curitiba. Cependant il est impossible de ne pas reconnaître, à la maigreur des gens du pays et à leurs joues caves, qu'ils prennent, comme les habitants de Paranaguá, une nourriture trop peu substantielle. Il ne tiendrait pourtant qu'à eux de vivre d'une manière moins frugale. A présent (1820), les vaches sont rares dans le district, et l'on y élève également peu de cochons et de volaille. Que par l'incendie répété des bois les cultivateurs forment des pâturages autour de leurs maisons, ils pourront nourrir des bestiaux, avoir du lait et faire des fromages ; au lieu de planter à peine quelques *carás* (*Dioscorea alata*), quelques *aipis* (*Maniot aipi*, Pohl), quelques patates (*Convolvulus Batatas*), qu'ils donnent de l'étendue à ces cultures en y joignant celle des *inhames* (*Caladium esculentum*) qui leur est inconnue (1), il leur sera facile d'engraisser des porcs et de la volaille.

Mais il serait superflu, je le crains, de donner ces conseils aux habitants du district de S. Francisco : ils ne sont

---

(1) J'ai dit ailleurs qu'il faut se donner de garde de confondre les *ignames* de nos colonies, qui sont des *Dioscorea*, avec les *inhames* du Brésil.

pas moins insouciants que ceux des parties les plus reculées du Brésil, et ils ont aussi peu de besoins. La pêche leur fournit une nourriture assurée ; quand ils possèdent une maisonnette et une pirogue, quand ils ont un petit champ de manioc pour pouvoir manger leur poisson avec de la farine, qu'ils recueillent quelques livres d'un coton grossier pour s'en faire une couple de caleçons et de chemises, ils peuvent à peu près se passer de tout le reste. L'ameublement de leurs maisons est encore plus restreint que celui des plus pauvres Mineiros. Pourquoi aurait-on, comme à Minas, une table et des bancs? On étend une natte au milieu de la chambre, on y sert le poisson et la farine de manioc, et les convives s'accroupissent tout autour (1).

J'ai dit ce qu'étaient en 1820 les habitudes de la population presque entière de S. Francisco ; depuis cette époque, aucun changement notable ne s'est opéré (2), et, si l'on peut attendre quelque amélioration, c'est du temps seul et de l'exemple des colons étrangers. Sous un climat très-chaud, dans une contrée fertile, où il n'est pas nécessaire de travailler autant qu'en Europe, ces derniers se modifieront sans doute ; mais il est difficile que les habitants du pays ne se modifient pas également avec eux. Les étrangers perdront ; les anciens habitants gagneront quelque chose.

Le manioc, et ensuite le riz, qui donne ici 120 pour 1, sont les végétaux qu'à l'époque de mon voyage les habi-

---

(1) Cette habitude, comme l'on sait, se retrouve dans la province d'Espirito Santo.
(2) Aubé, *Notice*, 50.

tants du district de S. Francisco cultivaient le plus fréquemment ; ce sont les seuls dont ils exportaient les produits ; ils plantaient aussi un peu de maïs, mais uniquement pour la nourriture de la volaille, des chevaux, qui étaient rares, et quelquefois celle des esclaves. La canne à sucre réussit assez bien dans le district de S. Francisco, mais on ne l'emploie guère qu'à faire de l'eau-de-vie ; le coton est d'une qualité inférieure et se cultive seulement pour la consommation du pays ; il en est de même du café ; les bananes sont communes et fort bonnes.

Le district de S. Francisco, étant situé à l'orient de la grande chaîne maritime, fait nécessairement partie de la *région des forêts* (1), et les habitants les plus pauvres gagnent leur vie à scier des arbres pour faire des planches, qui sont un objet important d'exportation. Cette branche de commerce pourrait devenir beaucoup plus considérable, si le pays était plus peuplé ; elle le deviendrait même dès à présent, si les habitants aisés profitaient, pour établir des moulins à scie, de quelques-uns des cours d'eau qui descendent des montagnes ; mais personne n'a la moindre idée de ce genre si facile de mécanique (1820) (2).

Comme la province entière de Sainte-Catherine possédait peu de revenus, qu'elle avait presque toujours des

---

(1) Voir mon *Voyage dans les province de Rio de Janeiro et de Minas Geraes*, I, 10.

(2) Les moulins à scie ne peuvent être inconnus aujourd'hui dans la province de Sainte-Catherine, car le rapport du président de cette province pour l'année 1844 nous apprend que l'on en avait établi un dans la colonie, actuellement détruite, qui avait été fondée sur le bord du Rio das Tijucas Grandes sous le nom de *Nova Italia* (*Falla que o presidente Antero José Ferreira de Brito dirigio, etc.*, *março* 1844, 26.)

troupes à entretenir et, par conséquent, beaucoup de dépenses à faire, non-seulement l'administration n'avait jamais fait aucun sacrifice pour le district de S. Francisco, mais encore elle l'épuisait de plus en plus. Vingt gardes nationaux (*milicianos*) étaient régulièrement employés pour le service de la ville et du fort; souvent on en détachait d'autres qu'on envoyait à Sainte-Catherine, et on ne leur donnait pas même de quoi subvenir à leur nourriture. Cependant c'étaient des hommes pauvres qui, ne subsistant que du travail de leurs mains, ne pouvaient abandonner leurs demeures et leurs plantations sans qu'il en résultât un préjudice notable pour eux et pour leurs familles.

Un moyen d'aider ce pays à sortir de la misère où il était plongé eût été de rendre praticable le chemin qui, partant de la *comarca* de Curitiba, vient aboutir à la rivière de Trez Barras (1). L'adjudant de S. Francisco me dit que ce chemin où il avait passé n'exigerait des travaux importants que dans l'espace d'une demi-lieue, et il ne pensait pas que la dépense pût s'élever au delà de 500,000 reis (3,125 fr.). Si le chemin de Trez Barras eût été entièrement fait, le district de S. Francisco aurait partagé avec le principal port de la *comarca* de Curitiba les bénéfices du commerce des Campos Geraes; mais ces vastes campagnes sont assez fertiles pour que l'entrepôt de leurs produits, divisé entre le port de S. Francisco et celui de Paranaguá, eût pu contribuer à les enrichir tous les deux... Il y a vingt ans que je consignais ces observa-

---

(1) J'ai déjà parlé de ce chemin au chapitre intitulé, *La ville de Curitiba et son district*.

tions dans mes journaux de voyage, et c'est seulement le 1ᵉʳ mars 1842 que le président de la province a pu annoncer à l'assemblée législative de la province que le chemin de Curitiba était achevé (1). Mais nous savons par un ancien élève de notre école polytechnique, M. L. Aubé, que, quoique achevé, il n'a jamais été praticable (2), et ce qui tend à confirmer cette assertion, c'est que le président de la province lui-même, dans un rapport du 1ᵉʳ mars 1847, dit que le gouvernement impérial a mis au nombre des routes de première classe (*estrada geraes*) le chemin de *Trez Barras* et qu'il a consacré 4 *contos de reis* aux travaux qui doivent y être faits (3).

Quoi qu'il en soit, par ce chemin, tel qu'il était en 1820, S. Francisco recevait de Curitiba de la viande sèche, du maté et du lard; mais, comme il fallait que les transports se fissent à dos d'homme pendant la demi-lieue tout à fait effroyable dont j'ai parlé tout à l'heure, les communications ne pouvaient être que fort rares.

Je passai douze jours dans l'île de S. Francisco, et je profitai de ce temps pour faire plusieurs promenades.

Dans l'une d'elles, je me dirigeai vers le nord de l'île en suivant le chemin très-agréable dont j'ai déjà parlé et qu'on nomme *estrada real*. Tout le pays que je parcourus, boisé et montueux, est parsemé de *sitios* qui communiquent, par des sentiers, avec le grand chemin. Le *Pão d'Assucar* (pain de sucre), qui, d'un côté, est couvert de

---

(1) *Falla que o presidente Antero José Ferreira de Brito dirigio a assemblea legislativa em 1° de março*, 1842, 10.
(2) *Notice*, 84.
(3) *Falla que o presidente — em 1° de março 1847*, 5, 6.

bois, de l'autre à pic et presque entièrement pelé, s'élève au-dessus des mornes voisins et répand de la variété dans le paysage.

Dans une autre promenade, je suivis la partie méridionale du même chemin. De distance en distance on voit, comme du côté du nord, des sentiers qui conduisent aux *sitios*. Ceux de tout le district sont, en général, de fort petites maisons bâties en terre et en bois, couvertes en tuiles et en assez mauvais état; autour d'elles sont des orangers plantés sans ordre, des bananiers et un champ de manioc. J'entrai dans une de ces maisonnettes pour éviter la pluie, et n'y vis d'autres meubles que quelques pots de terre. « J'habite ce sitio seule avec six petits en-
« fants, me dit la maîtresse de la maison en versant des
« larmes; j'ai perdu mon mari il y a quelques mois; je
« suis éloigné de mon père, et je n'ai plus personne qui
« pêche pour moi et ma pauvre famille. »

Le Pão d'Assucar avait attiré mon attention; je voulus le visiter, et y chercher des plantes. Ce morne, comme je l'ai dit, est le plus élevé de ceux qui avoisinent la ville, et il domine du côté du nord; mais il ne mérite pas son nom, car, à pic, vers le septentrion, il n'offre de pente que du côté du sud. Pour parvenir à son sommet, je suivis un sentier qui avait été pratiqué à une époque où l'on craignait une invasion de troupes espagnoles. Partout où le terrain n'est point coupé verticalement, il y croît des bois vierges. On voit aussi des bambous dans toute l'étendue de la montagne; mais, comme cela a généralement lieu sur celles qui sont couvertes de forêts, ils deviennent plus communs dans la partie la plus élevée.

La vue dont on jouit sur le sommet du Pão d'Assucar

est très-étendue et fort belle; c'est le panorama de toute la contrée. On découvre, d'un côté, la haute mer, de l'autre le canal de S. Francisco, les îles dont il est parsemé, les montagnes boisées qui le bordent du côté de l'ouest, et enfin, à l'horizon, la grande Cordillère, qui semble s'étendre en demi-cercle d'Orient en Occident; au nord, on aperçoit, dans le lointain, sur les bords de la mer, les montagnes de Guaratúba; et, au sud, celles de la pêcherie d'Itapocoroia. Des mornes qui s'étendent au midi de la ville cachent le sud-ouest de l'île; cependant on découvre encore une grande partie de cette dernière. Partout le terrain y est boisé; mais on voit beaucoup de *sitios* dans le voisinage de la ville que l'on découvre entre les deux mornes qui la resserrent. A l'extrémité septentrionale de l'île sont quelques hauteurs; toute la partie orientale est plate. Aux alentours de la ville la partie occidentale est montueuse; cependant, en tirant vers le sud de cette même partie, on voit un espace parfaitement plat, mais au delà duquel s'élèvent des mornes qui, comme je l'ai dit, bornent l'horizon, et parmi ces derniers on distingue surtout le Morro da Larangeira, le plus élevé de tous.

Jusqu'au moment où je montai sur le Pão d'Assucar, je n'avais point encore aperçu d'hirondelles dans l'île de S. Francisco; mais, étant sur la montagne, j'en vis un grand nombre qui volaient autour de son sommet. Firmiano, qui m'accompagnait, y tua un beau faucon (Cuv.) qui était perché sur un arbre mort; pendant plus de dix minutes que j'avais examiné cet animal, il n'avait pas fait le plus léger mouvement. En général, les oiseaux de proie choisissent, pour s'y poser, les troncs secs, d'où ils peuvent plus facilement découvrir les autres oiseaux dont ils font leur nourriture.

Lorsque j'étais sur le point d'arriver au sommet du Pão d'Assucar, je m'aperçus que Firmiano était resté fort loin derrière moi; je l'appelai, et il me répondit qu'il était occupé à chercher des vers de bambou (*bichos de taquara*). J'ai déjà dit, dans ma première relation de voyage (1), que les Indiens-Malalis tirent de l'intérieur des tiges de bambou un ver dont ils sont très-friands, et que certains Portugais-Brésiliens partagent le même goût; j'ai ajouté que le vieux Januario, commandant de la septième division, dans la province de Minas, faisait garder des provisions de vers de bambou fondus sur le feu, comme nous en gardons de graisse ou de beurre (2). Je n'avais vu, chez les Malalis, le *bicho de taquara* que desséché et séparé de la tête; sur le Pão d'Assucar, j'en examinai des individus vivants, et je les décrivis sur le lieu même. Ce ver, qui n'est autre chose qu'une chenille, et que M. Latreille, d'après les détails que je lui donnai à mon retour, rapportait aux genres *Cossus* et *Hipiale* (3), est un peu moins long

---

(1) *Voyage dans les provinces de Rio de Janeiro et de Minas Geraes*, vol. I, 432 et suiv.

(2) Je ne puis m'empêcher de répéter ici ce que j'ai dit des effets singuliers que produisent les vers du bambou sur les Indiens de Pussanha. « Lorsque l'amour leur cause des insomnies, ils avalent un de ces vers « qu'ils ont fait sécher sans en ôter le tube intestinal, et alors ils tom- « bent dans une espèce de sommeil extatique qui dure plusieurs jours. « Celui qui a mangé un ver desséché du bambou raconte, en se réveil- « lant, des songes merveilleux; il a vu des forêts brillantes, il a goûté « des fruits exquis. Mais, avant de manger le *bicho da taquara*, on a « grand soin d'en ôter la tête que l'on regarde comme un poison dan- « gereux. » (L. c.)

(3) On peut consulter, sur les genres *Cossus* et *Hipiale*, ce qu'é-

que le doigt, mou, lisse, luisant, et se compose de treize anneaux : les trois premiers de ceux-ci portent des pieds ; viennent ensuite deux anneaux qui n'en ont point, et après cela quatre autres qui en sont pourvus. Le corps de l'insecte est presque blanc ; mais sa tête, d'une forme arrondie, a une couleur fauve. Le premier des anneaux est également fauve ; le second porte une bande de même couleur, et le troisième une simple tache ; de chaque côté de huit de ces anneaux est un petit point noir. N'ayant pas fait la description du *bicho de taquara* des Malalis, je ne puis dire, avec une entière certitude, qu'il appartienne exactement à la même espèce que celui de S. Francisco ; mais, s'il n'y a pas une identité parfaite, il est du moins vraisemblable qu'il existe entre les deux insectes des rapports très-intimes. Les Botocudos, me dit Firmiano, ne sont pas moins friands que les Malalis des *bichos de taquara*, et ceux d'entre eux qui en mangent abondamment ont coutume d'engraisser. Firmiano prenait le ver, le séparait en deux parties, ôtait la tête et le tube intestinal, et suçait la graine qui restait sous la peau. Malgré la répugnance extrême que me causait ce mets, je voulus y goûter, et je lui trouvai une saveur très-délicate qui me rappela celle de la crème.

Très-souvent José Marianno chassait dans une pirogue sur le bord de la baie et dans les îlots dont elle est parsemée ; l'adjudant ordonnait à un ou deux miliciens de lui servir de rameurs, et au retour je les dédommageais de leurs peines. Je voulus un jour être de la promenade : elle

crit Latreille lui-même dans le *Règne animal de Cuvier*, éd. 1829, vol. V, 397, 398.

fut charmante. Nous nous embarquâmes dans une très-petite pirogue que le moindre mouvement faisait vaciller, et j'avoue que, pendant le premier quart d'heure, je ne pus me défendre de quelque crainte ; mais la tranquillité de mes deux miliciens m'eut bientôt rassuré. Le temps était superbe ; il faisait peu de vent ; le canal ressemblait à un lac magnifique entouré de terres basses et de montagnes, les unes et les autres couvertes de forêts. La chaîne maritime se montrait dans le lointain, et ses teintes vaporeuses adoucissaient l'âpreté produite dans le paysage par le vert sombre des petites montagnes les plus voisines du port. Nous éloignant de S. Francisco, nous arrivâmes aux îlots qui, vus de cette ville, semblent borner le canal. Nous descendîmes d'abord à l'îlot de *Maracujá* (du guarani *mburucuía*, nom générique des passiflores), qui forme une sorte de calotte hémisphérique et n'a qu'une centaine de pas de circonférence. Tout autour de cet îlot on avait laissé une bordure de bois ; mais je trouvai le milieu défriché et planté de haricots. Mes rameurs me dirent que plusieurs autres îlots étaient également cultivés en tout ou en partie. Après avoir quitté celui de Maracujá, je débarquai dans un autre où l'on n'avait fait jusqu'alors aucun défrichement et qui était encore entièrement couvert de bois. Je me mis à y arranger quelques plantes qui appartenaient à la Flore de Rio de Janeiro, et pendant ce temps-là je fus dévoré par des milliers de moustiques. Dans le voisinage de ces îlots, quelques rochers nus et blanchâtres s'élèvent au-dessus de la surface du canal, et c'est là que l'on voit le plus d'oiseaux de rivage. Deux espèces de *Stuna* s'y rassemblent en troupes nombreuses ; le Begoa (cormoran), les hérons blancs et le Bayagu s'y trouvent aussi très-abondamment, mais presque toujours par paires. En allant, nous avions traversé le milieu du canal; en revenant nous côtoyâmes l'île de S. Francisco, et j'y vis un très-beau *sitio* qui appartenait au décimateur (*dezimeiro*). Qui aurait pu être riche dans le pays, si le fermier de la dîme était resté pauvre (1)?

J'éprouvai à S. Francisco les embarras qu'il fallait essuyer partout, quand j'avais quelque chose à obtenir des ouvriers. J'avais été assez heureux pour me procurer des caisses qui m'étaient devenues indispensables; mais je cherchais inutilement des cuirs pour les faire couvrir. Cependant je périssais d'ennui à S. Francisco; je connaissais depuis bien longtemps le petit nombre de plantes qui alors étaient en fleur, et l'adjudant, ma principale ressource, était presque toujours absent.

Le lendemain de mon arrivée à S. Francisco, j'avais rencontré le curé; mais il s'en faut bien que sa société pût me procurer quelque agrément; car il était évident qu'il ne jouissait pas de toute la plénitude de ses facultés intellectuelles. Il m'avait promis de me rendre visite; il fut très-longtemps sans tenir parole, et, lorsque enfin il vint chez moi, j'eus à regretter qu'il ne m'eût pas entièrement oublié. Il n'y eut pas, en effet, d'extravagances, d'obscénités, d'impiétés qu'il ne me débitât. Il était facile de reconnaître qu'il avait eu quelque instruction, et l'on m'assura que sa conduite avait été autrefois régulière; mais peu à peu il s'était adonné à l'ivrognerie; il s'était mêlé aux simples mariniers, aux nègres, aux hommes les plus

---

(1) Voir ce que j'ai écrit sur les fermiers de la dîme en plusieurs endroits de mes autres ouvrages.

grossiers ; sa raison avait fini par s'altérer, et il était tombé dans le dernier avilissement. Il n'est pas de pays où un pareil malheur ne puisse arriver, mais il n'en est pas où l'on souffrît qu'un homme aussi abruti, aussi scandaleux que le curé de S. Francisco continuât à être, pour une population considérable, le seul ministre de la religion. Ce qui n'est pas moins étonnant, c'est que personne dans le pays ne me dit du mal du curé; on paraissait souffrir de sa conduite, et l'on s'exprimait à son égard dans les termes les plus modérés, ou bien on gardait le silence. Il n'a certainement jamais existé un peuple, disons-le à la louange des Brésiliens, qui ait poussé la prudence plus loin qu'ils ne faisaient alors et chez lequel les emportements soient aussi rares; mais, par cela même, il faut bien l'avouer, l'esprit d'intrigue était porté, parmi eux, plus loin peut-être que partout ailleurs, et, quand ils haïssaient, c'était avec profondeur (1).

(1) Dans sa carte du Brésil méridional, l'Anglais Luccock, qui était à Sainte-Catherine en 1813, représente l'île de S. François comme étant située à l'entrée d'une baie arrondie où se jetterait le Rio de S. Francisco descendant de la grande chaîne. Voici, à présent, comment le même auteur décrit le pays : « Le S. Francisco est la seule rivière im-
« portante de la province de Sainte-Catherine. La contrée où il coule
« est marécageuse et malsaine. De petits torrents descendent des mon-
« tagnes ; ils apportent avec eux beaucoup de terre, et celle-ci, déposée
« au pied du *Serro*, forme, avec le sable rejeté par la mer, une contrée
« plate où abondent les lacs et les marais. Aux deux extrémités de
« l'île principale, il y en a plusieurs qui sont plus petites et couvertes
« de bois de peu de valeur. » Il ne serait pas prodigieusement facile de retrouver, dans cette description, le district de S. Francisco, et cependant j'aime encore mieux la géographie de M. Luccock que son ethnographie, que la manière surtout dont il parle de la religion professée par les Brésiliens. Ce qu'a écrit John Mawe sur S. Francisco doit être aussi considéré comme non avenu (*Travels*, 56, 58).

CHAPITRE XXV.

LA PÊCHERIE D'ITAPOCOROIA.

Départ de l'île de S. Francisco. — Description du Rio de S. Francisco depuis l'*Ilha do Mel* jusqu'à la passe méridionale. — Le poste militaire du bord de la rivière *Piraqué*; promenade sur le rivage de la mer; plusieurs îlots. — Moyens de transport. — Le *Rio Itapicú*. — Les Indiens sauvages de la province de Sainte-Catherine. — Le chemin s'éloigne de la plage; des terres toutes cultivées, des *sitios* fort rapprochés les uns des autres; costume des femmes. — Le *Rio d'Itajúba*; un exemple remarquable de longévité. — *Praia da Picarra*: des traces de sang mêlé chez les habitants du pays. — L'anse d'*Itapocoroia*. — L'*armação* du même nom. — Histoire des *armações*. — Celles de la province de Sainte-Catherine; leurs produits. — Description de l'*armação d'Itapocoroia*. — Détails sur la pêche des baleines et sur la manière d'extraire l'huile de la graisse de ces animaux. — Les hommes employés à la pêche; leurs mœurs. — Voyage par mer d'Itapocoroia à la ville de Desterro.

Je finis par surmonter tous les obstacles qui m'avaient retenu dans l'île de S. François où j'augmentais fort peu mes collections de plantes, et je partis le 21 avril, pour me rendre, en partie par mer, en partie par terre, à la pêcherie d'Itapocoroia (1).

(1) Itinéraire approximatif de la ville de S. Francisco à celle de Desterro :

L'adjudant m'avait fait préparer une barque (*lancha*) sur laquelle étaient quatre rameurs et un pilote, et nous mîmes à la voile à dix heures du matin.

J'ai déjà décrit le Rio de S. Francisco jusqu'à l'île dite Ilha do Mel, qui est rase, marécageuse, couverte de mangliers n° 1659, et l'une des plus grandes du canal. La partie de l'île de S. François parallèle à l'Ilha do Mel présente une avance à laquelle on donne le nom de *Ponta Grossa*, et c'est à l'endroit où commence cette dernière que le Rio d'Araquary (1) a le plus de largeur. De là, en jetant les yeux derrière soi, on jouit d'une vue très-agréable; on découvre, avec la Barra do Norte, la partie la plus septentrionale de l'île S. Francisco, la ville dominée par le Pão d'Assucar, la plus belle portion du canal, les îlots dont il est parsemé et les montagnes de la petite chaîne du fort qui, dans le lointain, n'offrent plus des teintes aussi sombres. Au sud de l'Ilha do Mel, le canal se rétrécit, et l'on voit que, entre les deux barres et indépendamment du bras intracontinental, il forme, comme l'a dit Cazal (2), une sorte d'arc dont la corde serait une ligne imaginaire passant par les deux extrémités de l'île de S. François (3). Ayant laissé derrière nous l'Ilha do

	Legoas.
De la ville de S. Francisco à la Barra d'Araquarî, par eau.	5
De B. d'A. à un *sitio*, près Barra Velha.	3
De B. V. à Itapocoroia, pêcherie.	3
D'It. à Desterro, par mer.	.

(1) On se rappelle que le Rio d'Araquary est la partie du canal qui s'étend depuis le bras intracontinental jusqu'à l'entrée du sud.

(2) *Corog. Braz.*, I, 189.

(3) En jetant un coup d'œil sur la carte de M. Torrezão, officier de la

Mel (1), nous passâmes devant deux autres îles également plates dont j'ai déjà parlé, celles *dos Barcos* et d'*Antonio da Silva*, qui, avec la première, sont les plus grandes de tout le canal. Vers le midi de l'île S. Francisco, le bord de la mer devient plat; mais on voit encore des mornes à quelque distance, et il y en a également, à ce que me dit mon pilote, du côté du sud-est.

Nous étions partis ayant la marée contre nous, et, quand le soleil se coucha, nous nous trouvâmes encore bien loin de la Barra d'Araquary. Cessant de distinguer les objets, je m'étendis sur une natte et m'endormis d'un sommeil profond. Au bout de quelques heures, je me réveillai au bruit que faisaient mes rameurs discutant avec vivacité. Les uns prétendaient que nous avions dépassé le lieu où nous devions nous arrêter et où était un détachement de soldats chargés du service de la barre; que, par conséquent, avançant encore, nous entrerions dans la haute mer; les autres, au contraire, soutenaient qu'il s'en fallait de beaucoup que nous fussions si loin. Nous marchions alors à l'aide de notre voile; nous jugeâmes tous qu'il était prudent de la car-

marine brésilienne, on se convaincra de la justesse de cette comparaison.

(1) « A partir de l'île de Mel, la navigation de l'Araquary est assez
« difficile, les canaux étant très-étroits et faisant de grands détours. La
« barre est fort dangereuse, et la profondeur de 1 brasse 1/2 n'existe
« que dans un canal étroit autour duquel la mer brise avec violence...
« En résultat, cette rivière (le Rio de S. Francisco) n'est pas navigable
« sans pilote. » Les marins qui voudront visiter ces parages feront bien de consulter la petite *Description hydrographique des ports de Porto Bello, Itapocoroia, Rio de S. Francisco* de M. Antonio Xavier de Noronha Torrezão d'où j'ai extrait les phrases ci-dessus, et qui est insérée dans les *Annales maritimes*, III, de 1847.

guer. Mes hommes se mirent à ramer lentement, en suivant le rivage le plus près qu'il était possible, et, à la grande satisfaction de tout le monde, il fut reconnu que nous étions encore à quelque distance de l'endroit où nous devions passer le reste de la nuit.

Il était deux heures après minuit quand nous y arrivâmes. Là était posté, comme je l'ai dit, le détachement de gardes nationaux chargés du service de la Barra d'Araquary. Ces hommes avaient pour abri une chaumière construite, du côté de la terre ferme, sur la rive gauche du Rio Piraqué, le dernier des cours d'eau qui se jettent dans le canal au nord de sa sortie (1). Je ne devais pas aller par eau plus loin que ce poste; je congédiai mes rameurs; les gardes nationaux partagèrent avec moi leur chaumière.

Les chevaux qui devaient transporter mes effets à Itapocoroia, et qui avaient été demandés depuis plusieurs jours par le commandant de S. Francisco, ne se trouvèrent point à la garde du Piraqué, et je fus forcé de rester dans cet endroit une journée tout entière. Je l'employai à her-

---

(1) Le nom de *Piraqué* a été également appliqué à deux rivières de la province de Rio de Janeiro dans laquelle on trouve aussi un *Ribeirão de Piraquéguaçú* (Mill. et Lop. de Mour., *Dicc.*, II, 326). Il faut se garder de confondre les Rios Piraqué avec les Rios *Piriqui* (*Piriqui Mirim* et *Piriquiguaçu*), rivières de la province d'Espirito Santo (*Voyage littoral*, II, 300); l'étymologie est, d'ailleurs, entièrement différente, puisque *Piraqué* est le nom d'une très-petite espèce de poisson, et *Piriqui* un lieu où il croît du jonc. J'écris *Piraqué* et *Piriquiguaçu*, en me conformant à l'orthographe portugaise, exactement comme ont fait Milliet et Lopes de Moura. Cazal ne fait mention ni des deux rivières *Piriqui* ni du village de *Piriquiguaçu*; mais, comme on l'a vu plus haut, il admet le *Rio Piraqué* (conf. Max. Neuw., *Brasilien*, 54).

boriser; ma récolte fut la meilleure que j'eusse faite depuis Curitiba.

Tout autour du poste sont des terrains humides et vaseux couverts de *mangues* (*Laguncularia racemosa*, Gært.), et où il ne croît guère d'autres plantes. Je passai le Piraqué et je suivis la plage du côté du sud, bien au delà du Rio de S. Francisco. Cette plage est composée d'un sable blanchâtre qui enfonce sous les pieds, et où croît presque partout un petit nombre seulement de plantes éparses, mais qui cependant présente çà et là quelques pelouses passablement garnies. Au-dessus de la plage sont des bois très-serrés, à l'entrée desquels je vis un *sitio*. Le propriétaire était occupé à étendre ses filets sur le rivage pour les faire sécher, et il me dit que le poisson était assez abondant sur cette côte. Cet homme possédait quelques vaches dont je goûtai le lait qui me parut presque sans saveur; ce n'était plus là le lait crémeux des Campos Geraes. Les plantes les plus communes sur cette plage sont la Calycerée 1636, la Convolvulacée 1679, les Cypéracées 1708 *bis* et 1710, l'Apocynée 1707, et enfin les *feijões da Prayes*, si communs à Rio de Janeiro sur les bords de la mer (*Sophora littoralis*).

En passant devant la Barra d'Araquary, je vis les trois îles dites *dos Remedios*, qui font à peu près face à l'extrémité méridionale (1) de l'île de S. François, et sont situées à peu de distance de cette extrémité. On les appelle, m'a-t-on dit, *dos Remedios*, parce qu'en cas de besoin elles servent d'abri aux embarcations qui ne peuvent en-

---

(1) C'est à tort que, dans mon fragment sur l'*île de S. François*, on a imprimé septentrionale.

trer dans le canal. Elles sont fort petites, mais elles ont de l'eau et sont susceptibles d'être cultivées, et, si personne ne s'y est établi jusqu'à présent (1820), c'est, m'a-t-on assuré, parce que l'on serait souvent privé, par les vents contraires, de communiquer avec la terre ferme. A quelque distance des Ilhas dos Remedios, j'en vis deux plus petites encore, appelées l'une *Ilha dos Lobos* (île des loups), et l'autre *Ilha da Tapetinga* (du guarani *tapetyga*, chemin blanc). On découvre aussi, étant sur la plage, un peu au delà de la Barra d'Araquary, les quatre îlots dits *dos Tamboretes* (des tabourets) (1), qui, situés à peu de distance de l'extrémité méridionale de l'île de S. Francisco, mais parallèlement à la côte orientale, sont disposés sur une même ligne, éloignés à peu près également les uns des autres, et ont tous une forme arrondie, comme l'indique leur nom.

Le lendemain de mon arrivée au poste de Piraqué, sur les huit heures du matin, parurent enfin les chevaux et les hommes qui devaient transporter mes effets de cet endroit à Itapocoroia; mais les chevaux n'avaient, au lieu de bâts, que des *lombilhos*, petites selles légères dont j'ai déjà parlé, et leurs conducteurs ne s'étaient munis ni de cuirs pour couvrir les charges, ni de courroies pour attacher ces dernières (*sobrecargas*). Il fallut passer un temps considérable à lier les malles avec des cordes, et nous partîmes fort tard. Sur toute cette côte, on ne connaît d'autre moyen de transport que la pirogue; les chevaux, qui sont petits et vilains, ne servent que pour la selle,

---

(1) C'est à tort que Cazal n'en indique que deux (*Corog. Braz.*, I, 190).

et l'on ignore la manière de s'en servir comme bêtes de somme.

Nous suivîmes pendant plus de 1 lieue une plage aride et sablonneuse, à l'ouest de laquelle sont des bois. Dans le lointain, l'horizon est borné, vers le sud, par les mornes d'Itapocoroia qui, décrivant un demi-cercle, font une avance considérable dans l'Océan, et entre lesquels on distingue deux sommets à peu près égaux, dont la forme rappelle celle d'une mitre. Après avoir fait une couple de lieues, nous arrivâmes à l'endroit où communique avec la mer un lac formé par le *Rio Itapicú* (du guarani *ytapecy̆*, pierre concave) (1), qui prend sa source fort loin dans l'intérieur. Ce lac étroit, long de plus de 1 lieue, s'étend parallèlement à l'Océan, et n'en est séparé que par une langue de terre large de quelques centaines de pas. Son ouverture, plus septentrionale que le lit de la rivière elle-même, est étroite et a changé plusieurs fois de place ; la partie du lac qui est au nord de l'ouverture porte le nom de *Lagoa da Cruz* (lac de la croix), et a tout au

---

(1) J'écris ce mot de la même manière que Cazal, et comme je l'ai entendu prononcer dans le pays. En écrivant *Itapecú*, M. Aubé s'est rapproché davantage de l'étymologie indienne. Au reste, si les deux écrivains que je cite ici ne sont pas d'accord sur le nom de l'Itapicú, tous les deux ont donné sur cette rivière des détails intéressants. Le premier dit (*Corog. Braz.*, I, 189) qu'elle forme une chute à 10 milles de son embouchure et qu'elle reçoit les eaux du *Piranga*, de l'*Upitanga*, de l'*Itapicú Mirim*, du *Jaraguá* et du *Braço*. Suivant le second (*Notice*, 33), l'Itapicú arrose une des plus belles parties de la province ; sa chute pourrait être aisément nivelée, et il serait facile aussi de former un canal intérieur qui réunirait l'extrémité de l'Itapicú (*Lagoa da Cruz*) avec le Rio d'Araquary. — M. Van Lede n'a dit que quelques mots de l'Itapicú, et il écrit ce mot de la même manière que M. Aubé (*Colonisation*, 101).

plus un demi-quart de lieue ; la partie méridionale s'appelle *Lagoa da Barra Velha* (le lac de la vieille barre), parce que c'est dans cette partie que les eaux s'étaient autrefois pratiqué une issue.

A l'embouchure actuelle était placé un détachement de gardes nationaux chargé de recevoir les ordres envoyés à S. Francisco par l'administration de Sainte-Catherine et de les porter au poste de Piraqué. Les deux gardes nationaux qui passèrent mon bagage sur la rive méridionale de l'ouverture du lac n'avaient pas plus de quatorze à quinze ans ; comme le service du roi, ainsi qu'on s'exprimait alors, exigeait beaucoup de monde dans la province de Sainte-Catherine, on avait pris pour la milice jusqu'à des enfants. On mit un temps considérable à transporter mes effets, parce que la pirogue ne pouvait contenir que trois malles à la fois ; il fallut aussi beaucoup de temps pour recharger les chevaux, qui, la plupart, avaient déjà des blessures, et il était déjà fort tard quand nous nous remîmes en route.

Nous suivîmes la langue de terre étroite qui sépare le lac de l'Océan : elle n'offre, en général, que du sable, où croissent çà et là quelques herbes ; cependant ce lieu est charmant.

A gauche, on côtoie la mer ; à droite est le lac, dont les eaux, parfaitement tranquilles, contrastent avec le mouvement des flots qui viennent battre la plage ; des forêts d'une agréable verdure s'étendent jusque sur les bords du lac, et l'image des arbres se réfléchit dans ses eaux ; à l'horizon on aperçoit toujours les montagnes d'Itapocoroia. Quand on arrive en face de l'endroit où l'Itapicú se jette dans le lac, on jouit d'une vue plus belle encore. Cette rivière peut avoir la largeur qu'a la Marne auprès d'Alfort ; elle vient du sud-ouest en serpentant lentement entre des bois touffus.

Bientôt nous fûmes surpris par la nuit, et nous marchâmes jusqu'à dix heures par un clair de lune superbe. Après avoir fait 5 lieues depuis le Piraqué, nous nous arrêtâmes enfin à un *sitio* entouré d'orangers et de bananiers, fort propre dans l'intérieur, mais où, suivant l'usage du pays, il n'y avait aucun meuble. Cependant les femmes à qui cette maison appartenait, et qui me reçurent parfaitement, étaient asez bien mises. Leurs jambes et leurs pieds étaient nus; mais elles portaient des robes d'indienne avec un grand châle de mousseline et avaient les cheveux relevés sur la tête.

Des Indiens sauvages, venant de l'intérieur ont souvent commis des désordres sur la plage que j'avais parcourue depuis le Piraqué. Peu de temps avant mon voyage, ils avaient égorgé deux jeunes personnes dans un sitio éloigné; on alla à leur poursuite, et on en tua un qui avait la lèvre inférieure percée. Les Indiens qui infestent la province de Sainte-Catherine sont, comme ceux du midi de la province de S. Paul, désignés sous le nom de *Bugres;* mais, ainsi que je l'ai montré ailleurs, ce mot n'est qu'un sobriquet générique sous lequel sont comprises des peuplades fort différentes et souvent ennemies (1). Puisque l'homme tué parmi eux entre le Piraqué et l'Itapicú avait la lèvre inférieure percée, il est évident qu'il appartenait à la première des quatre hordes de Bugres indiquées par Manoel Ayres de Cazal (2), à celle que les femmes coroa-

(1) Voir plus haut.
(2) *Corog. Braz.*, I, 220.

das de Curitiba désignaient, comme ennemie de la leur, sous le nom de *Socré* (1). Depuis mon voyage les Bugres ont toujours continué à faire des incursions dans la province de Sainte-Catherine, principalement sur le littoral du district de S. Francisco ; et le président de la province, dans ses différents rapports (2), se plaint amèrement des ravages et des meurtres qu'ils commettent sans cesse. Ces hommes marchent en fort petites troupes, et, après avoir serpenté avec précaution entre les arbres des forêts, ils se présentent inopinément dans les *sitios* isolés, égorgent des femmes et des enfants, et prennent la fuite au premier coup de fusil qu'ils entendent, laissant au pouvoir de leurs ennemis ceux de leurs fils qui sont trop faibles pour pouvoir les suivre. Disons-le à la louange du président de la province, M. le maréchal de camp Antero José Ferreira de Brito, loin d'exciter ses administrés contre ces infortunés qui ne savent ce qu'ils font, veut qu'on traite avec douceur les prisonniers ; il défend de les considérer comme des esclaves, et lui-même s'est chargé d'un enfant que les sauvages, dans une de leurs fuites, avaient laissé derrière eux. « Lorsque les déserts, aujourd'hui impénétrables, qui
« servent d'asile aux sauvages seront traversés par des
« chemins et soumis à la culture, peut-être sera-t-il pos-
« sible, dit M. Antero José, d'instruire ces hommes dans
« la religion chrétienne et de les faire entrer dans la so-
« ciété dont ils sont aujourd'hui les ennemis implaca-
« bles (3). » Le temps où les forêts habitées par les sau-

(1) Voir plus haut.
(2) *Fallas*, etc., 1841, 42, 44, 47.
(3) *Falla que o presidente da provincia de Santa Catharina...... dirigio a assemblea legislativa em 1° de março* 1841.

vages seront traversées pas des routes est bien éloigné encore ; ne serait-il pas digne de M. Antero José, qui montre tant de sagesse dans ses rapports, de chercher les moyens de faire devancer cette époque? Les anciens missionnaires n'attendaient pas que le pays fût défriché pour se jeter au milieu de peuplades plus cruelles que les Bugres, car elles étaient anthropophages, et l'on a vu de nos jours le Français Marlière (1) civiliser, autant qu'ils peuvent l'être, les Botocudos, qui, de tous les Indiens actuels, passaient pour être les plus féroces.

Après avoir quitté le *sitio* où j'avais passé la nuit, nous nous éloignâmes de la plage et nous suivîmes un chemin qui traverse, dans un espace d'environ 1 lieue, des terrains très-plats, tous cultivés sans qu'il y eût entre eux aucun intervalle en friche ; ce qui loin des grandes villes est une véritable rareté. Ici les *sitios* sont aussi rapprochés les uns des autres que le sont les maisons dans les environs

---

(1) M. Aubé dit, dans son excellente *Notice* (47), que les Bugres ont la face large, les yeux un peu divergents, et que leurs traits rappellent ceux des Mongols ; ce sont les signes caractéristiques qui, sans aucun doute, appartiennent à toute la race américaine ; mais, quand le même auteur ajoute « que ces hommes ont des yeux sans expression, qui paraissent nager dans leur orbite et semblent accuser le manque d'intelligence, » il indique un caractère qu'aucun auteur, à ma connaissance, n'a signalé et que je n'ai observé ni chez les Indiens civilisés de la côte ni chez les Guaranis des anciennes missions de l'Uruguay ou les nombreuses peuplades dont j'ai vu les restes, et encore moins chez les Coroadas de Curitiba, femmes au regard intelligent, qui appartenaient à peu près au même pays que les sauvages de Sainte-Catherine. M. Aubé n'a point vécu au milieu de ces derniers, puisqu'ils sont en guerre avec les blancs ; il aura pu voir quelques pauvres prisonniers abrutis par le chagrin, par la perte de leur liberté, peut-être par de mauvais traitements.

de Rio de Janeiro, et la terre, fort sablonneuse, est, en général, plantée de manioc. Les végétaux qui croissent auprès des chemins et dans le voisinage des maisons sont ceux que l'on trouve près de la capitale dans des localités semblables ; je puis citer, entre autres, un *Tagetes* et le n° 1708 qui appartient aux Chénopodées, famille peu nombreuse au Brésil.

A mesure que nous avancions, les habitants de tous les *sitios* se mettaient à leur porte pour nous voir passer. Les femmes non-seulement ne prenaient pas la fuite ; mais elles nous rendaient nos saluts avec politesse. Ce jour-là était un dimanche ; elles étaient, en général, proprement mises, et je remarquai qu'au lieu d'avoir, comme celles de Minas, la poitrine et les épaules découvertes, elles portaient toutes un châle de mousseline ; plusieurs d'entre elles avaient aussi la tête enveloppée d'un fichu qui était également de mousseline.

A l'extrémité des terrains plats et cultivés dont j'ai parlé tout à l'heure, se trouve l'embouchure d'une petite rivière qui coule au pied d'une colline sur laquelle était un *sitio*. Cette rivière, appelée *Rio d'Itajuba* (des mots de la *lingoa geral ita*, pierre, *juba*, jaune, et *y*, rivière, rivière de la pierre jaune), est guéable (1) dans la marée basse ; mais nous y arrivâmes à la marée montante, et il fallut décharger les chevaux, passer tout le bagage dans une très-petite pirogue, et ensuite le faire porter à dos d'homme sur le sommet de la colline. Le propriétaire du *sitio* qui y était

---

(1) Dans mon fragment intitulé, *L'île de S. Francisco*, on a imprimé, *agréable dans la marée basse*, ce qui ne présente pas de sens.

bâti avait encore sa mère et voyait les petits-enfants de sa fille.

Après être descendus de l'autre côté de la colline, nous nous trouvâmes sur une plage qu'on appelle *Praia da Piçarra* (1) qui borde une anse assez large, limitée, du côté du nord, par la colline d'Itajuba, et, du côté du sud, par le morne de *Cambri*. Au delà du rivage, le terrain est généralement un peu élevé, et de distance à autre on voit de petits *sitios*, qui ne sont le plus souvent que de pauvres chaumières. Tout ce canton est très-habité; mais, à une demi-lieue ou trois quarts de lieue de la mer, il n'y avait déjà plus, lors de mon voyage, que des forêts désertes et sans propriétaires.

On découvre quelques traces de sang indien chez les habitants du pays; mais, m'a-t-on dit, elles disparaissent de plus en plus, parce que, continuellement, il vient s'établir ici des hommes de l'île de Sainte-Catherine qui, pour la plupart, tirent leur origine des îles Açores et sont de race caucasique parfaitement pure.

Ayant marché quelque temps sur la plage de Piçarra, nous arrivâmes sur le bord d'une petite rivière qui porte le nom de *Rio d'Iriri*. On l'appelle aussi *Rio da Guarda*, parce qu'on a placé sur sa rive droite un poste de gardes nationaux chargé de porter aux détachements voisins les dépêches envoyées par les autorités. Mes effets furent en-

---

(1) J'écris comme j'ai entendu prononcer dans le pays; mais, suivant MM. Milliet et Aubé, ce serait *Pissaras* (*Dicc. Braz.*, II, 330. — *Notice*, 33). Le mot portugais *Piçarra* signifie un mélange de cailloux et de sable.

core déchargés une fois et passés dans deux petites pirogues conduites chacune par un garde national.

De la plage de Piçarra on ne voit plus les mornes d'Itapocoroia, qui sont cachés par celui de Cambrí; mais ce dernier, qui, comme je l'ai dit, forme la limite de l'anse, produit un joli effet dans le paysage : il est arrondi et couvert de bois au milieu desquels on aperçoit un *sitio* bâti à mi-côte.

Après avoir passé derrière la pointe de Cambrí et traversé la petite rivière du même nom, sur un pont en bois dans le plus mauvais état, nous arrivâmes sur la plage qui borde l'anse d'Itapocoroia (*Enseada d'Itapocoroia*) (1). Celle-ci s'étend de la pointe de Cambrí à celle dite *da Vigia* et forme, dans les terres, une avance profonde, large, demi-circulaire. Au-dessus de la plage s'élèvent des mornes inégaux et couverts de bois. Les plus hauts sont ceux qui, lorsque j'étais entre le Piraqué et l'Itapicú (2), m'avaient paru ressembler à une mitre, mais qui, en réalité, moins rapprochés l'un de l'autre qu'ils ne semblent l'être dans l'éloignement, se présentent, vus de près, avec des formes très-différentes de celles qu'on leur avait attribuées d'abord. Au fond de l'anse, mais beaucoup moins loin du Morro da Vigia que de celui de Cambrí, on aperçoit, sur le bord de la mer, au pied d'une colline, les vastes bâtiments de la pêcherie (*armacão*) d'Itapocoroia.

Arrivé à cet établissement, j'y fus très-bien reçu par

---

(1) Avec MM. Aubé et Torrezão, j'écris *Itapocoroia*, parce que c'est ainsi qu'on prononce dans le pays. On trouve ailleurs *Itapacoroia*, *Itapacoroya*, *Itapocoroi* ou *Itapocoroy*. Ce mot paraît venir du guarani *Itapacorá*, ressemblance avec un mur de pierre.

(2) Voir plus haut.

l'administrateur déjà prévenu de ma visite. C'était un vieillard gai, honnête, qui avait été autrefois capitaine de navire marchand, et dont la conversation n'était pas sans intérêt.

Ce fut dans la province de Bahia que les Portugais établirent, pour la première fois, des *armações*, nom que l'on peut traduire par *pêcheries*, et que l'on donne aux établissements d'où partent les barques qui vont à la pêche, et où l'on amène ensuite les baleines pour en extraire de l'huile.

Les pêcheries de Bahia étaient déjà en activité quand on en forma trois autres dans la province de Rio de Janeiro, et bientôt S. Paul et Sainte-Catherine eurent aussi les leurs. La pêche fut d'abord parfaitement libre ; mais ensuite elle passa entièrement entre les mains du gouvernement, qui l'abandonna à des fermiers. Ceux qui s'en chargèrent en 1765, la prirent pour douze ans, moyennant un payement annuel de 80,000 cruzades (20,000 fr.), et dans l'espace des douze années ils gagnèrent 4,000,000 de cruzades (1,000,000 de fr.) (1). A cette époque, la pêche était tellement abondante, que l'on prit, dans une des pêcheries, 525 baleines ; mais de si brillants succès ne furent pas de longue durée ; le gouvernement finit par ne plus trouver de fermiers, et en 1801 il renonça au monopole (2).

A l'époque de mon voyage, on comptait, dans la seule province de Sainte-Catherine, six *armações*, savoir, en com-

(1) Voir les évaluations de M. de Freycinet dans son *Voyage autour du monde*, part. hist., I, 268.
(2) Jacintho Jorge dos Anjos Correa in Pizarro, *Memorias historicas*, IX, 289. — José Feliciano Fernandes Pinheiro, *Annaes da provincia de S. Pedro*, 2ª ed., 434.

mençant par le nord, celle de l'île dite *da Graça*, à l'entrée septentrionale du canal de S. Francisco, qui était la plus récente et ne datait que de 1807 ; celle d'*Itapocoroia*, établie en 1777 ou 1778 ; l'*Armação Grande* ou de *Nossa Senhora da Piedade*, à l'entrée septentrionale de l'île de Sainte-Catherine, sur le continent, fondée la première, en 1746 (1) ; celle *da Lagoinha*, sur la côte orientale de l'île de Sainte-Catherine, en 1772 ; celle de *Garopaba*, en 1795 ; enfin celle d'*Embituba*, en 1796 (2).

La pêche commençait au mois de juin et durait jusqu'à la mi-août. Dans cette saison, les baleines, probablement chassées de la mer du Sud par la rigueur du froid, venaient mettre bas sur la côte du Brésil. Comme ces animaux ne produisent qu'un petit à la fois, leur nombre, dès l'époque de mon voyage, allait en diminuant d'une manière très-sensible. Dans les premières années de l'établissement des pêcheries, c'est-à-dire vers 1748 ou 1750, la seule Armação Grande avait fourni jusqu'à 500 baleines, et depuis 1777, l'époque où fut construite l'*armação d'Itapocoroia*, on avait encore pris, dans le voisinage de cette dernière, jusqu'à 300 de ces animaux ; mais, en 1819, l'on n'en pêcha que 59 dans toutes les *armações* réunies. On avait remarqué que, si, dans le courant de l'année, le vent était resté longtemps au sud, la pêche était plus abondante. On retirait de chaque baleine de 12 à 20 pipes d'huile, et l'on comptait 15 pipes pour terme moyen (3).

(1) Mawe dit qu'en 1807 on employait 150 nègres dans l'Armação Grande, et il fait le plus pompeux éloge de la grandeur et de la beauté de cet établissement (*Travels*, 53).
(2) Ces dates sont empruntées à Pizarro (*Mem. hist.*, IX).
(3) D'après Freycinet (*Voyage autour du monde hist.*, I, 267), la pipe

Une partie des bâtiments de la pêcherie d'Itapocoroia s'étendaient sur le bord de la mer. La maison de l'administrateur, appelée *Casa Grande* (la grande maison), la chapelle, le logement du chapelain et des employés, avaient été bâtis sur une plate-forme peu élevée, couverte de gazon, qui se prolongeait au pied d'un morne couronné par des bois.

De la maison de l'administrateur on découvrait une vue magnifique. On n'apercevait point l'ouverture de l'anse; la plage de Piçarra semblait la fermer; on aurait dit un vaste bassin arrondi, entouré de montagnes couvertes de forêts. On voyait encore plusieurs autres montagnes dans l'intérieur des terres, et parmi elles il était impossible de ne pas distinguer le *Morro do Bahul* (le morne du bahut), qui sert de balise aux navigateurs et se termine par une pointe aiguë et inclinée.

Le premier des bâtiments dont j'ai parlé tout à l'heure et que l'on voyait sur le bord de la mer, quand on venait de Cambrí, servait de logement aux hommes employés à la pêche. A l'époque où elle avait lieu, ils venaient s'y établir avec leurs femmes, et trouvaient un agréable rafraîchissement dans les fruits d'une multitude d'orangers qui précédaient ce bâtiment.

Celui qui venait ensuite avait quatre-vingt-onze pas de longueur et portait le nom d'*engenho de frigir* (usine à frire), parce que c'était là que l'huile se fabriquait. On comptait dans ce bâtiment neuf chaudières de fonte avec leurs fourneaux; il y en avait eu davantage autrefois, mais

de Lisbonne vaut 5 litres; je ne présume pas que celle dont il s'agit ici soit d'une capacité différente.

ce nombre suffisait amplement pour les pêches qu'on faisait au temps de mon voyage. Les chaudières formaient une calotte hémisphérique et avaient environ 15 pieds 1/2 anglais (6^m,09) de circonférence. Derrière l'*engenho de frigir* était un autre bâtiment d'égale longueur, divisé, à la hauteur de 16 palmes (3^m,52), en sept réservoirs où l'on faisait écouler, par le moyen de canaux de communication, l'huile retirée des chaudières. Ces réservoirs étaient séparés par un mur en briques construit avec soin et recouvert par un plancher dans la partie la plus éloignée de l'*engenho de frigir*; chacun d'eux avait environ treize pas de longueur, et l'on avait calculé que, dans chaque réservoir, la hauteur d'une palme d'huile (0^m,22) équivalait à 10 pipes de ce liquide (1).

Après l'*engenho de frigir* était, sur la plage, un espace vacant qui correspondait à la *Casa Grande* et à la chapelle, bâties, comme on l'a vu, sur un plan plus élevé. Au delà de cet espace on voyait les magasins et les logements des nègres qui entouraient une cour carrée.

Les barques (*lanchas*) qui servaient à la pêche, étant très-pointues aux deux bouts, présentaient la forme d'une navette ; elles étaient légères et avaient six bancs de rameurs. Tous les ans, il en sortait six de l'*armaçao* d'Itapocoroia pour aller à la pêche, et chacune d'elles était accompagnée d'une autre barque appelée *lancha de socorro*, qui, en cas de besoin, venait au secours de la première et n'avait point de harponneurs. Au moment du départ, le chapelain venait sur le rivage faire la bénédiction des barques, et l'on donnait la pièce aux gens qui les montaient. Les barques s'é-

---

(1) Voir la note de la page 309.

loignaient peu de l'*armaçao*. Lorsqu'on voyait cette fumée que la baleine produit dans l'air en respirant, on approchait de celle-ci avec le moins de bruit possible, et on lui jetait le harpon ; elle plongeait, on la tirait peu à peu, on la perçait avec une lance, et la barque de *socorro* la remorquait jusqu'à l'*armação*, où on la plaçait entre deux estrades élevées sur de forts pilotis (*trapiches*) en face des bâtiments. Là on commençait par la retourner sur le dos, et l'on en détachait le lard par lanières, qu'on portait à l'*engenho de frigir*, où elles étaient coupées par morceaux plus petits ; on jetait ces morceaux dans les chaudières et on les y faisait bouillir. Après avoir d'abord surnagé, ils tombaient au fond de la chaudière. Quand la graisse en était sortie, on les retirait, on les mettait sous la presse, et ensuite on brûlait les résidus (*torresmos*) dans les fourneaux. L'huile se mettait dans des pipes, et on l'envoyait à Rio de Janeiro. Quant aux fanons, on les laissait tremper quelque temps dans l'eau d'un bassin circulaire, ensuite on détachait les poils dont ils sont parsemés (1).

Les hommes employés à la fabrication de l'huile étaient des esclaves ; mais, pour la pêche, on ne se servait que d'hommes libres, dont on était beaucoup plus sûr. Ils étaient payés en raison du nombre de baleines qu'ils avaient pris, et, quand il s'en pêchait une, les hommes de toutes les barques recevaient la même somme que ceux

(1) Par la description que je fais ici de l'établissement d'Itapocoroia, on voit que l'on a trompé l'illustre amiral Roussin quand on lui a dit, d'une manière générale, que les « *armações* consistaient en des hangars où étaient les chaudières, etc. » (*Pilote du Brésil*, 64.) Cette phrase ne convient pas davantage à l'*armação* de Garopaba ni à celle d'Embituva qui nous occuperont plus tard.

qui avaient harponné ; ainsi, par chaque baleine, tous les harponneurs touchaient 5,000 reis (18 fr. 65 c.) ; les timoniers des barques destinées à la pêche, 1,000 reis (6 fr. 60 c.); ceux des barques de secours, 800 reis, et les rameurs dans la même proportion.

Les gens qui travaillaient à la pêche étaient des cultivateurs généralement très-pauvres ; mais, au lieu de se ménager quelques ressources pour l'avenir sur l'argent qu'ils avaient gagné et de cultiver leurs terres, ils se reposaient quand la pêche était finie, et, jusqu'à ce que leur argent fût entièrement dépensé, ils passaient leur vie à boire du tafia (*cachaça*), à chanter et à jouer de la guitare.

J'ai donné une description détaillée de la pêcherie d'Itapocoroia telle qu'elle était en 1820, et l'on a vu combien était forte la diminution qui s'était fait sentir dans les produits de la pêche depuis 1777 jusqu'en 1819. Dès lors, il était facile de prévoir que cet établissement et tous ceux du même genre ne subsisteraient pas bien longtemps; il paraît qu'ils ont encore duré plusieurs années après mon voyage (1) ; mais, actuellement, il ne reste plus de l'*armação* d'Itapocoroia que quelques vestiges (2). Comme la

---

(1) Dans la 2ᵉ éd. de ses *Annaes da provincia de S. Pedro*, publiée en 1839, M. José Feliciano Fernandes Pinheiro parle des pêcheries de la province de Sainte-Catherine comme étant toujours en activité.

(2) Ce sont les propres expressions de Léonce Aubé (*Notice*, 26), dont l'écrit porte la date de 1847, et il ajoute que les *armações* de Nossa Senhora da Piedade (près S. Miguel), d'Imbituba et Garopaba ont également cessé d'exister (l. c., 23, 25). M. Van Lede, qui était à Sainte-Catherine en 1842, dit que « toutes les anciennes pêcheries sont tombées « en ruines, et que, si l'on excepte Porto Bello, il existe encore quelques

diminution des produits de la pêche s'était effectuée par degrés, elle avait dû préparer à la suppression totale des pêcheries, et, quand celle-ci a eu lieu, il est à croire que les habitants d'Itapocoroia en auront peu souffert. D'ailleurs l'argent qu'ils gagnaient ne restait pas dans le pays ; après chaque pêche, ils se reposaient et négligeaient leurs terres ; ils se seront vus forcés de les cultiver ; ce n'est pas là un malheur. Ce qui tendrait à confirmer ce que je dis ici du peu d'influence qu'auront eue sur le canton d'Itapocoroia la diminution de la pêche et la suppression de l'*armação*, c'est qu'en 1859 on a jugé ce canton assez peuplé pour pouvoir en faire une paroisse à laquelle on a donné pour limites, au nord, l'Itapicú ; au sud, le *Rio Gravatá* (1) (corruption du mot indien *caraguatá*, qui désigne les Broméliées à grandes feuilles) (2).

Malgré son peu d'étendue, la paroisse d'Itapocoroia comprenait, en 1811, une population de 1,417 individus libres et 223 esclaves (3). On y a établi une institution primaire ; son église a été consacrée à Notre-Dame du Rocher (*Nossa Senhora da Penha*).

Comme tout le monde m'avait assuré que le chemin qui va d'Itapocoroia jusque vis-à-vis de l'île de Sainte-Catherine était fort mauvais et présentait de très-grandes difficultés pour les transports, je me décidai à m'embar-

« baleiniers ; la pêche des grands cétacés est aujourd'hui complétement
« négligée. » (*Colonisation*, 163.)

(1) Milliet et Lopes de Moura, *Dicc. Braz.*, II, 280.

(2) J'ai donné, dans mon *Voyage sur le littoral du Brésil* (II, 321), des détails fort étendus sur l'origine du mot *gravatá*.

(3) *Falla que o presidente da provincia de Santa Catharina dirigio o 1º de março* 1841, doc. 15.

quer (1). L'administrateur voulut bien me prêter une des barques qui servaient à la pêche, et je partis, sur les neuf heures du matin, avec six rameurs et un timonier que j'avais arrêtés au prix de 1,920 reis chacun (12 fr.). Le temps était superbe ; la beauté du ciel, le calme de la mer, la fraîcheur de la verdure des mornes rendirent ce voyage charmant. Mes hommes ne ramèrent que pendant les premières heures, parce qu'ensuite le vent passa au nord-est, et il n'était pas neuf heures du soir quand nous entrâmes dans la baie de Sainte-Catherine.

Jusqu'à la plage d'*Itajahy*, nous rasâmes à peu près la côte ; nous nous en éloignâmes ensuite, mais nous ne la perdîmes jamais de vue.

Arrivés devant une petite croix plantée entre des rochers qui se montrent un peu au-dessus de l'eau, mes rameurs se levèrent, se découvrirent, et firent une prière à la Vierge et aux âmes du purgatoire pour l'heureux succès de notre voyage.

A mesure que nous avancions, ils me disaient les noms des pointes et des anses devant lesquelles passait notre barque. La première qui se présente après celle dite da Vigia porte le nom de *Ponta de S. Roque* ; entre les deux pointes, la mer ne fait dans les terres qu'une avance peu profonde. Après la pointe de S. Roque vient une petite anse au delà de laquelle est la pointe de *Cantagallo* (chante-coq). Entre celle-ci et la *Ponta Negra*, il n'y a point d'anse véritable. Jusqu'à la Ponta Negra les mornes ne

---

(1) M. Van Lede a suivi cette route depuis S. José, situé en face de Desterro, jusqu'à Itajahy (*Colonisation*, 280-300), et donne sur son voyage des détails qui ne sont point sans intérêt.

laissent aucun intervalle entre eux et la mer; leur base, formée par le roc dénudé et noirâtre, est battue des flots, et dans le reste de leur hauteur ils sont couverts de bois et de broussailles. Au sud de la Ponta Negra sont l'anse et la plage d'*Itajahy* à laquelle aboutissait le chemin de terre qui, jusque-là, passe derrière les mornes (1). Là, comme je l'ai dit, nous nous éloignâmes davantage de la côte; mais mon timonier me montra successivement, dans le lointain, la *Ponta do Cabeçado* (pointe de l'homme à la grosse tête); la *Praia Braba* (la plage de la mer houleuse); la *Ponta de Cambriaçú*; la place du même nom où la rivière, appelée aussi *Cambriaçú*, porte ses eaux à la mer (2); la *Ponta da Taquára* (la pointe du bambou) (3); l'anse des *Garoupas* (nom d'un poisson) (4), qui offre un

(1) A la plage d'Itajahy aboutit la rivière du même nom, qui a plus d'étendue que toutes celles de la province, et dont le lit contient, dit-on, des paillettes d'or. C'est aussi sur la même plage qu'a été bâti le petit village d'Itajahy, chef-lieu d'une paroisse où l'on comptait, en 1841, 1,404 individus libres et 137 esclaves. D. Pedro Ier a fondé sur les bords de l'Itajahy deux petites colonies allemandes, qui, en 1844, comprenaient ensemble 227 habitants (José Feliciano Fernandes Pinheiro, *Annaes*, 2ª ed., 431. — Antero José Ferreira de Brito, *Fallas*, 1842, 1844. — Aubé, *Notice*, 25, 31). Le mot *itajahy* vient du guarani *itajaÿ*, la rivière des pierres réunies.

(2) Voir plus haut. — On trouve des détails intéressants sur le Cambriaçû, comme aussi sur l'Itajahy, dans la *Colonisation du Brésil* de M. Van Lede, p. 101, 104.

(3) Pizarro écrit *Jaquarassatuba*, mot qui dérive du guarani *taquaruçú*, grand bambou, et *tiba*, réunion, réunion de grands bambous.

(4) L'anse de Garoupas est une des meilleures de la côte du Brésil méridional. Là, sur le bord de la mer, est située la petite ville de *Porto Bello*, dont le district, comprenant la paroisse d'Itajahy, présentait, en 1841, une population de 4,825 individus libres et 690 esclaves. (Mill. et Lop. de Mour., *Dicc.*, II, 349. — Ant. José Ferreira de Brito, *Falla*, 1841.)

bon mouillage et où l'on venait d'établir une colonie de pêcheurs tirés du village d'Ericeira en Portugal (1); la *Ponta do Cachaçudo* (la pointe de l'homme à la grosse nuque) (2); l'anse *das Bombas*; enfin la pointe du même nom, qui est fort large. A peu de distance de cette pointe, en tirant vers le sud, sont trois petites îles inhabitées et couvertes de bois : celle dite *das Galés* (des galères), dont la forme me parut allongée; l'*Ilha Deserta* (île déserte), et l'*Ilha do Anvredo* (île du bosquet, la plus grande des trois). Après la Ponta das Bombas, nous passâmes devant la plage dite *Praia dos Imbús* (la plage des fruits appelés *imbús*), au delà de laquelle on aperçoit des montagnes dans le lointain. Viennent ensuite la *Ponta dos Macucos* (la pointe des oiseaux appelés *macucos* et non *macucas*, *Tinamus Brasiliensis*, Lath.-Neuw.), et, en face, une petite île du même nom, qui ne laisse entre elle et la terre ferme qu'un canal étroit que nous traversâmes; c'est là que nous commençâmes à voir l'île de Sainte-Catherine. Plus loin que la pointe dos Macucos est une anse très-vaste appelée *Saco das Tijucas Grandes* (le sac des grandes boues) (3), parce que la rivière de *Tijucas Grandes* y apporte ses eaux (4).

(1) Cette colonie, qui devait s'appeler *Nova Ericeira*, avait été fondée, comme je l'ai dit, sous les auspices du ministre d'État Thomas Antonio de Villa Nova e Portugal. Entièrement composée de Portugais, elle se sera fondue dans le reste de la population, car il n'en est fait mention dans aucun des écrits que j'ai pu consulter.

(2) Et non *Cachaçuda*, comme écrit Van Lede.

(3) Le vieux Frezier écrivait *Toujouqua*. Voir ce que j'ai dit du mot *tejuca* dans mon *Voyage aux sources du S. Francisco*, II.

(4) La rivière de Tijucas Grandes a un cours d'une assez grande étendue. A environ une journée de voyage de son embouchure est situé S. João Batista das Tijucas Grandes, chef-lieu d'une paroisse qui fait

Nous passâmes successivement devant la *Ponta dos Ganchos* (la pointe des crocs), et la *Praia das Palmas* (la plage des palmes), près de laquelle est une île du même nom. Je reconnus encore la *Ponta do Bote* (la pointe du canot); mais bientôt la nuit nous surprit, et, quoiqu'il fît un très-beau clair de lune, il ne me fut plus possible de distinguer les objets.

Naviguant dans le canal qui sépare l'île de Sainte-Catherine du continent, nous passâmes entre deux forts, celui de *Santa Cruz*, du côté de la terre ferme, et celui de la *Ponta Grossa*, du côté de l'île. Enfin, après avoir traversé le canal dans un endroit où il n'a que quelques portées de fusil de largeur, nous entrâmes dans le port de Sainte-Catherine.

Nos rameurs attachèrent notre barque à la cale (*trapiche*), et je pris avec moi le timonier, pour tâcher de découvrir M. Diogo Duarte da Silva, trésorier de la junte, à qui j'étais recommandé et auquel j'avais écrit de S. Francisco, en le priant de me chercher un logement. Nous errâmes longtemps autour de la ville, et enfin nous arrivâmes chez M. Diogo, qui m'invita à passer la nuit dans sa maison.

---

partie du district de *S. Miguel,* et dont la population s'élevait, en 1840, à 1,489 individus libres et à 204 esclaves. Plus loin que S. João Batista avait été fondée, sous le nom de *Nova Italia,* une colonie sarde à laquelle une tempête en 1838, et une invasion de Bugres en 1839, ont fait essuyer de grands malheurs, et qui, en 1847, n'existait déjà plus (Antero José Ferreira de Brito, *Fallas* de 1842, 1844 et 1847. — Aubé, *Notice,* 25, 30). M. Ch. Van Lede a écrit *Tijuca Grande;* mais il a rétabli le nom véritable sur sa carte (*Colonisation,* 105; — 2ᵉ carte).

CHAPITRE XXVI.

L'ÎLE DE SAINTE-CATHERINE. — LA VILLE DE DESTERRO.

Position géographique de l'île de Sainte-Catherine. — Sa population. — Les forts qui la défendent. — Le canal qui la sépare de la terre ferme et de sa baie. — Vue que l'on découvre de la ville de Desterro ; rues ; maisons ; église paroissiale et chapelles ; hôpital ; palais ; hôtel de ville et prison ; caserne ; commerce. — Les campagnes des environs de Desterro ; description des *sitios*. — Portrait des hommes de l'île de Sainte-Catherine ; celui des femmes. — Costume des campagnardes. — Autorité des femmes sur leurs maris. — Travail ; mœurs. — Ressemblance de la végétation spontanée de l'île de Sainte-Catherine avec celle de Rio de Janeiro. — Climat. — Productions. — Décadence de l'île de Sainte-Catherine. — Moyen de l'arrêter.

L'île de Sainte-Catherine (*Ilha de Santa Catharina*), située, selon la Pérouse, entre les 27° 19′ 10″ et les 27° 49′ (1), et, suivant Barral, entre les 27° 22′ 31″ et les 27° 50′ (2), a environ 3 *legoas* dans sa plus grande largeur.

En 1820, époque de mon voyage, sa population n'était portée, sur les états officiels, qu'à environ 12,000 indi-

---

(1) *Voyage*, I, 33.
(2) *Notions sur l'île Sainte-Catherine* dans les *Annales maritimes*, 1833, II, 334.

vidus; mais les hommes qui, par leur position, devaient être les mieux instruits la faisaient monter à 14,000, dont à peine un cinquième d'esclaves (1). Si les états officiels s'écartaient autant de la vérité, c'est que beaucoup de gens, dans l'espoir de soustraire au service public de la garde nationale (*milicia*) une partie de leurs familles, ne déclaraient pas toutes les personnes dont elles se composaient.

Les états officiels de 1841 indiquent, pour la seule île de Sainte-Catherine, 19,568 individus, dont 15,032 libres et 4,336 esclaves (2). Il est vraisemblable que la crainte d'être appelé pour servir contre les rebelles du Sud à peine pacifié n'aura pas fait faire moins de fausses déclarations en 1840 qu'on en avait fait en 1820, et par conséquent nous pouvons, sans craindre de commettre de grandes erreurs, comparer les chiffres de ces deux années. Cette comparaison, et les données que nous possédons d'ailleurs, nous conduisent aux résultats suivants :

1° L'augmentation de la population a été, en dix ans, de 1820 à 1841, de plus de la moitié du nombre primitif, et si nous admettons le chiffre 3,000, indiqué par la Pérouse pour l'an 1785 (3), elle aura plus que sextuplé à partir de cette même année jusqu'en 1820, c'est-à-dire en trente-cinq ans.

(1) Le premier qui fut président de la province de Sainte-Catherine, depuis l'établissement du gouvernement constitutionnel, M. João Antonio Rodrigues de Carvalho, avait calculé qu'en 1824 la population de l'île s'élevait à 15,533 habitants (José Feliciano Fernandes Pinheiro, *Annaes*, 2ª ed., 432).
(2) Antero José Ferreira de Brito, *Falla do 1º de março* 1841, docum. 15.
(3) *Voyage*, I, 34.

2° La proportion des esclaves avec les individus libres a peu varié ; car si, en 1820, les premiers étaient approximativement aux seconds comme 1 à 5, ils étaient, en 1840, comme 1 à 4,47, et nous pouvons conclure que le terme moyen de la fortune des particuliers est resté aussi à peu près stationnaire, car, dans le pays où l'esclavage est admis, le nombre proportionnel des esclaves peut être considéré comme la mesure de la fortune des individus libres.

3° A l'époque de mon voyage, il y avait, dans l'île de Sainte-Catherine, une disproportion notable entre le nombre des nègres et celui des négresses, et l'on ne mariait point les esclaves. Dans cette île, comme je le dirai plus tard, les terres sont fort divisées, et en grande partie entre les mains de cultivateurs pauvres : un homme parvenait à amasser assez d'argent pour acheter un nègre ; il se passait un temps considérable avant qu'il eût fait de nouvelles économies, et alors il aimait bien mieux acheter un second nègre qu'une négresse, dont sa femme et ses filles pouvaient faire le service. Il paraîtrait qu'aujourd'hui il n'existe plus une différence aussi sensible entre le nombre des nègres et celui des négresses ; mais les mariages d'esclaves sont tout aussi rares qu'autrefois : sur 2,555 esclaves qu'il y avait en 1841 dans l'île de Sainte-Catherine, 10 seulement étaient mariés ; pas un seul ne l'était dans la ville de Sainte-Catherine en particulier, et elle en comprenait 1,019. Tout ceci ne prouve malheureusement pas que les habitants de ce pays aient une bien grande moralité, et je suis obligé de citer un autre fait qui le prouve mieux encore.

Sauf la paroisse de Lages et quatre autres paroisses, la province de Sainte-Catherine ne comprenait guère, en

1840, que 246 esclaves mariés; en 1841, il naquit, dans la même partie de la province, 417 enfants de femmes esclaves (1), et si, comme le dit d'Eschwege, les négresses mariées se font souvent avorter pour que la couleur de leurs enfants ne trahisse pas leurs infidélités, il n'est nullement vraisemblable que les avortements volontaires soient plus rares chez les négresses qui restent sans maris.

Hâtons-nous de détourner les yeux de toutes ces misères pour contempler les beautés du pays qui en est le théâtre.

L'île de Sainte-Catherine est montueuse, fertile et très-cultivée ; le manioc, le riz, les haricots sont ses principales productions. La côte orientale n'offre aucun port, et on l'a jugée assez défendue par la nature. Sur la côte occidentale et sur le rivage opposé, on a construit, il y a déjà au moins un siècle, plusieurs petits forts ; mais ils ont peu d'importance; on venait cependant, à l'époque de mon voyage, d'en réparer quelques-uns et de les mettre, autant qu'on pouvait, en état de défense. Le plus considérable est celui de *Santa Cruz d'Anhatomirim*, ou simplement *Santa Cruz*, destiné à protéger contre l'ennemi l'entrée septentrionale du bras de mer qui sépare l'île de Sainte-Catherine de la terre ferme ; il a été bâti sur l'îlot d'Anhatomirim (2) qui touche presque à cette dernière, et il fait face à un autre

(1) *Falla que o presidente de Santa Catharina, Antero José Ferreira de Brito dirigio a assemblea legislativa em o 1º de março* 1841, *documento* 15; — *Falla... em o 1º de março* 1842, p. 34.

(2) C'est sur la petite île d'Anhatomirim et non Atomirim, comme écrivent Krusenstern et Langsdorff, que l'illustre amiral Roussin a fait ses observations astronomiques, et il croit que ce mot signifie tête de singe (*Pilote*, 8); mais rien ne confirme cette assertion : *caï* est le nom guarani du singe, et notre mot tête est représenté, dans la même langue, comme dans la *lingoa geral*, par le mot *acanga*.

fort situé dans l'île et appelé *Fortaleza de S. José da Ponta Grossa,* ou, par abréviation, *Fortaleza da Ponta Grossa* (1).

Le canal qui se prolonge entre l'île de Sainte-Catherine et le continent n'a guère que trois quarts de lieue dans sa plus grande largeur. Vers son milieu, un peu au-dessus de la ville, il se rétrécit tellement entre deux pointes, partant l'une du continent, l'autre de l'île, qu'en cet endroit, appelé *estreito,* détroit, les chevaux le passent facilement à la nage ; il s'élargit ensuite brusquement, et forme un vaste bassin dans lequel se trouve le port de Sainte-Catherine. Le passage du détroit est défendu, du côté de la terre ferme, par le fort de *S. João,* et, du côté de l'île, par celui de *Santa Anna,* qui donnent chacun leur nom aux pointes sur lesquelles ils ont été construits (*Ponta de S. João, Ponta de Santa Anna*). Le port de Sainte-Catherine, proprement

(1) Après avoir, avec raison, placé les forts de Santa Cruz et de Ponta Grossa à l'entrée du canal, du côté du nord, Pizarro les transporte presque aussitôt à la barre du sud (*Mem. hist.,* IX, 262), et, à part même cette contradiction, il s'en faut bien que tout son morceau sur l'île de Sainte-Catherine ne laisse rien à désirer; cependant il n'est pas moins vrai que ce morceau renferme des détails intéressants pour l'histoire et la topographie du pays, et il ne doit point être dédaigné. José Feliciano Fernandes Pinheiro s'étend moins sur le même sujet; mais il me paraît beaucoup plus clair que Pizarro (*Annaes,* 2ᵃ ed., 397). L'un et l'autre, au reste, s'accordent à dire que les forts de Santa Cruz et de Ponta Grossa défendraient fort mal l'entrée du canal de Sainte-Catherine. L'amiral Anson l'avait déjà reconnu dès 1740 (Walter, *Voyage,* 44) ; la Pérouse, en 1785 (*Voyage,* I) ; Krusenstern, en 1803 (*Reise um die Welt,* I, 74-89). Enfin voici comment s'exprime M. Barral, officier de la marine française, qui a visité le pays en 1831 : « Les forts sont en mauvais « état ; mais, lors même qu'ils seraient en bon état, ils n'empêche-« raient aucun débarquement. » (*Not. S. Cath.* in *Ann. marit.,* 1833, II, 343.)

dit, ne donne entrée qu'aux embarcations appelées, en portugais, *lanchas*, *sumacas*, *brigantins*, *galeras*; mais les frégates peuvent s'avancer jusqu'au fort de Santa Cruz et y trouvent un mouillage excellent (1). Pour faire mieux connaître ce mouillage, je citerai ici l'autorité la plus grave, celle de M. le capitaine Duperrey. Voici comment s'exprime ce savant navigateur : « La baie de Sainte-Ca-
« therine est la meilleure, la plus considérable de l'Amé-
« rique méridionale; elle peut recevoir les plus grandes
« escadres, protéger, à l'aide de fortifications mieux en-
« tendues que celles qui existent aujourd'hui, plus de na-
« vires marchands que le commerce du Brésil n'en atti-
« rera jamais, et devenir peut-être un jour, par sa position
« géographique, l'un des points les plus importants de
« l'Amérique australe (2). »

Je me suis livré à des considérations assez étendues sur les mouvements de la population de la province de Sainte-Catherine et l'île en particulier; je me bornerai à indiquer par quelques chiffres les changements qui se sont opérés dans celle de la ville de Desterro. Suivant la Pérouse, elle comprenait, en 1785, 1,000 individus; en 1803, on y comptait déjà, dit Krusenstern, 3,000 personnes libres et quelques esclaves; en 1824, la population de Desterro s'élevait, selon Duperrey, à environ 6,000 âmes; enfin, en 1840, le président portait celle de la ville et de sa banlieue (*distrito*) à 7,178 âmes, nombre qu'Aubé porte, sept ans plus tard, à 7,812.

(1) Les navigateurs qui fréquentent ces parages ne peuvent mieux faire que d'étudier la carte de M. de Barral; ils peuvent aussi consulter celle de M. Van Lede, dans son ouvrage sur *la colonisation au Brésil*.
(2) *Voyage Coquille*, hist., 58.

Depuis que j'étais au Brésil je n'avais pas encore vu un pays aussi riant que la ville de Sainte-Catherine, autrement Desterro, et ses alentours. Le port, situé à une distance presque égale des deux extrémités de l'île, est à peu près demi-circulaire ; il s'étend du nord-ouest au sud-est, et la ville suit les contours du rivage. En face de celle-ci, le canal semble former une baie à peu près circulaire. De tous côtés il est bordé de collines et de petites montagnes très-variées dans leurs formes, et qui, disposées sur plusieurs plans, offrent un mélange délicieux de teintes brillantes et vaporeuses. La pointe qui borne le port, du côté du sud, est couverte de bois d'un vert assez foncé ; plus loin sont des mornes dont les flancs sont cultivés, dont le sommet est couronné d'arbres et qui reçoivent la lumière adoucie du soleil couchant : du côté opposé, celui du nord, la pointe de S. João, qui est peu élevée et en partie revêtue de gazon, répand de la gaîté dans le paysage ; tout à fait en face de la ville, des mornes s'aperçoivent dans le lointain à travers des vapeurs, et vers le sud on en découvre d'autres plus éloignés encore. L'azur du ciel n'est pas aussi foncé ni aussi éclatant qu'à Rio de Janeiro, mais il est aussi pur et se nuance avec la couleur grisâtre des mornes qui, à une grande distance, bornent l'horizon. Les montagnes n'ont pas assez d'élévation ni le canal assez d'étendue pour donner de la majesté au paysage ; la nature n'étale point cette pompe dont elle se pare quelquefois sous les tropiques ; elle est belle et riante comme dans le midi de l'Europe, à Madère ou à Lisbonne (1).

(1) La loi portugaise considère l'île de Madère comme faisant partie de l'Europe.

La ville de Sainte-Catherine, appelée aussi *cidade do Desterro*, est fort longue, mais elle a peu de profondeur.

Comparées à celles des autres villes du Brésil, ses rues sont étroites, mais, en général, assez bien alignées (1). Elles ne sont pavées que devant les maisons; cependant, comme dans celles de Paranaguá et de S. Francisco, on n'y voit jamais de boue, parce que le terrain est très-sablonneux.

Les maisons, bâties communément en brique ou en pierre, blanchies, couvertes en tuile, sont, pour la plupart, bien entretenues. En général, elles sont plus grandes que celles des villes de l'intérieur, et l'on en voit beaucoup qui ont un étage, des fenêtres vitrées, et qui ont été construites avec assez de goût. Je suis entré dans celles des principaux habitants, et je les ai trouvées bien meublées.

La ville est divisée en deux parties inégales par une grande place qui en occupe presque toute la largeur et qui s'étend, doucement inclinée, jusqu'au rivage. Cette place a la forme d'un carré long; elle est couverte d'un gazon fin, et peut avoir quatre-vingt-dix pas de large sur trois cents de longueur depuis le rivage jusqu'à l'église paroissiale qui la termine.

Celle-ci, dédiée à Notre-Dame de l'Exil (*Nossa Senhora do Desterro*) (2), nuit à la régularité de la place, parce

---

(1) Je suis d'accord sur ce point avec Pizarro et Léonce Aubé (*Mem. hist.*, IX, 374; — *Notice*, 24). Cazal s'est bien certainement trompé quand il dit que les rues de la ville de Sainte-Catherine sont tortueuses (*Corog.*, I, 196).

(2) Je n'ai pas besoin de dire qu'il ne faut point, avec Mawe, écrire *N. S. de Dereito*, pas plus que *Laguno* pour *Laguna*, *Tejucos* pour *Tijucas*, *Riberon* pour *Ribeirão*, *Groupas* pour *Garoupas*, ni enfin le

qu'on n'a pas eu soin de la bâtir à une égale distance des deux rangs de maisons et qu'on lui a donné une position oblique par rapport au rivage. D'ailleurs elle est grande et a deux tours ; mais il m'a semblé qu'elle n'avait pas assez de largeur pour son élévation. On y monte par un plan incliné qui est bordé de deux murs d'appui et aboutit à une petite plate-forme en demi-lune. Au-dessous de cette montée est un grand palmier dont l'élégant feuillage, agité par le moindre vent, contraste avec l'immobilité de l'édifice auquel il est consacré. A l'intérieur, l'église est plafonnée et bien éclairée ; mais je la trouvai moins propre que ne le sont, en général, les églises du Brésil (1820). Je comptai environ quarante-deux pas de l'autel de la *capella mór* (1) jusqu'à la porte. Cet autel est peu orné ; les deux autels obliques qui l'accompagnent le sont davantage. Indépendamment de ceux-ci, il y en a deux autres sur les côtés de l'église, et de plus deux chapelles profondes et assez riches.

Outre l'église paroissiale, on voit encore, dans Sainte-Catherine, quelques chapelles ; la plus remarquable est celle de *Menino Deos* (l'Enfant-Dieu), qui fut construite par les soins de JOANNA GOMES DE GUSMÃO, sœur d'Alexandre de Gusmão (2), Pauliste célèbre dont j'ai parlé ailleurs (3). Ce petit édifice est situé un peu hors de

fort de *Porto Groed* pour *Ponta Grossa*. Je doute aussi beaucoup qu'il y ait dans le district de Sainte-Catherine une rivière appelée *Tigreno* et un lieu appelé *Barragros* (*Travels*, 46-58).

(1) Voir plus haut.
(2) Pizarro (*Mem. hist.*; III, 77).
(3) Voir le chapitre de cet ouvrage intitulé, *Séjour dans la ville de S. Paul*, etc.

la ville, vers l'extrémité d'une petite chaîne de mornes élevés qui dominent celle-ci du côté de l'est, et qui, se prolongeant du nord au sud, forment la pointe méridionale du port. Isolée, entourée de bois, bâtie à mi-côte sur une petite plate-forme, l'église de Menino Deos contraste, par la blancheur de ses murailles, avec le vert foncé des arbres voisins; non-seulement elle produit dans le paysage l'effet le plus pittoresque, mais encore, de la terrasse qui s'étend devant sa façade, on jouit d'une vue charmante, celle de la ville, des campagnes riantes qui l'entourent, du canal et des mornes voisins. A l'intérieur, la chapelle de Menino Deos est fort jolie, très-propre et ornée avec goût.

A côté de la chapelle de Menino Deos est un hôpital où, lors de mon voyage, on soignait les militaires de la garnison, mais qui, habituellement, était destiné aux malades pauvres du pays, et entretenu par les aumônes des fidèles et un secours annuel dû au gouvernement. Cet hôpital n'a que le rez-de-chaussée et huit croisées de face (1820); mais il jouit d'un grand avantage, les vents y renouvellent continuellement l'air, et en même temps l'élévation du local ainsi que la distance où il est de la ville mettent les habitants de cette dernière à l'abri de toute contagion. Ce fut un homme d'un rare mérite, le gouverneur FRANCISCO DE BARROS MORAES ARAUJO TEXEIRA HOMEN, qui, dans le dernier quart du siècle passé, fonda, sous le nom d'*Hospidal da Caridade,* l'hospice de Menino Deos; mais les subventions accordées par le gouvernement pour l'entretien des malades ne s'élevaient pas à plus de 300,000 reis (1,875 fr.), les aumônes des fidèles étaient peu considérables, et pendant un certain temps on n'eut pas même de quoi payer un médecin (1). Aujourd'hui le gouvernement provincial accorde des secours à l'hôpital da Caridade, et néanmoins, en 1844, le président peignait la situation de cet établissement et son insuffisance sous les plus tristes couleurs (2).

Ce n'est pas seulement l'église paroissiale qui a été bâtie sur la place, mais encore le palais du gouverneur et l'hôtel de ville (*casa da camara*). Le premier de ces édifices est tout simplement une maison assez lourde, qui a un étage, cinq croisées de face, et n'offre absolument rien de remarquable. L'hôtel de ville est à peu près carré et plus grand que ceux de la plupart des villes de l'intérieur : il a un étage auquel on monte par deux escaliers fort larges qui font face l'un à l'autre ; et, suivant l'usage, le rez-de-chaussée sert de prison.

Un des édifices les plus remarquables de la ville de Desterro est la caserne (1820). C'est un bâtiment fort long traversé par une sorte de portail au-dessus duquel s'élève un petit pavillon ; et, quoique ce bâtiment n'ait que le rez-de-chaussée, il peut contenir aisément 1,500 hommes. Les soldats portugais qui l'occupaient à l'époque de mon voyage n'avaient point de lits ; ils étaient couchés en commun sur des *tarimbas*, espèces de tables très-longues, où ils mettaient leurs matelas et leurs couvertures les uns à côté des autres, à peu près comme cela se pratique dans nos corps-de-garde. Du côté de la mer, la caserne est masquée par des maisons ; mais, du côté opposé, elle donne sur

---

(1) Pizarro, *Mem. hist.*, IX, 313.
(2) Antero José Ferreira de Brito, *Falla do 1º de março de 1844*,
17.

une très-grande place couverte de gazon où les soldats avaient coutume de faire l'exercice (1).

Desterro, ville maritime et commerçante, n'est point déserte comme celles de l'intérieur. A l'époque de mon voyage, on comptait d'ordinaire une douzaine de petits bâtiments tant dans son port qu'à Santa Cruz, et la vue du canal était animée par les pirogues qui sans cesse le traversaient et qui, principalement le matin, apportaient des denrées à la ville.

Nulle part, excepté à S. Paul, je n'avais vu, depuis Rio de Janeiro, des boutiques aussi bien garnies et en aussi grand nombre qu'à Sainte-Catherine. Les négociants font leurs achats dans la capitale du Brésil, et la brièveté du voyage leur permet d'avoir dans leurs magasins les marchandises les plus nouvelles (2).

Les principaux objets d'exportation étaient, en 1820, la

---

(1) Depuis l'époque de mon voyage, on a fait, dans la ville de Desterro, des embellissements et des améliorations, et l'on en projette beaucoup d'autres. La façade de l'église principale a été réparée, deux petits jardins ont remplacé des dépôts d'immondices que l'on avait formés jadis dans le voisinage de cet édifice ; on a construit un bâtiment pour la trésorerie, un arsenal, un abattoir, un cimetière et plusieurs ponts ; une maison où l'on élève les enfants trouvés a été ajoutée à l'hôpital de Menino Deos ; on a fait des plantations d'arbres dans le voisinage de la maison où l'assemblée législative tient ses séances, etc. (Voir les rapports du président Antero José Ferreira de Brito, surtout celui de 1847 ; la *Colonisation* de Van Lede, 334; enfin le *Diccionario do Brazil*, I, 326.)

(2) Luccock dit que les marchands de Sainte-Catherine unissent une grande probité à l'esprit de spéculation (*Not. in Brazil*), et je crois que sur ce point on peut avoir quelque confiance dans l'opinion de ce voyageur, car lui-même était négociant et avait fait des affaires avec la ville de Desterro.

farine de manioc, le riz, l'huile de baleine, la chaux, les haricots, le maïs, les *mandobis* (*arachis hypogea*), le sirop de sucre, des bois de construction et de menuiserie, des cuirs, des poteries, du poisson salé, de la toile de lin, et des tissus formés d'un mélange de chanvre et de coton. On faisait monter à 100,000 alqueires (40,000 hectolitres) la quantité de farine de manioc que l'on embarquait, chaque année, dans ce port, à 100 pipes portugaises celle de l'eau-de-vie, de 4 à 5,000 *varas* (440 à 550 mètres) celle de la toile et de 3 à 4,000 celle des tissus mélangés (*riscados*). Il sortait aussi de Sainte-Catherine un peu de sucre, une grande quantité d'aulx et d'oignons, 4 à 500 arrobes de café (5,898 à 7,373 kilogr.) et un peu d'amidon. Il paraît qu'aujourd'hui les articles exportés sont à peu près les mêmes qu'en 1820, avec cette différence qu'il y en a quelques-uns de moins (1).

Rien n'est plus joli que les environs de Sainte-Catherine, ou Desterro. Les mornes qui, comme je l'ai dit, la dominent du côté de l'est sont encore couronnés par des bois vierges au milieu desquels se montrent des masses de rochers ; partout ailleurs le terrain a été défriché et offre ou des cultures ou des *capoeiras*. Dans la partie la plus voisine de la ville, on voit de jolies maisons de campagne (*chacarás*), et plus loin un grand nombre de *sitios* dispersés çà et là. Tandis que, dans les provinces les plus peuplées de l'intérieur, on fait souvent beaucoup de chemin sans rien apercevoir qui indique la présence de l'homme, ici on trouve, à chaque pas, une petite maison qu'entoure

---

(1) *Falla que o presidente... dirigio à assembléa legislativa... em o 1° de março de* 1841, 13. — Aubé, *Not.*, 40.

une prodigieuse quantité d'orangers et près de laquelle est un champ de manioc. Le terrain qui dépend de chaque *sitio* est défendu par une haie de citronniers armés d'épines, et les nombreux chemins qui établissent des communications entre la ville et la campagne ou entre les différents *sitios* sont également bordés de citronniers. Ces haies n'offrent pas, à la vérité, le vert tendre de l'aubépine ; cependant leur verdure n'a rien de trop sombre, elles ne se dégarnissent jamais du pied comme les nôtres, et elles embaument l'air du parfum de leurs fleurs et même de leurs feuilles. Dans un rayon d'environ 1 lieue autour de la ville, les chemins sont larges, la plupart couverts de sable et parfaitement unis. Tout est animé dans la campagne ; sans cesse l'on rencontre quelque cultivateur, comme dans les environs de nos villes d'Europe, et les points de vue varient à chaque instant. Tantôt on découvre, à travers des branchages, le canal et les monts qui s'élèvent dans le lointain ; tantôt c'est la ville que l'on aperçoit, ou la chapelle de Menino Deos, ou les mornes qui bordent le rivage ; souvent une maison de campagne sert de perspective ; ailleurs ce sera un *sitio* pittoresque entouré de bananiers et d'orangers chargés de leurs fruits. Les plantations présentent encore moins de symétrie que dans les autres parties du Brésil ; on ne voit pas deux orangers ni deux pieds de manioc plantés sur la même ligne ; mais ce désordre, qui atteste la négligence des cultivateurs, produit, dans le paysage, des effets charmants, et l'on pourrait comparer l'île de Sainte-Catherine à un vaste jardin anglais.

Chaque *sitio* se compose d'une seule maison bâtie avec de la terre et des bâtons croisés, mais toujours couverte en tuiles, et souvent blanchie à la chaux et assez bien entretenue. Les meubles n'y sont pas beaucoup plus communs que dans les petites habitations de l'intérieur, et consistent communément en quelques tabourets, une table, une natte sur laquelle les femmes travaillent accroupies, et que l'on étend également par terre pour y servir les repas. Il n'est pas un *sitio* où l'on ne voie un métier à faire de la toile, genre d'industrie qui est le partage de toutes les familles (1).

La population de l'île de Sainte-Catherine et même celle du reste de la province est, en grande partie, originaire des îles Açores. Le nombre des nègres est, comme je l'ai dit, peu considérable; celui des mulâtres l'est encore moins (2). Les hommes ne sont pas grands; ils sont géné-

(1) C'est probablement ce qui a fait dire qu'il existe à Desterro des manufactures de lin et de coton (*Voyage Coquille, hist.*, 75).

(2) « Le petit nombre de nègres libres qui se trouvent à Sainte-Ca« therine, a-t-on dit à l'un de nos plus illustres marins, pendant sa « courte relâche dans cette île, ne doivent leur liberté qu'à la repen« tance ou à la superstition. C'est au lit de la mort que, bourrelé par « la crainte de la justice divine, le propriétaire d'esclaves devient ca« pable d'une pensée généreuse; alors seulement il abjure un pouvoir « maintenu par la force et reconnaît pour son prochain un être sorti, « comme lui, des mains du Créateur. » (*Voyage Coquille, hist.*, 58.) Les Brésiliens sont accoutumés, dès leur enfance, à voir des esclaves autour d'eux, et les plus honnêtes, les plus réguliers ne soupçonnent même pas qu'il puisse y avoir le moindre mal dans la possession d'un nègre. On affranchit les esclaves par reconnaissance, comme nous accordons de petites pensions aux domestiques qui nous ont fidèlement servis, trop souvent encore pour se débarrasser d'eux quand ils sont devenus inutiles. Tout le monde sait, au reste, que les habitants du Brésil traitent généralement les noirs avec une très-grande douceur. On peut consulter, sur ce sujet, ce qu'ont écrit Gardner (*Travels*, 19) et, tout récemment, M. Blumenau (*Süd Brazilien*, 23), enfin ce que j'ai écrit moi-même dans mon *Voyage aux sources du Rio de S. Francisco*, I, 111.

ralement maigres, et ceux de la campagne ont le teint un peu basané. La plupart de ces derniers et des citadins nés dans l'île ont les arcades zygomatiques fortement prononcées ; mais leur figure étroite, leur nez allongé et la finesse de leurs cheveux prouvent suffisamment qu'ils ne doivent pas leur origine à un mélange de sang indien et de sang caucasique.

Les femmes sont très-blanches ; elles ont, en général, de beaux yeux, des cheveux noirs et souvent un teint coloré. Elles ne se cachent point à l'approche des hommes et rendent le salut qu'elles reçoivent. J'ai peint la roideur des femmes de l'intérieur qui, quand elles sortent, avancent à pas lents les unes derrière les autres, sans tourner la tête à droite ni à gauche, et sans faire le moindre mouvement. Il n'en est pas de même de celles de Sainte-Catherine : elles n'ont aucune gêne et quelquefois même elles ne sont point dépourvues de grâces ; elles achètent aussi peu dans les boutiques que les femmes de Minas (1820) ; mais, quand elles marchent dans les rues plusieurs ensemble, c'est ordinairement les unes à côté des autres ; elles ne craignent pas de prendre le bras des hommes et vont même se promener dans la campagne. Pour sortir elles ne s'enveloppent point d'une mante noire ou d'une épaisse capote, et sont mises avec plus de décence et de goût que celles de l'intérieur.

Les femmes les plus riches de la ville suivent les modes de Rio de Janeiro, qui sont, en général, celles de la France.

Les femmes de la campagne, qui ne travaillent point hors de la maison et ne ressemblent en rien à nos paysannes, n'ont pas, comme celles des Mines, les épaules et la poitrine découvertes ; toutes, sans exception, portent des robes d'indienne ou de mousseline, avec un châle de soie ou de coton ; leurs cheveux sont relevés avec un peigne, et souvent elles les ornent de fleurs naturelles : dans la semaine, elles n'ont ordinairement que des souliers, mais, le dimanche, elles mettent souvent des bas, et les jours de grandes fêtes il y en a bien peu qui aillent à la messe sans porter des chaussures de damas (1820) (1). Il s'en faut bien, cependant, que ce luxe accompagne la richesse ou même le bien-être. Ces femmes, à la vérité, se procurent quelque argent par leur travail ; on ne passe guère devant leurs maisons sans les entendre battre du coton ; elles filent, elles font des tissus ; mais, le plus ordinairement, elles n'emploient ce qu'elles gagnent qu'à satisfaire leur goût pour la toilette. Aussi la plupart des familles de cultivateurs vivent-elles d'une manière fort misérable, ne se nourrissant guère que de farine de manioc, de poissons cuits dans de l'eau (2), et enfin d'oranges, fruits tellement communs dans l'île, qu'aucun propriétaire ne se plaint quand les passants en détachent de ses arbres (3).

(1) Il paraît, d'après le récit de M. Barral (*Not. S. Cath.* in *Ann. marit.*, 1833, II), que, de 1826 à 1831, le costume des femmes de l'île de Sainte-Catherine n'a pas beaucoup changé.

(2) « Il est impossible, dit Van Lede (*Colônis.*, 164), de se faire une « idée de l'innombrable quantité de poissons qui pullulent au bord de « la mer voisine de Sainte-Catherine, ainsi que dans les rivières et les « lacs de cette île. » Suivant Mawe, on pouvait, en 1807, acheter, moyennant 1 schelling anglais, assez de poisson pour le repas de douze personnes (*Travels*, 48). En général, tous les navigateurs s'accordent à dire qu'on peut, à Sainte-Catherine, faire des vivres à très-bon compte.

(3) M. Barral dit que le café tient lieu de boisson aux habitants de Sainte-Catherine (*Not. S. Cath.* in *Ann. marit.*, 1833, II, 335) ; par là il entend, sans doute, qu'ils en font un usage fréquent.

Les hommes qui ont quelque aisance se mettent généralement bien. Ceux de la campagne ne sont pas vêtus, à beaucoup près, avec le même luxe que leurs femmes; cependant ils le sont mieux que les habitants de Guaratúba et de S. Francisco : ils portent ordinairement des souliers et un chapeau de feutre, un pantalon de toile de coton et une veste assez propre d'indienne ou de gros drap. Ceux qui appartiennent à la milice laissent croître leurs moustaches (1820).

Les femmes de l'île de Sainte-Catherine ont, dans leur ménage, une autorité dont ne jouissent point celles de l'intérieur. Les maris et les amants se privent de tout pour leurs épouses ou leurs maîtresses, et nulle part il n'existe une telle disproportion entre la toilette des femmes et celle des hommes ou l'ameublement des maisons. Le dimanche et les jours de fête, toutes les habitantes de la campagne semblent être des dames, et à la manière dont les maris sont habillés on les prendrait à peine pour les domestiques de leurs femmes.

Les cultivateurs de l'île de Sainte-Catherine sont bien loin, sans doute, d'avoir l'activité des paysans de France ou d'Allemagne; cependant ils me parurent beaucoup plus laborieux qu'on ne l'est communément dans l'intérieur des terres. Comme les nègres sont rares, surtout à la campagne, et que la population blanche est pauvre et fort nombreuse, on ne se croit point déshonoré pour cultiver la terre de ses mains, et ce sont des blancs qui, à Desterro, exercent tous les métiers. Dans une partie de la province de Minas où la blancheur de la peau établit une sorte de noblesse et où les gens de couleur sont les seuls qui travaillent, ce sont eux qui forment la classe du peuple : à

Sainte-Catherine elle se retrouve parmi les blancs, et ceux d'un rang tout à fait inférieur ont des mœurs à peu près aussi basses que les hommes du même rang dans les pays uniquement occupés par la race caucasique.

Accoutumés, dès leur enfance, à s'aventurer sur une mer agitée dans les plus frêles pirogues, les habitants de l'île de Sainte-Catherine regardent, pour ainsi dire, la mer comme leur élément, et font de très-bons matelots. Leur goût particulier et la crainte du service militaire en décident un très-grand nombre à s'embarquer, et de là il résulte qu'il y a habituellement dans l'île beaucoup plus de femmes que d'hommes.

Cette disproportion ainsi que l'amour excessif des femmes pour la parure rendent la prostitution extrêmement commune, et le *juiz de fora* qui était en fonction à l'époque de mon voyage m'assura que le sénat municipal du district dépensait presque tous ses revenus à faire élever les enfants exposés. Depuis 1820, il a pu s'opérer quelques changements dans l'île de Sainte-Catherine, mais ce n'est malheureusement pas sous ce rapport; car, dans ses discours aux assemblées législatives de 1841, 42, 44, le président de la province, M. Antero José Ferreira de Brito, se plaint avec amertume des dépenses qu'il faut faire tous les ans pour les enfants que l'on expose (1).

Située, en très-grande partie, à l'est de la grande chaîne (Serra do Mar, Serra Geral), la province de Sainte-Catherine appartient aussi presque tout entière à la *région des forêts* (2);

---

(1) *Fallas do 1º de março* 1841, 5; — *do 1º de março* 1842, 12; — *do 1º de março* 1844, 17.

(2) Il est clair que la ville de Lages et son territoire ne sont point com-

c'est dire assez qu'à l'exception des parties basses et inondées par les eaux de la mer l'île du même nom était originairement couverte de bois.

Comme la même température se prolonge sous le même méridien dans une étendue beaucoup plus considérable sur le bord de la mer que loin de ses rivages, la végétation a généralement aussi beaucoup plus d'uniformité sur le littoral que dans l'intérieur des terres; ce qu'on observe dans l'île de Sainte-Catherine confirme cette vérité. Lorsque j'arrivai à Curitiba, il y avait déjà extrêmement longtemps que je n'apercevais plus les plantes de Rio de Janeiro; et environ la moitié ou les deux tiers des végétaux que je vis en fleur dans l'île de Sainte-Catherine (27 avril-18 mai) appartenaient à la Flore de la capitale du Brésil; parmi les espèces vulgaires, je puis citer le *Sophora littoralis* (*fejões da Praia*), l'*Avicennia* n° 1665, la *Scrophularinée* n° 1589, etc. (1). Une foule d'insectes sont communs aux deux pays, et beaucoup d'oiseaux, surtout les petites espèces, se retrouvent également à Sainte-Catherine et à Rio de Janeiro. Je dois cependant faire remarquer qu'ici la différence des saisons est beaucoup plus sensible qu'à quelques degrés nord du tropique du Capricorne. J'observai à Sainte-Catherine, dans les mois d'avril et de mai, un nombre de plantes en fleur bien moins considérable que

---

pris dans cette région, puisqu'on n'y arrive, en partant du littoral, qu'après avoir franchi la Serra do Mar.

(1) Quand on a assuré que les myrtes, les jasmins, les rosiers, les œillets croissent dans l'île de Sainte-Catherine (*Voyage Coquille, hist.*, 69), on a voulu dire, sans doute, qu'on cultive ces plantes dans les jardins des alentours de Desterro.

celui qu'on pourrait recueillir à la même époque de l'année aux alentours de la capitale du Brésil (1).

Les vallées et les plaines humides (*vargens*) sont ici généralement fertiles ; mais il n'en est pas de même des mornes, qui, comme je l'ai dit, n'offrent qu'un sol pierreux et deviennent, chaque jour, moins favorables à la culture, parce que, presque toujours, ils ont une pente fort rapide, que les pluies doivent nécessairement entraîner dans les vallées l'humus végétal dont ils sont couverts, et qu'il n'est jamais renouvelé par des engrais.

Quoique le climat de Sainte-Catherine soit assez tempéré, il est clair qu'on peut, dans cette île, cultiver les mêmes plantes que sous les tropiques, puisque la végétation spontanée est encore tropicale. Ici, cependant, la canne à sucre est moins douce que sous la zone torride, et, lors de mon voyage, c'était principalement à faire de l'eau-de-vie qu'elle était employée (2). Le coton est court, d'une qualité fort médiocre, et l'arbuste qui le produit ne se plante

(1) M. Langsdorff parle avec le plus grand enthousiasme des productions naturelles de l'île de Sainte-Catherine (*Bemerkungen auf einer Reise*, I, 28-66) ; alors il n'avait pas encore parcouru les environs de Rio de Janeiro.

(2) M. Aubé nous apprend qu'en 1847 les petits propriétaires de Sainte-Catherine ne voulaient point encore cultiver la canne de Taïti, vulgairement *Canna cayana* (*Saccharum Taitense*, var. de l'*Officinarum*), qui l'est depuis si longtemps dans la province de Rio de Janeiro. On aurait peine à croire ce fait, si l'écrivain que nous citons n'avait fait preuve de beaucoup d'exactitude. Ce que dit à ce sujet M. Aubé suffirait, au reste, pour confirmer les observations que j'ai faites ailleurs sur la plante dont il s'agit (*Voyage dans la province de Rio de Janeiro*, etc., II, 248), mais auxquelles j'aurais dû, je le confesse, donner une autre forme (conf. Neuw., *Bras.*). Je me suis contenté d'indiquer par son nom de baptême le général qui a transporté la canne de Taïti de Cayenne au Brésil ; il s'appelait José Narciso de Magalhâes e Menezes. Ce fut lui

guère que pour les besoins du pays. Les oranges sont excessivement communes, mais petites et peu sucrées (1). Les bananes sont très-bonnes, et il en est de même du café (2). Il paraît, d'après ce qui m'a été dit sur les lieux, que, du moins en certains cantons, la gelée nuit trop souvent aux produits de la terre (3), et en conséquence, m'a-t-on ajouté, on croit convenable d'apporter quelques modifications à la taille des caféiers (4).

qui, pendant les guerres de l'empire, s'empara de la colonie de Cayenne au nom du prince régent de Portugal (Abreu e Lima, *Synopsis*, 293).

(1) M. Duperrey est ici du même avis que moi (*Voyage Coquille, hist.*, 69), et, si certains voyageurs ont trouvé délicieuses les oranges de Sainte-Catherine, c'est probablement parce qu'ils les comparaient à celles qu'on mange en France ou en Angleterre. — M. Barral dit que l'île possède quelques *abouticavas* (*Not. S. C.* in *Ann. marit.*, 1833); il a certainement voulu parler des *jabuticabeiras*.

(2) Dans mes autres ouvrages, j'ai parlé si souvent de la culture du cotonnier, de la canne à sucre, etc., qu'il serait peu utile de revenir ici sur ce sujet.

(3) J'étais à Sainte-Catherine en avril et en mai; par conséquent, je ne puis savoir par moi-même ce qui s'y passe en juin et en juillet, les mois les plus froids de l'année. M. Langsdorff assure que, pendant l'hiver, le thermomètre ne descend pas au-dessous de 10 degrés Réaumur; mais c'est en décembre et en janvier que ce savant était dans le pays (*Bemerkungen auf einer Reise*, I, 34), et il ne ferait pas autorité sur ce point, si ses assertions n'étaient confirmées par M. Aubé, qui a séjourné deux ans à Sainte-Catherine (*Not.*, 4, 40). Elles le sont aussi par l'intéressant opuscule intitulé *Süd brasilien*, dont l'auteur, M. Blumenau, indique (p. 7) la même température d'hiver que Langsdorff et Aubé, mais en ajoutant que, sur le continent, à une distance peu considérable de la mer, il a vu geler très-fort pendant l'hiver en 1846.

(4) Les habitants de Sainte-Catherine se livraient jadis à la culture du nopal, du froment et du chanvre, mais ils ont fini par y renoncer entièrement. Van Lede dit qu'ils ont également abandonné celle du lin : je suis bien loin de le nier; cependant je pourrais demander comment il se fait, s'il en est ainsi, que la graine de ce végétal se trouve au nombre

Comme les terres de l'île de Sainte-Catherine sont fort divisées et que les pâturages ont peu d'étendue, on n'y voit qu'un petit nombre de bestiaux, et ils sont chers relativement aux prix qui ont cours sur le plateau, à Curitiba et dans les Campos Geraes. Ceux que l'on tue à Desterro viennent de la province de Rio Grande et ont suivi le rivage (1820) (1).

Comme je l'ai déjà dit, tous les environs de la ville de Sainte-Catherine ont été défrichés, et l'on ne voit plus guère de bois que sur le sommet des mornes; mais je crois pouvoir assurer qu'au moins dans cette partie de l'île il n'y a pas un dixième des terrains en culture. A force de planter dans les mêmes champs sans les fumer jamais, on les a fatigués, et partout on voit des pelouses et des *capoeiras* d'une extrême maigreur. Aussi les habitants se plaignent-ils de ce qu'il n'y a plus assez de terre dans leur île, et plusieurs en vont chercher sur le continent. Néanmoins, comme ils vivent très-rapprochés les uns des autres et communiquent beaucoup entre eux, une famille entière ne se décide guère à quitter le pays que lorsqu'elle est accompagnée de plusieurs autres familles, ce qui tend à

des articles que le même écrivain indique comme ayant été exportés de 1838 à 1839. M. Van Lede ajoute que l'arbre au maté (*Ilex Paraguariensis*) croît spontanément dans les bois de la province de Sainte-Catherine, ce qui est extrêmement vraisemblable, puisque ces bois se confondent avec ceux de Curitiba. Il dit encore que l'on a essayé avec succès de planter du thé; et enfin, suivant M. Antero José Ferreira de Brito, le mûrier aurait également bien réussi à Sainte-Catherine (*Colonisation*, 143, 147, 280; — *Falla do 1º de março* 1844, 37).

(1) La relation qu'a publiée M. Langsdorff de sa relâche dans l'île de Sainte-Catherine est généralement aussi exacte qu'intéressante; mais, pour le bétail, il a appliqué ce qui se pratique sur le plateau à la partie habitée du littoral, du côté du continent.

rendre les émigrations beaucoup plus rares qu'elles ne sont à Minas (1).

D'après tout ce que j'ai dit sur l'île de Sainte-Catherine, il est clair que cette île doit tendre à s'appauvrir de plus en plus, puisque sa population augmente sans cesse; que, d'après le mauvais système d'agriculture adopté dans le pays, comme dans le reste du Brésil (2), les terres rapportent de moins en moins ; enfin que l'argent produit par les exportations se dépense aussitôt, ou en objets de luxe qu'il faut tirer du dehors et renouveler continuellement, ou en esclaves que l'on tire également du dehors et qui, pour la plupart, ne multiplient point. Ce n'est pas dans ces dernières années que la décadence de Sainte-Catherine a commencé ; il a été un temps où l'on comptait dans la province entière 288 sucreries; en 1797, il n'y en avait déjà plus que 256 (3); vers 1820, il ne sortait du pays qu'un peu de sucre, et cet article n'est plus compté aujourd'hui au nombre de ceux que l'on exporte (4). Si, dans le moment où furent supprimées les *armações*, leur abandon n'eut pas peut-être une très-grande influence, parce que la diminution de la pêche avait commencé depuis longtemps et avait été progressive, il n'est pas moins vrai que le pays devait être beaucoup plus riche lorsque les pêcheries étaient florissantes, que les habitants du voisinage gagnaient des salaires considérables et que le transport de

---

(1) Voir mon *Voyage dans la province de Goyaz*, II, 295.

(2) Il y a déjà un grand nombre d'années que j'ai fait connaître ce système et ses inconvénients; je crois inutile de revenir aujourd'hui sur ce sujet.

(3) Piz., *Mem. hist.*, IX, 283.

(4) Antero José Ferreira de Brito, *Falla do 1º de março* 1841, 13.

l'huile de baleine alimentait le cabotage. Autrefois on extrayait le suc des innombrables citrons que produit ce pays, et on l'envoyait à Montevideo ; mais, à l'époque de mon voyage, il y avait déjà longtemps que ce petit commerce était entièrement tombé. Dans ces dernières années, la guerre civile qui a désolé la province de Rio Grande do Sul a encore ajouté aux misères de l'île de Sainte-Catherine en diminuant ses relations commerciales déjà si peu importantes (1).

Au reste, les chiffres sont encore bien plus significatifs que tous ces faits. En 1820 on évaluait la valeur des objets sortant annuellement du port de Sainte-Catherine à 200,000,000 de reis faisant, au change de 160, 1,250,000 fr.

De 1837 à 1838 les exportations ont été de 215,137,771 reis faisant, au change de 313, 687,341 fr.

De 1838 à 1839 elles ont été de 293,252,968 reis faisant, au change de 320, 916,415 fr. (2).

Ainsi, tandis que de 1824 à 1840 la population de la province de Sainte-Catherine a augmenté dans la proportion de 1 à 1,45, les exportations ont, à peu près dans le même temps, diminué dans celle de 1 à 0,73.

Dès 1822, José de Souza Azevedo Pizarro e Araujo gémissait de ce que la province de Sainte-Catherine, favorisée entre toutes par la nature, n'était pas dans un état plus florissant, et il assignait à sa misère les trois causes suivantes : 1° le manque de routes ; 2° le service auquel on

(1) Léonce Aubé, *Notice*, 40.
(2) Ces chiffres sont empruntés aux documents officiels publiés par le président de la province ; les changes le sont au tableau de M. Horace Say.

condamnait les gardes nationaux, et qui sans cesse les obligeait de laisser à l'abandon leurs champs et leurs familles; 3° l'usage où était l'administration de prendre sans payer les denrées du cultivateur. On doit croire que, sous le gouvernement constitutionnel, ce dernier abus aura cessé entièrement. D'ailleurs des routes ont été ébauchées, quelques-unes même tout à fait ouvertes; mais jusqu'à présent, malgré les soins de l'administration provinciale, il n'y a eu, sous ce rapport, aucune amélioration sensible (1). Quant au service de la garde nationale, il est évident qu'on n'a pu le rendre moins pénible, lorsque les rebelles du sud menaçaient les frontières de la province, et encore aujourd'hui la prudence exige peut-être qu'on se tienne sur ses gardes en cas d'événement. Mais, quand même toutes ces causes de décadence n'existeraient plus, il en resterait encore une qu'il faudrait faire disparaître, celle que j'ai signalée plus haut et à laquelle on ne paraît pas songer : le système d'agriculture adopté par les Brésiliens, et dont on ne s'est point écarté jusqu'ici dans le pays de Sainte-Catherine. Ce système, tout barbare qu'il est, n'a pas encore d'inconvénients excessivement graves pour la partie de la province qui tient au continent, parce que là il y a une quantité considérable de terres incultes et qu'on peut, comme à Minas, abandonner le champ qui ne produit plus, pour aller incendier un peu plus loin quelque portion de forêt ; mais il n'en est pas de même de l'île de Sainte-Catherine dont nous nous occupons particulièrement ici, et où le terrain a été défriché depuis longtemps, dans les endroits surtout qui, par leur fertilité,

---

(1) Aubé, *Notice*, 37.

promettaient d'abondantes récoltes. On ne peut, sans doute, faire dans cette île un grand usage de la charrue, parce que les terres sont généralement très-divisées, et le penchant des collines fort roide; mais la population est assez considérable pour que l'on cultive, comme dans la Limagne par exemple, à la bêche ou à la houe. L'essentiel est que l'on reprenne en sous-œuvre les terrains qui ont été abandonnés, parce qu'ils ne produisaient plus de bois ; que, les ayant labourés ou bêchés, on les fume ; que pour cela on forme des engrais et que l'on étudie l'art des assolements. La routine, favorisée par une coupable indolence, s'est opposée jusqu'ici à ces faciles améliorations ; on a mieux aimé émigrer que renoncer à des pratiques empruntées à des hordes sauvages. Les meilleurs conseils ne seraient probablement point écoutés; mais si, par des primes, le gouvernement encourageait les habitants de l'île de Sainte-Catherine à adopter des procédés de culture plus rationnels que ceux qu'ils suivent et à se ménager des engrais, il n'est pas douteux que l'agriculture ne prospérât bientôt dans ce pays, et au bout de peu de temps l'État serait dédommagé, par une augmentation importante de revenus, de quelques sacrifices momentanés. Des primes offertes, dans le même but, aux colons de l'intérieur ne produiraient probablement aucun résultat, parce que, ayant à leur disposition d'immenses étendues de terre, ils n'ont pas un intérêt immédiat à changer de méthode, et que les sommes qu'on pourrait raisonnablement leur accorder ne les dédommageraient pas des sacrifices qu'il faudrait qu'ils fissent de leurs habitudes et de leur paresse : ici, au contraire, où la prime exciterait l'agriculteur à renoncer à des procédés bien évidemment nuisibles, elle ne pourrait manquer de produire bientôt l'effet justement désiré.

Au temps où de sombres forêts couvraient encore l'île de Sainte-Catherine, elle était souvent enveloppée de brouillards épais; des miasmes malfaisants s'élevaient d'un sol humide où pourrissaient les débris entassés de nombreux végétaux; des nuées de moustiques obscurcissaient l'air, et les navigateurs qui relâchaient dans cette île risquaient d'être atteints de fièvres et de dyssenteries (1). A mesure que l'on a coupé les bois, le sol est devenu moins humide; les flaques d'eau se sont desséchées, l'air est devenu plus pur (2). A l'époque de mon voyage, on pouvait considérer comme fort sain le climat de Sainte-Catherine, et il a dû le devenir davantage encore, depuis que des restes des baleines (3) ne pourrissent plus, comme autrefois, dans les criques dont l'île est bordée. Cependant il ne faudrait pas s'en exagérer la salubrité; il y règne fréquemment des dyssenteries, et il paraîtrait que la *morfea* n'y est pas actuellement extrêmement rare (4). Il ne serait pas impossible, au reste, que les dyssenteries fussent produites par les oranges très-nombreuses que les habitants mangent longtemps avant la maturité parfaite, et dans ce cas ce ne serait plus le climat qu'il faudrait accuser, mais une gloutonnerie contre laquelle les médecins et les ecclésiastiques devraient lutter par de sages conseils (5).

(1) R. Walter (*Voyage Anson*, 42-46).
(2) Feldner, *Reisen*, I, 163.
(3) Piz., *Mem. hist.*, IX, 216.
(4) A. J. Ferr. de Brito, *Falla do 1º de março de 1847*.
(5) Le retour fréquent des dyssenteries est trop bien attesté (voir

Langsdorff, du Petit-Thouars, Sigaud) pour qu'on puisse le révoquer en doute; mais il ne faut pas y joindre le choléra, comme l'a fait Lesson (*Voyage médical*, 8), qui semble avoir copié R. Walter, et ne saurait ici faire autorité, puisqu'il a passé peu de jours à Sainte-Catherine et ne savait probablement pas la langue du pays. D'un autre côté, quand M. Blumenau dit, dans son très-estimable écrit, que la dyssenterie est inconnue dans le Brésil méridional, il n'a voulu parler, sans doute, que de la province de Rio Grande do Sul.

CHAPITRE XXVII.

SÉJOUR DE L'AUTEUR DANS LA VILLE DE DESTERRO.

Portrait du gouverneur João Vieira Tovar de Albuquerque ; réflexion sur les capitaines généraux. — Le *juiz de fora* ; lois portugaises. — Un mariage. — Le bataillon portugais en garnison à Sainte-Catherine. Une visite à l'hospice. — Poteries. — La fête du roi. — Accueil excellent ; le brigadier Felis XXX ; le maréchal Joaquim de Oliveira Alvares.

A mon arrivée à Desterro, j'avais couché, comme on l'a vu, chez M. Diogo Duarte da Silva, trésorier de la junte, qu'on appelait communément don Diogo (1), parce qu'il

(1) A Montevideo et dans le pays dépendant de cette ville, on donnait à tout le monde le titre de *don* ; personne ne l'avait au Brésil, et, parmi les Portugais, les nobles, fort peu nombreux, pouvaient seuls le porter. C'est donc à tort que, dans une foule d'écrits, on applique ce titre à peu près à tous les Brésiliens ou Portugais revêtus d'un emploi ou ayant quelque aisance. Ceux qui écrivent sur le Brésil devraient ne pas oublier que ses habitants ont une nationalité qui leur est propre, et tâcher de ne pas leur attribuer la langue et les usages de leurs voisins ; les habitants de Rio Grande surtout seraient fort peu flattés que l'on fît d'eux des *Castelhanos*. M. le prince de Neuwied s'est déjà élevé contre la transformation étrange dont il s'agit ici, et a justement protesté contre son savant, mais trop inexact traducteur, qui lui fait dire *San Mateo* pour *S. Matheus* (*Brasilien*, 51, 58). Nos typographes sont tellement accou-

avait séjourné longtemps dans l'Amérique espagnole. Quand nous fûmes levés, nous nous rendîmes à l'embarcation qui m'avait amené, et nous trouvâmes mes gens fort impatients de me revoir.

De là, accompagné de mon hôte, j'allai faire ma visite au gouverneur de la province, M. Joao Vieira Tovar de Albuquerque, qui refusa d'examiner mes papiers et m'accueillit de la manière la plus aimable (1). C'était un homme actif et assez gai, mais qui avait peu d'usage du monde. Il était colonel de cavalerie, et avait servi en Europe contre les Français, et au Rio de la Plata contre les Américains-Espagnols. Ayant perdu un bras en combattant, il avait demandé sa retraite, et on lui avait donné pour récompense le gouvernement de Sainte-Catherine. Comment ne ferait-il pas un bon administrateur? disait quelqu'un malicieusement, il a perdu un bras à la guerre. Quand il était arrivé à Sainte-Catherine, la plus grande indiscipline régnait parmi les gardes nationaux, dont on ne s'occupait que pour en tirer de l'argent par la vente des grades et des congés : dans les commencements, il avait infligé aux récalcitrants des punitions très-sévères, souvent même illégales, on s'était beaucoup plaint de lui; mais il était parvenu à rétablir l'obéissance et à former,

---

tumés à voir ainsi changer l's mis en portugais devant les noms de saints, pour remplacer *São* ou, comme on a écrit jadis, *Sam*, que d'eux-mêmes ils corrigent souvent la seule orthographe qui soit correcte. Il ne serait, par conséquent, point impossible que dans le manuscrit d'un ouvrage récemment imprimé il y eût *S. Francisco* et que les imprimeurs, croyant bien faire, eussent partout écrit *San Francisco* (Castelnau, *Expédition dans les parties centrales*, I).

(1) M. l'amiral Roussin se loue beaucoup aussi de la réception que lui fit M. Tovar (*Pilote du Brésil*, 7).

dans sa province, quatre mille hommes de milice bien habillés et exercés d'une manière admirable.

On ne peut nier pourtant que Tovar n'attachât une trop grande importance à tout ce qui tenait au militaire. Sous les rois de Portugal, la place de gouverneur d'une province ou d'une capitainerie donnait au même individu une autorité tout à la fois militaire et civile ; cependant, comme les devoirs d'un gouverneur, en qualité de chef des troupes régulières et de la garde nationale, avaient, en général, moins d'importance que ceux qu'il devait remplir comme administrateur, il aurait été important qu'il connût mieux l'administration que le métier des armes. Mais le contraire arrivait presque toujours. C'étaient, assez généralement, des militaires que l'on mettait à la tête des capitaineries : ils portaient dans la décision des affaires cet esprit absolu et cette dureté dont la discipline militaire fait prendre l'habitude ; ils méprisaient les lois qu'ils ne connaissaient pas, ne s'occupaient que d'uniformes et de revues, traitaient les gardes nationaux comme une troupe soldée, les arrachaient aux travaux de la campagne pour leur faire faire un service souvent inutile, les dégoûtaient de leur pays, et rendaient continuelles les désertions qui, éloignant des hommes mariés de leurs femmes, de leurs enfants, de leurs propriétés, étaient si nuisibles à l'agriculture et à l'accroissement de la population (1).

Quand nous eûmes quitté le gouverneur, don Diogo me mena chez le *juiz de fora*. Il était employé à Campos dos Goitacazes, lorsque j'avais passé par cette ville ; je renouvelai connaissance avec lui, et il eut la bonté de m'aban-

(1) Voir plus haut, p. 285.

donner une maison de campagne fort commode, qu'il occupait ordinairement, et qui était située à peu de distance de la ville, sur un coteau voisin de la mer.

Un jour que j'étais allé voir mon hôte, la conversation tomba sur la jurisprudence portugaise. Comme tous ceux qui en avaient quelque idée, il me dit que rien n'était plus embrouillé et plus incertain; que les juges étaient sans cesse embarrassés pour choisir entre une foule de lois qui se contrariaient; que la plupart du temps ils rendaient leurs arrêts en suivant les lumières de leur conscience quand ils étaient intègres, ou en consultant leurs intérêts quand ils étaient corrompus, ce qui arrivait presque toujours. Le *juiz de fora* se plaignait aussi, avec juste raison, de l'empiétement des gouverneurs de capitaineries sur l'autorité judiciaire; mais en même temps il avouait qu'il n'y avait aucune loi qui fixât d'une manière précise les limites des différents pouvoirs. C'était là bien certainement un des défauts les plus graves de l'organisation intérieure de ce pays.

Le *juiz de fora* n'était pas la seule connaissance que j'eusse à Desterro; j'y retrouvai un colonel du génie que je voyais de temps en temps, lorsque j'étais à Rio de Janeiro, et qu'on appelait Antonio José Rodrigues. Cet officier maria sa fille pendant mon séjour dans l'île de Sainte-Catherine, et il eut la bonté de m'inviter à la cérémonie. Elle devait se faire le dimanche, à quatre heures après midi. Je me rendis chez le colonel quelques instants avant l'heure indiquée, un peu surpris de ce que, dans un pays catholique, on eût choisi le dimanche pour se marier. Mais je fus bien plus étonné encore lorsqu'en entrant dans le salon j'y vis un petit autel orné avec goût, qui indiquait assez que ce local avait été choisi pour la célébration de la cérémonie. Les futurs parurent bientôt, accompagnés de quelques amis intimes et d'un prêtre. Celui-ci s'habilla; il commença la bénédiction nuptiale, et, pendant tout le temps qu'elle dura, les assistants et les fiancés rirent et causèrent à peu près comme dans une place publique. Le mariage célébré, on enleva promptement l'autel; le salon se remplit de monde; on se mit à danser, et le prêtre qui avait fait la cérémonie assista au bal, ainsi que plusieurs autres ecclésiastiques. Il y avait à cette petite fête un assez grand nombre d'hommes, officiers ou employés, et environ une quinzaine de femmes. Toutes celles-ci étaient parfaitement mises, et en général elles dansèrent fort bien (1); aucune n'avait ni la roideur ni la gêne de celles de Minas. Les hommes étaient, en général, peu empressés auprès d'elles; mais, quand ils leur adressaient la parole, elles répondaient sans embarras et avec politesse. Ces dames, cependant, n'étaient point exemptes d'un défaut qui m'avait toujours choqué chez les habitantes de Minas Geraes : quelque chose de dur et de rauque dans le son de leur voix, qu'il faut attribuer, je crois, à l'habitude de commander à des esclaves.

(1) M. Barral, auteur de l'importante carte citée plus haut, et le lieutenant de marine russe Kotzebue, racontent, chacun de leur côté (*Notions* dans les *Annales maritimes*, 1833, II; — *Endeckunfs reise*, I, 106), qu'étant dans la province de Sainte-Catherine ils y virent danser des *fandangos*. Ce mot espagnol est absolument inconnu aux Brésiliens; MM. de Barral et Kotzebue auront voulu, sans doute, parler des *batuques*, cette danse obscène dont j'ai eu occasion de parler dans mes précédents ouvrages et qui a été empruntée aux nègres. C'est là un exemple de la transformation que j'ai signalée à la note de la page 348. Dans une relation bien rédigée, un autre navigateur parle de la province de *las Minas* (*Voyage Favorite*, IV, 135).

Pendant que j'étais à Sainte-Catherine, un bataillon de 500 soldats portugais du 12ᵉ régiment d'infanterie de ligne tenait garnison dans cette île. C'étaient tous des hommes faits, dont on vantait genéralement l'honnêteté, et qui, par leur excellente discipline, faisaient honneur à l'armée portugaise. Quelle différence il y avait entre ces braves militaires et les soldats de la garnison de Rio de Janeiro, la plupart gens de couleur mal choisis, sans force, qui n'avaient rien de l'homme de guerre, et se livraient, pour de l'argent, à la débauche la plus honteuse (1)! Toutes les fois que les soldats en garnison à Sainte-Catherine pouvaient obtenir la permission, ils se louaient pour travailler chez les cultivateurs, et plusieurs d'entre eux avaient fait la guerre en France ou y avaient été prisonniers, et ils parlaient de notre pays avec regret. Les officiers étaient polis, bien élevés, et savaient tous un peu de français.

Accompagné du chirurgien-major du bataillon, j'allai voir l'hospice de Menino Deos dont on avait fait momentanément, comme je l'ai dit plus haut, un hospice militaire. Les salles sont parfaitement éclairées, mais le bâtiment a l'inconvénient d'être très-bas, et par conséquent les fenêtres ne peuvent, en certains cas, être ouvertes sans quelque danger pour les malades. Avant que l'établissement fût devenu militaire, toutes les salles étaient divisées, par des cloisons, en un certain nombre de petites

---

(1) J'ai dit ailleurs combien les dignes militaires de Minas Geraes et les dragons de Goyaz méritaient d'éloges. Ils n'avaient non plus rien de commun avec les hommes qui, à l'époque de mon voyage, composaient les régiments de Rio-Janeiro.

cases destinées chacune pour un malade (1); comme l'air se renouvelait difficilement dans ces réduits et qu'on ne pouvait y maintenir une propreté bien exacte, le chirurgien-major avait fait enlever les cloisons. L'établissement était bien tenu; rien ne manquait aux malades; et l'on suivait avec exactitude les règlements, qui me parurent fort sages. Chaque malade couchait seul, et les lits étaient suffisamment écartés les uns des autres et sans rideaux, comme cela devait être dans un pays fort chaud. Au lit de chaque malade, on voyait un tableau où se trouvaient inscrits son nom, le jour de son entrée, etc. Lorsque le chirurgien faisait sa visite, il indiquait, sur chaque tableau, la potion qui pouvait être donnée au malade et les remèdes qu'il devait prendre. Les recettes étaient désignées par un simple numéro qui renvoyait à un formulaire général composé d'un certain nombre d'articles. La visite terminée, l'infirmier faisait le relevé des tableaux. L'*almoxarife* (2) ou économe achetait les objets nécessaires; il se faisait donner des reçus par les marchands, et il fallait que ses livres fussent d'accord avec les relevés de l'infirmier.

On avait le projet de construire un hôpital militaire, et l'on devait rendre aux pauvres l'établissement qui leur appartenait. L'emplacement du nouvel hôpital était déjà marqué; mais on n'aurait pu en choisir un qui fût moins convenable : c'était près de la caserne, au pied des mornes,

(1) C'est ce que j'avais déjà vu à Villa Rica, ou Ouro Preto, dans l'hospice militaire, en 1816 (*Voyage dans les provinces de Rio de Janeiro et de Minas Geraes*, I, 146).

(2) *Almoxarife* signifie, à proprement parler, un receveur (*Moraes, Dicc.*, 3ᵃ ed.).

dans un enfoncement où l'air ne circulait pas, que l'on prétendait bâtir l'édifice projeté (1).

Pendant le temps que je restai à Sainte-Catherine, je fis presque tous les jours des promenades. Comme l'hiver approchait, elles furent peu profitables pour la botanique ; souvent elles ne me procurèrent pas une seule plante en fleur que je ne connusse depuis longtemps ; mais elles me firent goûter le plaisir d'admirer des sites délicieux.

Un genre d'industrie particulier à Sainte-Catherine est la fabrication de certaines poteries où l'eau se maintient extrêmement fraîche, et que l'on expédie pour Rio de Janeiro et d'autres villes du Brésil. Je me dirigeai, dans une de mes promenades, vers l'un des endroits où se font ces poteries. Elles sont d'un rouge foncé, lisses, luisantes et d'un grain très-fin. Les plus communes sont des espèces de cruches (*moringues*) d'une forme arrondie, qui ont une anse et deux goulots, l'un plus large servant à remplir le vase d'eau, l'autre par lequel on boit et qui n'est percé que d'un trou fort petit. On donne une forme plus élégante à d'autres vases également destinés à entretenir la fraîcheur de l'eau, et qui peuvent servir d'ornement. Toutes ces poteries se font au tour avec une argile olivâtre que l'on tire du lieu appelé *Cubatão* (2) situé sur la terre ferme. Après les avoir fait sécher à l'ombre, on les imbibe d'une eau dans laquelle on a délayé une terre fort rouge prise sur les bords du canal (*estreito*) qui sépare l'île du continent (3). C'est à

(1) L'hôpital militaire n'a point été construit, et l'on a rendu l'hospice de Menino Deos à sa destination primitive.

(2) On peut voir ce que j'ai écrit sur ce mot dans un des premiers chapitres de cet ouvrage.

(3) C'est à tort, comme on voit, qu'un voyageur (*Coquille, hist.*, 68)

l'aide d'un linge que l'on fait cette petite opération. On frotte les vases avec un caillou très-lisse pour les rendre luisants et polis, et enfin on les fait sécher au four.

Pendant mon séjour à Desterro, on fêta l'anniversaire de la naissance du roi Jean VI. A cette occasion, tous les gardes nationaux du district furent obligés de se rendre à la ville plusieurs jours d'avance, et le gouverneur les passa en revue. J'assistai à celle de la cavalerie, et j'admirai non-seulement sa bonne tenue, mais encore la précision de ses manœuvres ; on aurait pu prendre ces miliciens pour des soldats de la ligne. Le 12 mai au matin, des salves d'artillerie annoncèrent la fête. Le bataillon d'infanterie et celui d'artillerie, ainsi que les gardes nationaux ou miliciens, se réunirent autour de la place, et l'on chanta dans l'église paroissiale un *Te Deum* auquel assistèrent les membres du sénat municipal, le gouverneur et l'état-major. Après être sorti de l'église, le gouverneur

---

a cru que les poteries de Sainte-Catherine étaient faites avec une argile rouge. Si elles n'avaient pas une couleur d'emprunt, elles seraient probablement brunâtres, après avoir passé au feu. C'est très-vraisemblablement des anciens indigènes que les habitants caucasiques de Sainte-Catherine auront appris l'art de colorer les vases de terre, car voici de quelle manière s'exprime Hans Stade, qui écrivait, en 1557, sur les usages des Tupinambas : « Les femmes fabriquent les vases de la ma-
« nière suivante : elles pétrissent avec de la terre une espèce de pâte, à
« laquelle elles donnent la forme qu'elles veulent, et qu'elles savent
« très-bien colorer. » (*Histoire d'un pays... nommé Amérique*, 261, dans la *Collection de voyages publiés par Henri Ternaux*). Les Indiens de la côte méridionale du Brésil n'existent, pour ainsi dire, plus ; mais on ne saurait croire combien ils ont laissé de traces dans les habitudes et le langage de leurs destructeurs. La lettre du vénérable José Anchieta sur l'histoire naturelle de S. Paul tend aussi, ce me semble, à prouver, contre l'opinion des savants Spix et Martius, que les Portugais ont dû aux indigènes la connaissance de bien des remèdes.

reparut au milieu de la place avec les principaux officiers ; il se découvrit, cria *vive le roi*, et ce cri fut répété par tous les militaires et par les assistants. Les troupes firent par deux fois un feu de file qui fut suivi d'une décharge d'artillerie, et ensuite elles défilèrent avec beaucoup d'ordre. Les miliciens, tous agriculteurs, qui étaient dans la ville depuis plusieurs jours, dépensant leur argent et ne travaillant point, s'empressèrent de retourner chez eux aussitôt que la cérémonie fut achevée, et, toute l'après-dînée, le canal fut couvert de pirogues qui le traversaient avec rapidité. J'étais invité au bal que donna le gouverneur, et, à la nuit, je me rendis au palais. J'y trouvai les employés, les principaux habitants de la ville et une trentaine de femmes parfaitement mises. Déjà, chez le colonel Antonio José Rodrigues, j'avais admiré le talent des dames de Sainte-Catherine pour la danse ; mais je l'admirai bien plus encore quand je sus qu'elles n'avaient pas de maître et qu'elles apprenaient en s'exerçant entre elles.

Les officiers de la frégate française *la Bayadère* s'étaient trouvés, l'année précédente, à la même fête, et l'on m'a dit que, jugeant, par ce qu'ils avaient vu à Sainte-Catherine, du Brésil tout entier, ils avaient emporté l'idée la plus favorable de cet empire. Si, dans la petite île de Sainte-Catherine, d'où l'on ne tire guère que de la farine de manioc et de l'huile de poisson, auront-ils dit, sans doute, on trouve des gardes nationaux si bien vêtus et si bien exercés, des femmes si bien mises et si polies, quelle idée ne doit-on pas se former des capitaineries de l'intérieur qui ont produit tant d'or et des diamants ! Mais il faut savoir qu'il n'est dans l'intérieur aucun point aussi peuplé que Sainte-Catherine, que les communications y sont difficiles, que la plupart des denrées ne peuvent en sortir à cause de l'embarras et de la cherté des transports, et que, depuis l'abandon des anciennes minières, on n'y trouve plus guère de moyens de s'enrichir ; il faut savoir encore que les personnes qui, à Sainte-Catherine, font le plus de figure n'appartiennent point à l'île, et enfin que ce luxe extérieur, dont l'étranger est ébloui un instant, couvre presque toujours une misère réelle (1820).

Pendant mon séjour à Desterro, je fus comblé de politesses par les employés et les officiers de la garnison. Le gouverneur en avait donné l'exemple; il m'avait invité à dîner, et ne cessa de me faire des offres de service. Je fus également bien accueilli par le brigadier Felis XXX et par le maréchal Joaquim de Oliveira Alvares, pour lequel j'avais une lettre de recommandation. Ce dernier donna en mon honneur un dîner auquel toutes les autorités du pays furent invitées, et fut pour moi d'une amabilité parfaite. Le maréchal était né à Madère ; il avait été élevé au collége anglais de Douai, et s'était fait recevoir à Coimbre docteur ès sciences mathématiques. Après avoir d'abord servi dans la marine, il avait passé dans les troupes de terre, et avait servi contre les Espagnols-Américains. Ses connaissances étaient variées ; il parlait assez bien le français et aimait l'histoire naturelle. Aimable, gai, jovial, s'abandonnant à un aimable laisser-aller, il avait aussi peu de prétention que de morgue.

CHAPITRE XXVIII.

VOYAGE DE DESTERRO A LAGUNA.

L'auteur s'embarque pour se rendre de l'île de Sainte-Catherine à l'*armação de Garupava*. — Les deux rives du canal qui sépare l'île du continent. — Relâche à la paroisse de *Nossa Senhora da Lapa* ; détails sur cette paroisse ; imprudence de Firmiano, orgueil de l'affranchi Manoel. — Passage de la barre méridionale du canal de Sainte-Catherine. — Arrivée à l'*armação* de Garupava ; mauvais coucher. — Visite au *sargento mór* Manoel de Souza Guimarães ; une plaine, sa végétation, le palmier *Butiá* ; l'auteur apprend qu'il a couru un grand danger ; détails sur la culture des terres ; location de chariots. — L'administrateur de l'*armação*. — Description de cet établissement. — Chemin de Garupaba à *Encantada* ; les femmes ; une visite à un malade ; culture ; réponse étrange. — Une autre Flore. — Une suite de lacs. — L'anse et la pêcherie d'*Embituba*. — Embarras pour trouver un logement à *Villa Nova* ; description de ce village ; culture. — Le bord de la mer.

En arrivant à Sainte-Catherine, j'avais prié D. Diogo de me procurer une barque (*lancha*) pour aller jusqu'à l'*armação* de *Garupava* ou *Garupaba* (1) située sur la terre ferme, et de là je comptais me rendre par terre à la ville de Laguna, puis passer dans la province de Rio Grande do

(1) On écrit aussi *Garopaba*.

Sul. D. Diogo s'arrangea avec un homme de Garupaba qui devait transporter à Sainte-Catherine une cargaison de farine et me prendre à son retour. Je fis mes adieux aux personnes qui m'avaient si bien accueilli, et je partis, le 18 de mai, muni des meilleures lettres de recommandation.

J'étais à peine embarqué que le vent changea, et nous avançâmes avec une lenteur extrême. Peu à peu cependant, notre barque s'éloigna de la ville de Desterro, et nous nous rapprochâmes des montagnes appelées *Serra do Cubatão* qui lui font face du côté de la terre ferme. Côtoyant l'île, nous passâmes devant une anse profonde et demi-circulaire que l'on appelle *Saco dos Limoeiros* (la crique des limoniers) et où se jette le *Rio do Tovares* (1). Pendant mon séjour à Sainte-Catherine, je m'étais souvent promené sur les bords de cette crique, qui peut-être sont encore plus riants que les autres parties de l'île. Bientôt nous apercevons, du côté du continent, la paroisse de S. José (2).

(1) Le *Saco dos Limoeiros* n'est indiqué ni sur la carte de M. de Barral ni sur celle de M. de Villiers; Cazal, Milliet et Lopes de Moura ne l'indiquent pas davantage dans leurs écrits; mais Pizarro le désigne sous le nom de *Saco do Rio Tovarés* (*Mem. hist.*, IX, 263).

(2) Le village de *S. José* ou *José da Terra Ferme* fut érigé en paroisse en 1751; le 27 août 1832, l'assemblée législative de la province en a fait une ville. Il est situé dans une baie, près de la rivière de Maruhy, qui n'est pas navigable. En 1820, la paroisse de S. José comprenait environ 400 feux et 3,649 communiants; en 1841, sa population tout entière s'élevait à 6,053 individus libres et 1,635 esclaves. Une partie de cette population descend, à ce qu'il paraît, des anciens indigènes (Piz., *Mem. hist.*, V, 83. — Antero José Ferreira de Brito, *Falla do 1º de março de* 1841. — Mill. et Lop. de Moura, *Dicc.*, II, 572). En 1829 a été fondée, sur la paroisse de S. José, une colonie allemande à laquelle on a donné le nom de *S. Pedro d'Alcantara*, et qui, fort différente de celles qui avaient été formées dans la province de Sainte-Catherine par des Français, par des Sardes et par des Belges, paraît

Nous passons devant les terres basses et couvertes de mangliers qui, du côté du midi, bordent le Saco dos Limoeiros, et nous doublons la pointe de *Caiacanga* (1) formant la limite méridionale de cette crique. Plus loin, les mornes laissent peu d'espace entre eux et la mer; leur sommet est couronné de bois vierges; leurs flancs offrent des plantations éparses au milieu des *capoeiras*, et çà et là des pierres et des masses de roches. Au pied des mornes nous apercevons l'église de *Nossa Senhora da Lapa* (Notre-Dame de la Grotte), autour de laquelle sont quelques maisons entourées d'orangers. Nous côtoyons la terre de plus près; nous passons devant plusieurs *sitios* bâtis au bord de la mer, et nous arrivons à la paroisse même de Nossa Senhora da Lapa, autrement *Ribeirão*, située à environ 2 *legoas* de Desterro. Le vent était à l'ouest, il faisait presque nuit; le patron de la *lancha* se décida à jeter l'ancre en face de la paroisse.

Pour éviter l'ennui d'une soirée passée sur le bord de la mer ou dans ma *lancha*, j'allai voir le curé, qui d'abord me reçut très-froidement, mais qui devint fort honnête quand je lui eus montré la *portaria* que m'avait donnée le

---

prospérer d'une manière assez remarquable. Je n'ai pu lire sans un vif intérêt ce qu'a écrit sur cette colonie, en 1848, le curé de S. José. On aura, sans doute, été surpris de la phrase suivante de sa notice : « Il « semble que ces hommes soient venus de si loin, afin de nous repro- « cher, par leur conduite, notre indifférence pour la religion et nous « donner l'exemple d'une fidélité parfaite à observer ses préceptes, seuls « liens qui puissent unir les sociétés humaines. » (Joaq. Gomes de Oliveira e Paiva, *Mem. hist., sobre a colon. de S. Pedro d'Alcantara* in *Revist. trim.*, 2ª ser., III, 504.)

(1) Ce nom, que nous avons déjà trouvé dans les Campos Geraes, vient, comme je l'ai dit, du guarani *caiácá*, tête de singe.

gouverneur de la province. Il me fit d'abord prendre le thé, et ensuite, en attendant le souper, il m'offrit de faire une promenade dans sa paroisse. Il faisait un clair de lune magnifique qui me permettait de distinguer tous les objets. Nous suivîmes de jolis chemins parfaitement unis, bordés de plantations, et à peu de distance les unes des autres nous rencontrions des maisons entourées d'orangers et de caféiers. D'un côté je voyais, à quelques pas de nous, les montagnes couronnées de bois vierges, et de l'autre j'avais de temps en temps des échappées de la mer dont nous entendions les mugissements.

Pendant cette délicieuse promenade, le curé me dit que sa paroisse, nouvellement créée, s'étendait jusqu'à l'extrémité de l'île, et qu'elle avait environ 5 *legoas* de longueur sur une largeur peu considérable. Dans cette étendue elle comprenait 1,900 âmes, dont 400 esclaves mâles et 100 du sexe féminin (1). Si les esclaves étaient à Nossa Senhora da Lapa dans une proportion plus considérable qu'en d'autres paroisses, cela tenait à ce que, sur la première, il existait plusieurs sucreries et une *armação*, celle de Lagoinha. D'ailleurs ici, comme dans le reste de l'île, il n'y avait

---

(1) Dès l'an 1763, une chapelle avait été construite, sous l'invocation de *Nossa Senhora da Lapa*, dans le lieu où est aujourd'hui la paroisse du même nom. Plus tard, une église plus importante remplaça la chapelle; mais ce fut seulement en 1809 qu'elle fut érigée en chef-lieu de paroisse, sous le nom de *Nossa Senhora da Lapa do Ribeirão*. En 1840, cette paroisse comprenait 1,571 blancs et 563 esclaves; ce serait une diminution sensible sur le chiffre de 1820; mais il se pourrait que la circonscription de la paroisse de Lapa do Ribeirão eût été réduite; car, dans l'intervalle de 1820 à 1840, on a créé deux paroisses de plus dans l'île de Sainte-Catherine (Pizarro, *Mem. hist.*, V, 285. — Antero José Ferreira de Brito, *Falla do 1º de março* 1841).

guère de familles qui possédassent plus d'un ou deux esclaves; mais le désir de tous les cultivateurs était d'obtenir une possession qui satisfaisait tout à la fois leur orgueil et leur paresse.

D'après ce qui me fut dit par le curé de Lapa, les femmes de sa paroisse n'aimaient pas moins la toilette que celles des alentours de la ville; le curé ajouta que, les jours de grandes fêtes, il n'y avait presque aucune de ses paroissiennes qui allât à la messe sans avoir des bas de soie et des souliers de damas. Les femmes que je vis à mon arrivée portaient généralement une robe d'indienne et un châle de soie.

Pendant la nuit que je passai à Lapa le temps fut toujours serein, mais le vent était furieux. Qand je me levai, il était à l'ouest; le patron de la *lancha* me dit que nous ne pouvions partir, et j'eus tout le temps de me promener autour de l'église. Comme je l'avais déjà reconnu, étant encore sur le canal (1), elle est située au pied d'une suite de mornes qui se prolongent parallèlement à la mer et laissent peu d'intervalle entre eux et le rivage. Devant l'église s'étend une belle pelouse un peu élevée au-dessus de la plage, et à l'extrémité de laquelle sont quelques rochers. De cette espèce de plate-forme on découvre tout le canal, dont la largeur est ici peu considérable, les mornes élevés de *Cambirera* (2), qui font face à l'église et sont couverts de bois vierges, enfin toutes les terres voisines. A droite et à gauche de l'église, entre la mer et les montagnes, sont des maisons assez rapprochées les unes des autres, et en-

(1) Page 361.
(2) Cambirera vient des mots de la *lingoa geral*, *camby*, lait, *rerú*, vase, pot au lait (*Dicc. port. braz.*).

tourées de caféiers et d'orangers. On communique de l'une à l'autre par de jolis chemins bordés de plantations.

J'étais sur le point de me mettre à table avec le curé, lorsqu'un homme entra comme un furieux dans la chambre où nous étions. Il me demanda si j'étais propriétaire de la *lancha* qui était à l'ancre devant la paroisse ; je lui répondis que non, mais que les effets dont elle était chargée m'appartenaient. Il me dit alors qu'un de mes gens, que je reconnus au portrait qu'il m'en fit pour être Firmiano, avait tiré imprudemment du côté de sa maison, et que les grains de plomb étaient tombés à ses pieds; qu'il était allé se plaindre aux hommes de la *lancha;* qu'un nègre lui avait parlé avec beaucoup d'insolence, et lui avait présenté son fusil en le défiant d'avancer. D'après les récits du plaignant, je ne pus douter que le nègre en question ne fut Manoel. Rien n'égalait l'orgueil de cet homme ; rien n'égale, en général, celui de tous les nègres libres. Comme leur couleur peut les faire prendre, à chaque instant, pour des esclaves, ils ne songent qu'aux moyens de la démentir, et refusent de faire une foule de choses qui ne répugnent à aucun blanc raisonnable.

Depuis le matin il faisait un calme plat ; mais, vers les deux heures, le patron de la barque se décida à partir et donna ordre à ses nègres d'aller à la rame.

Au delà de Nossa Senhora da Lapa le canal continue à avoir peu de largeur; les mornes s'étendent jusqu'au rivage, des bois vierges les couronnent, et leurs flancs étaient, à l'époque de mon voyage, couverts de *capoeiras*, au milieu desquelles des plantations de cannes à sucre formaient une marqueterie d'un vert tendre. De distance en distance on voyait au pied des mornes, sur le bord du canal, des *sitios* plus pittoresques les uns que les autres, et dont quelques-uns n'étaient point sans importance.

Nous laissons derrière nous, du côté du continent, la *Freguezia da Enseada* (la paroisse de l'anse), qui porte ce nom parce qu'effectivement elle est située au fond d'une petite baie. L'église a été bâtie au pied d'un morne dont la partie la plus basse était seule cultivée, le reste couvert de bois (1).

Cependant le vent s'était élevé; on avait hissé la voile, et nous approchions de la barre du sud ; mais alors il était déjà tard, et bientôt je cessai de distinguer les objets. Le patron me demanda si je ne craignais pas de passer la barre pendant la nuit. Il faisait un clair de lune superbe, le vent était favorable; je répondis à cet homme que je m'en rapportais à sa prudence. Il se décida à continuer le voyage. La mer était loin d'être calme, et nous savions que la sortie du canal est quelquefois dangereuse, à cause des bancs de sable dont elle est embarrassée. Bientôt nous sentîmes la barque, soulevée par les flots, retomber

---

(1) La paroisse d'*Enseada* ou *Enseada do Brito* a été créée, en 1751, sous l'invocation de Notre-Dame du Rosaire, d'où lui vient le nom qu'elle porte dans les actes publics (*Nossa Senhora do Rosario da Enseada do Brito*). On y comptait, en 1822, 170 feux et environ 1,360 adultes ; en 1840, 512 feux, 2,141 individus libres et 590 esclaves. C'est sur la paroisse d'Enseada, au bord du Rio Cubatão, que se trouvent les eaux thermales très-vantées, dites *Caldas de Santa Catharina*. Un hôpital fut commencé, sous l'administration de Tovar, près des sources du Cubatão ; la construction de cet établissement a été interrompue pendant un grand nombre d'années ; mais elle a fini par être reprise, et en 1847 le président de la province annonçait à l'assemblée législative que la moitié de l'édifice était achevée (Piz., *Mem. hist.*, IX, 82. — Sigaud, *Climat*, 501. — Mill. et Lop. de Mour., *Dicc.*, I, 201. — Antero José Ferreira de Brito, *Fallas de* 1841, 1847).

brusquement en nous donnant de fortes secousses comme si elle allait être engloutie. La barre etait passée.

Malgré l'obscurité de la nuit, je reconnus, au delà du canal, divers îlots, sur l'un desquels est une forteresse. Après le passage de la barre, je m'étendis dans la barque ; je m'endormis et ne me réveillai qu'à l'*armação* de Garubava (du guarani *ygacupa*, l'anse des barques), où nous arrivâmes à deux heures du matin.

La barque fut attachée à la cale (*trapiche*). Le patron m'engagea à débarquer et à passer dans sa maison le reste de la nuit ; comme le froid était assez vif, j'acceptai son offre ; sa femme étendit une natte par terre, et je m'y couchai.

Je me levai à la pointe du jour et fis débarquer mes effets. L'administrateur de l'*armação*, auquel j'avais été recommandé, était absent. Celui qui le remplaçait m'installa dans une grande chambre fort vilaine et sans meubles, où l'eau pénétrait de tous les côtés. Je demandai si les chariots qui devaient me transporter à la paroisse de *Villa Nova* (ville neuve) et avaient été retenus depuis longtemps par D. Diogo étaient arrivés ; personne n'en avait entendu parler : je me décidai, en conséquence, à aller à une demi-lieue de Garupaba porter une lettre de recommandation au sargento mór MANOEL DE SOUZA GUIMARÃES, qui avait été chargé de me procurer des moyens de transport.

En sortant de l'*armação* pour me rendre à la *fazenda* du *sargento mór*, je traversai d'abord une plaine sablonneuse, couverte de gazon et d'arbrisseaux, parmi lesquels on trouve abondamment la Myrtée, nommée *Myrcia Garopabensis* dans mon *Flora Brasiliæ, etc.*, et l'Ericacée n° 1769 *ter*, appelée vulgairement *Camarinha*, dont les fruits, noirs, lisses, luisants, disposés en grappes, sont rafraîchissants et d'un goût agréable. A une autre époque de l'année, j'aurais certainement recueilli, dans cette plaine, beaucoup d'espèces de plantes; mais le temps de la floraison était passé, et l'on ne trouvait plus que des débris; c'est à peine si, comme dans notre automne, un petit nombre d'individus tardifs et rabougris offraient encore quelques fleurs.

Le végétal le plus remarquable de tous ceux qui croissent dans la singulière plaine de Garupava est un palmier nain que je ne connaissais point encore, et auquel on donne le nom de *Butiá* (1). Sa tige n'atteint guère plus de 5 pieds de haut. Elle est chargée, à sa partie supérieure, d'écailles courtes qui ne sont autre chose que la base des feuilles anciennes déjà tombées, et elle se termine par une touffe de feuilles nouvelles, ailées, recourbées, longues de 3 à 4 pieds, glabres, d'un vert glauque. Le pétiole de ces feuilles est bordé, à la partie supérieure, d'épines écartées, et, à la partie inférieure, de filaments, débris d'une gaîne qui, originairement, entourait la gemme centrale. Dans une fossette qui se trouve à la base de chacune des folioles de la feuille, on voit quelques écailles rousses et scarieuses. Les spathes, linéaires et aiguës, ont la forme d'une nacelle. Les fleurs sont disposées en panicule sur des branches parfaitement simples : je ne les vis point; mais les fruits qui en résultent étaient, lors de mon voyage, au moment de la maturité, ils ont la grosseur d'une noisette; ils sont charnus, ovoïdes, glabres, jaunes, d'un goût agréable, et ren-

---

(1) On écrit, en guarani, *mbutiá*. Ce mot, dans cette langue, signifie *cocotier*. (Ruiz de Montoya, *Tes. leng. guar.*)

ferment un petit noyau qui ressemble à celui de l'olive.

Après avoir traversé la plaine dont je viens de faire la description, j'entrai dans un bois vierge assez fourré ; je passai devant des plantations de manioc et d'orangers parfaitement régulières, ce qui au Brésil est une véritable merveille, et enfin j'arrivai à la *fazenda* du *sargento mór*.

Elle était située sur une hauteur d'où l'on découvre tout à la fois une échappée de la mer et une vaste plaine couverte de bois, qui n'est que la continuation de celle dont j'ai parlé tout à l'heure. Cette habitation était aussi pour moi une espèce de rareté ; car, à Minas et à Goyaz, c'est généralement dans les fonds que l'on bâtit les *fazendas*.

Le patron de la barque qui m'avait amené à Garopaba était venu avec moi chez le *sargento mór*; celui-ci lui fit les plus vifs reproches de ce qu'il avait compromis mon existence en passant de nuit la barre du canal de Sainte-Catherine : je ne croyais pas avoir couru un si grand danger.

Quand il eut achevé sa semonce, le *sargento mór* m'invita à dîner, et j'acceptai. Sa femme mangea avec nous, ce que n'aurait certainement pas fait une dame de Minas ou Goyaz, et elle fut enchantée des éloges que je donnai à Sainte-Catherine, qui était sa patrie.

Le *sargento mór* me dit qu'il cultivait principalement le manioc, et que cette plante réussissait dans ce pays mieux que toutes les autres, parce qu'elle aime surtout les terrains sablonneux. Il ajouta que, lorsqu'elle avait remplacé immédiatement un bois vierge, on laissait reposer deux ans les terres où elle avait été plantée, mais que, si elle l'avait été dans une *capoeira*, il fallait attendre quatre à cinq ans, pour que les arbrisseaux et les broussailles fussent de nouveau en état d'être coupés et brûlés (1).

Mon hôte me promit que j'aurais le lendemain trois chariots pour aller à la paroisse de *Villa Nova*, située à 6 lieues seulement de Garupaba. Chaque chariot devait me coûter 10 *patacas* (20 fr.), et le *sargento mór* s'était engagé à m'en fournir deux. Je crois qu'à ce prix il n'aurait pas été fâché d'avoir tous les jours des recommandés, et même de leur donner à dîner. Depuis Curitiba, je dépensais dix fois plus que dans l'intérieur, et je trouvais beaucoup moins de plantes. Si je n'avais pas fait de grandes économies dans mes précédents voyages, il m'eût été impossible de continuer celui-ci.

De retour à l'*armação*, j'allai rendre visite à l'administrateur général, qui était arrivé en mon absence. A peine fus-je entré dans sa galère ou *varanda* (2), que l'on se mit en prières, et l'administrateur m'édifia par son air de dévotion et d'humilité. Le lendemain, il entendit deux messes; avant la seconde, à laquelle j'assistai, il récita des prières tout haut en langue vulgaire, et pendant le temps que dura cette messe il prit les postures les plus humbles. Comme j'ai déjà eu occasion de le dire, les Brésiliens traitent fort lestement les pratiques, qui, pour eux, sont trop souvent la religion tout entière; aussi fus-je fort surpris de cet étalage de dévotion, dont j'étais témoin pour la première fois depuis que j'étais en Amérique. J'espère qu'il était chez l'administrateur l'expression de vertus sin-

---

(1) Mes précédentes relations contiennent des détails étendus sur les *capoeiras*. (Voir, en particulier, mon *Voyage dans les provinces de Rio de Janeiro et de Minas Geraes*, I, 194.)

(2) J'ai donné l'explication de ce mot dans mes relations précédentes.

cères; mais, au nombre de celles que je me plais à attribuer à cet homme, je ne puis mettre l'hospitalité; car l'accueil qu'il me fit, à mon arrivée, fut très-froid, pour ne pas dire dédaigneux; quoique le temps ne fût pas chaud, il ne m'offrit point à entrer dans sa maison, et ne me fit aucune politesse.

Il s'en fallait bien que l'*armação* ou pêcherie de Garupaba fût sans importance; cependant les bâtiments qui la composaient étaient bien moins considérables que ceux d'Itapocoroia (1), et la vue est également ici beaucoup moins agréable. L'*armação* était située au fond d'une anse étroite et allongée, entourée, à droite et à gauche, de mornes couverts de forêts d'un vert sombre. Le paysage, en général assez monotone, emprunte pourtant un peu de variété de la vue de quelques collines qui appartiennent au continent, mais qui, par une illusion d'optique assez singulière, semblent deux îles séparées par un canal et s'élevant en face de l'*armação*. Cette dernière ne correspondait point au milieu de l'anse. L'église, les logements de l'administration, ceux du chapelain et des contre-maîtres (*feitores*) avaient été bâtis, à mi-côte, sur un morne dont le sommet était couvert de bois; l'usine où l'on faisait frire les morceaux de baleine (*engenho de frigir*), les réservoirs, les cases à nègres s'élevaient sur le rivage.

Je partis de Garupaba, le 21 mai, avec mes trois chariots.

Le chemin que je suivis est plat, fort beau, et traverse toujours un pays de bois vierges; mais, surtout dans le voisinage de l'*armação*, beaucoup de terres avaient déjà

---

(1) Voir plus haut.

été défrichées; je vis même, de distance à autre, des *sitios* et quelques plantations de manioc. Nous passâmes une petite rivière appelée *Rio de Garupaba*, qui va se jeter dans un lac du même nom voisin de la mer. C'était un jour de fête : je rencontrai un grand nombre de femmes qui revenaient à cheval de la messe. En général, elles ne portaient point de chapeaux d'homme comme celles de Minas, mais de véritables chapeaux de femme; elles ne craignaient point de regarder à droite et à gauche, de me rendre les saluts que je leur faisais et de parler aux passants.

Une d'elles, m'ayant vu recueillir des plantes, voulut absolument que je fusse médecin, et me força d'entrer chez elle pour voir un malade. C'était un homme qui, depuis plusieurs mois, était tombé en paralysie, et de plus habiles auraient été peut-être aussi embarrassés que moi. Je recommandai le malade à Dieu, je l'engageai à prendre patience, à espérer que sa jeunesse le sauverait, et je m'échappai le plus vite qu'il me fut possible.

Après avoir fait environ 3 *legoas*, je m'arrêtai à un petit *sitio* appelé *Encantada* (enchantée), qui appartenait au maître d'un de mes chariots, et où je passai la nuit. Tout en causant avec mon hôte, je lui demandai combien de temps il fallait, dans son pays, laisser reposer la terre pour que les *capoeiras* pussent être coupées. Nous avons tant de terres, me répondit-il, que, lorsqu'on a planté dans un endroit, on l'abandonne et l'on va planter ailleurs.

Peu après être sorti d'Encantada, nous entrâmes dans un *campo* sablonneux parsemé de *butias* très-rapprochés les uns des autres, entre lesquels croissaient des arbrisseaux et des sous-arbrisseaux, par exemple le n° 1788. C'était pour moi un effet de végétation tout à fait nouveau que ces palmiers nains, dont les feuilles glauques et aiguës forment des espèces de berceaux sous lesquels croissent des arbustes presque tous d'un vert gai. Une Flore décidément extratropicale commençait; celle de Rio de Janeiro que j'avais encore retrouvée, avec des modifications, dans l'île de Sainte-Catherine avait disparu.

Alors nous marchions à peu près parallèlement à la mer; mais nous en étions à 1 lieue ou trois quarts de lieue. Entre le chemin que nous suivions et l'Océan, nous laissâmes, m'a-t-on dit, une suite de lagunes, dont la première, appelée *Lagoa Encantada* (le lac enchanté), communique avec celle d'*Araçatuba;* cette dernière avec la *Lagoa d'Embiraquara*, et enfin celle-ci avec la mer (1).

Au midi de ces lacs, il en est un autre, m'a-t-on assuré, qui n'a aucune communication avec eux, que l'on appelle *Lagoa de Panema* (2).

(1) *Araçatuba* vient des mots guaranis *araçá*, nom que l'on donne, comme je l'ai dit ailleurs, à tous les *Psidium* à fruit piriforme, et *tĭba*, réunion, réunion d'*araças*. — Je trouve l'étymologie d'*Embiraquara* dans la *lingoa geral; emyra*, arbre, et *coara*, creux, le creux de l'arbre.

(2) Le père Antonio Ruiz da Montoya traduit le mot guarani *panema* par le mot espagnol *retama* (*Tes. guar.*), qui signifie *genêt*, et qui, sans doute, a été appliqué à quelque plante américaine à fleurs jaunes. Dans la *lingoa geral*, *panema* ou *panemo* veut dire qui n'est bon à rien. — Cette suite de lacs dont je parle ici rappelle naturellement ceux qui s'étendent près de Rio de Janeiro, entre Praia Grande et le cap Frio, et que j'ai cités dans mon *Voyage sur le littoral*, II, 301 : *Piratininga, Itapúig, Maricá, Cururupina, Brava, Jacuné*, enfin *Saquaréma* et *Araruama*. — *N. B.* On remarquera que j'ai cru devoir écrire l'avant-dernier de ces noms, comme je l'ai fait dans ma relation de voyage, et non *Sagoarema*, comme le désirerait M. le prince de Neuwied. Cazal

Au delà du *campo* de *butias*, dont j'ai parlé tout à l'heure, nous passâmes auprès d'un petit morne couvert de

écrit, à la vérité, *Sequarema*; mais, dans ce mot, il n'y a pas de différence pour la seconde syllabe, et c'est seulement sur cette syllabe que je ne suis pas parfaitement d'accord avec M. de Neuwied; d'ailleurs on trouve *Saquarema* dans les *Memorias historicas* de Pizarro, dans le *Diccionario do Brazil* de Milliet et Lopes de Moura, sur la carte de la province de Rio de Janeiro par Conrado J. Niemeyer; enfin il est consacré par un document officiel, le rapport du ministre de l'intérieur du Brésil pour l'année 1847. M. le prince de Neuwied dit, il est vrai, qu'il a cru entendre *Sagoarema* et non *Saquarema*; mais, quand il a passé dans les environs de ce lac, il commençait son important voyage, et, lorsqu'on n'a pas encore eu le temps de se familiariser avec une langue, on se trompe facilement sur les sons que l'on entend; avec le temps ils se dessinent mieux, si je puis m'exprimer ainsi, et l'on est soi-même étonné des erreurs que l'on avait commises d'abord. Sous ce rapport, plusieurs de mes notes manuscrites sont fort défectueuses, et, pour peu que j'eusse continué le *Flora Brasiliæ meridionalis*, j'aurais rectifié bien des fautes qui s'y sont introduites. Si M. le prince de Neuwied était retourné à Rio de Janeiro à la fin de son voyage, il n'aurait certainement plus entendu *Arcos do Cariocco*, mais *Arcos da Carioca*. J'ai dit que l'étymologie indienne tendait à prouver l'exactitude du mot *Saquarema*. M. de Neuwied répond que j'ai pu facilement me tromper, cela est parfaitement vrai; mais j'ai pris tous les moyens qui étaient en mon pouvoir pour ne pas commettre un trop grand nombre d'erreurs. Un Espagnol fort instruit dans le guarani, qui habitait les Missions à l'époque de mon voyage, m'a communiqué l'étymologie d'une foule de mots; j'ai sans cesse entre les mains l'inestimable *Tesoro de la lengua guarani* du père Ruiz da Montoya; je consulte aussi très-souvent le *Diccionario portuguez e brasiliano* et la liste de M. Francisco dos Prazeres Maranhão; j'ai recours, en cas de besoin, à l'*Arte da gramatica da lingua do Brazil* du père Luiz Figueira, aux notes de Francisco José de Lacerda e Almeida, et même à celles de Luccock. Il me semble que ceux qui nous donnent des étymologies grecques ou arabes ne prennent pas plus de peine que moi pour trouver la vérité. Je pourrais ajouter que, pendant mon séjour sur les bords de l'Uruguay et dans les Missions, mes oreilles ont dû se familiariser avec la langue guarani, et j'ai continué à l'entendre parler par les deux jeunes Indiens que j'avais malheureusement amenés en France.

bois, et nous arrivâmes sur le bord de l'Océan au fond de l'anse d'*Embituva* ou *Embituba*, qui, m'a-t-on assuré, offre un très-bon mouillage (1). Là je trouvai sur la plage, au milieu d'un gazon très-fin, la Composée 1779, et le *Verbena Melindres*, aux fleurs d'un beau vermillon, que l'on cultivait dès lors à S. Paul et qui depuis est devenu si commun dans nos jardins.

Au fond de l'anse d'Embituva se trouvait la pêcherie qui portait le même nom, la plus méridionale de toutes : les bâtiments qui la composaient étaient situés sur le rivage ; ils avaient peu d'élévation et étaient beaucoup moins considérables que ceux d'Itapocoroia et de Garupaba.

Auprès de l'*armação* d'Embituva, nous quittâmes le rivage, puis nous passâmes devant un petit poste militaire où étaient cantonnés deux soldats du bataillon en garnison à Sainte-Catherine (2). Je leur demandai si j'étais encore loin de la paroisse appelée *Villa Nova* : ils me répondirent avec beaucoup de politesse ; ensuite, ayant reconnu que j'étais Français, ils me dirent qu'ils avaient fait la guerre dans notre pays, et m'invitèrent à partager leur repas.

Continuant notre route, nous arrivâmes, au bout de

(1) Un Espagnol-Américain, très-versé dans la langue guarani, faisait dériver *Embituba* d'*ÿmbetïba*, plage élevée. Il ne me semblerait pas impossible que ce mot vînt plutôt d'*umbú*, espèce d'arbrisseau, et *tïba*, réunion, réunion d'*umbus*. Van Lede, qui, peut-être avec raison, écrit *Imbituba*, dit que l'anse dont il s'agit abrita une petite escadre brésilienne destinée à appuyer l'armée impériale, lorsque celle-ci faisait le siége de la ville de Laguna, dont les révoltés de Rio Grande s'étaient emparés (*Colonisation du Brésil*, 116).

(2) Voir plus haut.

quelques instants, à *Villa Nova*. Je demandai le commandant pour le prier de me procurer un gîte et lui remettre une lettre du gouverneur de la province : il était absent, ainsi que celui qui devait tenir sa place. Ne sachant à qui m'adresser, j'allai trouver le curé, qui me renvoya au caporal du détachement cantonné dans le village; celui-ci, à son tour, me renvoya à un sergent de la garde nationale, obligé, me disait-il, de remplacer le commandant. Le sergent refusa absolument d'ouvrir la lettre, parce qu'elle ne lui était pas adressée; et je commençais à perdre patience, lorsqu'un des soldats du détachement vint m'offrir la maison où il était logé. Dans le même instant, la femme du commandant me fit dire qu'elle pouvait me céder une partie de la sienne, et j'acceptai son offre.

Villa Nova (ville neuve), autrement *Santa Anna da Laguna*, chef-lieu d'une paroisse qui appartient au district de Laguna, est un petit village situé à quelques pas de la mer, au pied d'un morne couvert de bois. Il se compose d'une église assez mesquine et sans cloche, et d'un nombre peu considérable de maisons bâties, pour la plupart, autour d'une place couverte de gazon. Appartenant à des cultivateurs, ces maisons, comme celles des petites villes de l'intérieur, ne sont guère habitées que le dimanche; pendant la semaine, le village reste désert (1).

Si l'on avait placé le chef-lieu de la paroisse de Villa Nova sur le bord de l'anse d'Embituva, ou bien à l'extré-

---

(1) En 1840, la population de Villa Nova s'élevait à 2,474 individus libres et 400 esclaves (Antero José Ferreira de Brito, *Falla do 1º de março de 1841*).

mité septentrionale du lac voisin appelé *Laguna*, qui communique avec la mer, et dont je parlerai plus tard, il n'est pas douteux que ce village, ayant des moyens faciles de communication, ne fût devenu florissant; mais, entre deux points très-rapprochés et extrêmement favorables à la fondation d'une ville ou d'un village, on a choisi le lieu qui l'était le moins, puisqu'en face de Villa Nova la côte est fort dangereuse.

Le commandant revint dans la soirée et me dit qu'aux environs du village on cultivait principalement le manioc, le riz, les haricots, et que l'on faisait aussi un peu de maïs et même du froment. Quelques agriculteurs préparaient, avec la charrue, la terre où ils devaient mettre du blé; d'autres faisaient usage de la bêche. Ici, comme dans toutes les parties du Brésil où j'avais voyagé jusqu'alors, on se plaignait beaucoup de la rouille.

Presque au moment où j'arrivai à Villa Nova, je louai, pour la somme de 16 fr. chaque (8 *patacas*), trois chariots attelés chacun d'une paire de bœufs : ils devaient me conduire, avec mon bagage, jusqu'à la ville de Laguna, éloignée seulement de 5 *legoas*. Les maîtres des chariots me prévinrent que je ne pourrais me mettre en route le lendemain, parce qu'il fallait qu'ils cherchassent leurs bœufs dans les bois, où ils étaient errants. Sans cela même, il m'eût été difficile de partir, car il plut presque toute la journée, et je passai un temps considérable à examiner les plantes que m'avait fournies, la veille, une Flore qui, comme je l'ai dit, était nouvelle pour moi.

Je partis fort tard de Villa Nova, et jusqu'à Laguna, où je voulais me rendre, je suivis, avec mes bœufs et mes chariots, une plage fort dure où l'on marche sans peine.

La première pointe qui se présenta à nous s'appelle *Tapiruva*, du guarani *tapiï*, tapir, et *tïba*, réunion, réunion de tapirs.

Avant d'y arriver nous passâmes en face d'un îlot inhabité qu'on nomme *Ilha das Araras* (l'île des aras), parce qu'il sert d'asile à une espèce d'aras communs sur cette côte et que je n'avais encore rencontrés nulle part. Ces oiseaux, dont le plumage est d'un bleu verdâtre, ont le tour des yeux jaune ; le seul que je vis de près me parut plus petit que l'espèce commune.

Entre la pointe d'Embituva, que j'avais laissée derrière moi depuis quelques jours, et celle de Tapiruva, le terrain, à une faible distance de la mer, s'élève un peu, et l'on y voit des arbrisseaux d'un vert foncé pressés les uns contre les autres.

Après avoir passé derrière la pointe de Tapiruva, nous nous trouvâmes sur une seconde plage qui a beaucoup plus d'étendue que la première, et porte le nom de *Praia Grande* (la grande plage). En cet endroit, les sables s'étendent fort loin de la mer, et au delà de cet espace entièrement nu on ne voit qu'une végétation maigre composée principalement d'un Seneçon, dont les tiges rampantes sont éparses çà et là sur le sable, et d'une Amarantacée ; viennent ensuite des Cyperacées assez rapprochées, et c'est seulement dans le lointain qu'on aperçoit des mornes couverts de bois.

La pointe qui, du côté du midi, borne la Praia Grande s'appelle *Morro d'Igi* (1), et, comme celle de Tapiruva,

---

(1) J'écris peut-être d'une manière incorrecte le mot *igi*, dont j'ignore la signification.

elle est un peu élevée au-dessus de la mer et couverte de verdure. Je passai derrière le Morro d'Igi, et me trouvai sur une troisième plage aride comme la seconde.

Dans toute cette journée, je ne recueillis aucune plante. Le temps était superbe, le ciel sans nuages, mais l'aspect de la campagne d'une monotonie fatigante. Partout des sables, aucune maison, aucune trace d'homme, la végétation la plus maigre, toujours le bruit uniforme des flots de la mer qui venaient mourir à nos pieds.

Au delà de cette dernière plage, nous trouvâmes une petite chaîne de montagnes appelée *Morro da Laguna* (le morne de la lagune), qui s'étend parallèlement à la mer jusqu'à la ville du même nom. Nous passâmes derrière ces montagnes, et nous arrivâmes à Laguna, située sur le bord oriental du lac qui porte aussi son nom.

CHAPITRE XXIX.

LA VILLE DE LAGUNA.

Histoire de la ville de *Laguna*. — Limites de son district. — Nature de la population de ce district. — Ses productions. — Lac de *Laguna*. — La langue de terre qui sépare ce lac de l'Océan. — Position de la ville de Laguna; sa forme; rues; maisons; église; fontaine; place; mairie; vue; commerce. — Difficulté de trouver des moyens de transport jusqu'à Porto-Alegre. — Un batelier. — Location d'une charrette. Un escamoteur. — Les *camaradas* de l'auteur.

S'il faut en croire Gabriel Soares, ce furent les Tapuyas qui, dans l'origine, occupèrent le pays où est aujourd'hui située Laguna. Cette ville, à laquelle on donna primitivement le nom d'*Alagoa*, qu'elle conservait encore en 1712 (1), est la plus ancienne de la province de Sainte-Catherine, et elle en fut longtemps la plus renommée. Possédé de la manie des découvertes qui, pendant si longtemps, poussa les habitants de S. Paul dans les déserts les plus sauvages, DOMINGO DE BRITO PEIXOTO, natif de la ville de S. Vincent, s'embarqua, vers le milieu du XVIe siè-

---

(1) Gabriel Soares de Souza, *Noticia do Brazil* in *Not. ultramar.*, III, parte 1ª, 88. — Frezier, *Voyage*, 21.

cle, avec ses deux fils, FRANCISCO et SEBASTIÃO, et alla former un établissement dans le lieu où est aujourd'hui la ville de Laguna. Un de ses premiers soins fut de construire une église sous l'invocation de Saint-Antoine-des-Anges (*S. Antonio dos Anjos*). Pendant longtemps il la fit desservir à ses frais, et il soutint avec la même générosité les colons qu'il avait attirés auprès de lui. Mais cet homme aventureux se trouvait trop à l'étroit dans son établissement de Laguna ; il partit pour les campagnes de Rio Grande, qu'il peupla de bestiaux, et il mourut après avoir donné partout des preuves de son intrépidité et de sa constance. Accablé, à son tour, de vieillesse et d'infirmités, son second fils Sebastião se retira à S. Vincent, et il commençait à y goûter quelque repos, lorsque le gouvernement le nomma *capitão mór* du district de Laguna qui alors avait une étendue immense. Il fut chargé des commissions les plus importantes, entre autres d'ouvrir un chemin entre Laguna et Rio Grande de S. Pedro, d'empêcher les étrangers de faire le commerce avec Sainte-Catherine et de pousser ses explorations jusqu'à l'ancienne colonie portugaise du S. Sacrement alors abandonnée. Le *capitão mór* Sebastião de Brito Peixoto avait fini par épuiser entièrement sa fortune et sa santé dans les plus dangereuses expéditions ; il mourut pauvre, délaissé par le gouvernement qu'il avait servi avec tant de générosité (1).

A cette époque, la ville de Laguna dépendait de la province de S. Paul, et pendant un grand nombre d'années ce furent les *capitães móres* qui envoyaient dans l'île de

---

(1) José Fel. Fernand. Pinheiro, *Annaes da provincia de S. Pedro*, 2ª ed., 398.

Sainte-Catherine les officiers qui devaient y maintenir le bon ordre (1). Plus tard, on a reconnu combien la position de Desterro était plus favorable que celle de Laguna, et celle-ci a perdu sa suprématie.

Lorsqu'en 1777 les Espagnols s'emparèrent de l'île de Sainte-Catherine, le capitaine Cypriano Cardozo de Barros Leme accourut avec une douzaine d'hommes pour défendre la ville de Laguna. Il la trouva presque déserte; ses habitants avaient fui dans les bois. Il parvint à les rallier, ranima leur courage, et se prépara à une vigoureuse défense. Bientôt le sénat municipal de Laguna reçut de Zeballos, le gouverneur espagnol de Sainte-Catherine, l'ordre de se rendre, avec tout le peuple, sur la plage de Villa Nova, et prêter serment de fidélité au roi d'Espagne, devant une corvette ennemie. Une partie des Espagnols avait débarqué; le brave Cardozo tomba sur eux à l'improviste, leur coupa la retraite, força la corvette à lever l'ancre, et depuis ce moment le pays ne fut plus inquiété (2).

Pendant longtemps, la ville de Laguna suivit le sort du reste de la province; mais, en 1839, elle fut prise, sans la moindre résistance, par les rebelles de Rio Grande. A l'aide de quelques embarcations qu'il avait armées, leur commandant DAVID CANAVARRO se mit à inquiéter les habitants de la côte, prit plusieurs navires marchands, et menaçait déjà l'île de Sainte-Catherine, lorsque FRÉDÉRIC MARIATH, officier de la marine impériale (capitão de mar e guerra), força la passe de Laguna, et, le 15 de novembre,

---

(1) Frezier, *Voyage dans la mer du Sud*, 21. — Southey, *Hist. of Braz.*, III, 859.

(2) J. F. Fernandes Pinh., *Annaes da prov. de S. P.*, 2ª ed., 420.

s'empara de la ville, malgré la défense assez vigoureuse que firent les rebelles. Dans le courant de la même année, les revenus de la douane n'atteignirent guère plus du cinquième de ce qu'ils avaient été deux ans plus tôt ; mais, depuis cette époque, Laguna a réparé ses pertes, elle a remplacé ses maisons, qui avaient été détruites, par d'autres mieux bâties, et a oublié ses malheurs (1).

D'après ce que me dirent les principaux habitants du pays, le district de Laguna comprenait, à l'époque de mon voyage, environ 30 lieues de côtes. Il commençait, au nord, entre Encantada et Villa Nova, et de ce côté il avait pour limite le district de Sainte-Catherine ; au midi, il était séparé de la province de Rio Grande do Sul, comme il l'est encore aujourd'hui, par le *Rio Mambitúba*. Du côté de l'ouest, on n'avait point encore formé d'établissement à plus de 2 *legoas* de la mer, si ce n'est pourtant sur les bords de quelques rivières, ceux du *Tubarão*, par exemple, où l'on s'était avancé dans une étendue d'environ 10 *legoas*. Une des principales causes qui empêchent les habitants du district de pénétrer davantage dans l'intérieur était la crainte des Indiens ennemis, qui quelquefois avaient fondu sur des *sitios* éloignés, et en avaient massacré les habitants. On ignorait à quelle nation ces Indiens appartenaient, et on les désignait sous le nom générique de *Bugres* (2).

On comptait, dans tout le district de Laguna, environ 9,000 individus, blancs pour la plupart. Parmi eux se

(1) José Ignacio de Abreu e Lima, *Synopsis*, 375. — Antero José Ferreira de Brito, *Falla do 1º de março* 1841. — Van Lede, *Colonisation*, 331. — Aubé, *Notice*, 23.
(2) Voir plus haut.

trouvaient aussi quelques métis d'Indiennes et de Portugais ou d'Indiennes et de noirs. Les mulâtres étaient fort peu nombreux. Il n'est point étonnant, au reste, que ces derniers soient rares sur cette côte, et qu'on en trouve dans l'intérieur, à Minas, par exemple; les aventuriers qui peuplèrent les provinces centrales n'eurent longtemps que des négresses au milieu d'eux; des femmes blanches n'eussent point voulu les suivre dans leurs périlleuses expéditions : le littoral de Sainte-Catherine, au contraire, a été, comme je l'ai dit, peuplé par des habitants des îles Açores, qui étaient accompagnés de leurs familles, et, à moins d'être blasé par le libertinage, l'homme blanc ne recherchera les négresses qu'à défaut de femmes blanches.

Les terres du district de Laguna sont couvertes de forêts très-fertiles et rapportant principalement du manioc, du riz, des haricots, du maïs, des fèves et un peu de froment (1). La culture du chanvre réussit parfaitement sur les bords du *Tubarão*; mais, comme les produits de cette plante ne pouvaient, à l'époque de mon voyage, être vendus qu'au gouvernement, et que les agriculteurs étaient mal payés, ils n'ensemençaient que la quantité de terre rigoureusement indispensable pour ne pas perdre certains priviléges que leur procuraient leurs semis.

Le lac de *Laguna* (lac, lagune), sur le bord duquel est située la ville du même nom, a probablement été appelé de ce nom seul, soit parce qu'on le considérait comme le plus considérable de tous les lacs du pays, le lac par excellence,

---

(1) MM. Van Lede, Milliet et Lopes de Moura disent que la culture du blé a été entièrement abandonnée à Laguna depuis que les Anglo-Américains apportent au Brésil des farines qu'ils donnent à très-bas prix (*Colonisation*, 136. — *Dicc.*, II, 552).

soit plutôt parce que les premiers colons, n'en connaissant pas d'autres, s'accoutumèrent à dire simplement le lac. Avec très-peu de largeur, le lac de Laguna a environ 5 lieues de long ; il se resserre en différents endroits, et les avances de terre qui forment ces espèces de détroits portent, dans le pays, des noms différents. Ce lac reçoit plusieurs rivières, dont la plus remarquable est le *Rio Tubarão*, qui a une très-grande importance pour le passage de la barre à l'entrée de laquelle il apporte ses eaux, et qui est renommé pour la fertilité de ses bords (1). Le lac de Laguna s'étend du nord au sud, à peu près parallèlement à la mer, et communique avec elle par une ouverture étroite et de peu de longueur. Non-seulement on ne saurait franchir ce canal que par un seul vent, mais les eaux de la mer y font sans

(1) Le *Rio Tubarão* ou *Juberão* (requin) est formé par la réunion du *Rio das Laranjeiras* et du *Passa Dous* (et non *Passa Dois*, comme écrit M. Léonce Aubé). De Laguna jusqu'à la paroisse de *Piedade* située sur ses bords, c'est-à-dire dans un espace de 10 à 12 lieues, des barques assez grandes peuvent le remonter ; mais, plus près de sa source, il est embarrassé par des rapides, et finit par n'être plus qu'un torrent. Il reçoit, dans son cours, les eaux d'un grand nombre de petites rivières, et souvent, à la suite de longues pluies, il déborde et inonde les terres du voisinage. A 2 lieues en amont de Piedade et un quart de lieue du Tubarão se trouve une source d'eau chaude légèrement ferrugineuse. Vers la fin du siècle dernier, des conducteurs de bétail découvrirent, sur les bords de la même rivière, des terrains houillers que M. Parigot retrouva en 1840 ; on crut d'abord que l'on tirerait de ces terrains un très-grand parti, mais plus tard on a reconnu que l'exploitation en serait extrêmement coûteuse, et un homme fort instruit, M. Léonce Aubé, croit leur richesse très-problématique. M. Van Lede, qui a visité les mines de charbon du Tubarão, a donné des détails intéressants sur son voyage, dans lequel il a remonté le Passa Dous jusqu'à ses sources (Parigot, *Minas de Carvão de Pedra*, 12. — Mill. et Lop. de Mour., *Dicc.*, II, 480. — Van Lede, *Colonis.*, 108, 315. — Aubé, *Notice*, 20, 28.

cesse refluer des sables qui l'encombrent, et lorsque le Rio Tubarão ne jette pas dans la passe un volume d'eau assez considérable, comme cela a lieu toutes les fois qu'il se passe beaucoup de temps sans pluie, les bâtiments ne peuvent sortir. Dans aucun cas, s'ils tiraient plus de 11 à 14 *palmos* (2^m,42 à 3^m,08), ils ne franchiraient pas la barre, qui, il y a deux siècles, était accessible à de grands vaisseaux. Devant son entrée, du côté du lac, on voit des îlots bas et marécageux qui sont uniquement couverts de la Graminée n° 1667 et servent de retraite aux hérons blancs n° 545, ainsi qu'à d'autres oiseaux aquatiques. Au milieu de ces îlots en est un plus élevé et d'une forme arrondie, où des arbrisseaux croissent parmi les rochers, et qui sert de balise aux pilotes lorsqu'ils veulent passer la barre. La marée se fait sentir jusque dans les parties les plus éloignées du lac; les eaux de celui-ci sont salées jusqu'à l'endroit appelé *Carniça* (boucherie), éloigné de la passe d'environ trois quarts de lieue; mais au delà de ce point, m'a-t-on dit, elles deviennent potables.

Aussi loin que ma vue pouvait s'étendre, la partie septentrionale de la langue de terre qui sépare le lac de la mer me parut entièrement plate; mais, à environ une demi-lieue de la passe, le terrain s'élève, et là commence la petite chaîne (1) appelée Morro da Laguna, qui, du côté de l'ouest, se termine brusquement à quelques centaines de pas de l'ouverture du lac. Cet intervalle est couvert d'un sable pur que les vents amoncellent et dispersent tour à tour. Du côté de l'est, au contraire, les mornes s'étendent jusqu'à la passe; ils sont couverts de bois, et de dis-

(1) Voir plus haut.

tance à autre on voit sur leurs flancs quelques chaumières et des terrains actuellement en culture ou qui ont été cultivés autrefois.

La ville de Laguna est située vers l'extrémité orientale du lac, sur un terrain plat qui se prolonge entre ses bords et les mornes. Son port offre un bon mouillage, et a une forme semi-elliptique. La pointe qui le borne du côté du nord ne s'avance pas beaucoup dans le lac, et est fermée par un morne peu élevé, le *Morro de Nossa Senhora* (morne de Notre-Dame), dont le sommet présente une plate-forme d'où l'on découvre une fort belle vue. La pointe opposée s'étend davantage et porte le nom de *Morro de Magalhães*.

La ville de Laguna forme un quadrilatère dont le côté le plus long est parallèle au lac. Ses rues, peu nombreuses, sont, pour la plupart, assez droites, et ont une largeur médiocre. Elles ne sont point pavées ; cependant on n'y voit jamais beaucoup de boue, parce que le terrain, composé d'un mélange de sable, de terre noire et de débris de coquilles, est extrêmement battu. Les maisons de Laguna sont bâties en pierre et couvertes en tuiles ; la plupart n'ont que le rez-de-chaussée ; cependant on en voit aussi plusieurs à un étage, et presque toutes sont assez bien entretenues. Il n'existe à Laguna qu'une église, qui est assez grande et dont les autels sont ornés avec goût. L'eau qu'on boit dans cette ville est très-bonne ; elle vient de la montagne et arrive à une fontaine sans ornements par un conduit en pierre qui a environ quatre cents pas de longueur et qui s'élève un peu au-dessus du sol. A l'une des extrémités de la ville, près du Morro de Nossa Senhora, est une petite place triangulaire couverte de gazon, où a été planté le poteau de justice et sur laquelle donne la mairie (*casa da camara*), bâtiment à un étage et fort petit, dont le rez-de-chaussée sert de prison, suivant la coutume. Vers le milieu de la ville, mais dans la partie la plus éloignée du port, on voyait, lors de mon voyage, des terrains assez vastes, humides et en friche, où l'on n'avait point encore bâti et où les habitants laissaient paître leur bétail. L'intérieur de Laguna est presque désert; mais le port offre assez de mouvement. C'est là que l'on voit non-seulement les principales boutiques, mais encore les magasins de comestibles, qui sont, en général, assez bien garnis.

La vue que l'on découvre du port de Laguna est infiniment moins agréable que celle dont on jouit lorsqu'on est à Sainte-Catherine ou même à S. Francisco. Les terres qui bordent la partie occidentale du lac, en face de la ville, sont extrêmement plates, et de loin elles semblent se confondre avec la surface de l'eau; c'est seulement sur la gauche et vers le nord que le terrain devient un peu montueux, mais on n'aperçoit aucune maison; on ne découvre aucun point sur lequel les regards puissent s'arrêter; le paysage est sans vie, comme il est sans variété.

La quantité considérable de denrées qui se recueillent dans les environs de Laguna rend ce petit port très-commerçant. Il exporte principalement de la farine de manioc d'abord, puis des haricots, du maïs, des fèves et quelques planches. Le poisson salé forme aussi, pour le pays, une branche de commerce très-importante : le lac est extrêmement poissonneux, et ses bords sont habités par des hommes qui font de la pêche leur occupation principale; le poisson forme à peu près leur seule nourriture, et celui qu'ils ne mangent pas, ils le salent, puis ils le font sécher, afin de pouvoir le vendre. L'espèce la plus abondante est celle qu'on nomme *bayre*, et que M. Van Lede rapporte au genre silure ; en novembre et en décembre, ces animaux entrent dans le lac, vraisemblablement pour y frayer, et l'on en prend une quantité considérable.

Un grand nombre de barques (*lanchas*) vont sans cesse de Laguna à Sainte-Catherine, chargées principalement de farine de manioc. En outre, il sort annuellement de ce port une vingtaine de bâtiments plus considérables qui se rendent à Rio de Janeiro, à Bahia, à Fernambouc, à Montevideo, et dans ce nombre il y en a environ douze qui appartiennent à des marchands du pays (1820). C'est principalement à Rio de Janeiro que ces derniers achètent les différents articles dont ils garnissent leurs magasins. Le commerce de Laguna acquerrait certainement une très-haute importance, s'il n'était entravé par les difficultés que la barre du lac oppose à la navigation.

Le jour de mon arrivée, il sortit du port de Laguna plusieurs bâtiments, qui depuis quatre mois attendaient le moment favorable ; je n'ai pas besoin de faire sentir combien de pareils retards sont préjudiciables à la marche des affaires.

Pendant que j'étais à Laguna, j'allai herboriser dans les petites montagnes du même nom ; mais je ne me souviens pas d'y avoir trouvé rien de bien remarquable. Elles étaient autrefois couvertes de forêts vierges, et il en existe encore dans quelques endroits. Ailleurs on voit des plantations de manioc, des gazons, des *capoeiras* d'une végétation maigre, où dominent principalement le Croton n° 1792, le *Stachytapheta Jamaicensis* et le n° 1792 *quater*. Des rochers se montrent çà et là (1).

Lorsque j'étais parti de Villa Nova, un soldat chargé de porter des dépêches à Laguna avait fait route avec moi; mais, un peu avant d'entrer dans la ville, il me quitta pour aller donner avis de mon arrivée au commandant. Celui-ci vint au devant de moi avec M. FONTURA, *sargento mór* du bataillon de chasseurs portugais, auquel j'étais recommandé. Comme j'avais écrit d'avance au commandant de Laguna, je trouvai dans cette ville une maison fort commode préparée pour me recevoir.

Le lendemain, aussitôt que je fus levé, j'allai voir les différentes personnes auxquelles j'étais adressé. Le gouverneur de Sainte-Catherine avait écrit au commandant pour qu'il me procurât des moyens de transport jusqu'à Porto Alegre, capitale de la province de Rio Grande, éloignée d'environ 58 *legoas* : celui-ci se montra fort disposé à me servir; mais, comme il était incommodé, il me renvoya au lendemain.

Un fourrier qu'il chargea de s'occuper de moi vint me voir deux jours de suite, et m'assura qu'une foule d'obstacles s'opposeraient à mon départ : je ne pourrais, dans aucun cas, me mettre en route avant une douzaine de jours; il m'en coûterait 50,000 reis (312 fr. 50 c.) pour aller à Porto Alegre, et peut-être même ne trouverais-je pas de voiture pour cette ville.

Je me promenais dans la rue, de fort mauvaise humeur, lorsque je rencontrai un homme bien mis qui me parut étranger et m'adressa la parole en français. Il me dit qu'il

---

(1) Voir ce que j'ai déjà dit du Morro da Laguna.

était Suisse, qu'il était venu de Porto Alegre dans une grande charrette, dont la location lui avait coûté 3 doubles (*dobras*, 240 fr.), et que le conducteur ne demanderait certainement pas mieux que de me prendre en retournant chez lui. Sur-le-champ je louai une pirogue pour aller parler à ce dernier qui se trouvait de l'autre côté du lac.

Quoique mon batelier fût venu de la campagne à la ville pour se confesser, il avait un peu bu; la pirogue était d'une petitesse extrême, le vent s'éleva, et je dois avouer que je n'aurais pas été fâché d'être resté à terre. Tout en causant avec mon batelier, je lui demandai de quel pays il était. « De Sainte-Catherine, me répondit-il; mais, ayant commis un meurtre, j'ai pris la fuite; je me suis retiré auprès de Laguna et me suis marié. » Il y a deux choses à remarquer dans cette réponse : la facilité avec laquelle cet homme avait échappé à la justice, sans même se donner la peine de passer dans une autre province, et l'inutile aveu qu'il faisait si naïvement de son crime. Il n'est pas, au reste, le seul qui m'eût parlé d'un meurtre avec cette légèreté : *Eu sou criminoso*, j'ai commis un crime et suis poursuivi par la justice, était une phrase à laquelle on m'avait accoutumé. En Europe, les gens du peuple sont continuellement en querelle; ils s'emportent pour des riens, et ils se réconcilient avec la même facilité : on voit rarement les Brésiliens se mettre en fureur les uns contre les autres; mais, quand cela arrive, ils se tuent.

Arrivé de l'autre côté du lac, je trouvai sur le rivage la charrette et son conducteur, et j'étais à peine entré en marché avec ce dernier, que l'homme de la pirogue m'interrompit en me reprochant de la manière la plus malhonnête de le faire attendre trop longtemps. Comme le conducteur de la charrette voulait examiner mon bagage avant de conclure le marché, je me mis en devoir de m'embarquer ; mais je fus effrayé de voir entrer avec moi dans la pirogue un homme énorme qui nous aurait infailliblement fait chavirer. Je déclarai au batelier que je ne partirais pas, s'il emmenait ce personnage. Il devint insolent ; mais alors je lui dis que j'étais envoyé par le gouvernement, et que je me plaindrais au commandant en arrivant à Laguna. Dans l'instant mon homme changea de langage ; il me fit des excuses, ne me traita plus que de *senhoria*, et fut d'une politesse extrême.

Le lendemain matin, le conducteur de la charrette vint à la ville, et je m'arrangeai avec lui moyennant 3 doubles (240 fr.), pour aller de Laguna à Porto Alegre. Nous convînmes que je partirais dans deux ou trois jours. Il fallait encore que je me procurasse deux chevaux ou deux mulets, parce que la charrette devait être tellement encombrée que je n'espérais pas pouvoir y trouver place.

Le conducteur de la charrette que je venais de louer appartenait à la province de Rio Grande, et m'offrit un type que je retrouvai à peu près dans toute cette province. Il était fort jeune encore, bien fait et d'une taille élevée. Il avait une figure agréable, des cheveux d'un châtain clair, la peau fine et très-blanche, et des joues colorées. Quoique fort douce, sa physionomie indiquait assez qu'il possédait le sentiment de sa valeur ; ses manières, fort différentes de celles d'un grand nombre de Mineiros et de Goyanais d'une classe subalterne, n'avaient rien d'efféminé, et on pouvait facilement reconnaître qu'il était fort éloigné de l'inconsistance des hommes de l'intérieur.

Pendant le peu de jours que je passai encore à Laguna, je fis une plus ample connaissance avec le Suisse qui m'avait indiqué le moyen de transport dont j'allais profiter. Cet homme et son compagnon de voyage étaient venus de Porto Alegre à Laguna vivant toujours de leur chasse. L'un et l'autre se disaient escamoteurs ; mais leurs manières et leur langage les démentaient, et ils étaient démentis bien davantage encore par leur maladresse. En arrivant, ils avaient annoncé aux habitants de Laguna une séance récréative ; je les aidai d'un peu de compérage ; mais, malgré nos efforts, ils produisirent peu d'effet : les Lagunois étaient plus *avancés* que nous ne pensions.

Poussé par je ne sais quel instinct, j'allais commencer un nouveau voyage qui ne devait pas durer moins d'un an, et cependant je soupirais après l'instant où j'aurais la force de mettre un terme à cet exil volontaire. Je ne pouvais regarder sans horreur les *camaradas* qui m'accompagnaient et semblaient n'être heureux qu'en troublant mon repos. Tout les choquait, tout les offensait. Quand je rentrais chez moi après une promenade fatigante, et que j'aurais eu un si grand besoin d'être encouragé, je ne voyais que des visages mécontents ; je ne pouvais me laisser aller au moindre épanchement ; j'étais obligé de garder un profond silence. Singe de José Marianno, l'Indien était devenu aussi maussade que lui ; je ne lui demandais jamais un service sans exciter ses murmures ; il me tenait tête quelquefois avec une audace effrayante, et, quoique je lui eusse toujours donné des marques d'attachement, je suis bien sûr qu'il me détestait. Un jour qu'il était allé à la chasse avec José Marianno, celui-ci revint de bonne heure ; Firmiano ne rentra qu'à la nuit; je commençais à croire qu'il avait pris la fuite, et j'avoue que je le regrettais peu.

Pendant les huit jours que je passai à Laguna, je ne reçus d'autre visite que celle des personnes à qui j'étais recommandé; on ne me fit aucune invitation, et, si mon séjour dans cette ville se fût prolongé, je m'y serais ennuyé autant qu'à S. Francisco.

CHAPITRE XXX.

FIN DU VOYAGE DANS LA PROVINCE DE SAINTE-CATHERINE.

Départ de Laguna. — Une charrette. — Porto da Passagem. — Description de la plage qui s'étend jusqu'aux limites de la province de Sainte-Catherine. — Figueirinha. — Le *Rio Urussanga*. — Un lac. — Le *Rio Araringuâ*. — Le Rio Mambituba. — L'auteur entre dans la province de *Rio Grande do Sul*.

Je laissai à Laguna, entre les mains du *sargento mór* Fontura, une caisse remplie d'oiseaux, et je partis, le 21 de mai, avec mon bagage, dans une grande pirogue que me prêta le lieutenant Franço auquel j'avais été recommandé.

Après avoir traversé le lac, j'arrivai à l'endroit où était la charrette que j'avais louée et où commence la plage déserte qui forme la route du Sud.

Quand un voyageur n'avait point d'effets avec lui, il se rendait, à pied ou à cheval, de la ville à la barre, et là il trouvait un batelier qui le transportait à l'endroit appelé *Porto da Passagem*. Le péage était affermé pour le compte du fisc (*fazenda real*), et l'on payait 2 vintems (25 cent.) par personne.

A Porto da Passagem (port du passage), le terrain qui borde le lac est très-plat, sablonneux et couvert d'une pelouse assez rase. On voyait dans cet endroit plusieurs *vendas*, mais elles étaient extrêmement mal approvisionnées. Derrière ces chétives demeures, s'élevaient des mornes boisés que l'on doit considérer comme formant la continuation de ceux qui avoisinent la barre du côté de l'est. Je demandai, dans une des *vendas*, la permission d'y passer la nuit ; elle me fut accordée, et je m'étonnai de ne trouver dans la maison que trois enfants dont l'aîné avait à peine quatorze ans. Ils me dirent que leurs parents, qui demeuraient à quelque distance dans un *sitio*, les avaient chargés de tenir ce cabaret. Pauvres enfants abandonnés à eux-mêmes dans un désert où, s'ils voyaient quelques-uns de leurs semblables, ce ne pouvaient guère être que des hommes ignorants, grossiers et vicieux !

Quoique je fusse arrivé à la fin du jour à Porto da Passagem, mes effets furent aussitôt chargés sur la charrette, assez grande pour pouvoir les contenir tous, malgré leur énorme volume. Elle était couverte avec des cuirs et garnie, sur les côtés, de feuilles de palmier (1). On y attelait six paires de bœufs, et nous en avions, en outre, un bon nombre de rechange. Lorsque la charrette marchait entourée de ces animaux, de mes gens et de ceux de mon conducteur, les uns à pied, les autres à cheval, tout cet ensemble, vu de loin, formait un groupe assez pittoresque.

La pelouse qui commence au Porto da Passagem se

(1) La planche XVII de l'atlas du *Voyage d'Azzara* représente assez bien cette charrette.

prolonge dans l'espace d'environ un quart de lieue jusqu'à l'extrémité des mornes. Là commence une plage triste et déserte que je suivis, dans un espace de 22 lieues, jusqu'aux limites de la province de Rio Grande. Cette plage, formée d'un sable pur, s'avance fort loin dans l'intérieur et est presque aussi droite que si elle avait été tirée au cordeau. Des lignes parallèles de flots écumeux se succèdent avec lenteur, toujours renaissantes, et viennent en mugissant s'éteindre sur la plage. A quelque distance de la mer, les sables ont une couleur grisâtre qu'ils doivent à l'humidité de l'eau, et, sans cesse battus par les vagues, ils sont parfaitement unis, d'une consistance très-solide, et offrent au voyageur un chemin très-commode auquel n'a jamais contribué le travail de l'homme. Plus loin de l'Océan leur surface n'est plus aussi égale; dans certains endroits ils forment des monticules, dans d'autres des espèces de petites vallées; partout on y voit de légères ondulations dessinées par les vents. Une Amarantacée, le Seneçon n° 1782 aux longues tiges rampantes et quelques touffes de Cypéracées sont à peu près les seuls végétaux qui croissent çà et là au milieu de ces sables. Cependant, de loin en loin, on aperçoit quelques petites collines couronnées d'arbrisseaux rabougris, dont le vert sombre contraste avec la couleur de la plage. Le ciel, à l'époque de mon voyage, commencement de juin 1820, était sans nuages; mais il n'offrait plus cet azur foncé et brillant que j'avais tant admiré dans les contrées équinoxiales; il avait à peu près la même teinte qu'a celui du nord de la France pendant les belles gelées d'hiver. Nulle part la plus chétive cabane; nulle part la moindre trace de la présence de l'homme. Les oiseaux de rivage, dont je distinguai huit espèces différentes, répandent seuls un peu de mouvement dans ce triste paysage. D'innombrables mouettes à tête cendrée (port., *gaivota*), rangées sur le sable, presque immobiles, la tête tournée vers la mer, attendent l'instant où le flot, baignant leurs pieds, va leur apporter leur nourriture. Les grandes mouettes (*Maria Velha* ou *gaivota grande*), mêlées parmi elles, mais beaucoup moins nombreuses, guettent de petits poissons. Les *manoelsinhos* ou *massaricos*, le cou tendu et la tête placée sur la même ligne que le dos, courent sur la plage avec une extrême vitesse et ressemblent de loin à de petits quadrupèdes. Plusieurs espèces d'hirondelles de mer (port., *trinta reis*) viennent se reposer au milieu des mouettes; mais bientôt elles reprennent leur vol. Enfin le *Baiacu*, qui va ordinairement par paire, se tient à quelques centaines de pas du rivage.

Quand je partis de Porto da Passagem, le ciel était légèrement obscurci par des vapeurs; ses teintes pâles se confondaient avec celles des sables et des flots de la mer, et tous les objets dont nous étions environnés, indistincts, mal dessinés, formaient une sorte de chaos. Après avoir parcouru un espace d'environ 5 lieues, nous fîmes halte presque à la nuit, dans un endroit désert appelé *Figueirinha* (le petit figuier). Nous nous établîmes au milieu des sables, à quelques centaines de pas de la mer; il fallut aller fort loin chercher de l'eau, et nous n'eûmes, pour allumer du feu, que des morceaux de bois apportés par la mer et à demi enterrés dans le sable. Une partie de la caravane s'étendit autour du feu et l'autre sur la charrette. Mon lit fut fait dans la charrette même, sur les malles;

ce fut aussi là que le bon Laruotte chargea les plantes et que j'écrivis mon journal.

Comme les malles sur lesquelles mon lit avait été fait étaient d'une hauteur inégale et qu'il se composait uniquement de mon *poncho,* du sac qui me servait de draps et de mes couvertures, je dormis fort mal. Quand je me réveillais, la fatigue me rendormait bientôt; mais ce n'était que pour quelques instants.

Entre Porto do Passagem et Figueirinha, nous avions passé derrière quelques pointes couvertes de broussailles et d'un gazon fort maigre; il n'y en a plus au delà de Figueirinha; la plage est partout basse et extrêmement plate.

La rivière d'*Urussánga,* sur les bords de laquelle nous arrivâmes après avoir fait encore 5 lieues, a peu de largeur et est guéable au-dessus de son embouchure; mais on m'a dit que les flots de la mer, qui se précipitent dans son lit avec violence, avaient quelquefois renversé des chariots.

Auprès de l'Urussánga (1) sont, au delà des sables, quelques pauvres chaumières dans les environs desquelles les terres sont, dit-on, très-fertiles. En faisant marché avec le conducteur de la charrette que j'avais louée, je lui avais témoigné le désir de faire halte dans des maisons le plus souvent qu'il serait possible. Nous nous dirigeâmes vers l'une de celles qui avoisinent l'Urussánga; mais à peine avions-nous quitté la plage, que les roues de la charrette enfoncèrent profondément dans le sable, et les bœufs eurent une peine extrême à la tirer. Mon conducteur, tout

(1) Comme on l'a vu dans cet ouvrage, il existe un lieu de ce nom à peu de distance de Mogimirim, province de S. Paul.

brave homme qu'il était, prit de l'humeur, et, quoique très-près d'une maison, nous n'allâmes pas jusque-là ; nous nous arrêtâmes sur les bords d'un petit lac, nous y allumâmes du feu, et mon lit fut fait, comme la veille, dans la charrette.

Le lendemain, fatigué de l'excessive monotonie du rivage sur lequel je marchais depuis deux jours, je quittai ma caravane ; je traversai les sables et j'arrivai à un lac d'eau salée parallèle à la mer. Pendant longtemps j'en suivis les bords, et je les trouvai tantôt formés par un sable pur, tantôt couverts d'un gazon très-rare, au milieu duquel s'élevaient des touffes d'une Cypéracée alors en fleur, qui ressemblait à notre *Juncus articulatus*. Le lac était couvert d'une multitude de grabes et de canards, et une foule d'oiseaux aquatiques se promenaient sur ses bords. C'étaient principalement le spatule rose (*colhereiro*), le *guarápúta*, le *quéroquéro* (*Vanellus Carianus*), un *baiacú* (*hœmatopus*), des hérons blancs, des cigognes (*cegonhas*).

Au milieu de tous ces animaux, je vis le plus grand oiseau de proie qui se fût offert à mes regards depuis que j'étais au Brésil. Il pouvait avoir 3 pieds de haut. Son plumage était d'un gris foncé mêlé d'une couleur plus pâle ; son bec me parut être celui de l'aigle, et il avait derrière la tête une longue aigrette horizontale.

De l'autre côté du lac allongé, où je vis ces différents oiseaux, j'aperçus des chaumières d'une assez triste apparence.

À peu de distance de là nous nous trouvâmes sur les bords d'une rivière, le *Rio Araringuá* (1), qui, dit-on,

(1) Cazal, José Feliciano Fernandes Pinheiro et Milliet ont écrit *Ara-*

descend de la grande Cordilière (*Serra do Mar*), que nous découvrions dans le lointain. Au-dessus de son embouchure, cette rivière se dirige du sud au nord ; elle traverse les sables, et peut avoir la même largeur que la Marne au pont d'Alfort. Le passage était affermé pour le compte du fisc (*fazenda real*) ; mais on ne le paye qu'à *Torres*, qui est situé à 10 lieues plus loin, au delà des limites de la province.

La charrette fut déchargée et les effets transportés en plusieurs fois dans deux petites pirogues. Pour faire passer la charrette, on attacha une grande corde au timon ; on ne détela point les bœufs, on força ces animaux d'entrer dans la rivière, et pendant que tous mes gens et ceux du conducteur, de l'autre côté de l'eau, tiraient la corde de toutes leurs forces, les passeurs, dans leurs pirogues, soutenaient les charrettes par derrière.

Comme on avait eu de la peine à trouver deux de nos bœufs au moment du départ d'Urussánga, il était fort tard

---

ranguá (*Corog. braz.*, I, 184 ; — *Annaes da prov. de S. Pedro*, 2ª ed., 15). Je me suis conformé à la prononciation du pays en écrivant *Araringuá* ; M. Van Lede, qui a été sur les lieux, a adopté la même orthographe, et c'est aussi celle qu'admettent MM. Léonce Aubé et Villiers de l'Ile-Adam (*Colonis.*, 109 ; — *Notice*, 28 ; — *Carta topographica da prov. de Santa Catharina*). On trouve *Iriringuá* dans les *Memorias historicas* de Pizarro, IX, 268, et je lis aussi ce mot dans mes notes ; ainsi il est à croire que quelques personnes ont prononcé de cette manière. *Araringuá* vient du guarani *ararerunguay*, et signifie *la rivière du sable noir*. Le Rio Araringuá, qui prend sa source dans la Cordilière maritime, reçoit dans son cours un assez grand nombre d'affluents et est navigable dans une étendue de 6 à 7 lieues ; mais M. Van Lede a reconnu par lui-même qu'on ne peut, sans le plus grand danger, franchir son embouchure. On trouve du charbon de terre d'une qualité inférieure dans le pays que traversent l'Araringuá et ses affluents (Van Lede, *Colon.*, 109 ; — Aubé, *Notice*, 28).

quand nous avions quitté cet endroit, et la nuit nous surprit après le passage de l'Araringuá. Nous n'aurions pu arriver au lieu où le conducteur avait eu le projet de s'arrêter, et nous ne savions où trouver de l'eau. A la vérité, les passeurs m'avaient indiqué une chaumière; mais nous n'en connaissions pas bien exactement la position. Je fis monter Manoel à cheval; il alla à la découverte, et vint me dire qu'il avait trouvé la maison, mais qu'elle était située sur une colline, et que les bœufs arriveraient bien difficilement jusque-là. Nous prîmes les devants pour guider la charrette, Manoel le conducteur et moi; mais nous perdîmes les traces du chemin, et nous nous égarâmes quelques instants au milieu des sables. Nous finîmes cependant par arriver au lieu que nous cherchions; nous allumâmes du feu, Laruotte s'enfonça dans la charrette où il se mit à changer les plantes, et, lorsqu'il eut achevé son travail, il me laissa la place pour écrire mon journal.

Quand le jour parut, je reconnus que nous avions passé la nuit dans un lieu fort agréable. C'était une espèce de petite salle couverte de gazon, d'un côté de laquelle était un petit lac : elle était entourée de mornes escarpés de différentes formes, et sur l'un d'eux s'élevaient quelques chaumières.

A peine eûmes-nous quitté ce lieu charmant, que nous nous retrouvâmes sur la plage ; et toujours la même tristesse, la même monotonie : des sables blanchâtres, la mer qui mugissait, des oiseaux de rivage, aucune plante. Comme les bœufs avaient trouvé peu d'herbe dans l'endroit où nous avions couché, nous nous arrêtâmes au milieu du jour, et nous fûmes obligés de marcher pendant la nuit. Quand nous arrivâmes à *Arroio Grande* (le grand ruisseau), lieu désert où nous devions faire halte, tout le monde était fatigué, de mauvaise humeur, à moitié endormi, et il fallut aller chercher du bois et de l'eau dans l'obscurité.

Le lendemain, nous continuâmes à avoir sous les yeux des sables et la mer; mais, tandis que, les jours précédents, nous n'apercevions devant nous qu'une plage monotone qui, à l'horizon, se confondait avec le ciel, ce jour-là, du moins, nous eûmes la vue des mornes qu'on appelle *Torres*, les tours, parce qu'effectivement ils s'avancent dans la mer comme deux tours arrondies. Du côté de l'ouest, nous apercevions la grande Cordilière, qui ne se montrait plus depuis longtemps.

A environ 1 lieue de Torres, nous nous trouvâmes sur les bords du *Rio Mambituba* (1) qui traverse la plage pour

(1) Je serais fort porté à croire, avec Cazal, que le Rio Mambituba est le *Rio Martim Affonso* des anciens navigateurs, et en particulier de Gabriel Soares de Souza. Le père de la géographie brésilienne, après avoir écrit tout à la fois *Mampitúba, Manpitúba, Mombitúba*, n'admet définitivement que le premier de ces noms et rejette les deux autres comme erronés (*Corog. Braz.*, I, 180, 184, 118, 139, 2 de l'*errata*). José Feliciano Fernandes Pinheiro, qui, dans la première édition de ses *Annaes da provincia de S. Pedro do Sul*, avait adopté *Monpetúba* (I, 22, 23), écrit, dans la seconde, *Mambitúba, Mombetuba* (15, 383). Le plus souvent Pizarro admet *Mambitúba*; mais on trouve aussi dans son livre *Mampituba, Mambituba* et *Mombituba* (*Mem. hist.*, IX, 268, 323, 327, 299, 279). Selon MM. Léonce Aubé, Milliet et Lopes de Moura, ce serait *Mampitúba* (*Dicc.*, 23; — *Notice*, 29), et enfin *Mompituba* suivant M. Antero José Ferreira do Brito (*Falla do 1º de março de* 1841, 12). Au milieu de toutes ces incertitudes, je crois devoir écrire comme j'ai entendu prononcer sur les lieux, comme Pizarro a fait presque toujours, enfin comme M. Van Lede, qui a visité le pays dans ces dernières années (*Colonisation*, 90, 110). Le Rio Mambituba a un cours de 7 à 8 lieues, et environ 200 mètres de largeur à son embouchure. Son cours est rapide; cependant de petites barques peuvent le remonter dans un espace de 4 *legoas*, jusqu'à l'endroit appelé *Forquilha* (Mill. et Lop. de Mour., *Dicc.*, II, 22; — Aubé, *Notice*, 28). On prétend, dans le pays, que

se jeter dans la mer, et nous le passâmes de la même manière que l'Araringuá. De l'autre côté de cette rivière, nous étions dans la province de Rio Grande de S. Pedro do Sul.

J'ai pu arriver à la fin de cette troisième *relation;* j'y ajouterai seulement la phrase par laquelle Hans Staden termine ses naïfs récits, *ce soldat de cœur et de tête* (Ternaux-Compans), qui visita une partie des pays que j'ai moi-même parcourus deux cents ans plus tard : *Si cui ergo adolescentum hæc mea scripta et testimonia non satisfacient, is ut hunc scrupulum animo eximat, divino implorato auxilio, iter hoc bonis avibus ingrediatur ; si quidem indicia ipsi satis manifesta in hoc scripto præbui, quæ tuto investigare possit. Cui enim Deus presto erit, vel totus orbis non erit invius. Soli Deo sit maximo honor, decus et gloria* (*Americæ tertia pars* in Th. de Bry, I, 154).

le mot *mambituba*, qui vient de la *lingoa geral*, signifie *le père du froid*. D'après le *Diccionario portuguez e bresiliano*, *mopytuba*, qui a beaucoup de ressemblance avec *mambituba*, signifie *intimider*. Un homme que j'ai vu dans les Missions, et qui était fort savant dans la langue guarani, m'a dit que *mambituba* était un mot de cette langue qui n'a subi aucune altération et signifie *havre-sac*. Je serais fort tenté de croire que l'étymologie véritable est *mbopi*, chauve-souris, et *tiba*, réunion de chauves-souris.—*N. B.* Cette note est due, en partie, à M. Joaquim Caetano da Silva, proviseur du collége Pedro II.

TABLE DES CHAPITRES

CONTENUS

DANS LE TOME SECOND.

CHAPITRE XIV.

Description générale des Campos Geraes. 1

CHAPITRE XV.

Commencement du voyage dans les Campos Geraes. — La fazenda de Jaguariaiba. — Les Indiens Coroados. — La fazenda de Cachambú. 31

CHAPITRE XVI.

Suite du voyage dans les Campos Geraes. — La fazenda de Fortaleza. — Encore les Indiens Coroados. 56

CHAPITRE XVII.

La ville de Castro. — Fin du voyage dans les Campos Geraes. . 78

CHAPITRE XVIII.

La partie du territoire de Curitiba située entre cette ville et les Campos Geraes. 108

CHAPITRE XIX.

La ville de Curitiba et son district. 114

CHAPITRE XX.

Descente de la Serra de Paranaguá. 152

TABLE DES CHAPITRES.

CHAPITRE XXI.

Pages.

La ville de Paranaguá. 173

CHAPITRE XXII.

Voyage de Paranaguá à Guaratúba. — Cette dernière ville et son district. 197

CHAPITRE XXIII.

Esquisse générale de la province de Sainte-Catherine. — § Ier. Histoire. 219
  § II. Colonisation. 233
  § III. Limites de la province. 238
  § IV. Population. 239
  § V. Division de la province. 242
  § VI. Administration ecclésiastique. 244
  § VII. Instruction publique. 247
  § VIII. Administration judiciaire. 249
  § IX. Garde nationale. 251
  § X. Fortune publique. . . . . ib.
  § XI. Mœurs. 254

CHAPITRE XXIV.

La ville, l'île et le district de S. Francisco. 257

CHAPITRE XXV.

La pêcherie d'Itapocoroia. 294

CHAPITRE XXVI.

L'île de Sainte-Catherine. — La ville de Desterro. 319

CHAPITRE XXVII.

Séjour de l'auteur dans la ville de Desterro. 348

CHAPITRE XXVIII.

Voyage de Desterro à Laguna. 359

CHAPITRE XXIX.

La ville de Laguna. 379

CHAPITRE XXX.

Fin du voyage dans la province de Sainte-Catherine. 394

FIN DE LA TABLE DES CHAPITRES DU TOME SECOND.

TABLE DES MATIÈRES.

A.

Affluents du Rio de S. Francisco, II, 263-265.
Affonso Sardinha, celui qui découvrit les mines d'or de Jaraguá, I, 228, 385.
Agregadas, individus qui s'établissent sur le terrain d'autrui, I, 152.
Agriculture, II, 21-30.
Agua Branca, chacará, I, 313.
Agua Branca, rancho, I, 234.
Aldea d'Arariguába, I, 233.
Alecrim do campo, plante, I, 225.
Alexandre de Gusmão, I, 301.
Almoxarife, II, 354.
Amador Bueno de Ribeira, riche Espagnol proclamé roi par les Paulistes, I, 39.
Anselmo Ferreira de Barcellos, chef des rebelles de Franca, I, 160.
Anson, l'amiral, II, 231.
Antonio Alvares da Cunha, vice-roi de Rio de Janeiro, I, 66.
Antonio de Albuquerque Coelho, I, 51-53.
Antonio de Menezes, moine de l'ordre de la Trinité, I, 50.
Antonio José da Franca e Horta, gouverneur de S. Paul, I, 69, 70.
Antonio José Rodriguez, colonel du génie, II, 351, 352.
Antonio Peres dos Campos, coureur de déserts, I, 55.
Antonio Raposo, coureur de déserts, I, 29, 45.
Araponga, oiseau, I, 222.
Araraquara, fazenda, I, 178.

Araucaria, conifère, I, 88, 100 ; II, 2-5.
Arbres fruitiers, II, 28, 29.
Armações, pêcheries, II, 308.
Arrieiro, muletier, I, 200.
Artur Paes, coureur de déserts, I, 62.

B.

Baccharis, plante, I, 225.
Baia de Caiova, II, 200.
Baie de Guaratúba, II, 202, 203.
Barba de Bode, Graminée, I, 205.
Barbaquá, espèce de berceau formé de branches de maté coupées, II, 156.
Barra do Hyapó, petit hameau sur les bords de l'Hyapó, II, 66, 67.
Bartholomeu Bueno da Silva, coureur de déserts, I, 63-65.
Bartholomeu de Gusmão, I, 301.
Bataes, habitation, I, 174, 175.
Batuques, danses, II, 352.
Bauman, général de brigade, I, 294.
Bedouro, lieu où se trouvent des sources d'eau minérale, I, 184.
Bestiaux, manière de les élever, commerce, castration, II, 11-18.
Bexiga (l'auberge de), I, 234, 237.
Bicho de taquara, ver de bambou, II, 289, 290.
Biraguaia, espèce de poisson, II, 213.
Boa Vista, nom de lieu dans la Serra de Paranaguá, II, 162.
Bority, palmier, I, 90.
Borrachudos, insectes, I, 179.
Bougainville, II, 231.
Braz-Cubas, fondateur de Santos, I, 300.
Bueno de Cerqueira, coureur de déserts, I, 47.
Bugres, Indiens sauvages, I, 328 ; II, 304, 382.
Butiá, palmier, II, 367, 368.

C.

Caboclos, Indiens métis, II, 186.
Caïpira, sobriquet injurieux, I, 275, 276.
Camaradas, I, 199.
Cambaqui, terrains près de Guaratúba, II, 211.
Cambirera, mornes, II, 363.
Canastras, malles, I, 287-291.
Calderões, trous arrondis creusés par les eaux dans les pierres, II, 6.
Chæturis pallens, Graminée, I, 205.
Capão, bouquet de bois, I, 151.
Capim frecha, Graminée, I, 174.
Capim gordura, Graminée, I, 201, 202; II, 13.
Capivarhy, rancho, I, 213.
Capões, bouquets de bois, I, 181.
Camaradas, serviteurs libres qu'on emploie dans les caravanes, I, 128.
Cames, Indiens, I, 425.
Campinas, ville, I, 206, 207, 209.
Campos, prairies ou savanes sèches, I, 151.
Campos de Guarapuáva, I, 422.
Campos Geraes, I, 100; II, 1-28.
Capella mór, chapelle majeure, I, 343.
Capivarhy, maisonnette, I, 420.
Caracatinga, ruisseau, I, 333.
Caracatinga, venda, I, 352.
Carijós, Indiens sauvages, II, 221, 222.
Carrascos, forêts naines, I, 88; II, 101, 102.
Casa Branca, village, I, 186-188.
Casmarhynchos nudicollis, oiseau, I, 222.
Castro, ville sur les bords de l'Hyapó, II, 78-82.
Cayobig, le cacique, I, 240.
Cedros, arbres, I, 250.
Chacarás, maisons de campagne, I, 294.

TABLE DES MATIÈRES. 411

Chevaux, manière de les dompter, II, 16, 17.
Cipó d'imbé, espèce de liane, II, 275, 276.
Ciudad Réal, ville espagnole, I, 31, 32.
Coke, vice-amiral anglais, I, 20.
Commandes, esclaves indiens des Espagnols, I, 34.
Congonha, *v.* MATÉ, II, 155-161.
Coroados, Indiens-Bugres voisins du Jaguariaiba, II, 45, 46, 62, 64, 65.
Corro, place publique à S. Paul, I, 250.
Corupira, mot injurieux, I, 276.
Cotinga, île, II, 194.
Coyapos, Indiens sauvages, I, 177.
Cubatão, hameau, I, 180.
Cubatões, enfoncements pleins d'humus que l'on rencontre sur les montagnes, II, 275.
Curandeiros, hommes qui prétendent préserver des suites de la morsure des serpents, I, 164.
Curitiba, comarca, II, 124-128.
Curitiba, district, 128-138.
Curitiba, ville, II, 114-120.
Cypriano Cardozo de Barros Leme, capitaine portugais, II, 381.

D.

David Canavarro, commandant des rebelles de Rio Grande, II, 381.
Desterro, ville, II, 325-330.
Diaz Tano, jésuite, I, 36, 37.
Diogo Duarte da Silva, trésorier de la junte de Desterro, II, 348.
Diogo Pinto de Azevedo e Portugal, I, 421-423.
Domingos Affonso Sertão, coureur de déserts, I, 44.
Domingo de Brito Peixoto, II, 379, 380.
Domingos Jorge, coureur de déserts, I, 44.
Dona Anna Pimentel, femme de Martim Affouso, I, 8.
Dona Balbina, II, 97, 98.

Dona Carlota, femme de Jean VI, I, 280, 282.
Don Miguel, I, 281.
Don Sebastião, petit-fils de Jean VI, I, 281.
Dorins, Indiens, I, 425.

E.

Embituba, anse, armaçao, II, 374.
Embuabas, nom que les Paulistes donnaient aux étrangers, I, 50.
Encantada, sitio, II, 371.
Endaya, palmier, I, 398.
Engenho de frigir, usine où l'on extrait l'huile de la baleine, II, 310.
Estacio de Sá, I, 19, 20.
Eugenia Michelii, plante, I, 296.

F.

Faiscadores, chercheurs d'or, I, 411.
Fandangos, danses, II, 352.
Fazenda de Boa Vista, II, 40.
Fazenda de Borda do Campo, II, 154, 155.
Fazenda de Cachambú, II, 51-55.
Fazenda de Camapuan, I, 357.
Fazenda de Caiacanga, II, 101.
Fazenda de Carambehy, II, 93, 94.
Fazendas de crear, I, 322.
Fazenda de Fortaleza, II, 62, 63.
Fazenda de Jaguariaiba, II, 43, 44.
Fazenda de Morangava, II, 36.
Fazenda de Paranapitanga, I, 434.
Fazenda de Patientia, I, 173, 174, 186.
Fazenda de Perituva, I, 447.
Fazenda de Pitangui, II, 95.
Fazenda de Rinção da Cidade, II, 97.

Fazenda do Tenente Fugaça, II, 58.
Fazendeiros, propriétaires de fazendas, I, 169, 170.
Feitor, gérant de sucrerie, I, 201.
Felis XXX, brigadier, II, 358.
Felis concolor, lion d'Amérique, I, 241.
Fernando Paes de Barros, coureur de déserts, I, 62.
Ferrador, oiseau, I, 222.
Figueirinha, halte, II, 397.
Fontura, sargento mór, II, 389.
Forasteiros, nom des étrangers qui sont venus s'établir parmi les Paulistes, I, 50.
Franca, village, aujourd'hui ville, I, 158, 159.
Francisco Alves, I, 288, 290.
Francisco de Barros Moraes Araujo Texeira Homen, II, 328.
Francisco das Chagas Lima, I, 421, 424-429.
Francisco Diaz Velho Monteiro, II, 223, 224.
Francisco Martins de Mascarenhas, I, 50, 51.
Francisco de Paula Magessi Tavares de Carvalho, gouverneur de Matogrosso, I, 278, 279.
Franco, le lieutenant, II, 394.
Frederich Mariath, officier de la marine impériale, II, 381.
Freguezia Nova, chef-lieu de paroisse, II, 98, 100.
Frezier, II, 229, 230.
Friedrich Varnhagen, directeur des forges d'Ypanema, I, 387-392.

G.

Garapuáva, aldea, I, 317.
Garimpeiros, contrebandiers, II, 69.
Garupaba, armação, II, 366, 370.
Girao, espèce de lit, II, 158.
Grellet, Suisse établi à S. Paul, I, 236, 237.
Guaianazes, nation indienne, I, 3-5.
Guanhanans, Indiens, I, 454-461.
Guará (*Ibis rubra*), oiseau, II, 203.

Guaratúba, ville, II, 201-207.
Guayra, province espagnole, I, 28, 29.
Guillemin (Antoine), botaniste, I, 229.

H.

Hernando de Trijo, Espagnol qui s'établit dans le port de S. Francisco, II, 268.
Histoire de la province de Sainte-Catherine, II, 220, 233.
Histoire de la province de S. Paul, I, 1-80.
Hynhangabahu, ruisseau, I, 234, 248, 249.
Hytú, ville, I, 342-349.

I.

Ibis rubra, II, 203.
Ilha d'Antonio da Silva, II, 262.
Ilha dos Barcos, II, 262.
Ilha do Mel, II, 177.
Ilha das Peças, II, 177.
Ilhas dos Remedios, II, 298, 299.
Inacio de Sá e Sotomayor, colonel de milice à cheval, II, 111, 112.
Invernadas, lieux où se forment les caravanes, I, 219.
Itapéva, aldea, I, 317.
Itapéva, fazenda, I, 189, 190.
Itapéva, ville, I, 439-441.
Itapitininga, ville, I, 408.
Itapocoroia, pêcherie, II, 307-313.
Itareré, hameau, I, 451.
Itareré, rivière, II, 32.
Itinéraire des bords du Rio Grande à la ville de Franca, I, 150.
— de Franca à Mogimirim, I, 170.
— de Mogimirim à Jundiahy, I, 200.

TABLE DES MATIÈRES. 415

Itinéraire de Jundiahy à S. Paul, I, 221.
— de S. Paul à Hytú, I, 313.
— de Sorocába à Itapitininga, I, 397.
— d'Itapitininga au Tareré, I, 417.
— d'Itareré à Castro, II, 32.
— de Castro à Curitiba, II, 92.
— de Curitiba à Paranaguá, II, 153.
— de Paranaguá à la frontière de Sainte-Catherine, II, 198.
— de la ville de S. Francisco à la Barra d'Araquary, II, 295.

J.

Jabuticabas, fruits du Myrtus cauliflora, I, 296.
Jaca, panier de bambou, I, 211.
Jaguarhymirim, rivière, I, 189.
Jean VI, roi de Portugal, I, 70, 281.
Jean III, roi de Portugal, I, 1.
João Carlos Augusto d'Oeynhausen, gouverneur de la province de Saint-Paul, I, 160, 277-284.
João Vieira Tovar de Albuquerque, gouverneur de la province de Sainte-Catherine, II, 349.
João Ramalho, Portugais, gendre de Tebyreça, cacique des Guaianazes, I, 4, 13.
João Amaro, coureur de déserts, I, 43, 44.
João Francisco le Barbu, coureur de déserts, I, 58.
João Leme, I, 59, 61.
Joaquim de Oliveira Alvares, 358.
Jorge Mascarenhas de Montalvão, vice-roi du Brésil, I, 40.
José de Anchieta, jésuite, I, 10-12, 17, 241.
José Bonifacio de Andrada, I, 48, 301.
José Caetano da Silva Coutinho, évêque de Rio de Janeiro, II, 162, 163.
José Carneiro (*sargento mór de Castro*), II, 87-89.

José Felis da Silva, lieutenant-colonel de la garde nationale, II, 59-61.
José Marianno, muletier de l'auteur, I, 162-164, 181, 235.
Juiz de direito, I, 160.
Juiz de fora, I, 134.
Juizes ordinarios, I, 134.
Jurabatuva, rancho, I, 212.

K.

Krusenstern, II, 233.

L.

Lages, habitation, I, 179.
Lagoa da Barra Velha, II, 301.
Lagoa da Cruz, II, 300.
Lagoa do Pão Dourado, I, 26.
Laguna, district, 382, 383.
Laguna, lac, II,
Laguna, ville, II, 386.
Lambarí, forêt, I, 405.
La Pérouse, II, 232.
Laruotte, domestique de l'auteur, I, 175, 176.
Leonardo Nunez, compagnon d'Anchieta, II, 221, 222.
Lingoa geral, langue des Indiens de la côte, I, 189.
Lopes Lobo de Saldanha, I, 68.
Lorette, ville indienne du Guayra, I, 31.
Lourenço Leme, I, 58, 59.
Luciano Carneiro, colonel et fazendeiro, II, 44-49.
Luiz Antonio de Souza Botelho, I, 67, 68.

M.

Maceta (le père), jésuite, I, 29, 30.
Mamalucos, métis de blancs et d'Indiennes, I, 9, 272-274.
Mangeurs de terre, 184, 185.
Manoa, ville imaginaire, I, 26.
Manoel, camarada de l'auteur, I, 297-299.
Manoel Borba Gato, coureur de déserts, I, 47.
Manoel Felisardo de Souza e Mello, président de la province de S. Paul, I, 147.
Manoel Machado Nunes, I, 161.
Manoel Nunes Vianna, chef des forasteiros, I, 50.
Manoel de Nobrega, jésuite, I, 10, 17.
Manoel de Souza Guimarães, sargento mór de Garupaba, II, 366.
Mansilla (le père), jésuite, I, 29, 30.
Marcos de Azevedo, coureur de déserts, I, 46.
Martim Affonso de Souza, navigateur qui jeta les fondements de S. Vincent, I, 2-7.
Martim Francisco de Andrada, I, 78.
Marumbi, pic élevé de la Serra de Paranaguá, II, 162.
Maté (*Ilex paraguariensis*), espèce de chêne nommé encore thé du Paraguay, I, 105; II, 155-161.
Mauricia vinifera, palmier, I, 90.
Mem de Sá, I, 14, 15.
Miguel Sutil, coureur de déserts, I, 58.
Mimosa dumetorum, I, 88.
Minhotoçu, animal monstrueux, I, 183.
Mogiguaçu, village, I, 194, 195.
Mogimirim, ville, I, 197-200.
Mola (le père), jésuite, I, 29.
Morfea, maladie, I, 256.
Moringues, espèces de cruches, II, 355.
Morretes, village, II, 166-169.
Morro do Bahul, montagne, II, 310.

Morro de Brajetúba, II, 212.
Morro de Caióva, II, 212.
Morro do Ferro, I, 381.
Morro do Jaragua, I, 83, 84, 223, 225-227.
Morro da Laguna, chaîne de montagnes, II, 378.
Morro da Larangeira, II, 273.
Morro do Hospicio, II, 270.
Morro d'Igi, II, 377.
Morro da Villa, II, 270.
Moutons, II, 17-18.

N.

Nossa Senhora da Penha, village, I, 291.
Natterer, zoologiste, I, 392, 393.
Nova Ericeira, colonie de pêcheurs, II, 234.

O.

Olhos d'Agoa, sources, I, 189.
Ordenanças, milice formée de métis, II, 189.
Ouvidor, principal magistrat d'une comarca, I, 133.

P.

Pantanaes, marécages, I, 358, 359.
Pao d'Alho, sucrerie, I, 329.
Pão d'Assucar, montagne dans l'île de S. François, II, 273, 287, 288, 289.
Papudos, goîtreux, I, 220.
Paranaguá, ville, II, 173-181.
Parapitingui, sucrerie, I, 201.
Pascoal Moreira Cabral, coureur de déserts, I, 55, 56.
Pâturages, II, 19, 21.
Pêche de la baleine, II, 311.
Pedro, tocador de l'auteur, I, 187.

Pedro Alvares Cabral, Portugais qui découvrit le Brésil, I, 1.
Pedro Taques de Almeida, administrateur des aldées de S. Paul, I, 318.
Pescaria, maisonnette, I, 431.
Piedade, hameau, II, 110.
Pinheirinho, halte dans la Serra de Paranaguá, II, 164.
Pinheiros, conifère, I, 88.
Pinheiros, village, I, 315-317.
Piraqué, rivière de la province de Sainte-Catherine, II, 297, 298.
Pitangas, fruits du Pitangueira, I, 296.
Pombal, ministre de D. Joseph, roi de Portugal, I, 66.
Ponta Grossa, avance de terre dans l'île de S. François, II, 295.
Pontal de Paranaguá, avance de terre dans la mer, II, 199.
Pontal do Rio de S. Francisco, pointe de terre ferme en face de l'île du même nom, II, 259.
Portaria, passe-port, I, 297.
Porto, halte dans la Serra de Paranaguá, II, 164-166.
Porto Feliz, ville, I, 233, 354.
Porto do Passagem, II, 395.
Potribú, habitation, I, 328.
Pouso Alto, maisonnette, I, 154.
Praia Grande, plage, II, 377.
Praia da Picarra, plage, II, 306.
Pteris caudata, fougère, I, 201, 223, 225.
Puejo, menthe-pouliot, II, 110.

Q.

Queimadas, pâturages incendiés, I, 156.
Queluz, aldea, I, 317.
Quintal, espèce de cour, I, 176.

R.

Rafael Tobias de Aguiar, I, 380.
Ranchos del Rei, I, 329.
Rancho do Capão das Pombas, I, 224, 225.
Rancho do Felis, I, 222.
Rapaduras, tablettes de sucre cuit avec son sirop, II, 168.
Registro de Curitiba, douane près du désert, I, 103-107.
Registro Velho, I, 418.
Restinga, bouquet de bois, I, 403.
Ribeirão Corrente, I, 156, 157.
Ribeirão do Inferno, I, 155, 156.
Ribeirão d'Iguápe, I, 441.
Ribeirão d'Itapitininga, I, 408, 418.
Rio Alagado, II, 202.
Rio Apiahy, I, 436.
Rio d'Araquary, II, 202.
Rio Araringuá, II, 399, 400.
Rio das trez Barras, II, 262.
Rio de S. Francisco, II, 260, 262.
Rio do Funil, II, 35.
Rio Paranapanema, I, 433, 434.
Rio de Paranapitanga, I, 434.
Rio das Pinheiros, I, 322.
Rio Jaguarhyguaçu, I, 202, 203.
Rio Grande, I, 150, 151.
Rio Hyguaçú, II, 102, 103.
Rio Jaguariaiba, II, 41, 42.
Rio Jaguaricatú, II, 39.
Rio d'Itajuba, II, 305.
Rio do Matosinho, II, 200.
Rio Mogiguaçu, I, 194, 195.
Rio Pardo, I, 181-183.
Rio das Pedras, I, 151, 152.
Rio Sahi Mirim, II, 215.

TABLE DES MATIÈRES.   421

Rio Sapucahy, I, 172, 173.
Rio Sarapuhú, I, 405.
Rio Tacoary, I, 358.
Rio Tamandatahy, I, 237, 248, 249.
Rio Tibagy, II, 68.
Rio Tibaia, I, 203, 204.
Rio Tieté, I, 232-234.
Rio Verde, habitation, I, 448.
Rio Ypanema, I, 382.
Rodeo, lieu où l'on rassemble les bestiaux pour les visiter, II, 14, 37.
Rodrigo César de Menezes, gouverneur de S. Paul, I, 56, 58.
Rodrigues Arzão, coureur de déserts, I, 47.
Ruiz da Montoya, jésuite, I, 36, 37.

S.

Sahi Grande, rivière, II, 259.
Sala, pièce où l'on reçoit les étrangers, I, 176.
Salvador Correa de Sá e Benavides, I, 41, 42.
S. Antonio, réduction, I, 29.
S. Charles, fête, I, 280, 281.
S. Francisco, district, II, 276-287.
S. Francisco, île, II, 273-276.
S. Francisco, ville, II, 269-272.
S. Ignace, ville indienne du Guayra, I, 31.
S. Paul, réduction, I, 31.
S. Paulo, ville, I, 12, 239.
S. Pedro d'Alcantara, colonie allemande, II, 360.
S. Sébastien, nom primitif de Rio de Janeiro, I, 20.
S. Vicente, capitainerie, I, 2.
S. Anna da Laguna, village, chef-lieu de paroisse, II, 375.
Santa Barbara, halte, I, 171.
Sainte-Catherine, île, II, 319-324.
Sainte-Catherine, ville, II, 325-330.

Santa Cruz d'Anhatomirim, fort, II, 322.
Santos, ville voisine de S. Paul, I, 298-305.
Schelvoke, Georges, II, 230.
Sellow, botaniste voyageur, I, 393, 394.
Senhor d'engenho, propriétaire de sucrerie, I, 260.
Serra do Bahú, I, 174.
Serra do Espinhaço, I, 82, 83.
Serra das Furnas, II, 74.
Serra da Mantiqueira, I, 83.
Serra do Mar, I, 82.
Serra da Paranaguá, II, 161.
Serra da Paranapiaçaba, I, 5.
Sertanistas, nom des coureurs de déserts, I, 25, 27.
Siganos, nom que les Portugais donnent aux Bohémiens, I, 191-193.
Sitio da Camiça, II, 171.
Sitio de Ferraria, II, 111.
Sitio d'Igreja Velha, II, 72, 73.
Sitio d'Itaque, I, 3, 25; II, 108.
Sitio de Pedro Antunes, I, 402.
Sitio d'Urussanga, I, 191.
Sorocába, ville, I, 368-380.

T.

Tabac, sa culture, sa préparation, II, 25, 26.
Taboleiros cobertos, I, 96.
Tamoyos, nation indienne, I, 14, 17, 18.
Tarimbas, espèces de lits, II, 329.
Tebyreça, cacique des Guaianazes, I, 4, 240.
Thomas Cavendish, marin anglais, I, 20, 21.
Thomé de Souza, gouverneur général du Brésil, I, 10.
Tieté, rivière, I, 356.
Timbó, lianes de la famille des Sapindacées, I, 195.
Tinoco, blanc qui accompagnait Francisco Diaz Velho Monteiro, II, 223.
Tocador, homme qui fait avancer les mulets, I, 155, 156.

V.

Vadios, vagabonds, I, 122.
Varanda, espèce de galerie, II, 369.
Vargens, vallées et plaines humides, II, 339.
Varzea, terrains marécageux, I, 248.
Verissimo, capitaine de milice et possesseur du sitio d'Itaque, II, 108, 109.
Vigne, II, 28.
Villa Rica, ville espagnole, I, 31, 32.
Villegagnon (Nicolas de), I, 13, 14.
Williams Hopkins, I, 285.
Vintem d'ouro, monnaie, I, 169.
Vintem de prata, monnaie, I, 169, 170.
Votorons, Indiens, I, 425.

Y.

Ypanema, forges, I, 382, 394.

Z.

Zeballos, gouverneur espagnol de Sainte-Catherine, II, 381.

FIN DE LA TABLE DES MATIÈRES.

ERRATA.

VOLUME I.

Page 131, ligne 7, *au lieu de* il naît plus de filles que de garçons, *lisez* il naît plus de garçons que de filles.
Page 152, ligne 6, *au lieu de* s'établir sous le *mancho,* *lisez* s'établir sous le *rancho.*
Page 216, ligne 3, *au lieu de* S. Vincente, *lisez* S. Vicente.
Page 239, ligne 10, *au lieu de* la campagne S. Paul, *lisez* la campagne à S. Paul.
Page 398, ligne 10, *au lieu de* Pedro Autunes, *lisez* Pedro Antunes.

VOLUME II.

Page 81, ligne 6, *au lieu de* on n'y voyait, *lisez* on y voyait.
Page 98, ligne 9, *au lieu de* phosphoriques, *lisez* phosphorescents.
Page 121, ligne 12, *au lieu de* pré enté, *lisez* présenté.
Page 127, ligne 1, *au lieu de* forme, *lisez* formé.
Page 177, ligne 8 de la note 2, *au lieu de* Epirito Santo, *lisez* Espirito Santo.
Page 275, ligne 24, *au lieu de* un grande force, *lisez* une grande force.
Page 287, ligne 16, *au lieu de* éloigné de mon père, *lisez* éloignée de mon père.

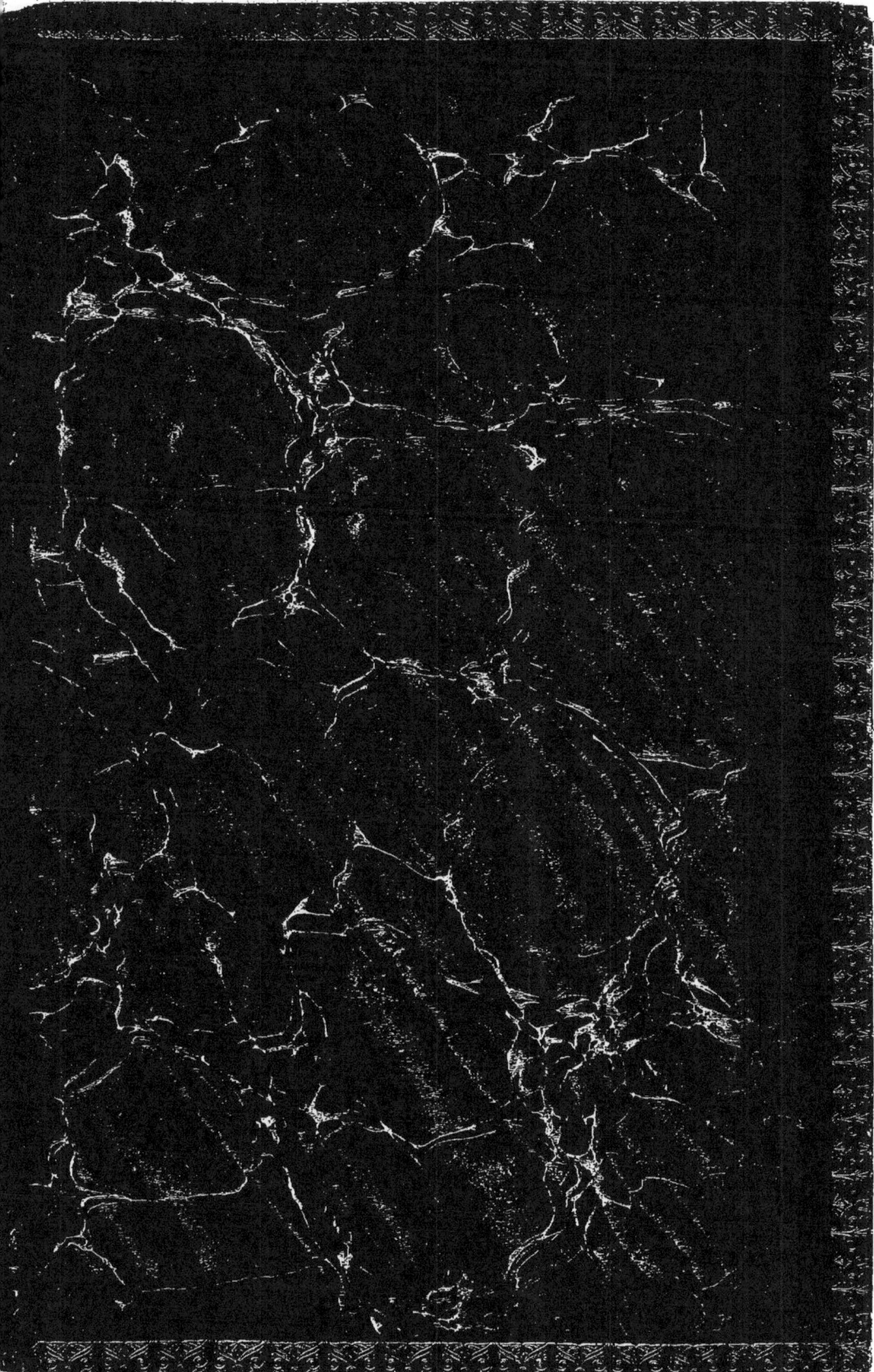

www.ingramcontent.com/pod-product-compliance
Lightning Source LLC
Chambersburg PA
CBHW070616230426
43670CB00010B/1546